わが国において公益活動を行っている

小規模公益法人 500 ガイドブック

現在の公益認定審査の実情と問題点・
公益認定取得のすすめ

公益財団法人 公益事業支援協会 理事長　千賀 修一（弁護士）

公益財団法人 公益事業支援協会 編

は し が き

1. 本書発行の趣旨

　私は、令和2年7月から同3年3月にかけて3つの法人の公益認定申請をしました。これらの公益認定申請に対して、内閣府から理不尽とも思われる内容の質問が多くあり、この質問にどう回答したらよいか困りました。

　内閣府に回答するにあたり、公益法人として活動中の小規模法人を参考にする必要はあると思い、また、公益認定制度について相談する人がいないことから、内閣府公益認定等委員会の第1期・第2期の委員経験者である出口正之氏に、他の公益法人がどのような公益目的事業を行っているかお聞きし内閣府に回答しました。

　そこでこれから公益認定を申請する人のために、どのような小規模法人がどのような公益目的事業を行っているかのガイドブックがあれば役立つと考え、2021年11月から本書の作成に取りかかりました。本書のデータは、公益法人 information に掲載された統計資料から正味財産が少ない公益法人を抽出し、法人運営の内容がわかる数字はすべて公益法人 information からとることとしました。また、法人の概要・事業の概要については法人が行政庁に提出した事業報告書や法人のホームページに基づき整理したものです。

2. 仏を作って魂を入れる運用

　法律は、人間を幸せにするために制定するのであり、また、法律制定の目的や趣旨を考えて解釈・運用をすることが必要です。立法の趣旨から外れた解釈をしたり運用したりすることは、法の精神に反し人間を幸せにしないことになります。

　平成20年から始まった新しい公益法人制度の制定の趣旨と運用について、内閣府公益認定等委員会第1期・第2期池田守男委員長は、公益認定等委員会だよりで以下のことを表明しています。

　豊かな社会を築き、守っていくためには、自らが未来を切り拓いていく『自助』の精神と、国と地方自治体等による支援を必要とする方々へ『公助』の仕組みのほかに、もう一つ、多くの人々が集まって、共に『社会のため』に力を発揮する『共助』の存在が欠かせません。新政権では、『新しい公共』や『支え合って生きていく日本』など、『共助』をこれからの日本にとって重要な概念として示しました。その『共助』を実現するためには、民間の力、すなわち『公益法人』の力が重要となります（公益認定等委員会だより［その2］、平成21年12月より）。

　新公益法人制度がスタートしたときは、このように制度改革の基本精神と法人の目線を忘れることなく、柔軟で迅速な審議に努めるため申請法人に対し積極的なサポートを進めたいと述べられています（公益認定等委員会だより［その3］、平成

22年4月より）。

　ところが、公益認定等委員会第3期委員会（平成25年）の委員が就任した年から、内閣府における公益認定取下げや不認定件数が増えており、このことは公益認定の審査が厳格になったからであると思われます。

　欧米の公益法人の活動状況を調べると、英国の公益法人（チャリティ）201,500法人（人口6,760万人）米国の公益法人1,891,552法人（人口3億3,829万人）が登録しており、これと比較するとわが国の公益法人は9,794法人であることから、わが国の国民性及び国力からすると公益の増進のため、もっと多くの公益法人が認定され活動する力があると考えます。

　岸田内閣は、令和4年6月7日「新しい資本主義のグランドデザイン及び実行計画」を閣議決定し、それに基づいて有識者会議が開催され、同会議の意見書に基づき本年（令和6年）公益認定法が大幅に改正され、公益認定及び公益法人の運営に関する制約が大幅に緩和され公益増進をより進めるための制度が出来ます。

　この法改正により作り直される仏様に魂を入れ、公益法人が全国各地に陸続と認定されるようにするには、公益認定法の趣旨に添って公益認定等委員会委員・行政庁の関係職員・公益法人運営者が力を合わせて取り組むことが必要であると考えます。

　また、これまで公益認定を取ることは非常に難しいという都市伝説は事実と異なることを国民全員に知ってもらうことが必要です。

　公益法人制度を育てるには、国民の多くの人が「公益とは何か」を考え、公益活動を通じて共助を実現したいと志す人を支援する制度を育てる必要があると思います。

　そこで、現在わが国において小規模公益法人が多種多様の公益目的事業を行っていることを公益活動を行うことを志す人に知っていただく必要があると考え、これまでの公益法人制度運用の実情と、本年公益認定法が改正され公益の増進のため今後どのように運用する方向に進むべきかについて考えていただきたく、公益法人制度を普及するため下記に献本することとしました。

献本先　国会議員・国務大臣・最高裁判所裁判官・衆・参議院法制局・内閣法制局・裁判所図書室・政府行政庁図書室・都道府県知事・市町村長・経済団体（経団連会員・経済同友会会員・商工会議所）・弁護士会・公認会計士協会・税理士会・司法書士会・行政書士会・内閣府・都道府県公益認定等委員会委員及び担当者・マスコミ各社・全国都道府県立図書館・公益活動を行っているローターリークラブ、ライオンズクラブ、青年会議所・大学および大学院図書館その他公益活動を行っている団体・個人等合計1万2,000冊以上

公益財団法人　公益事業支援協会

理　事　長　千賀　修一（弁護士）

凡例

1. 本書では、500 の小規模公益法人を紹介しているが、その基礎データは、「国・都道府県公式公益法人行政総合情報サイト 公益法人 information」（以下「公益法人 information」と略称する）（https://www.koeki-info.go.jp/）掲載のデータから採用した。同サイトページ左端上の「公益法人とは」をクリックすると、「公益法人とは」という新ページになる。そのページの「公益法人のデータ等」の項目における「公益法人の概況及び公益認定等委員会の活動報告」をクリックすると「公益法人の統計」のページにとぶことができ、そこには平成 25 年からの公益法人に関する統計資料が、年ごとに分類されて掲載されている。本書の出版計画が持ち上がった時点での最新データは、令和 3 年の「公益法人の概況及び公益認定等委員会の活動報告」であり、その「集計に用いたデータ」を使用した。

2. 本書では、1. で述べた集計データのうち「正味財産」の欄に着目して、正味財産の少ない順に並び替えを行い、まず正味財産がマイナスの法人については、紹介の対象外とした上で、紹介する法人の選択を行った。本書は、全国各地で公益活動を行っている諸団体に対し、組織形態として「公益法人」がひとつの選択肢であることを示すために、財政規模が小さくても、税制上の優遇措置を受けながら多種多様な活動を展開している公益法人があることを例示することを目的とする。そのため、掲載対象の選択においては、同種の事業を展開する法人の紹介は数団体にとどめ、正味財産の規模の順位にはあまりこだわらず、他ではあまり見られない活動を行っている公益団体の紹介にも重点を置いた。その結果、全国各地に存在する「法人会」や各県の犯罪被害者の会、交通安全協会などよく知られた法人については、代表例を除き紹介の対象から外した。

3. 本書の各法人には、それぞれ「法人コード」を掲載している。これは内閣府が付した各公益法人の識別番号ともいうべきもので、これを掲載したのは、読者の今後の便宜を考えてのことである。各法人の概括的情報を知りたい場合には、「公益法人 information」トップページのうち「公益法人とは」のページから「検索」の中の「公益法人等の検索」へとび、法人コードを入力して検索をかけると、当該法人の住所、電話番号、事業の種類、事業の概要などを知ることができる。

4. さらにこの法人コードを使って、当該法人について、新旧を問わず、詳細な情報も入手できる。「公益法人 information」トップページのうち「公益法人とは」のページから「閲覧請求」の中の「事業報告等の閲覧請求」へとび、閲覧請求者の必要情報を入力、また得ようとしている情報の「提出時期」を入力したうえで、右側の「＋追加」のボタンを押して法人コードを入力し、入力後所定の

操作を続けると、事業計画書、収支予算書、財産目録、貸借対照表、損益計算書、事業報告等を閲覧することができる。本書との関係でいえば、本書出版後の各法人の新しい情報を継続的に入手できる。

5. 各法人の紹介欄の「法人概要」については、法人登記簿及び3.で言及した方法で到達する各法人の概要を示す基本情報の他、4.で言及した方法で2022年秋の段階で入手できた各法人の最新の「事業計画書」、「事業報告」、さらには各団体のホームページを主として参考にしながら、紹介記事を執筆した。また「事業概要」及び財務諸表については、2022年秋の段階で同様の方法で入手できた最新の「財産目録」「貸借対照表」「損益計算書」「事業報告」を参照した。必要に応じて、「事業計画書」及び「収支予算書」も参照した。

6. 目次については、公益法人認定法第2条第4号別表の23項目にわたる公益目的事業の分類番号表（巻末参照）を目次として採用した。各法人は公益認定申請時に、自分たちの活動がどの公益目的事業に該当するかをについて自分で選択して申請を行うことになっているが、八の「勤労者の福祉の向上を目的とする事業」については、複数の目的の一つとしてこれを主たる目的事業とする法人は見られなかったので、該当する法人がなかったものとして扱い、目次の表記から外した。尚、本書では、1.で言及した「集計に用いたデータ」に掲載されている各法人が選択した公益目的事業の分類番号を、各法人紹介欄右上の「目的」に掲載している。

7. 本書における各法人の掲載順は、まず各法人が選択した公益目的事業の分類番号にしたがって、分類番号ごとにグループ分けを行い、次いでこのグループをそれぞれ公益社団法人と公益財団法人に分け、最後にこの分類を五十音順に並べて掲載順とした。但し、公益目的を複数選択している法人の場合、編集者の責任で、法人の名称や活動内容を考慮して目的番号の中から一つを選択した。

8. 各法人の紹介欄の右上には、6.で言及した「目的」と並んで「類型」の欄があり、番号が記載されている。これは巻末の「事業区分ごとの公益目的事業の事業例（事業類型）」の番号と照応している。例えば、ある法人が類型に「3，13」と記載している場合、「講座・セミナー・育成」と「助成（応募型）」の事業を行っていることになる。したがって、紹介本文の「事業概要」で紙幅制限のための奨学金にしか言及していない場合でも、その法人は「講座・セミナー・育成」を行っており、その内容は各法人のホームページ等で調査してもらうことになる。

9. 34～283頁の各法人の前にある白抜き文字の「公財」は公益財団法人、「公社」は公益社団法人の称略である。

目 次

はしがき・・・・・・・・・・・・・・・・・・・・　3

凡　例・・・・・・・・・・・・・・・・・・・・・　5

現在の公益認定審査の実情と問題点・公益認定取得のすすめ　・・・・・　9

小規模公益法人500リスト

目 的 1　学術及び科学技術の振興を目的とする事業・・・・・・・・・　34

目 的 2　文化及び芸術の振興を目的とする事業・・・・・・・・・・・　64

目 的 3　障害者若しくは生活困窮者又は事故、災害若しくは犯罪による
被害者の支援を目的とする事業・・・・・・・・・・・・　109

目 的 4　高齢者の福祉の増進を目的とする事業・・・・・・・・・・　129

目 的 5　勤労意欲のある者に対する就労の支援を目的とする事業・・・　136

目 的 6　公衆衛生の向上を目的とする事業・・・・・・・・・・・・　138

目 的 7　児童又は青少年の健全な育成を目的とする事業・・・・・・・　151

目 的 9　教育、スポーツ等を通じて国民の心身の健全な発達に寄与し、
又は豊かな人間性を涵養することを目的とする事業・・・・　187

目 的 10　犯罪の防止又は治安の維持を目的とする事業・・・・・・・・　211

目 的 11　事故又は災害の防止を目的とする事業・・・・・・・・・・　213

目 的 12　人種、性別その他の事由による不当な差別又は偏見の防止
及び根絶を目的とする事業・・・・・・・・・・・・・・　214

目 的 13　思想及び良心の自由、信教の自由又は表現の自由の尊重
又は擁護を目的とする事業・・・・・・・・・・・・・・　215

| 目的 14 | 男女共同参画社会の形成その他のより良い社会の形成の推進を目的とする事業・・・・・・・・・・・・・・・・ | 218 |

| 目的 15 | 国際相互理解の促進及び開発途上にある海外の地域に対する経済協力を目的とする事業・・・・・・・・・・・・・・・ | 222 |

| 目的 16 | 地球環境の保全又は自然環境の保護及び整備を目的とする事業・ | 232 |

| 目的 17 | 国土の利用、整備又は保全を目的とする事業・・・・・・・ | 242 |

| 目的 18 | 国政の健全な運営の確保に資することを目的とする事業・・・ | 243 |

| 目的 19 | 地域社会の健全な発展を目的とする事業・・・・・・・・・ | 244 |

| 目的 20 | 公正かつ自由な経済活動の機会の確保及び促進並びにその活性化による国民生活の安定向上を目的とする事業・・・・・・・ | 275 |

| 目的 21 | 国民生活に不可欠な物資、エネルギー等の安定供給の確保を目的とする事業・・・・・・・・・・・・・・・・・・・ | 279 |

| 目的 22 | 一般消費者の利益の擁護又は増進を目的とする事業・・・・ | 281 |

公益法人の概況、公益認定件数・不認定数・取下げ件数表・・・・・・・　284

あとがき・・・・・・・・・・・・・・・・・・・・・・・・・・・　285

公益認定に関する法律第 2 条関係　公益目的事業（別表）・・・・・・　288

事業区分ごとの公益目的事業の事業例（事業類型）・・・・・・・・・　289

事業目的別細目次・・・・・・・・・・・・・・・・・・・・・・・　290

五十音順索引・・・・・・・・・・・・・・・・・・・・・・・・・　299

現在の公益認定審査の実情と問題点・公益認定取得のすすめ

公益財団法人 公益事業支援協会
理 事 長 千賀 修一（弁護士）

第1 公益法人制度の改革

1 制度改革の理念

1896年制定の民法に基づく旧公益法人制度は、主務官庁が裁量権にもとづき、設立を許可しその業務を主務官庁が監督するという方式でした。

個人の価値観が多様化し、社会のニーズが多岐にわたる中、行政部門や民間営利部門だけでは社会のニーズを満たし、課題に対応することが難しくなっています。そうした状況に対応し、多様なサービスを提供することができる存在として、民間非営利部門が我が国の社会経済システムの中で果たすべき役割は重要さを増してきました。

それまでの主務官庁が許可権限を持ち大幅な裁量権を有していた制度は弊害が多かったので、公益を官が独占せず民にも開放して自由な参入を促すことが必要であるということから、できる限り準則主義に則った公益認定をすることを目的として平成20年12月に施行されました。

公益法人制度改革として、「一般社団法人及び一般財団法人に関する法律」（以下「一般法人法」といいます。）と「公益社団法人及び公益財団法人の認定等に関する法律」（以下「認定法」といいます。）その他整備に関する法律が制定されました。

準則主義とは、団体が法人格を取得する際に、法律の定める条件を満たせば、行政庁の許可や認可がなくても法人格が付与される主義です。

公益法人制度改革の最も大きな特徴は、法人設立と公益認定を切り離し、2段階制度としたことです。

旧制度では主務官庁の許可書がないと法人登記できませんでしたが、一般社団法人・一般財団法人（以下「一般法人」といいます。）は、一般法人法に定める要件が整っていれば、準則主義により、誰でも簡便に設立登記をして法人格を取得することができます。

一般法人を設立した後公益法人となるためには、第2段階である公益認定の申請を行政庁に対して申請し、行政庁の認定を得ることが必要です。

一般法人が公益認定を受けることができる要件を定めたものが公益認定法です。

2 公益認定等委員会制度の採用

　認定法においては、民間有識者による合議制の機関である公益認定等委員会（以下「委員会」といいます。）が公益認定の申請に対する処分や監督処分等の手続に関与し、実態に即した適切な判断を行う仕組みが設けられました。これにより、行政庁が行う公益認定等の申請に対する処分、監督処分等の客観性と透明性を担保し、制度に対する信頼性が確保されることになっています。

　委員会は、内閣府においては7人の委員によって構成されています。

　委員会の委員は、人格が高潔であって、委員会の業務に関し公正な判断をすることができ、かつ、法律、会計や公益法人に係る活動に関して優れた識見を有する者のうちから、両議院の同意を得て内閣総理大臣が任命する（認定法第35条）。委員の任期は3年であり、委員7人のうち4人以内は常勤とすることができるとされています。委員は独立してその職権を行うこととされ、また、原則として在任中はその意に反して罷免されることはないなど、その独立性が担保されています（認定法33条〜38条）。

　この委員会制度の導入により、「民間の、民間による、民間のための公益法人制度」とする画期的な改革が行われ、新しい時代の公益を担うために、そして、温かみと深みのある社会の実現のために、多くの領域で多様な公益法人が生まれることが期待されてスタートしました。

第2　私が経験した公益法人の設立手続

1　新制度になった後の公益認定申請と認定されるまでの期間

　私が代表する法人又は当法人がサポートして公益認定を取得した法人が公益認定の申請をして認定されるまでの期間は以下の通りです。

　(1)　**公益財団法人千賀法曹育英会**（以下「千賀法曹育英会」といいます。）

　　平成22年3月30日に内閣府に対し公益認定の申請をし、申請後100日以内である同年7月9日に公益認定された。

　(2)　**公益財団法人アジア共生教育財団**（以下「アジア共生財団」といいます。）

　　令和2年7月19日に内閣府に対し公益認定の申請をし、約5カ月後の同年12月16日公益認定された。

　(3)　**公益社団法人シニア総合サポートセンター**（以下「3S会」といいます。）

　　令和2年8月19日に内閣府に対し公益認定の申請をし、約1年6カ月後の令和4年2月8日公益認定された。

　(4)　**公益財団法人公益事業支援協会**（以下「当法人」といいます。）

年12月22日公益認定された。

⑸　**公益財団法人古山奨学財団**（以下「古山財団」といいます。）

令和4年2月16日愛知県に対し公益認定の申請をし、約3カ月半後の同年5月30日公益認定された。

⑹　**公益財団法人中尾育英財団**（以下「中尾財団」といいます。）

令和4年2月21日に大阪府に対し公益認定の申請をし、約4カ月後の同年6月10日公益認定された。

⑺　**公益社団法人女性の健康とメノポーズ協会**

令和4年5月27日に内閣府に対し公益認定の申請をし、約9カ月後の令和5年3月7日公益認定された。

⑻　**公益財団法人筒香青少年育成スポーツ財団**

令和4年9月9日に和歌山県に公益認定の申請をし、約7カ月後の同5年3月25日公益認定された。

2　旧制度における公益法人の許可と新制度における公益認定の比較

⑴　旧制度における財団法人設立

岡本太郎氏（以下「太郎氏」という。）は、平成8年1月7日84歳で逝去し、作品の多くは生前に川崎市に寄附していましたが、遺産として残された作品及び南青山にあるアトリエや住居等の遺産は、そのまま相続人が相続すると約半分の相続税が課税されます。相続税申告期限（同年11月7日）までに財団を設立して遺産を寄附すれば相続税は課税されません。

太郎氏は、生前財団法人を設立して遺産を寄附したいという意思を持っていました。

そこで、相続人で養女である岡本敏子さんは、平成8年4月頃公益財団法人を設立し太郎氏の遺産全部を寄附したいので、公益財団法人の設立手続を小職に委任しました。

当時財団法人の設立は、民法の定めにより、主務官庁に申請して許可を得ることが必要であったので、主務官庁である文部省（当時）に行き担当者に財団設立について相談しました。

担当者から財団法人設立には最低でも3億円〜5億円以上の資産を寄附することが必要であることや当時財団設立申請の相談が多くあり、同年11月7日までに設立許可することは困難であると言われました。このことを岡本敏子さんに報告し、財団法人設立にあたって寄附する太郎氏の財産は文部

省の担当者が提示する金額の何倍もあること及び財団設立は太郎氏の遺志であり、世のためにもなることから、文部省に財団設立の必要性について岡本敏子さん名で上申書を出しました。そのうえ文部省の要請する書類等は可及的速やかに用意することも約束しました。

当時は、メールで書面を交換することができないので、担当者と頻繁にしかも期日間近には夜遅くまで何度もＦＡＸでやりとりし、申請書と添付書類の作成と訂正を繰り返し、同年11月１日に設立許可されました。

文部省の担当者が頑張ってくれたおかげで相続税申告期限前に財団法人を設立して太郎氏の遺産全てを財団に寄附することができ、関係者一同心の底から喜び、また感謝しました。

私は、財団設立以来、監事に就任し現在に至っております。この財団は、青山に美術館を持ち、多い年で年間６万人以上の来館者があるとともに、岡本太郎現代芸術賞等を授与して社会貢献活動をしており、この公益活動の手伝いをすることができてよかったと常に思っています。

⑵ 千賀法曹育英会の公益認定

平成18年３月虎ノ門法曹ビルを竣工することができ法曹ビル竣工と同時に法曹ビルに法律事務所を移転し、事務所名を虎ノ門法律経済事務所と変更しました。

私は、大学４年間は日本育英会（現在の日本学生支援機構）の特別奨学生（給与と貸与併用）に、また、大学院１年生の時は一般奨学生に採用され、奨学金が支給されることにより学業に専念でき、司法試験に合格することができました。

大学時代先輩から受験時代はできるだけ多くの人の世話になり一日も早く合格するよう努力し、合格した後はそれまで受けた恩を社会に返せとの教えを受けました。

このような教えを受けて司法試験に合格でき、昭和45年に弁護士登録をし、虎ノ門法曹ビルを再開発する方式で分譲して予想外の利益をあげることができたのでこの事業で得られた利益を社会に還元したいと思いました。そのために、当時司法制度改革により法曹人口を大幅に増員することになり、新たに法科大学院制度が出来たことから、真に国民の期待と信頼に応えうる法曹を育成する一助となることができるよう奨学金を出したいと思い、財団を設立したいと思いました。

私は、岡本財団を設立するとき財団法人を設立するには３億円から５億円

の財産を寄附する必要があると担当者から聞いていたので新制度になっても
この点について変更はないと思っており、また、育英会を設立した後、将来
長期的に奨学金を出すことができるシステムを構築することが必要であると
思いました。新制度は、収益事業を行うことができることになったので、奨
学金の原資として賃貸不動産の収入を充てることができるように、年間約
3,000万円の賃料収入がある7戸の区分所有建物を財団に寄付する方式とし
ました。

　そのうえ育英会を永続させるために奨学金（現在1名に対し1カ月12万
円支給）を全額給付とせず、一部給付（4万円）一部貸与（8万円）としま
した。

　平成21年6月に法科大学院生19名を奨学生として採用し奨学金事業を
開始しましたが賃料収入だけで奨学金の支給ができないので、不足分は私が
寄附しました。

　同財団の公益認定を平成22年3月30日に申請し、同年7月9日に公益
認定等委員会から公益認定の基準に適合すると認めるのが相当であるとの
答申が出され、同年の7月16日公益法人としての登記が出来ました。同財
団は、令和6年7月1日現在累計奨学生数が554名となり、そのうち司法
試験合格者が累計437名となっています。

(3) アジア共生教育財団の公益認定

(ア) 公益認定申請

　私は、外国人留学生に対し奨学金を給付することを目的とする一般財団
法人千賀国際育英財団（以下「国際育英会」といいます。）を平成29年
8月設立し給学金給付事業を開始しました。

　その後、平成30年9月公益財団法人A（以下「A法人」といいます。）
の理事長から、同法人は、外国人技能実習生の管理・教育を公益目的事業
として行っている公益法人であり、代表理事会長に就任して支援して欲し
いと要請があり平成30年10月11日代表理事会長に選任されました。

　A法人の代表理事会長に就任してから、同法人の公益目的事業をより増
進するため、私の経営するグループ法人からA法人に寄付するとともに
グループ法人が出資してネパールに日本語学校を開校し、松戸市に外国人
技能実習生の為の研修センターを開校し新たな事業を展開しました。

　令和2年2月以降新型コロナで自粛する毎日が続き、外国人技能実習生
他外国人の入国が制限され、A法人の運営について同法人内で意見が分か

れ私は令和2年6月A法人の代表理事を退任しました。

　A法人の代表理事を退任してもグループ法人で対外的に契約していることがあり、外国人技能実習生の事業を中止することができないので、技能実習生事業を行うには公益法人である必要があることから、国際育英財団をアジア共生教育財団（以下「アジア共生」といいます。）と名称を変更し目的に外国人技能実習生の監理と研修を追加して公益認定申請することにしました。

　公益法人制度が出来た直後公益認定に関する解説本が出されましたがその後出版されておらず、公益認定を取得することは非常に難しいものだと思っていました。しかし、アジア共生を公益法人化する必要があり、公益認定手続に関して一から勉強しました。

　公益法人関係の本のうち「公益認定の判断基準と実務」（出口正之著・全国法人協会）という本を読み、公益認定の申請や、公益法人の運営についてこれまで思っていた程困難なものではく、一般法人を設立した直後に公益認定の申請ができることや一般財団法人として300万円を基本財産として設立できることがわかりました。そこで、アジア共生の公益認定申請書類を殆ど私一人で作成して公益認定申請しました。

　この申請方式は、出口氏の本に申請書は不完全でもよいから申請して、不備があるところは補正することができると書かれていたからでした。

　申請後1カ月経過してから担当者から多くの訂正や規程の見直し等をするようにとのメールによる連絡がありました。

　その後担当者とはメールと電話で何度も連絡して、申請してから5カ月後である同年12月16日公益法人として認定されました。

　アジア共生の公益認定申請は、手引きを見て一人で作って申請したことから不備な点も多かったところ、担当者から温かく指導を受け、標準処理期間である4カ月を僅かに超える5カ月で公益法人と認定されたことに感謝しました。

⑷　シニア総合サポートセンターの公益認定

㋐　苦労した3S会の公益認定申請

　私は、平成26年に高齢者の身元保証等を行う一般社団法人シニア総合サポートセンター（以下「3S会」といいます。）を設立し、設立直後に公益認定の申請を内閣府に相談に行ったところ、実績が出てからにしてもらいたいという趣旨のことを言われ公益認定の申請を見合わせていまし

た。アジア共生の公益認定申請した直後である令和2年8月19日内閣府に下記の事業を公益目的事業として公益認定の申請をしました。

公1　身元保証・身上監護・葬祭の執行その他死後の事務処理

公2　任意後見、成年後見等の事務並びに財産管理事務等

公3　遺言執行業務・遺産整理業務

公4　介護保険法に基づく居宅介護支援事業

(イ)　公益認定申請後内閣府から質問があった要旨は以下の通りです。

①　公1〜公4の事業の内容についてどういった理由で高齢者の福祉の増進に役立っているのか。

②　虎ノ門法律経済事務所、株式会社虎ノ門法曹ビル等の理事長が代表となっているグループ会社・法人と公益認定法第5条第3号、第4号の特別の利益に該当しない理由を説明してもらいたい。

③　役員報酬基準に定める理事の報酬・賞与はいくらか。

④　3S会とグループ法人の関係について

⑤　3S会の契約実績について

⑥　遺言書作成、遺言執行などを行う実務担当者が技術的能力を有しているか。

⑦　財産管理に係る財産の安全・保全管理方法について説明を求める。

⑧　3S会の法人の社員（法人法の）とその親族と3S会との間で特別の利益の供与がないか確認を求める。

⑨　高齢者の「福祉」という文言には、貧者、弱者に対するものとの概念が含まれるものと考えられる。申請法人の事業にはその仕組みが確保されていない。この点について如何。

⑩　公益法人化する理由は如何。寄付を求めずかつ利益がないのであれば、公益法人化する理由が見当たらない。公益という信用を使い、利益を増やすためのように思えてしまうとの意見あり。

⑪　遺言執行業務を職員である行政書士に行わせることは行政書士の有償独占業務の実施をしているのではないか。

⑫　公1〜公3事業における3S会が実施しているサービスの特徴、特殊性、3S会と同様な事業を行う営利法人が実施するサービスと差別化できる点（換言すると公益性を示す点）について説明を求める。

⑬　委員から身元保証業務を株式会社が行っているとの指摘があり調査したところ2社ある。サービス内容が同一でないので単純に比較

できないが、３Ｓ会よりも廉価のところもある。今後多数の営利法人が参入したとき廉価性をどのように担保するか。

⑭　経理的・安全性の再確認

　　信託銀行や士業は事業が破綻した場合（お手上げの場合）ペナルティがあるが公益法人の場合にはペナルティがない。そこで、次の点について如何に考えるか。

ⅰ　預り金を信託して預けている信託会社が破綻し債務不履行になった場合のこと。

ⅱ　虎ノ門法曹ビルが会員に対し３Ｓ会の債務について連帯保証することになっているが、保証能力がある書面を提出してもらいたい。

(ウ)　委員会からの突然の変更要請

　　令和４年１月14日担当者から、同日の委員会で公３、公４の業務は営利企業が行っている収益事業であるので、収益事業として公３・公４の事業を収１・収２として変更するのであれば公益認定の答申をするとのことであると電話で連絡してきました。委員会から公３、公４の業務を収益事業に変更することを条件に認定すると提示されたとき、認定法第５条に定める公益目的事業に該当することは明らかであると確信していましたが、申請してから約１年５カ月経っており、ここで争うと全体が不認定となることを恐れ委員会の提示する条件をやむを得ず受け入れ申請書を変更しました。

　　令和４年２月８日、公益認定がなされましたが、同２年８月21日に公益認定申請をしてから約１年６カ月近くを要しました。この間担当者と、メールでやりとりした回数は224回、メールを含めて提出した書類は約1,000ページになり、この間に費やした時間と労力は多大であり、この方式で審査する方法に大いに問題があると思いました。

(エ)　公益認定の変更申請

　　公益認定前は全事業を一つとして経理処理してきましたが、公益認定取得後は部門別に収支計算する必要があるので部門別に収支計算すると収１・収２はいずれも赤字であることがわかりました。赤字の原因は、収１の遺言執行・遺産整理業務は、会員のため営利会社の料金より安くしていること、収２の介護保険に基づく居宅介護支援事業は、介護保険法に基づいて料金が支払われており、この事業を行っている法人の約２分の１が赤字であることがわかりました。

公益法人は、収益事業で生じた赤字を公益目的事業で得た収益で補填することは認められません。

収1の事業を赤字にしないためには料金を値上げする必要がありますが、会員のため値上げは出来ません。

収1・収2の事業を値上げしないで継続するには収益事業から公益目的事業に変更する必要があります。そこで、令和4年4月30日内閣府に対し収1・収2の事業を公3・公4の事業に変更する認定申請をしました。

この申請に対して内閣府公益認定等委員会は、同年9月16日変更申請の事業については、認定法5条第1号の公益目的事業に該当しないので、不認定とするのが相当であるとの答申を出しました。この答申を受けて内閣総理大臣は、同年9月21日、3S会の変更申請を不認定とする処分をしました。

(オ) 内閣総理大臣に対して訴訟提起

3S会は、変更申請の不認定をそのまま受け入れると遺言執行業務については料金を値上げしないと、公益法人の解散事由となり事業継続ができません。

高齢者である会員が現在の料金で遺言書を作成し遺言執行を受けられることを継続するためには、司法判断を仰ぐ必要があると理事会で決定し、令和5年3月2日内閣総理大臣を被告として東京地方裁判所に不認定処分取消訴訟を提起し、現在係争中です。

(5) 当法人の公益認定申請

(ア) 法人設立の動機

3S会の公益認定申請をして感じたことは、担当者からの質問に対し、委員が納得する回答をしないと、認定手続が進まないと強く感じました。

また、公益認定取得は超難関であるとして公益認定の取得に関し超高額なコンサルタント料をとるマーケットがあるため公益認定取得を諦める人が多いとも聞きました。

調べてみると、新制度になってから公益認定を受けた法人が少なくまた申請後取下げした件数が多く公益認定取得のハードルが非常に高いことがわかりました。

公益認定の標準処理期間を内閣府は4カ月と定めながら、同じ質問が何度も繰り返され、法律の専門家である私がこれほど苦労するのだから、他の方も大変苦労されていると思いました。そこで、新制定の理念に則って、

「公益の増進」を図るため、公益法人等の設立・運営を支援し、また、公益活動の普及啓発を行うことを目的として令和3年3月1日に当法人を設立し同年3月26日内閣府に対し公益認定の申請をしました。

(イ) 公益認定申請の内容

　当法人の主たる事業は、公益認定に関する相談事業です。当法人が行う相談事業を行っている公益法人に公益財団法人公益法人協会（以下「公法協」といいます。）と公益社団法人しなの中小法人サポートセンターがありました。

　当法人の公益認定の申請に際しては「公益認定申請はやわかり」（公法協発行）を参考に申請書を作成しました。この本は、公益認定を申請するに際して必要な法人事業の概要や公益性に関するチェックポイントについて内閣府に提出した書類がそのまま掲載されているので大変参考になりました。

　そして、当法人が行う相談事業の内容として以下の内容とするとして提出しました。

　公益認定及び公益認定後の運営を全面的に支援するため以下の事業を行う。

① 民間非営利活動の新たな創出を支援するため個人や企業が一般社団・財団法人を設立するときに必要な相談

② 公益認定を受けるために必要な手続についての支援と公益認定申請書作成に関する相談

③ 公益活動を行っている法人の運営についての相談

(ウ) 委員会からの行政指導

　担当者は、当法人の申請に対し再三再四にわたり変更を要請し、公益認定申請の8カ月経過後に、相談事業については2つの理由から以下の内容に変更するように指導を受けました。

① 公益法人が、公益目的事業として、委任、雇用等の関係に限らず、士業の方（特に弁護士）を入れて法律一般事務を行うことは弁護士法に違反するおそれがある。

② 貴法人の事務所は、貴法人の代表者である理事長が代表を務める弁護士法人と同じビル内に近接しており、本件相談事業を入口にして相談員である弁護士が代表を務める弁護士法人やその関係者が直接受託したりすることが公益認定法第5条第3号及び第4号に規定する特別の

利益の供与に該当するおそれがある。そこでこれらの点を明示的に排除するため申請の内容を以下のように変更する。

（相談内容の細目）

① 相談内容は、一般法人の設立、公益認定申請、法人運営、会計、税務相談を中心に、一般的な相談に応じることとし、実務的あるいは個別の内容は扱わないこととする。

② 相談員と相談者との利害関係が生ずることを排除するため、相談者が実務的な対応を希望する場合であっても、相談員が仕事を直接受任することはなく、当法人においても弁護士・行政書士・税理士等を相談者に紹介することは一切行わず、相談者と弁護士・行政書士・税理士等との契約にも一切関わらないこととする。

③ 上記の方針については、当法人のホームページ等にて公開することとする。

㈎ 当法人からの回答

内閣府で弁護士が相談員となって公益認定等に関して相談している例があり、地方公共団体や新聞社等が、弁護士が担当となって無料法律相談をしていることから、弁護士が実務的なことについて相談をしたとしても弁護士法違反にならないことは明白です。また、弁護士のプロボノ活動（社会貢献活動）として相談事業を全て無料で行うとホームページに掲載しており、当法人の事務所と代表理事が代表を務める弁護士法人同じビルにあるからといって相談事業を窓口として公益認定に関する仕事を弁護士法人が受任して特別の利益を図るおそれがないことも明白であり、この指導に従う必要はないと思いました。しかし、審査の最終段階になって、担当者からこの点を修正すれば公益認定審査が進むとの説明があったので、公益認定を受ける立場は弱く、最終的に内閣府の指導に従うことを承諾しました（詳細は当法人情報公開資料第1期事業計画書参照）。

㈏ 公益認定を受けるまでの期間

公益認定を申請した後認定を受けるまで、担当者及び委員会からまさに爪楊枝の上げ下ろしまでの指導がありました。その結果、担当者とやりとりしたメールは264回、書類は900頁、電話による打合せ50回以上という大変苦労した結果申請して約9カ月後に公益法人として認定されました。

㈐ 公益認定後の変更

当法人は、設立後相談事業を行うために原則として毎日相談できる状態

で待機し、常駐してもらっていましたが、令和4年4月末日までホームページからの相談はゼロでした。

このような開店休業状態であることは当法人のホームページに、相談は、一般論のみで個別の相談はできないと公表していることがその原因であると思いました。

前記の通り当法人が、弁護士による個別の相談を行ったとしても弁護士法違反になることはなく、当法人と同様の事業を行っている他の公益法人は、ホームページに相談事業に関して、一般論のみしか行えないと掲載されておらず、当法人のみがこの様な制約を受けることは、当法人の公益活動を阻害していると判断しました。

そこで、当法人が、公益認定申請時に内閣府に提出した個別の相談に応じられない旨の文言その他これに関連する文言を、ホームページの掲載から削除すること及び内閣府への事業報告書にその旨記載することを、令和4年5月18日開催の当法人の理事会で決議しました。

そして、内閣府に提出する事業報告にも理事会決議により削除したと記載しました。

この報告に対し内閣府からホームページの記載を元に戻すように行政指導がありましたが、この行政指導は合理的理由がないので従うことはできない旨回答しました。

上記ホームページから掲載を削除してから公益認定に関する相談が増えました。当法人は、ホームページにも記載しているとおり、士業の方が依頼者の代理人となって公益認定を申請する場合、公益認定を受けるための相談及び公益認定申請後の行政庁との対応についても無料で何回でも相談することができデータを提供することを公表しています。そして、当法人は、士業の方と依頼者との契約には一切関与せず、公益認定サポートをすることを公表しています。

第3 公益認定の実情と有識者会議の設置

1 公益認定の申請・公益認定取下げ

平成20年から令和4年までの15年間の公益認定・不認定・取下げした法人は284頁記載の通りです。

2 有識者会議の設置

政府は、新法施行後公益認定を受ける法人が少ないことから、「新しい資本

主義のグランドデザインおよび実行計画」（令和4年6月7日閣議決定）及び「経済財政運営と改革の基本方針2022」（令和4年6月7日閣議決定）に基づき、民間にとっての利便性向上の観点から、公益法人制度の見直しに必要な検討を行うため、内閣府特命担当大臣（経済財政政策担当）の下、新しい時代の公益法人制度の在り方に関する有識者会議（以下「会議」という。）を開催することにしました。

　会議は、有識者（公益法人制度に関する学識者及び実務経験者等をいう。）により構成することになりました。。

　そして、会議において、公益法人制度の見直しに必要な検討が行われ、民間からの制度改革について意見が出すことができるようになりました。

3　有識者会議に上申書提出

　当法人は、「公益の増進をはかるために新公益法人制度が制定されたにも拘わらず公益認定を申請する法人が何故少ないかということを分析する資料として、令和4年7月1日「公益法人の分析」という小冊子を発行しました（当法人ホームページに掲載中）。

　この小冊子を全国の公益法人9,715法人に送付するのと同時に、公益認定と公益法人の運営に関する事項についてアンケート調査（以下「アンケート」といいます。）をとり、556法人から回答がありました。

　アンケートの項目の中に、「公益法人制度の現在の運用を大幅に改革してもらうために内閣府・国会議員・その他関係する方にアンケートの結果を反映させた内容とお願書を出すことについて」という項目も設けていました。この項目に対する回答は、① 賛成する 402　② 賛成しない 51　③ その他 72、未回答 31 でありました。

　そこで、このアンケートの結果をふまえ、令和4年11月24日、会議の座長に対し上申書（以下「上申書」という。当法人ホームページに掲載中）を提出し公益法人制度の改革について要望しました。

　この上申書は、公益認定を取得するにあたって公益認定の審査が現在どのように行われているか実状を知ってもらう必要があること、および公益認定取得後公益法人を運営するうえで、公益法人がどの点に苦労しているかについてアンケートをとったデータに基づき公益法人運営側の意見として取りまとめ以下のことを要望事項として上申しました。

4　当法人から要望した事項

　要望事項 (1)　「公益認定の審査期間を標準処理期間内に処理するよう最大限

努力し、公益認定申請から処理に要した期間を年1回公表するようにする。」について　内閣府は、行政手続法に定める標準処理期間として、公益認定申請に関しては、4カ月、変更申請については40日と定め公表している。この標準処理期間は国民に対する約束であり、国民としては原則としてこの期間内に処理されると思う。公益認定申請を迅速に処理することも公益認定法制定の目的の一つである。

　現在公益認定審査の期間は公表されておらず、そのため、公益認定審査期間が長期化する傾向にある。今後公益認定申請（変更申請を含む。）の処理期間を1年に1回公表する（都道府県を含める）ようにしてもらいたい。

◎　公益認定申請から認定まで要した期間

　①　4カ月以内　142　②　4カ月以上　252　③　6カ月以上　40

　④　それ以上　54　⑤　未回答　63

要望事項⑵　「公益認定申請書の作成が申請者にとって負担が重いので、大幅に軽減する。」について

　公益認定申請書類の改定と審査方法の改善

◎　公益認定申請についてのアンケート結果

　①　大変苦労した　404　②　苦労しなかった　44　③　その他　87

　④　未回答　21

　公益認定申請に関して7割を超える法人が大変苦労したと回答している。

　新しい公益法人制度は、「公益の増進をはかる」ため主務官庁の裁量権を排除し、できる限り準則主義に則った認定等を実現することを目的として認定法が制定され、その理念に則った運用がなされることになっていた。しかしながら、公益認定審査の実状は、準則主義とは程遠く、公益認定審査の段階で公益認定を受けた後の法人の運営方法・会計監査と同様のことまで介入して指導し回答を求める審査となっている。このような公益認定審査方法を本来の認定法制定の趣旨に則った方法に改善することを求める。

　また、苦労している最も大きな点は、現在の公益認定申請書が、あまりにも複雑・難関であるので改訂すべきと思う。

要望事項⑶　「収支相償と遊休財産の規定の条文の名称を変更するとともに「公益の増進」をはかるという立法趣旨に反するような解釈が生じない内容に変更する。」について

⑺　収支相償

　「収支相償について、公益認定の申請をするとき公益法人になっても利益

を出してはいけないとい聞いたことがありますか」というアンケートの設問に対し、① ある 492、② ない 36、③ その他 26、未回答 2であった。回答法人の約90％近くが公益法人は利益を出してはいけないと思っており、その理由が以下の点にある。

収支相償について政府は、収支相償とは公益目的事業の収入が適正な費用を超えないことであり、公益法人が利益を内部に溜めずに、財源を最大限活用して無償・格安でサービスを提供し、受益者を広げようとする趣旨であると公表している。このことから公益認定申請等の解説書に、収支相償の規定に関して公益法人会計の専門家が公益目的事業で儲けてはいけないとか、赤字にしなければならないと書いている。

公益法人が行う公益目的事業は、事業を行ううえで相当額の経費がかかり、人を採用して組織的な活動をするためには、安定した収入を確保する必要がある。そして、より良く公益目的事業を行うためには、公益目的事業によってある程度収益を得て運転資金を積立て内部留保することが必要である。

公益法人である学校法人、社会福祉法人、ＮＰＯ法人は、いずれも目的事業で得られた収入で利益をあげても収支相償に相当する規定はなく、合理的な内部留保は認められている。

このことから、収支相償の規定は事実上廃止し公益法人法制定の理念に則って変更するとすれば収益を上げたときは、公益目的事業に使用するという内容に変更するともに、条文の見出しも変更することが必要と考える。

(イ) 遊休財産規制について

◎ 遊休財産は、公益目的事業費の１年分を保有することができるという制度についてどう思うかについての設問に対するアンケートの結果

① 現状のままでよい 170 ② 合理的な理由があれば１年分を超えて保有することができるものとする 342 ③ その他 19 ④ 未回答 15

公益法人は、公益目的事業を行う事業体であり安定した事業運営をするためには相当額の積立金を保有していることが必要である。また、公益法人が安定した運営をするために保有する積立金等は、法人として必要な資金であり遊休財産という名称を変更すべきと考える。これらの点から法人運営に必要な積立金の限度額を、公益目的事業費の３年分位まで増額することが必要と考える。

要望事項(4) 「会計報告及び公益法人会計基準の改定」について

◎　会計報告の現状についてどう思われますかとのアンケート結果

①　複雑であり改訂すべきである　262　②　現状のままでよい256

③　その他25

更に公益目的事業1億円または正味財産が1億円を超える法人を大規模法人としてそれ以下を小規模法人としての改訂すべき点を質問した。

大規模法人からの回答は、全体的に簡素化を望む。事業報告等にかかわる報告書が複雑すぎる、財務諸表の注記は必要ない等その他多くの要望がある。

◎　小規模法人からのアンケートの結果は以下の通りである。

①　会計書類・事業報告等いずれも現在の内容では負担が重いので、ＮＰＯ法人が行政庁に提出しているのを参考にして公益法人としてどの程度必要か検討し軽減する　192　②　現状のままでよい　51

要望事項 (5)「定期提出書類の大幅削減と立入検査を原則廃止する」について

定期提出書類の大幅削減

◎　定期提出書類についてのアンケート結果

①　事務量が多いので大幅に減らして欲しい　350　②　現状でよい169　③　その他　23　④　未回答　14

◎　滞納処分のない証明書の添付をなくすことについてのアンケートの結果

①　賛成63　②　現状のままでよい160　③　その他8　④　未回答15

その他定期提出書類に関し、省略しても行政庁の指導監督に支障がないと思われる書類として以下のものあると回答している。

①　別表のほとんど　②　事業報告書、正味財産計算書、財産目録の提出だけで十分　③　社員総会の開催状況の記載、その他

要望事項 (6)　立入検査原則廃止

現在公益法人に対して原則3年毎に立入検査が行われているが、この検査についても再検討すべきである。この立入検査制度は、公益法人法制定前は、定期的に行っておらず、必要に応じて行っていたところ、制定後において公益法人は税制の優遇を受けているということから厳格な審査をすべきであるとの理由で原則3年毎に行うことになったとのことである。

しかしながら、公益法人の殆どは法令を遵守して公益活動を行っており、3年毎に立入りして全公益法人を検査する必要はないと思われる。

公益法人の活動に問題があると思われる法人について当該法人の関係者等から行政庁に通報する制度を作り、通報の内容を判断して必要なとき立入検査をするようにすると法人の不正運営を防止する役割を果たすことになる。

第4　令和6年に改正された公益法人改革

1　有識者会議の最終報告

　　有識者会議は、令和4年10月4日から令和5年5月30日まで11回開催され、令和5年6月2日有識者会議「最終報告」としてまとめられ、同日有識者会議雨宮座長と高山座長代理から後藤経済財政政策担当大臣に手交されました。

　　後藤大臣は、最終報告を踏まえ、次期通常国会への法案提出を目指して作業を進めている旨述べられ、最終報告書の内容に基づき令和6年5月14日公益認定法が改正され、令和7年4月から施行される予定となりました。

　　今回改革される事項は多岐にわたりますのでそのうちこれらから公益認定を受ける法人にとって関係があると思われる要旨を紹介します。

(1)　資金のより効果的な活用のための財務規律の柔軟化・明確化

　　公益法人が、法人自らの経営戦略に沿って、社会的課題の変化等に柔軟・迅速に対応し、継続的・発展的に公益的活動の活性化に取り組むことができるよう、法人の財務規律及び公益認定等の行政手続を見直す。

(ア)　収支相償原則を見直し

　　財源の有効活用という趣旨が明確になるよう、収支均衡（収入を費用に充てる）ことを規定する。収支均衡の判定については、単年度ではなく中期的な期間（内閣府で定める期間）で行う趣旨を明確化する。また、黒字が出た場合、「公益充実資金」（公益目的事業を充実させるため将来において必要となる資金）として、積立てる制度を創設する。

　　この改革により、これまで公益法人が公益目的事業で儲けてはいけないとか、赤字を出さなければいけないという解釈はなくなります。この改正により、公益法人は、公益目的事業により適正な収益を上げることは可能であり、上げた収益を将来の公益目的事業の発展・拡充を積極的に行うことができるようになる「公益充実資金（仮称）」を創設することになりました。

　　この改革により、公益法人は学校法人や社会福祉法人と同様公益目的事業で適正な利益をあげることが認められ、黒字分を公益充実資金として積立て、その資金を更に公益の目的に使うことにより、更に公益目的事業を発展させることができ出来ることになりました。

(イ)　遊休財産額の制限

　　公益法人といえども事業を遂行するためには運営資金が必要であり、これまで公益目的事業費の1年分を使途不特定の資金として認め、1年分を超えた資金をプールすることを制限してきました。

今回の改正により、法人の経営判断で必要な財源を確保し、コロナ禍のような突発的な不測の事態にも対応できる安定した法人運営を可能とすることができるようになります。そして遊休財産という呼称も「使途不特定財産」に変更されます。

このことによって、従来の公益法人は成長ができないのではないかと誤解されていた点も、「公益法人の成長＝公益の将来の拡大」ができることが明確にされます。

2 運用面での審査の迅速化

(ア) 公益認定の基準を明確にするなどにより、公益認定・変更認定・届出事項の判断事項が明確化されます。また公益認定等審査に当たり申請者に対して求める書類を簡素化・合理化し、明確化すると公表されています。

(イ) 認定等に関する行政の判断のぶれやばらつきを極力なくす観点から、上記アで明確化された基準等について、国・都道府県の関係職員への研修を強化することになります。

(ウ) 行政庁への提出が必要な書類を簡素化、合理化（例：納税証明書の提出簡略化）がなされます。

(エ) 行政庁において認定等に係る審査に要した期間の状況を公表し、短縮を図ることになります。

第5 公益認定等ガイドライン研究会による検討

1 ガイドライン研究会の発足

内閣府は、令和7年4月の改正法施行に向けて、現在の制度の見直し及び現行ガイドラインの諸問題を検討し改訂するため、「公益認定等ガイドライン研究会」（以下、「研究会」といいます。）を設置し、本年6月6日から研究会が開催されています。研究会第1回開催資料にガイドラインの総則として記載する内容について以下のように記載しています。

2 新ガイドライン（素案イメージ）の公表

令和6年7月29日研究会より新ガイドライン（素案イメージ）が公表されました。新ガイドラインは、新法施行の基準となるものであり多くは公益認定の指針を定める点において大きな進歩であると考えます。

(1) ガイドラインの基本

ガイドラインは、法令の適用に当たり留意すべき事項（法令等の解釈・

運用）及び審査・処分の基準・考え方を示すものであり・公益法人（公益
認定を検討する者を含む。）が、法人自治の下で、各種申請や事業遂行を
行う際の参考のために、（行政庁の対応についての予見可能性の向上）又、
行政庁（行政庁職員を含む。）及び公益認定等委員会（事務局職員を含む。）
が職務を遂行する上での指針・公益法人の活動を支援し、チェックする
国民の物差しとなることを想定している。

○　行政庁及び公益認定等委員会は、ガイドラインを踏まえた判断を行うこ
とが求められる。これは、杓子定規の取扱いを求めるものではない。法
令の規定及び趣旨を勘案した上で、個別の事情に応じて、又は社会経済
の変化を踏まえ、柔軟な対応を行うことは当然であり、合議制機関を置
くこととした制度の趣旨に合致する取扱いといえる。

○　ガイドラインは、社会情勢の変化、判断の蓄積、関係者（公益法人、都
道府県、国民・企業等）の要望等を踏まえ、少なくとも年 1 回は見直
しを検討するものとする。

　また、法運用の透明性を確保し、正確な理解を促進する観点から、具
体的事情を踏まえた判断事例を明らかにすることが重要であることを
踏まえ、認定法等に係る各種判断について、「事例集」を作成し、本ガ
イドラインの付属資料として位置づけるものとする。

(2)　公益行政の基本的考え方

　公益行政（公益目的事業の適切な実施を確保する等により、公益の増進
及び活力ある社会の実現を実現するための行政を言う。以下同じ。）には、
次の考え方に従い、実施するものとする。

○　公益行政は、法律の根拠に基づき行う。認定法に基づく処分等（勧告を
含む）は、法律及び法律に基づく命令の根拠に従って行わなければなら
ず、法律の根拠なく、社会通念上のあるべき公益法人像に従って、審査
や監督を行うことは許されない。こうしたあるべき公益法人像を目指し
て公益法人を支援する場合は、法に基づく審査や監督とは峻別する。

○　公益行政は、公益法人が自主的・自律的に構築したガバナンスの下で、
コンプライアンスを確保し、適切に業務運営が行われることを前提に、
寄附者等の意思、法人の伝統や創意工夫、自律的な判断など法人の自治
を最大限に尊重して行う。審査や監督は、法律に従い、プリンシプルベー
スで行うことを原則とし、行政庁・合議制機関において法人が従うべき
ルールを一方的に設定し、これを押し付けることは、厳に慎む。

○ 公益行政の目的は、民間公益を活性化し、活力ある社会を実現することにあり、「公益法人の適正な運営の確保」は手段である。公益法人が、高い規律を持つことは重要であるが、徒に高い規律を求めることは、却って民間の公益活動を阻害しかねないことに留意する。

○ また、法人のチャレンジが活力ある社会に不可欠であることを踏まえると、法人の創意工夫や新たな事業展開を促進する観点から、事後のチェックにより対応が可能である場合には、適正な運営に多少の不安があっても、法人が自らのガバナンスの下でコンプライアンスを確保し、適切に事業運営を行っていく前提で、法人の申請の内容が、公益認定基準に適合するか否かを確認して認定を行うことを原則とする。

○ 公益行政においては、法人自治を尊重するとともに、法人支援の視点を持ちつつも、問題のある公益法人に対しては、認定法に基づき果断に監督上の措置を講じるものとする。

　現在検討されている新ガイドライン案は、これまでの公益認定審査方法を大きく変更する内容となっており、新ガイドライン案の素晴らしいところは、以下の2つの点にあります。

○ ガイドラインは、社会情勢の変化、判断の蓄積、関係者（公益法人、都道府県、国民・企業等）の要請等を踏まえ、少なくとも年に1回は見直しを検討するものとする。

○ また、法運用の透明性を確保し、正確な理解を促進する観点から、具体的事情を踏まえた判断事例を明らかにすることが重要であり、認定法等に係る各種判断について、「事例集」を作成し、本ガイドラインの付属資料として位置づけるものとする。

　　このように年1回ガイドラインの見直しを検討することになれば、委員から理不尽と思われるような質問を制限する機会を与えられることになり、まさに国民の、国民による、国民のための公益認定制度になると考えます。

(3) 営利競合から公営競合へ

　　私は、新ガイドライン案は全体として理想的なことを規定しているが、現在のガイドラインと比較して、後退していると思われる点があり、内閣府が、令和6年7月29日新ガイドライン案に関する意見を募集したので、当法人理事長として意見を出しました（当法人ホームページに掲載中）。

　　特に後退していると思われる点は「公益認定を受けた法人は、「公益」

を名乗り、行政庁の監督の下で社会的な信用を得るとともに、高い税制上の優遇措置を受けるなど、広く社会的なサポートを受けることになる。それらを踏まえると、営利企業等が実施している事業と類似する事業にあっては、社会的なサポートを受けるにふさわしい公益目的事業としての特徴があることが公益目的事業の該当性の要件である。」という営利競合の考えを新ガイドラインに公益認定の要件の1つとすることを追加することが提案されていることです。

営利競合という考え方は、認定法制定以前に営利企業が行っている収益事業を公益法人が公益事業の中に含めて行っており、税制の優遇を受けながら営利法人と同じ事業をすることは不公平であるというので営利企業の利益を護るため営利競合が問題となりました。

民間は、国家（行政）が独占的に行う国防と警察以外全ての事業（以下「市場化事業」という。）を行うことができ、民間営利企業は、市場化事業を全て行うことができることから、公益法人が行う公益目的事業と全て営利競合します。また、営利企業が公益法人が公益目的事業として行っているのと同一内容の事業を社会貢献として参入して営業することもあります。このように公益法人が行う公益目的事業と収益事業との分岐点をどうするかについて公益法人制度改革のとき検討されました。そして、公益認定法に、営利競合する事業の中から公益性の高いものを同法第2条第一項四で公益目的事業の内容を限定して列挙し、実体要件を規定しました。そしてこの実体要件に該当する事業を行うことを目的として公益認定を申請し第5条に定める基準に適合すると認められるときは、行政庁は公益認定をしなければならないと定めました。

① 公益認定法に定める公益に関する事業を不特定かつ多数の者の利益の増進に寄与するため行うこと
② 公益目的事業比率が50％以上あること、収支相償や遊休財産の保有制限があること
③ 事業計画・収支予算、事業報告・決算報告・財産目録を毎年行政庁に提出し、内閣府の公益法人インフォメーションより公表されること
④ 同一親族・同一団体関係者が理事・監事に占める割合を制限し、役員報酬規定を定め、役員報酬を支払ったとき報酬額が公表されること
⑤ 行政庁から検査を受けること、利益配当を行うことができず、解散するときは公益団体に寄附すること。

認定法に公益法人は上記の通り公益目的事業について制約することを定めたことに対し、営利企業は、出資者に配当金を出すため利益をあげることを目的として事業を行うことができ、公益法人のような制約は受けません。この違いは、上記のとおり公益法人は、税制の優遇を受けることから制約があるからです。

従って、営利企業が行っていることを公益法人が公益目的事業として行うときは、上記制約を受けて行うことを承知のうえ申請し、チェックポイントによるチェックを受けることから、これらの要件を満たせば公益法人としての特徴が認められると考えます。

公益法人制度改革は、それまで主務官庁が許可権限を持ち大幅な裁量権を有しており弊害が多かったので、公益を官が独占せず民にも開放して自由な参入を促すことが必要であるということから、できる限り準則主義に則った公益認定をすることを目的として公益認定法が制定されました。

このような認定法制定の趣旨から、認定法に規定されていない「社会的なサポートを受けるにふさわしい公益目的事業としての特徴があることが公益目的事業該当性」の要件とすると、「ふさわしい」とか、「特徴がある」とかを判断する裁量権が委員会に与えられることは、法律に定めがないことを委員に裁量権を与えることになり違法の可能性が高いと考えます。

私はこれまで公益認定申請代表者本人及び代理人として公益認定申請した経験から、委員から認定法に定められている要件以外の質問が多くあり、そのため公益認定手続が大変遅くなっていることを経験しました。内閣府以外の県の委員も同様で、委員は、公益認定をして公益法人としての活動を認めることに対し公益法人が税制上の優遇を受けるという特典を与えるので、委員が認定答申した法人が万一不祥事を起こしたり早期に解散するようなことがないように法人の運営方法や将来の資金繰りまで何度も聞かれました。今回ガイドラインに公益法人としてふさわしいか否かを委員会が判断するということになると、これまで以上に委員が法人の運営方法や資金調達まで確認して判断することになり、認定法制定の趣旨から相当でないと考えます。これまで民間から選出された委員会は、営利競合の考え方を維持し、公益法人としてふさわしいかどうかということを基準として審査してきたことから審査が長引き、また公益法人としてふさわしくないという理由で協力な取下げ指導が行われてきたと思われます。したがって、私は、社会的なサポートを受けるにふさわしい公益認定事業

の要件とする考え方に反対する意見を出しています。

　一つの事業を公益目的事業として公益法人が行い、また営利法人が同一内容のことを行うことにより、国民は、公益法人のサービスを受けるか営利法人のサービスを受けるかを選択することができ、国民にとって大変有難いことです。国家は、サービスを受ける国民の利益を第一に考えることであり、制約を受けても公益目的事業として行いたい人の権利と利益をあげたい営利会社の営利事業のいずれも認め、「公益事業」と「営利事業」が競合する「公営競合」の考えを認めることを今回のガイドラインに明記して欲しいと意見を出しています。

　この考えに皆様からご意見をお聞きしたいと思いますので、当法人のホームページに公営競合についてのアンケート欄を作りましたので、アンケートによりご意見を下さるようお願い申し上げます。

第6　公益認定取得のすすめ

1　公益法人からのアンケート結果

　当法人が行ったアンケートの結果、公益認定申請について大変苦労した法人が73%、申請から認定まで要した期間は4カ月をこえた法人が61%あります。

　このアンケートに回答した法人の多くは旧制度の公益法人から移行認定を受けた法人が多く含まれています。

　そこで、公益認定申請の手続は誰が行ったかという問いに対し、①　法人内部　438　②　代理人又はコンサルタント法人に依頼　96　③未回答　22となっています。71%の法人が法人自身で申請しています。

　そして前記②の代理人等に依頼した法人の費用がいくらかかったかという問に対し、①　50万円以内　31　②　50万円から100万円未満　27　③　100万円から500万円未満　17　④　500万円から1,000万円未満　4　⑤　1,000万円以上　1　⑥　その他　1となっています。

　公益認定申請は、73%の法人が大変苦労をしたと回答していますが、それは71%の法人があまり費用をかけないで申請していることも大きな要因かと思われます。

　また、代理人・コンサルタント法人に依頼して公益認定を申請した法人が支払った費用は、100万円未満が60%となっています。このことから、代理人に委任して申請した場合の報酬金額の目安になるので公表します。

◎　公益認定を受けた法人のアンケート結果

一般法人を選択しないで公益法人に移行したことについて

①　大変よかった　103　②　よかった　274　③　一般法人の方がよかった　77　④　その他　69　⑤　未回答　33

公益法人に移行してよかった法人が68％を占めている一方で一般法人の方がよかった法人が14％ある点に注目する必要があります。

また、移行前と移行後の相違について

①　移行前の方が運営しやすかった　245　②　移行後の方が運営しやすい　127　③　その他　120　⑤　未回答　64

移行前と移行後の相違について移行前の方が運営しやすかった法人が44％あります。このことは、一般法人のときは、非営利事業で収益をあげても収支相償や遊休財産の保有制限の制約はなく、立入検査もなく、多額の資産を内部保留することができます。これに対し、一般法人が公益認定を受けようとすると、公益認定申請に費用と時間がかかり、更に認定を受けた後も、毎年行政庁に事業報告、会計決算について報告する必要があり、その他定期的に立入検査を受ける等、本来の公益目的事業以外のことに多くのエネルギーを費やす必要があります。

このことから、一般法人が公益認定を受けない原因であることから、公益の増進を進め公益法人を増やすために、本年度認定法が大幅に改正されました。

2　公益法人となる利点

(1)　社会的信用が得られる

公益法人になると、社会的信用が得られ、公益活動が促進します。当法人がサポートして公益認定を取得した法人では、会員が増え、寄付金が多く集まる様になりました。また、職員採用の面からも公益法人であることから、応募者が多くなります。

(2)　税制上の優遇を受けられる

公益法人に対する寄附については、個人・法人のいずれも税金の優遇が受けられることから、寄附金を多く集めることができます。認定NPO法人の場合、公益法人と同様、寄附する人が税の優遇が受けられますが、5年毎に更新手続が必要となります。公益法人の場合は、公益認定を受けると更新手続が不要であることが大きな違いといえます。

(3) 手続は簡便である

　行政庁への届出は全てインターネットで行うことができ、報告書等は1回形を作って申請すれば毎年同じような方式で申請できます。現に、多くの小規模法人がこれらの手続を行っていることから、それ程難しい手続でないといえます。

(4) 立入検査は法人にとっても利点である

　行政庁による立入検査があることがデメリットである、という考え方があります。しかし、立入検査そのものは、通常の業務を行っておれば問題はなく、ほとんどの公益法人で警告は出されていません。今回の法改正で、これまで3年に1回立入検査が行われていましたが、今後は少なくなることになっています。立入検査を受けることにより、法人運営が適正に行われていることの証となり、社会的な信用が増すことで法人組織がより堅固となり、公益活動にプラスとなります。

(5) 公益のために活動することの生きがい

　公益法人の役職員のいずれも、公益活動を行うことで社会貢献をしているということから、公益活動をより活発に行うことにより、生き甲斐を感じている人が多くいます。

3　まとめ

　公益認定取得に大変苦労して2つの法人の公益認定を取得した結果、3S会は公益認定前と比べ会員数が約3倍になり、支部を9支部増設することができました。また、当法人は、私が寄附した株式の配当金が寄附した年の翌年から比べると約3倍となり、他からの寄附を求めることなく運営できる財政基盤ができました。そのうえ当法人は、公益認定を受けたことによりTLEOグループからの寄附金と配当金で本年度は、公益認定前の第1期の予算と比べると第4期目である本年度は10倍を超える予算を組むことができました。そのお陰で現在無報酬で当法人のサポートを受け公益認定申請中の法人が7法人あり、6法人が公益認定申請の準備中です。このように公益認定を受けることにより一般法人の時代とは異なる事業拡大と社会貢献ができます。また、公益法人となった方が人材が集まりやすく、そのうえ職員の意識も公益法人の職員であることを意識して行動しています。

　現在一般法人として活動中の法人又はこれから公益活動を行う志を持つ方が本書に掲載する500の公益法人の事業内容を参考にして、できるだけ多くの方が公益認定を取得して公益法人として活動されることを期待します。

目的 1	

公社 学術・文化・産業ネットワーク多摩

東京都日野市程久保 2 − 1 − 1　代表理事　沖永佳史

行政庁	東京都
目的	1, 5, 7, 16, 19
類型	2, 3, 4, 5, 6, 13, 14

- 法人コード　　A007050
- 社員・会員　　46名・67名
- 寄付金収入　　3,091千円
- 会費収入　　　8,905千円
- 経常収支　　　経常収益合計　20,834千円
　　　　　　　　経常費用合計　16,271千円
- 公益目的事業費　13,032千円
- 収益事業　　　無
- 主な財産　　　預金等　39,763千円
　　　　　　　　負債　432千円
- 正味財産額　　41,639千円
- 常勤理事　　　0
- 職員・給与　　5 名・3,135千円
- 賃借料　　　　240千円
- 使用したデータ　令和 3 年度

法人の概要

2005年 4 月設立・2012年 4 月公益法人登記。多摩地域を中心に、大学・行政・企業・団体等との協働を通して、地域の活性化、調査・研究開発、情報提供、交流促進、大学間連携等を実践し、もって、地域の発展はもとより、わが国の教育の改善・発展と社会貢献に寄与することを目的とする。

事業の概要

1．大学間連携事業
　(1)　単位互換（産学連携科目）本年度縮小
　　　多摩 2 、帝京14、大妻女子 8 講座、他
　(2)　多摩未来奨学金
　　　多摩地域の企業等からの寄付金が原資
　　　寄付金501万円、採用者 7 大学10名
　(3)　就職支援事業
　①　ワークプレイスメントの実施
　　　有償型就業体験制度の実施
　(4)　学生生活支援（入試合格発表時等）
　　　住まい・アルバイト・生活情報の提供
2．地域人材育成と教育力アップ事業
　(1)　多摩地域行政連携「政策スクール」
　(2)　新任大学教員研修　36名（15大学）

公社 企業情報化協会

東京都港区芝公園 3 − 1 −22　代表理事　山内雅喜

行政庁	内閣府
目的	1
類型	3, 6, 14

- 法人コード　　A021726
- 社員・会員　　154名・191名
- 寄付金収入　　0
- 会費収入　　　21,080千円
- 経常収支　　　経常収益合計　176,058千円
　　　　　　　　経常費用合計　149,867千円
- 公益目的事業費　102,702千円
- 収益事業　　　経常収益　57,278千円
　　　　　　　　経常費用　40,013千円
- 主な財産　　　預金等　104,918千円
　　　　　　　　負債　45,564千円
- 正味財産額　　84,670千円
- 常勤理事　　　1 名
- 職員・給与　　7 名・38,798千円
- 賃借料　　　　7,441千円
- 使用したデータ　令和 3 年度

法人の概要

1981年 7 月設立・2013年 4 月公益法人登記。企業の情報化に関する調査研究及び開発を行い、その成果の普及・実施の促進により、日本の社会・経済及び産業の健全な発展に寄与することを目的に設立。一般社団法人「日本能率協会」から分離発展した事業体であり、IT の戦略的活用によって企業経営の革新を目指し、交流会・研究会・調査活動等の実施。

事業の概要

1．優秀企業表彰制度
　(1)　第39回 IT 賞（公 1 ）
　　　IT を活用した経営革新に優れた成果をあげた企業に授与。
2．カンファレンス事業活動
　(1)　第37回 IT 戦略総合大会（収 1 ）1,450名
3．研究会および関連事業活動
　(1)　第16期グループ CIO 交流会議（公 1 ）
　　　今後の IT 戦略と経営強化の情報交換 52 名
　(2)　第14期 IT 人材活用研究会（公 1 ）
　　　IT 企業での活気ある職場づくり 36 名

		行政庁	内閣府

公社 九州数学教育会

福岡県福岡市中央区大名 2 – 10 – 31　代表理事　添田佳伸

	行政庁	内閣府
目的	1, 7	
類型	3, 18	

目的 1

- 法人コード　　A022105
- 社員・会員　　94名・94名
- 寄付金収入　　0
- 会費収入　　　2,500千円
- 経常収支　　　経常収益合計　3,730千円
　　　　　　　　経常費用合計　5,096千円
- 公益目的事業費　4,758千円
- 収益事業　　　無
- 主な財産　　　預金等　2,524千円
　　　　　　　　負債　　11千円
- 正味財産額　　8,253千円
- 常勤理事　　　0
- 職員・給与　　1名・520千円
- 賃借料　　　　0
- 使用したデータ　令和3年度

法人の概要

1960年4月設立・2013年11月公益法人登記。数学及び数学教育の調査研究を行い、会員の識見の向上に努め、特に九州各県における数学教育の振興を図ることを目的として設立。小・中学校・高等学校・大学および各県の数学教育会と連携しつつ、学習指導要領に基づく資質・能力の育成、算数・数学教育の充実と授業改善に資する活動を行っている。

事業の概要

1. 九州算数・数学教育研究大会
2. 大学・高校入試連絡会（オンライン開催）
　　九州・山口地区9国立、1公立、2私立
3. 算数・数学教育研修会
　（1）講義や研究発表
　　「大学入試問題研究」発表者2名、他
　（2）数学オリンピック研究会－8回開催
　　「整式・空間図形」高校生2名教師4名
4. 「類比方式による数学1・A問題集」の発行
福岡県11校と他の九州・沖縄各県3校の高校教師が数学ⅠAの問題づくりと校正を行った。

公社 昭和経済会

東京都中央区八重洲 2 – 11 – 2　代表理事　佐々木誠吾

	行政庁	内閣府
目的	1, 9, 20	
類型	3, 5, 14	

- 法人コード　　A014233
- 社員・会員　　29名・150名
- 寄付金収入　　150千円
- 会費収入　　　1,320千円
- 経常収支　　　経常収益合計　2,316千円
　　　　　　　　経常費用合計　3,126千円
- 公益目的事業費　2,573千円
- 収益事業　　　無
- 主な財産　　　預金等　1,140千円
　　　　　　　　負債　　6千円
- 正味財産額　　1,133千円
- 常勤理事　　　1名
- 職員・給与　　3名・170千円
- 賃借料　　　　360千円
- 使用したデータ　令和3年度

法人の概要

1939年8月設立・2013年1月公益法人登記。内外の諸経済問題に関する有識者を招集し、その知見をもって内外の諸経済問題に関する調査研究を行い、わが国の公正・自由な経済活動の健全な発展に寄与し、また教育業を通じた国民の心身の健全な発達と人間性を養うことを目的としている。リーダーシップ教育（交渉学・対話学）のコンテンツをコアに、金融経済・教育事業全般の公益活動に取り組み、また中長期的には、資産運用に関する教育啓蒙を担う機能を拡充する計画である。

事業の概要

1. 調査、研究、資料収集事業
　機関誌「昭和経済」（非売品）発刊・配布
　第72巻第1、3、5、8、11号
2. 講座、セミナー、育成事業
　熊野英生「2021年後半以降の日本経済・世界経済の展望」
3. 自主研究事業
　ライフデザインプログラムの最適なターゲティングと展開法について意見交換
4. 無料経営相談会　年間3件

行政庁	愛知県
目的	1，9
類型	3，18

公社 生体制御学会

愛知県名古屋市千種区春岡2－23－10　代表理事　皆川宗徳

- 法人コード　　A014167
- 社員・会員　　124名・136名
- 寄付金収入　　0
- 会費収入　　　1,047千円
- 経常収支　　　経常収益合計　1,125千円
　　　　　　　　経常費用合計　432千円
- 公益目的事業費　201千円
- 収益事業　　　無
- 主な財産　　　預金等　976千円
　　　　　　　　負債　0
- 正味財産額　　976千円
- 常勤理事　　　9名
- 職員・給与　　0・0
- 賃借料　　　　0
- 使用したデータ　令和2年度

法人の概要

2008年12月設立・2012年3月公益法人登記。生体の制御機能に関する学理及び応用の研究を促進し、広く社会に啓蒙するとともに、医療技術の普及に貢献できる有用な人材の育成を推進することで、公衆の保健福祉に寄与することを目的に設立。生体制御学は、生き物の持つ生命現象がどのように制御されているかを学ぶ学問で、生物がもつ制御の仕組みを分子から個体のレベルにわたって理解することを目的とする。

事業の概要

1．各研究班活動
　　①不定愁訴班　②情報・評価班　③生体防御免疫疾患班　④古典文献（鍼灸）班
2．研究班班長会議
　　研究班長勉強会
　　「心拍変動解析における睡眠中の自律神経活動の評価研究の今後の展望について」
3．学会誌の発行
　　生体制御学会誌第35号の発行
4．学会啓発活動
　　生体制御学会賞表彰・記念品授与

行政庁	内閣府
目的	1，6
類型	3，6

公社 生命科学振興会

京都府京都市左京区田中門前町103－5　代表理事　吉川敏一

- 法人コード　　A010224
- 社員・会員　　147名・169名
- 寄付金収入　　2,000千円
- 会費収入　　　3,044千円
- 経常収支　　　経常収益合計　13,959千円
　　　　　　　　経常費用合計　13,925千円
- 公益目的事業費　11,484千円
- 収益事業　　　無
- 主な財産　　　預金等　2,420千円
　　　　　　　　負債　3,044千円
- 正味財産額　　848千円
- 常勤理事　　　1名
- 職員・給与　　4名・2,492千円
- 賃借料　　　　198千円
- 使用したデータ　令和3年度

法人の概要

1973年4月設立・2012年8月公益法人登記。「生命の尊厳のために」、「人間・社会・自然の調和のために」、「生命を育む科学の創造のために」を活動理念とする。生命科学を人間が人間らしく生き生きと創造的に、そして他のあらゆる生命と共に生きていく（生かされていく）ための理法と、秩序作りの生命学と考え、生命現象を直接対象とする科学（分子生物学、生化学、医学…）など、自然科学の分野のみならず、社会諸科学、さらに哲学、宗教、芸術を含めた総合的な視野から探求、事業を進める。本会は、生命科学に関する調査研究を行うことにより、生命科学の振興を図り、国民生活の向上及び健全な社会の発展に寄与することを目的とする。

事業の概要

1．季刊誌『ライフサイエンス』85～88号
2．隔月誌『医と食』発行
　　今年度より、日本抗加齢医学会員への配布を開始、前年より各号7,000増刷
3．フィーリングアーツの開催事業
　　第1973回から第2114回の全142回を開催

行政庁	石川県
目的	1
類型	3, 6, 13, 18

目的 1

公社 大学コンソーシアム石川
石川県金沢市広坂2-1-1　代表理事　和田隆志

- 法人コード　　A024372
- 社員・会員　　52名・52名
- 寄付金収入　　2,800千円
- 会費収入　　　20,169千円
- 経常収支　　　経常収益合計　47,105千円
　　　　　　　　経常費用合計　40,576千円
- 公益目的事業費　28,879千円
- 収益事業　　　無
- 主な財産　　　預金等　24,794千円
　　　　　　　　未収金　9,135千円
　　　　　　　　負債　5,840千円
- 正味財産額　　29,595千円
- 常勤理事　　　0
- 職員・給与　　13名・12,728千円
- 賃借料　　　　2,250千円
- 使用したデータ　令和3年度

法人の概要
2010年7月設立・2016年4月公益法人登記。
石川県内の高等教育機関や地域社会と相互の

連携を深める役割を担い、教育交流、情報発信、地域連携、機関間交流、産学官連携により高等教育の充実・発展を図り、その成果を地域社会に還元し、広く学術・文化・産業の発展に寄与することを目的として設立。

事業の概要
1. シティカレッジ単位互換事業
　他大学の科目を履修し、それを所属大学の単位として認定。社会人にも生涯学習として提供。今後はオンライン授業の全国拡大
2. 情報発信事業
　県外高校の進路指導教員が対象の学都石川キャンパスツアーや、北陸三県の高校に教員を派遣し模擬授業を行う出張オープンキャンパスを実施
3. 地域連携事業／産学官連携人材育成事業
　学生・地域が協働で課題解決を図る地域課題研究ゼミナール支援、地元の未来を学生が考える石川未来プロジェクトの実施

行政庁	内閣府
目的	1
類型	3, 7, 14

公社 大気環境学会
東京都新宿区山吹町358-5　代表理事　伊豆田猛

- 法人コード　　A012386
- 社員・会員　　746名・1,004名
- 寄付金収入　　0
- 会費収入　　　11,120千円
- 経常収支　　　経常収益合計　18,418千円
　　　　　　　　経常費用合計　15,312千円
- 公益目的事業費　13,731千円
- 収益事業　　　無
- 主な財産　　　預金等　15,755千円
　　　　　　　　負債　7,063千円
- 正味財産額　　10,356千円
- 常勤理事　　　0
- 職員・給与　　0・0
- 賃借料　　　　0
- 使用したデータ　令和3年度

法人の概要
1963年11月設立・2012年8月公益法人登記。
大気環境に関する学術的な調査及び研究並びに知識の普及を図り、大気環境保全のために

資することを目的とする。本学会は、1959年12月医学、工学、理学、農学などの幅広い層の大気汚染問題に関心をもつ研究者が設立した大気汚染研究全国協議会が母体。全国に6支部がある。

事業の概要
1. 第62回大気環境学会年会のWeb開催
2. 総会の開催　9月Web形式にて実施
3. 大気環境に関する普及啓発事業
　(1) 学会誌「大気環境学会誌」の電子ジャーナルの発行（計6号）
　(2) 英文学会誌 AJAE (Asian Journal of Atmospheric Environment)（計4号）の発行
4. 表彰活動事業
　(1) 大気環境学会賞の公募
5. 支部（6支部）での活動
　総会、講演会、セミナー等
6. 分科会活動－講演会等の開催

目的		行政庁	内閣府
1		目的	1
		類型	3, 6, 7

公社 知財経営協会
大阪府大阪市東淀川区下新庄 5 － 7 － 8　代表理事　玉井誠一郎

- 法人コード　　　A024605
- 社員・会員　　　35名・54名
- 寄付金収入　　　0
- 会費収入　　　　3,370千円
- 経常収支　　　　経常収益合計　3,370千円
　　　　　　　　　経常費用合計　2,984千円
- 公益目的事業費　2,227千円
- 収益事業　　　　無
- 主な財産　　　　預金等　3,754千円
　　　　　　　　　負債　　0
- 正味財産額　　　3,754千円
- 常勤理事　　　　1名
- 職員・給与　　　0・0
- 賃借料　　　　　60千円
- 使用したデータ　令和3年度

法人の概要
2015年4月設立・2016年4月公益法人登記。企業及び大学が保有する独自固有情報のうち、特許庁への出願をしていない非出願知財の保

護活用を通じて「知財立国政策」を補完し、世界に範たる知財先進国と知的財産（権）を尊重する社会の実現に寄与するために設立。新しい知財パラダイムの創出活動を通じて、知財に関する学術研究の振興、公正な経済活動の振興、国民の利益の増進、地域ブランドの創造保護育成による地域振興を目的とする。

事業の概要
企業及び大学が保有する独自固有情報の管理状況調査と知財化研究啓発
(1)　知財経営セミナーや研究会の実施
(2)　非出願知財マネジメントサポート
(3)　協会HPや知財情報誌『創』への理事長論文3回・協会登録知財計6件を掲載
(4)　無形資産マネジメント（知財ブランド）研究
（その他事業）
知財登録認証システム改良並びに知財バンクシステムの検討

		行政庁	内閣府
		目的	1
		類型	13, 14, 18

公社 日本ビタミン学会
京都府京都市左京区吉田牛ノ宮町4　代表理事　松浦達也

- 法人コード　　　A024780
- 社員・会員　　　102名・872名
- 寄付金収入　　　30千円
- 会費収入　　　　10,266千円
- 経常収支　　　　経常収益合計　16,915千円
　　　　　　　　　経常費用合計　17,604千円
- 公益目的事業費　12,336千円
- 収益事業　　　　無
- 主な財産　　　　預金等　30,192千円
　　　　　　　　　負債　8,467千円
- 正味財産額　　　22,480千円
- 常勤理事　　　　0
- 職員・給与　　　2名・4,913千円
- 賃借料　　　　　1,044千円
- 使用したデータ　令和3年度

法人の概要
2013年5月設立・2015年4月公益法人登記。本会は、1949年の設立以来、世界に類を見ないビタミン学に特化した学会として発展して

きた。この間、水溶性、脂溶性ビタミンの活性化誘導体の発見、合成や医学への応用、その作用の発現機構の分子生物学的究明、各種ビタミンの生合成や生体内輸送機構、ビタミンに関連した代謝異常の解明、補酵素の触媒作用の分子論的究明、さらにはバイオテクノロジーを応用した酵素によるビタミンの工業生産など、ビタミン研究での研究の進展に大きく貢献してきた。ビタミンの機能解明は、健康増進、予防医学の出発点であり、本法人はビタミンの進歩発展への貢献を目的とする。

事業の概要
1．日本ビタミン学会第73回大会の開催
2．市民公開講座（ケーブルテレビにて収録放映）
3．共催・協賛　4件
　「骨粗鬆症実臨床におけるミネラル代謝・ビタミンDの再考」（共催）他
4．「ビタミン」の発行95巻4号〜96巻3号

行政庁	内閣府
目的	1
類型	3，6，14，18

目的 1

公社 日本医学物理学会
東京都新宿区山吹町358−5　代表理事　福田茂一

- 法人コード　　A024714
- 社員・会員　　120名・2,620名
- 寄付金収入　　0
- 会費収入　　　24,898千円
- 経常収支　　　経常収益合計　34,678千円
　　　　　　　　経常費用合計　24,155千円
- 公益目的事業費　17,062千円
- 収益事業　　　無
- 主な財産　　　預金等　56,491千円
　　　　　　　　負債　9,520千円
- 正味財産額　　48,560千円
- 常勤理事　　　0
- 職員・給与　　0・160千円
- 賃借料　　　　0
- 使用したデータ　令和3年度

法人の概要
2011年10月設立。2018年6月公益法人登記。医学における物理学、工学、情報科学及び関連する研究の連絡提携及び促進を図り、学術

の発展への寄与を目的に設立。医学物理学は物理工学の知識・成果を医学に応用・活用する学問であり、放射線治療機器やがん治療機器の開発等を行う放射線治療分野、X線撮影装置やCTの開発等を行う放射線診断分野、放射線同位元素を使って病気の診断や治療を行う核医学、医療被ばくの最適化を行う放射線防護の4つの専門領域に大きく分けられる。

事業の概要
1．学術講演会の開催
　第121回大会、第122回大会（第9回韓日医学物理学会学術合同大会）
2．市民公開講座−「震災から10年−福島原発事故からの軌跡とこれから—」
3．学術出版物の刊行
　機関誌「医学物理」（41巻1号−4号）
　"Radiological Physics and Technology"
4．論文賞授与（土井賞、優秀査読者賞）

行政庁	内閣府
目的	1
類型	7

公社 日本顎顔面インプラント学会
東京都港区芝5−29−22　代表理事　嶋田淳

- 法人コード　　A013474
- 社員・会員　　1,362名・1,387名
- 寄付金収入　　120千円
- 会費収入　　　18,408千円
- 経常収支　　　経常収益合計　34,820千円
　　　　　　　　経常費用合計　29,672千円
- 公益目的事業費　25,896千円
- 収益事業　　　無
- 主な財産　　　預金等　34,403千円
　　　　　　　　負債　144千円
- 正味財産額　　35,803千円
- 常勤理事　　　0
- 職員・給与　　1名・3,240千円
- 賃借料　　　　528千円
- 使用したデータ　令和3年度

法人の概要
2008年9月設立・2011年10月公益法人登記。口腔顎顔面領域におけるインプラントに関する医師、歯科医師、歯科医学研究者等を中心

とする学術団体。基礎的並びに臨床的研究を推進し、正しいインプラントの知識と国民から信頼される良質なインプラント治療の普及を図り、学術の発展と口腔機能の回復による国民の健康増進への寄与が目的。

事業の概要
1．学術大会、研究会、講習会等の開催
　(1)　第24回総会・学術大会開催
　「口腔機能再建への貢献」455名
　(2)　第44回教育研修会（Zoom開催）
　「医療安全の基本をおさえる」175名参加
2．学会誌発行−最先端歯科医療情報の提供と問題共有（第19巻2〜4、20巻1,2号）
3．顎顔面インプラント専門医の資格認定と研修施設の認定
　(1)　認定指導医−2021年4月215名
　(2)　認定専門医−2021年4月72名
　(3)　認定研修施設−2021年4月研修施設110施設、准施設27施設

目的 1

公社 日本工学会
東京都港区赤坂9－6－41　代表理事　岸本喜久雄

行政庁	内閣府
目的	1
類型	3

- 法人コード　　　A013983
- 社員・会員　　　96名・107名
- 寄付金収入　　　870千円
- 会費収入　　　　10,883千円
- 経常収支　　　　経常収益合計　15,108千円
　　　　　　　　　経常費用合計　14,354千円
- 公益目的事業費　9,522千円
- 収益事業　　　　無
- 主な財産　　　　預金等　24,729千円
　　　　　　　　　負債　99千円
- 正味財産額　　　26,126千円
- 常勤理事　　　　0
- 職員・給与　　　5名・7,052千円
- 賃借料　　　　　3,495千円
- 使用したデータ　令和3年度

法人の概要

1901年1月設立・2012年4月公益法人登記。本学会は、1879年に工部大学校（東京大学工学部の前身）の第1回卒業生23名によって設立された日本で最初の工学系学術団体である。わが国の工学の発展に伴い、1922年に学協会を会員とする体制に変更された。現在は約100学協会により構成されている。工学に関する学術団体及び関連する団体若しくは個人との連携協力を行うことにより、工学及び工業の進歩発展に寄与することを目的とする。

事業の概要

1．学協会連携及び調査・国際会議事業
　(1)　国内・国際会議、シンポジウム
　日本工学会公開シンポジウム
　(2)　理論応用力学コンソーシアム
　「第7回理論応用力学シンポジウム」
2．人材育成支援・技術者教育推進事業
　(1)　技術者教育促進事業
　(2)　科学技術人材育成事業（科学技術人材育成事業コンソーシアム）
　(3)　技術倫理促進事業（技術倫理協議会）
　公開シンポジウム「AIと倫理」（Web）

公社 日本地下水学会
東京都中央区築地2－15－15　代表理事　杉田文

行政庁	内閣府
目的	1, 16, 17
類型	3, 5, 6, 7

- 法人コード　　　A006229
- 社員・会員　　　23名・733名
- 寄付金収入　　　1,300千円
- 会費収入　　　　8,675千円
- 経常収支　　　　経常収益合計　14,294千円
　　　　　　　　　経常費用合計　11,614千円
- 公益目的事業費　9,998千円
- 収益事業　　　　無
- 主な財産　　　　預金等　10,296千円
　　　　　　　　　負債　4,238千円
- 正味財産額　　　7,405千円
- 常勤理事　　　　0
- 職員・給与　　　2名・2,498千円
- 賃借料　　　　　1,647千円
- 使用したデータ　令和3年度

法人の概要

2009年10月設立・2010年8月公益法人登記。地下水に関する広い分野の研究者・技術者の学会であり、地下水に関する総合的な学問の発展、地下水の開発・保全に関する研究、技術の広範な普及を通じ、地下水資源の保全と有効利用、地下水に関わる諸問題の解決に貢献し、人類と自然環境がともにより豊かににになることを目標とする。

事業の概要

1．地下水に関する学術結果等を収集、編集、公表する事業
　(1)会誌編集事業、(2)定期講演会等の主催、(3)講演会等の後援、協賛、(4)出版事業
2．地下水に関する講演会、シンポジウム、見学会等を開催する事業
　(1)講演会事業、(2)シンポジウム・セミナー開催事業、(3)湧水見学会等、(4)出前講演会
3．特定テーマの技術開発、研究を行う事業
　(1)研究グループ活動、(2)優れた若手研究者・技術者、研究グループ等の活動助成
4．地下水に関する相談事業

行政庁	内閣府
目的	1
類型	3, 14

目的 1

公社 日本繁殖生物学会
東京都豊島区巣鴨1-24-12　代表理事　束村博子

- 法人コード　　A024409
- 社員・会員　　548名・748名
- 寄付金収入　　0
- 会費収入　　　4,595千円
- 経常収支　　　経常収益合計　14,004千円
　　　　　　　　経常費用合計　10,714千円
- 公益目的事業費　8,105千円
- 収益事業　　　無
- 主な財産　　　預金等　24,235千円
　　　　　　　　負債　5,421千円
- 正味財産額　　21,192千円
- 常勤理事　　　0
- 職員・給与　　3名・0
- 賃借料　　　　132千円
- 使用したデータ　令和3年度

法人の概要
2016年2月設立・2017年9月公益法人登記。
当法人は、1948年に家畜繁殖研究会として発足した世界でも有数の歴史ある学会で、本会は1986年に「家畜繁殖学会」、1995年に「日本繁殖生物学会」と改称し、繁殖学を基盤とした学問を構築・深化させながら発展してきた。わが国や世界の畜産学の発展に貢献し、家畜の生産性の向上や畜産物生産の安定化に資する研究成果を発信し、一般の方に畜産学・繁殖学への理解を深めることを目的とする。

事業の概要
1. 学会の開催
   (1) 第114回日本繁殖生物学会 Web 開催
   (2) 市民公開講座 Web 開催
   「小中学生に届けたい、繁殖生物学オタクが今夢中になっていること」
2. 出版物（機関誌）計7号の刊行
3. 賞の選考
   2022年度日本繁殖生物学会賞2名を選考
4. 学会主催オンラインセミナー（一般公開）
   「牛を受胎させたい！問題解決にガンバる研究者」

行政庁	内閣府
目的	1
類型	14, 18

公社 日本分光学会
東京都千代田区内神田1-11-6　代表理事　岩田耕一

- 法人コード　　A018733
- 社員・会員　　97名・865名
- 寄付金収入　　0
- 会費収入　　　8,507千円
- 経常収支　　　経常収益合計　14,728千円
　　　　　　　　経常費用合計　13,886千円
- 公益目的事業費　11,144千円
- 収益事業　　　無
- 主な財産　　　預金等　14,697千円
　　　　　　　　負債　4,124千円
- 正味財産額　　12,060千円
- 常勤理事　　　0
- 職員・給与　　1名・3,984千円
- 賃借料　　　　2,808千円
- 使用したデータ　令和3年度

法人の概要
1962年12月設立・2013年4月公益法人登記。
本部と6つの地方団体から構成され、分光学に関する研究の発表や交流を行い、学術文化の発展に寄与することが目的。「分光」の基礎研究から、物質科学、生命科学、環境科学、食品、薬品、医療、エネルギーなど、多方面にわたる分野の応用研究及び装置開発に関する学術的議論、情報共有、情報発信の場を提供している（分光学は、物質が放出または吸収した光を測定・解析し、その物質の種類、性質、構造などを研究する分野である）。

事業の概要
1. 学術集会事業
   (1) 2021年度年次講演会（オンライン）
   (2) 第57回秋期セミナー（オンライン）
   「スペクトル解析における統計の基礎」
   (3) 9の専門部会及び6支部におけるシンポジウムやワークショップ
2. 学会誌等発行事業
   学会誌「分光研究」の発行（年6号）
3. 学術交流事業－国際シンポジウムの実施

行政庁	内閣府
目的	1
類型	3

目的 1

公社 日本理科教育振興協会

東京都千代田区神田小川町3-28　代表理事　大久保昇

- **法人コード**　A022446
- **社員・会員**　1,135名・1,135名
- **寄付金収入**　0
- **会費収入**　39,189千円
- **経常収支**　経常収益合計　39,533千円
　　　　　　　経常費用合計　35,276千円
- **公益目的事業費**　24,901千円
- **収益事業**　無
- **主な財産**　預金等　36,106千円
　　　　　　　負債　7,264千円
- **正味財産額**　33,191千円
- **常勤理事**　2名
- **職員・給与**　3名・7,874千円
- **賃借料**　193千円
- **使用したデータ**　令和3年度

法人の概要

1972年5月設立・2013年4月公益法人登記。学校教育用理科機器メーカー及び販売会社が集まって設立された法人で、理科教育機器の普及を図り、理科教育に関わる人材育成の観点から各教育機関への支援の実施が目的。

事業の概要

1．理科教育及び理科教育環境整備促進に関する刊行物等の発行
　(1)　予算啓発パンフレット発行
　(2)　安全品質向上委員会刊行物、他
2．理科教育・理科教育環境整備促進の要望活動
　(1)　文部科学省への要望活動
　(2)　地方自治体教育委員会啓発訪問
3．理科教育・理科教育環境整備のセミナー復興教育支援事業（小学校理科観察・実験事業）実施-5自治体6校23時間観察実験授業380名の児童
4．理科教育整備費等補助金事業の普及
　(1)　理科教育設備整備予算・台帳説明会
　(2)　理科教育等設備台帳個別相談会の開催
5．教育用理科機器・理科教育環境整備調査

行政庁	内閣府
目的	1
類型	3, 6, 14, 18

公社 非営利法人研究学会

東京都千代田区神田小川町3-6-1　代表理事　齋藤真哉

- **法人コード**　A024697
- **社員・会員**　242名・250名
- **寄付金収入**　802千円
- **会費収入**　2,483千円
- **経常収支**　経常収益合計　3,961千円
　　　　　　　経常費用合計　2,717千円
- **公益目的事業費**　2,077千円
- **収益事業**　無
- **主な財産**　預金等　6,654千円
　　　　　　　負債　1,973千円
- **正味財産額**　5,704千円
- **常勤理事**　1名
- **職員・給与**　1名・0
- **賃借料**　57千円
- **使用したデータ**　令和3年度

法人の概要

2016年1月設立・2017年11月公益法人登記。1997年6月前身である公益法人研究学会を設立。その後、民間非営利法人活動の拡大に合わせ、2005年9月に非営利法人研究学会に改称し、2016年1月社団法人となった。非営利法人に関する諸問題を多面的に研究し、研究成果の普及、関連制度設計への提言等を行うことを目的とする。

事業の概要

1．研究発表会、学術講演会等の開催事業
　(1)　研究学会の開催（第24回全国大会、リモートで開催）
　(2)　地域部会（北海道、関東、中部、関西、九州）の開催
　(3)　分野別研究会（医療・福祉系法人、公益・一般法人、大学等学校法人、NPO法人）の開催
2．学会誌その他資料の刊行事業
3．研究の奨励及び研究業績の表彰事業
4．調査、研究、見学及び視察実施事業
5．内外の関連学会等との連携及び交流事業
6．非営利法人に関する啓発・広報活動事業

		行政庁	内閣府
公財 イハラサイエンス中野記念財団		目的	1, 7, 11
		類型	3, 8, 13, 18

目的 1

東京都港区高輪 3 − 11 − 3　代表理事　中野琢雄

- 法人コード　　A024767
- 会員数　　　　0
- 寄付金収入　　31,249千円
- 会費収入　　　0
- 経常収支　　　経常収益合計　46,447千円
　　　　　　　　経常費用合計　35,463千円
- 公益目的事業費　33,225千円
- 収益事業　　　無
- 主な財産　　　預金等　22,118千円
　　　　　　　　投資有価証券　1,079,044千円
　　　　　　　　負債　115千円
- 正味財産額　　1,709,531千円
- 常勤理事　　　0
- 職員・給与　　4 名・0
- 賃借料　　　　0
- 使用したデータ　令和 2 年度

法人の概要

2018年 3 月設立・2018年12月公益法人登記。
本財団の前身は、高圧継手メーカーのイハラ

サイエンスが2011年に設立した一般社団法人
「イハラサイエンス夢創造支援センター」で
ある。同社発展の恩返しに、モノづくりの基
盤を強化し、人材育成、研究に取組む教育機
関・個人を支援していた。

事業の概要

1．奨学金支給
　　高校・大学等に在籍する、家庭の事情で就
　　学が困難である優秀な学生への奨学金支給
　　東根市、伊豆の国市、中津川市地区の学生
　　を対象に募集−奨学生20名計276万円
2．研究助成
　　公的な学術研究機関における機械装置の配
　　管システムおよびシステムを構成する製品
　　分野の研究に対する助成−15件1500万円
3．山林保全
　　中津川市付知地区周辺にある山林について、
　　広葉樹林化による「里山環境」の整備及び自
　　然環境に対する普及啓発活動−1,530万円

		行政庁	内閣府
公財 運動器の健康・日本協会		目的	1
		類型	6, 14, 18

東京都文京区本郷 2 − 21 − 3　代表理事　松本守雄

- 法人コード　　A024205
- 会員数　　　　56名
- 寄付金収入　　7,000千円
- 会費収入　　　20,140千円
- 経常収支　　　経常収益合計　27,537千円
　　　　　　　　経常費用合計　32,267千円
- 公益目的事業費　24,612千円
- 収益事業　　　無
- 主な財産　　　預金等　17,468千円
　　　　　　　　投資有価証券　12,000千円
　　　　　　　　負債　511千円
- 正味財産額　　31,351千円
- 常勤理事　　　0
- 職員・給与　　4 名・6,598千円
- 賃借料　　　　2,145千円
- 使用したデータ　令和 3 年度

法人の概要

2011年 4 月設立・2017年12月公益法人登記。
運動器とは、身体活動を担う筋・骨格・神経

系の総称であり、筋肉、腱、靱帯、骨、関節、
神経（運動、感覚）、脈管系などの身体運動
によって構成されており、その機能連合が運
動器である。本協会は、この運動器及び運動
器の疾患、外傷、障害の予防に関する教育・
啓発・普及活動とその推進を目的とする。

事業の概要

1．20周年記念誌の発行
2．子どもの運動器健康推進事業
　(1)　「子どもの運動器の健康に対する提言」
　(2)　オンライン・シンポジウム『児童生徒
　　　の等の運動器の健康を守り、学校での重大
　　　事故を防ぐために』の開催、等
3．成長期のスポーツ外傷予防啓発事業
　(1)　少年野球指導者講習会
　(2)　肩・肘検診基本マニュアルでのモデル
　　　検診
　(3)　成長期スポーツ傷害予防講習会開催
　(4)　「体幹トレーニング 9 」動画作成

目的 1

公財 江間忠・木材振興財団

東京都中央区晴海 3 - 3 - 3　代表理事　江間洋介

行政庁	内閣府
目的	1，7
類型	13

- 法人コード　　A024105
- 会員数　　　　0
- 寄付金収入　　0
- 会費収入　　　0
- 経常収支　　　経常収益合計　18,001千円
　　　　　　　　経常費用合計　20,250千円
- 公益目的事業費　15,326千円
- 収益事業　　　無
- 主な財産　　　預金等　23,737千円
　　　　　　　　負債　285千円
- 正味財産額　　26,770千円
- 常勤理事　　　0
- 職員・給与　　2 名・1,200千円
- 賃借料　　　　2,386千円
- 使用したデータ　令和 3 年度

法人の概要

2014年12月設立・2016年 4 月公益法人登記。木材の利用促進および森林の健全な保全・育成に資する研究等への助成ならびに森林・林業科学を専攻する学生への学資の援助に関する事業を行い、木材に関する学術・科学技術の振興及び人材育成を通じて社会の発展と豊かさの向上に寄与することを目的とする。

事業の概要

1．木材、林業の将来を担う学生等への助成
　指定する高校（ 6 校）、大学・大学院（18校）に在籍し、森林・木材学を専攻し、一定の学力・家計基準を満たす者
　(1) 2021年 8 月 1 日〜2022年 3 月31日まで奨学生46名（継続18名）に月額 2 万円支給
　新規：大学・大学院生38名、高校生 8 名
　(2) 2022年 4 月 1 日〜2022年 7 月31日まで奨学生54名（継続29名）に月額 2 万円支給
　新規：大学・大学院生43名、高校生11名
2．木材利用の促進に資する研究等への助成
　隔年複数の研究分野を選定、一般から研究プロジェクトを募集。 1 件あたり年間申請上限100万円。2022年分は 3 件、計130万円。

公財 応用生化学研究所

岐阜県可児郡御嵩町御嵩字南山2193−128　代表理事　岩崎裕昭

行政庁	内閣府
目的	1
類型	3，7，13

- 法人コード　　A022173
- 会員数　　　　0
- 寄付金収入　　19,000千円
- 会費収入　　　0
- 経常収支　　　経常収益合計　19,000千円
　　　　　　　　経常費用合計　21,546千円
- 公益目的事業費　19,514千円
- 収益事業　　　経常収益　0
　　　　　　　　経常費用　845千円
- 主な財産　　　預金等　1,221千円
　　　　　　　　建物　24,138千円
　　　　　　　　負債　16,686千円
- 正味財産額　　9,705千円
- 常勤理事　　　1 名
- 職員・給与　　5 名・7,280千円
- 賃借料　　　　2,055千円
- 使用したデータ　令和 3 年度

法人の概要

1988年 5 月設立・2013年 4 月公益法人登記。生活習慣病の原因を生化学の立場から研究し、その直接的原因が体内に増加した過酸化脂質によるものであることを提唱する一方、遺伝子における欠陥によって酵素の欠損などを来す遺伝性疾患は、遺伝子の補完または酵素の補充によって予防が可能であるとして、生化学の立場から老化の防止や成人病、遺伝病の治療等に貢献するため、生化学に関する基礎及び応用研究、研究者の養成、国際交流の推進を目的とする。学士院賞を受賞した故八木國夫名古屋大学名誉教授により創設。

事業の概要

1．生化学に関する基礎及び応用研究
　(1) 多発性骨髄腫の治療効果を判定する方法の検討の進展
　Heavy/Light Chain Assay 法の臨床的有用性の確認（UMIN-CTR）継続、他
　(2) 加齢に伴う皮膚の変化の研究
　(3) 創薬研究

行政庁	内閣府
目的	1
類型	3, 13, 14

目的 1

公財 応用微生物学・分子細胞生物学研究奨励会

東京都文京区弥生 2 - 4 - 16　代表理事　松山旭

- 法人コード　　A022363
- 会員数　　　　8 名
- 寄付金収入　　0
- 会費収入　　　5,600千円
- 経常収支　　　経常収益合計　8,017千円
　　　　　　　　経常費用合計　7,014千円
- 公益目的事業費　6,322千円
- 収益事業　　　無
- 主な財産　　　預金等　22,975千円
　　　　　　　　負債　175千円
- 正味財産額　　23,578千円
- 常勤理事　　　0
- 職員・給与　　0・0
- 賃借料　　　　628千円
- 使用したデータ　令和 3 年度

法人の概要

1957年10月設立・2013年 4 月公益法人登記。
本法人は、応用微生物学及び分子細胞生物学
に関する研究奨励を行い、海外渡航及び、講

演会・講習会の開催を助成することを通して、
その研究推進及び発展に寄与することを目的
とする。

事業の概要

1．学術雑誌の刊行
　(1)　欧文誌 The Journal of General and Ap-
plied Microbiology の刊行
　　67巻 2 - 6 号　各500部
　(2)　電子ジャーナル化
　　本会欧文誌電子ジャーナル化67巻 1 - 6 号
2．講演会、講習会、研究会等の開催
　(1)　シンポジウムの開催（コロナで中止）
　(2)　奨励会セミナーの開催
　(3)　バイオテクノロジー懇談会の開催
　　第35回懇談会は Web で開催（参加者73名）
　(4)　「微生物研究会」等の学術集会
　(5)　微生物懇話会の開催（中止）
3．若手研究者、学生への海外渡航助成
　　国際学会への出席申請はなかった

行政庁	大分県
目的	1
類型	3, 18

公財 大分がん研究振興財団

大分県由布市挾間町医大ケ丘 1 - 1　代表理事　植山茂宏

- 法人コード　　A004339
- 会員数　　　　0
- 寄付金収入　　864千円
- 会費収入　　　0
- 経常収支　　　経常収益合計　4,158千円
　　　　　　　　経常費用合計　4,124千円
- 公益目的事業費　1,715千円
- 収益事業　　　経常収益　3,292千円
　　　　　　　　経常費用　1,512千円
- 主な財産　　　預金等　20,947千円
　　　　　　　　負債　0
- 正味財産額　　20,947千円
- 常勤理事　　　0
- 職員・給与　　1 名・300千円
- 賃借料　　　　0
- 使用したデータ　令和 3 年度

法人の概要

2007年 3 月設立・2012年 4 月公益法人登記。
代表者は大分市医師会副会長。本法人は、

がんに関する先進医療の研究・教育の活動に
対して助成することにより、大分県民の保健
と医療に貢献することを目的として設立。こ
れまで国立大学法人大分大学医学部に寄附講
座「臨床腫瘍医学講座」の開設に関わる経費
などの寄附活動を実施。

事業の概要

1．大分県民公開講座の開催
　「がん患者さんと家族の集い」の開催や
　「がんに関する治療・研究の発表」など大
　分県民公開講座の開催や後援を行う。コロ
　ナ禍のため 2 年連続で中止
2．がんの治療に関する基礎的・臨床的研究
　への助成－大分県のがん治療水準を全国
　レベル以上に維持するため
　(1)　研究助成 6 人各25万円、1 人10万円
　(2)　大分大学医学部
　　腫瘍血液内科（ 6 件）135万円
　　小児外科（ 1 件）25万円

行政庁	内閣府	
目的	1	
類型	13	

目的 1

公財 大阪造船所奨学会

大阪府大阪市港区福崎3－1－201　代表理事　南有子

- 法人コード　　A024228
- 会員数　　　　0
- 寄付金収入　　3,047千円
- 会費収入　　　0
- 経常収支　　　経常収益合計　17,847千円
　　　　　　　　経常費用合計　18,901千円
- 公益目的事業費　15,853千円
- 収益事業　　　無
- 主な財産　　　預金等　8,857千円
　　　　　　　　負債　　124千円
- 正味財産額　　1,308,678千円
- 常勤理事　　　1名
- 職員・給与　　2名・1,800千円
- 賃借料　　　　396千円
- 使用したデータ　令和3年度

法人の概要

2014年7月設立・2015年10月公益法人登記。
1936年創業の株式会社ダイゾー（旧社名大阪
造船所）の創業者南俊二の信念を継ぎ、同社

が戦中・戦後の混乱期を乗り越えられた源泉
である人材の育成と教育のために設立された。
優秀な人材の育成のため学資援助を行い、製
造業の人材力の強化と科学技術分野の教育・
学術研究の発展に寄与することを目的とする。
全国の指定大学より推薦を受けて当財団の選
考委員会において選考された理工系の学生・
大学院生に対し奨学金を給付している。

事業の概要

1．奨学金の給付
　2021年度は大学4年生11名、大学院1年生
12名、大学院2年生15名の合計38名に一人
当たり月額3万円を支給（総支給額1,368
万円を給付）した
2．広報活動
　指定大学10校に対する財団の活動説明及び
奨学事業への協力依頼等
3．奨学生交流会の実施
　九州、関西、関東地区でZoomでの交流会

行政庁	大阪府	
目的	1, 6	
類型	8, 13, 18	

公財 大阪対がん協会

大阪府大阪市中央区大手前3－1－69　代表理事　松浦成昭

- 法人コード　　A003587
- 会員数　　　　438名
- 寄付金収入　　13,956千円
- 会費収入　　　0
- 経常収支　　　経常収益合計　14,376千円
　　　　　　　　経常費用合計　17,413千円
- 公益目的事業費　15,907千円
- 収益事業　　　経常収益　291千円
　　　　　　　　経常費用　291千円
- 主な財産　　　預金等　57,521千円
　　　　　　　　負債　　668千円
- 正味財産額　　56,852千円
- 常勤理事　　　1名
- 職員・給与　　2名・3,595千円
- 賃借料　　　　661千円
- 使用したデータ　令和3年度

法人の概要

1959年11月設立・2013年8月公益法人登記。
がん征圧を目指して、がんの予防とがん知識

の普及啓発、検診の推進、がんに関する研究
への支援及び患者支援等を中心に必要な事業
を行い、公衆衛生の向上と地域社会の健全な
発展を実現し、大阪府民及び日本の人々の福
祉に寄与することが目的。本法人の目的は、
約60年前と文言上はほとんど同じであるが、
がんに関する研究や治療法、がん検診には大
きな進展があったことに注意。

事業の概要

1．普及啓発活動
（1）成人病公開講座
　4回開催、いずれも録画後映像公開。
「頭頸部がんと食道がん―最新の治療」他
（2）がん予防キャンペーン大阪2021
「コロナ禍でも、先送りしてはいけないがん
のこと」を演題として講演を実施した
2．がん研究助成
「基礎」「臨床」「疫学」「看護等」の4部門
13人に各30万円を贈呈した

行政庁	内閣府
目的	1
類型	13

目的 1

公財 大畑財団

静岡県静岡市清水区三保387-7　代表理事　大畑榮一

- 法人コード　　A024970
- 会員数　　　　0
- 寄付金収入　　0
- 会費収入　　　0
- 経常収支　　　経常収益合計　6,027千円
　　　　　　　　経常費用合計　6,248千円
- 公益目的事業費　6,200千円
- 収益事業　　　無
- 主な財産　　　預金等　12,554千円
　　　　　　　　負債　6,000千円
- 正味財産額　　11,454千円
- 常勤理事　　　0
- 職員・給与　　1名・0
- 賃借料　　　　0
- 使用したデータ　令和2年度

法人の概要

2015年4月設立・2018年6月公益法人登記。株式会社アイ・テックの設立者であり代表取締役会長の大畑榮一によって、日本国内の鉄の利用技術に関する研究活動及び研究者・開発者を支援し、日本の産業の発展と安全な社会の実現に寄与することを目的として設立された。株式会社アイ・テックは、高精度な鋼材加工技術による高付加価値製品の製造販売等を行う鉄の商社である。主に、建築鉄骨の加工や流通業務に携わってきた大畑榮一は、人類社会の発展とともに鉄の利用技術は拡大し続けるという確信から、鉄の利用技術の拡大・向上を目指して当財団を運営している。

事業の概要

鉄の利用技術の拡大・向上に関する研究開発に対しての助成事業

　　東京都立大学　助成金額　150万円
　　静岡大学　助成金額　300万円
　　久留米工業大学　助成金額　150万円

行政庁	岐阜県
目的	1
類型	3, 4, 6, 10

公財 岐阜鋳物会館

岐阜県岐阜市朝日町6-2　代表理事　岡本太右衛門

- 法人コード　　A003625
- 会員数　　　　36名
- 寄付金収入　　0
- 会費収入　　　360千円
- 経常収支　　　経常収益合計　3,508千円
　　　　　　　　経常費用合計　3,859千円
- 公益目的事業費　2,820千円
- 収益事業　　　無
- 主な財産　　　預金等　3,700千円
　　　　　　　　負債　26千円
- 正味財産額　　199,132千円
- 常勤理事　　　0
- 職員・給与　　0・1,800千円
- 賃借料　　　　0
- 使用したデータ　令和3年度

法人の概要

1960年11月設立・2011年4月公益法人登記。岐阜鋳物会館は、岐阜で450年にわたり鋳造業を続けている岡本一族の寄付により設立され、永禄年間から大正2年まで鋳物工場が存在した跡地に建設されている。本法人は、この建物を中心に、岐阜県の鋳造業の振興を図り、その発展に寄与する活動を行っている。

事業の概要

1．鋳物づくり伝統的技術技能普及・啓発事業
　(1) 講演会は実施せず。
　(2) 岐阜市歴史博物館主催「鋳物体験教室」に協賛参加
　「夏の子ども教室"銅鏡を作ろう"」
2．鋳造関連の新技術・能力開発、技能向上ならびに生産性向上支援事業
　(1) 前期（鋳造）実技試験開催
　(2) 後期（金属溶解）実技試験開催
3．調査・資料収集、周知広報事業

目的	
1	

公財 岐阜天文台

岐阜県岐阜市柳津町高桑西3−75　代表理事　正村一人

行政庁	岐阜県
目的	1
類型	3, 4, 5, 6, 10

- 法人コード　　A024683
- 会員数　　　　0
- 寄付金収入　　1,749千円
- 会費収入　　　0
- 経常収支　　　経常収益合計　2,022千円
　　　　　　　　経常費用合計　2,022千円
- 公益目的事業費　1,721千円
- 収益事業　　　無
- 主な財産　　　預金等　11,335千円
　　　　　　　　負債　0
- 正味財産額　　18,119千円
- 常勤理事　　　0
- 職員・給与　　2名・0
- 賃借料　　　　0
- 使用したデータ　令和3年度

法人の概要

1971年7月設立・2014年4月公益法人登記。岐阜天文台は、1971年2月天体の観測研究ならびに一般への天文知識の普及を目的に、岐阜天文協会が中心となって設立され、同年7月に財団法人に移行。建設には個人・法人1,419人が協力。主要観測機械は、屈折望遠鏡として国産最大級のものであり、口径25cmセミ・アポクロマートレンズは世界的にも有数のもので、ニコンが担当した。本法人は、この本格的な観測施設を有する私設天文台を運営する法人である。天体の観測及び研究を行うとともに、天体観測施設の一般公開や天文教室の開催等も行っている。

事業の概要

1. 天文台の一般公開事業（コロナ禍で400人）
2. 天体の観測及び研究事業
3. 天文学に関する教育及び情報の提供
　天文教室（5回、休講7回）と観望会開催
4. 特別観望会と特別講座の開催（5日190人）
5. 天文学関連資料の充実・整備と研究者・教育者への資料提供
6. 自然科学文庫の公開（蔵書1万5千冊）

公財 倉敷考古館

岡山県倉敷市中央1−3−13　代表理事　大原あかね

行政庁	岡山県
目的	1
類型	3, 6, 10

- 法人コード　　A007958
- 会員数　　　　0
- 寄付金収入　　1,718千円
- 会費収入　　　0
- 経常収支　　　経常収益合計　5,593千円
　　　　　　　　経常費用合計　5,097千円
- 公益目的事業費　3,974千円
- 収益事業　　　無
- 主な財産　　　預金等　1,348千円
　　　　　　　　負債　0
- 正味財産額　　19,165千円
- 常勤理事　　　1名
- 職員・給与　　3名・0
- 賃借料　　　　0
- 使用したデータ　令和3年度

法人の概要

1951年12月設立・2014年4月公益法人登記。代表者は（株）クラレ副社長、（株）中国銀行副頭取を歴任した大原謙一郎の長女。1950年11月に開館した考古学資料を展示する博物館。古代日本の先進地域だった吉備地方の貴重な文化資料を数多く保有・展示し、考古学の拠点施設として、研究者、学生だけでなく、広く一般市民に活用され、学術的価値と科学性を持つ考古学の普及と地方文化の向上に資する文化都市倉敷の象徴的な施設。

事業の概要

1. 遺物の蒐集及び展観
   (1) 倉敷考古館収蔵の考古資料の常設展示
   (2) 企画展
   「久遠の祈り」土偶、銅鐸、瓦経等
   「縄文をひもとく」里木貝塚の縄文土器
   「吉備の鬼語り」鬼瓦、祭礼用鬼面と衣装
2. 遺物の保管並びに保管の受託
3. 遺跡・遺物の調査及び研究
   大学、研究機関等へ資料調査協力
4. 考古学に関する印刷物の刊行
5. 入館者の状況－開館日数203日、1715人

	行政庁	内閣府
	目的	1
	類型	13

目的 1

公財 国際医学教育財団

京都府京都市南区東九条南河原町3－8　代表理事　佐藤友彦

- 法人コード　　　A002987
- 会員数　　　　　0
- 寄付金収入　　　2,489千円
- 会費収入　　　　0
- 経常収支　　　　経常収益合計　2,489千円
　　　　　　　　　経常費用合計　2,593千円
- 公益目的事業費　2,037千円
- 収益事業　　　　無
- 主な財産　　　　預金等　7,060千円
　　　　　　　　　負債　31千円
- 正味財産額　　　7,029千円
- 常勤理事　　　　0
- 職員・給与　　　0・92千円
- 賃借料　　　　　0
- 使用したデータ　令和3年度

法人の概要

2008年12月設立・2009年4月公益法人登記。医学・医学検査・研究・教育に関わる有能な人材を育成するために必要な事業を行い、高度医療社会に寄与することを目的とする。国内外の医学・看護・介護等の教育機関に在学する学生に対する奨学金助成事業、同教育機関に対する教育環境整備助成事業を行う。

事業の概要

1．奨学金助成事業
　高度医療社会に寄与する目的で有能な人材を育成するため、国内外の医学・看護・介護等の教育機関に在籍する学生（留学生を含む）等への給付型奨学金（返済不要）の給付、留学生に対する留学費用（旅費・生活費）等の支援をする事業。2021年度は64名の応募があり、8名を採用（奨学金合計1,920千円）
2．教育環境整備助成事業について
　医学・看護・介護等の教育の充実及び教職員の資質の向上を図るため、国内外の医学・看護・介護等の教育機関に対し教育環境の整備を助成する。2021年度は応募なし

	行政庁	長野県
	目的	1, 19
	類型	13

公財 COSINA 奨学会

長野県中野市大字吉田1081　代表理事　小林博文

- 法人コード　　　A024187
- 会員数　　　　　0
- 寄付金収入　　　15,989千円
- 会費収入　　　　0
- 経常収支　　　　経常収益合計　15,989千円
　　　　　　　　　経常費用合計　15,989千円
- 公益目的事業費　15,430千円
- 収益事業　　　　無
- 主な財産　　　　預金等　3,192千円
　　　　　　　　　投資有価証券　2,372,001千円
　　　　　　　　　負債　65千円
- 正味財産額　　　2,375,161千円
- 常勤理事　　　　0
- 職員・給与　　　3名・0
- 賃借料　　　　　396千円
- 使用したデータ　令和3年度

法人の概要

2017年6月設立・2018年3月公益法人登記。株式会社コシナ（カメラの交換レンズ等を製造）が2019年2月に創業60周年を迎え、創業の地である長野県にゆかりのある優秀な人材を育成し、科学技術の振興を図ることを趣旨として、同社代表取締役小林博文が私財を拠出し、本奨学会を設立した。大学院、大学および高等専門学校に通う理工系の学生で、品行方正、成績優秀でありながら、経済的理由から修学が困難な者に対する奨学金給付を行い、将来社会に貢献し得る有用な人材を育成することを目的とする。

事業の概要

奨学金支給事業
1．長野県内の大学院、大学及び高等専門学校に通う理工系学生に対する奨学金の支給
2．2021年度は、奨学生20名が選出され、1人月3万円を2年間支給する
3．奨学生の活動報告会（中止）

目的			

公財 五丁目会館

福岡県福岡市早良区高取 2 - 5 - 40　代表理事　安河内弘喜

行政庁	福岡県
目的	1
類型	11

- 法人コード　　A010388
- 会員数　　　　0
- 寄付金収入　　0
- 会費収入　　　0
- 経常収支　　　経常収益合計　846千円
　　　　　　　　経常費用合計　683千円
- 公益目的事業費　673千円
- 収益事業　　　経常収益　0
　　　　　　　　経常費用　1千円
- 主な財産　　　土地　4,800千円
　　　　　　　　負債　100千円
- 正味財産額　　7,795千円
- 常勤理事　　　0
- 職員・給与　　2名・80千円
- 賃借料　　　　0
- 使用したデータ　令和3年度

法人の概要

1962年10月設立・2012年4月公益法人登記。五丁目会館を生涯学習の場として、地域の振興のための集会の場として永く維持管理し、児童生徒や地域住民の生涯学習活動や集会活動のための使用に供し地域社会の発展及び児童生徒の健全な育成に寄与することが目的。

事業の概要

1．生涯学習支援
　①　書道教室（成人向け）
　②　習字教室（児童生徒向け）
　③　絵画教室（児童生徒向け）
　④　健康体操教室　⑤　ヨーガ教室
　⑥　幼児教室　⑦　その他の小集団学習
2．地域集会活動支援
　①　町内会総会、隣組会議
　②　敬老の日記念行事　③　子供会活動
　④　同好会活動　⑤　その他の地域活動
3．施設の維持管理
　偶数月の第1日曜日、会館内外の清掃実施
4．広報活動－会館玄関先に行事案内板を設
　　置、行事内容を周知

公財 さきがけ文学賞渡辺喜恵子基金

秋田県秋田市山王臨海町 1 - 1　代表理事　佐川博之

行政庁	秋田県
目的	1
類型	14

- 法人コード　　A015283
- 会員数　　　　0
- 寄付金収入　　2,400千円
- 会費収入　　　0
- 経常収支　　　経常収益合計　3,900千円
　　　　　　　　経常費用合計　4,060千円
- 公益目的事業費　3,384千円
- 収益事業　　　無
- 主な財産　　　預金等　10,479千円
　　　　　　　　負債　0
- 正味財産額　　10,479千円
- 常勤理事　　　0
- 職員・給与　　0・0
- 賃借料　　　　240千円
- 使用したデータ　令和3年度

法人の概要

1985年12月設立・2012年4月公益法人登記。直木賞作家の渡辺喜恵子が、1983年「秋田の文学振興に役立ててほしい」と1千万円を秋田魁新報社に寄託したのが創設のきっかけで、翌1984年同社が創刊110年を記念して1千万円を拠出、計2千万円で基金を設立し本文学賞を創設した。その後1985年に秋田魁新報社は、基金に1千万円を追加（基金総額3千万円）して財団法人「さきがけ文学賞渡辺喜恵子基金」を設立した。「秋田の作家が狭いサークルの中で自足することなく、全国の仲間と競った結果として受賞することに意義がある。身近に文学賞があることが刺激となって創作に挑む人たちが排出する。長い目で見れば、それが秋田の文学振興になる」というものが渡辺の遺志で、本賞は設立当初から全国を対象としている。

事業の概要

1．さきがけ文学賞の授与（応募作252編）
　最高賞　村雲菜月「転がるバレル」
　佳作　猪村勢司「烏の櫛」
2．その他上記の目的達成に必要な事業

行政庁	内閣府
目的	1
類型	13

目的 1

公財 GMOインターネット財団
東京都渋谷区桜丘町26-1　代表理事　山下浩史

- 法人コード　　A025260
- 会員数　　　　0
- 寄付金収入　　8,391千円
- 会費収入　　　0
- 経常収支　　　経常収益合計　8,394千円
　　　　　　　　経常費用合計　8,446千円
- 公益目的事業費　6,129千円
- 収益事業　　　無
- 主な財産　　　預金等　24,010千円
　　　　　　　　負債　20千円
- 正味財産額　　24,580千円
- 常勤理事　　　0
- 職員・給与　　1名・0
- 賃借料　　　　1,553千円
- 使用したデータ　令和3年度

法人の概要
2018年11月設立・2020年2月公益法人登記。本法人は、GMOインターネットグループ株式会社が1000万円を基本財産として寄付する

ことにより設立された。情報通信技術に関する研究活動への助成支援を行うことで、情報通信技術の進歩発展に寄与することを目的とする。GMOインターネットグループ株式会社は、インターネットインフラ事業、インターネット広告・メディア事業、インターネット金融事業、暗号資産（仮想通貨）事業を展開する。

事業の概要　（2022年募集要項）
情報通信技術に関する研究活動への助成支援が主たる事業である。
1．応募資格
　(1)　情報通信技術に関する研究活動を行う者
　(2)　申請研究分野で2年以上の研究実績
　(3)　営利を目的としない研究活動
　(4)　国内における研究活動であること
2．助成額
　　1件あたり100万円まで（総予算600万円）

行政庁	内閣府
目的	1,4,6,7,9
類型	3, 13

公財 シオノ健康財団
東京都中央区八重洲2-10-10　代表理事　塩野谷貫一

- 法人コード　　A024669
- 会員数　　　　0
- 寄付金収入　　5,855千円
- 会費収入　　　0
- 経常収支　　　経常収益合計　5,855千円
　　　　　　　　経常費用合計　5,924千円
- 公益目的事業費　4,684千円
- 収益事業　　　無
- 主な財産　　　預金等　3,341千円
　　　　　　　　負債　385千円
- 正味財産額　　3,238千円
- 常勤理事　　　1名
- 職員・給与　　1名・0
- 賃借料　　　　660千円
- 使用したデータ　令和3年度

法人の概要
2016年8月設立・2017年5月公益法人登記。国民が、心身ともに健康で、いきいきとした生活を送ることができるように、講演会の開

催により、健康の保持増進に役立つ有益な知識を伝えるとともに、医学・薬学に関する研究を助成支援することによって、健康で活力のある社会を構築することを目的に設立された。現代表は、医薬品製造販売会社シオノケミカル㈱の代表取締役が就任している。

事業の概要
1．健康に関する講演会の開催（他1件）
　(1)「介護の達人は人生の達人」
　(2)「中高年のスポーツと健康管理」
　(3)「メタボリック症候群のウソ、ホント」
　(4)「精進料理に学ぶ感謝の食と心身の健康」
2．医学的・薬学的研究助成（他2件）
　(1)「新たな医療応用を施行したビタミンKの医療科学研究」50万円助成
　(2)「急性腎障害発症及び回復過程での非侵襲性バイオマーカー挙動評価」50万円
　(3)「生活習慣病時における頸動脈・大腿動脈機能障害での終末糖化産物の役割」

行政庁	長野県
目的	1, 19
類型	3, 11

目的 1

公財 信濃通俗大学会

長野県大町市大町1058-33　代表理事　神野直彦

- 法人コード　　　A017983
- 会員数　　　　　0
- 寄付金収入　　　823千円
- 会費収入　　　　0
- 経常収支　　　　経常収益合計　3,422千円
　　　　　　　　　経常費用合計　3,224千円
- 公益目的事業費　2,770千円
- 収益事業　　　　無
- 主な財産　　　　預金等　28,873千円
　　　　　　　　　負債　0
- 正味財産額　　　28,873千円
- 常勤理事　　　　0
- 職員・給与　　　1名・80千円
- 賃借料　　　　　97千円
- 使用したデータ　令和3年度

法人の概要

1917年3月設立・2013年12月公益法人登記。アンデルセン童話の翻訳者平林廣人が「夏期大学開設の檄」を「信濃教育」に掲載し、これに賛同した後藤新平・新渡戸稲造らの資金提供によって大正5年「財団法人信濃通俗大学会」が東京で発足し、翌年8月1日信濃木崎湖畔で夏期大学が開講、三部制で21日間行われた。その後時に縮小されることもあったが、継続して開講されてきた。令和2年コロナのためはじめて休講となったが、令和3年は木崎湖畔の信濃公堂で再開された。「通俗」は一般社会にも十分通用し、浸透しうる学問であるべきであるという趣旨である。

事業の概要

1．信濃木崎夏期大学の開催
　8月1日から9日間開講。自然科学、社会科学、人文科学に関する幅広い内容で実施。9人9講座。受講生延1,216人
2．社会教育施設の管理
　大町市信濃木崎夏期大学（信濃公堂等の施設）の指定管理者として夏期大学に使用するとともに生涯教育の場として貸出

行政庁	富山県
目的	1
類型	4, 6, 13

公財 勝興寺文化財保存・活用事業団

富山県高岡市伏木古国府17-1　代表理事　氷見哲正

- 法人コード　　　A021363
- 会員数　　　　　0
- 寄付金収入　　　300千円
- 会費収入　　　　0
- 経常収支　　　　経常収益合計　9,666千円
　　　　　　　　　経常費用合計　9,713千円
- 公益目的事業費　8,066千円
- 収益事業　　　　無
- 主な財産　　　　預金等　30,129千円
　　　　　　　　　負債　102千円
- 正味財産額　　　30,031千円
- 常勤理事　　　　1名
- 職員・給与　　　1名・968千円
- 賃借料　　　　　284千円
- 使用したデータ　令和3年度

法人の概要

1998年10月設立・2013年4月公益法人登記。本願寺八世蓮如上人が文明3年（1471年）に越中の布教の拠点として砺波郡蟹谷庄に土山御坊を開いたのが始まり。永正14年（1517年）佐渡の順徳上皇勅願所「殊勝請願興行寺」を再興、寺号を相続して「勝興寺」と称した。戦国時代には、越中一向一揆の旗頭として活躍し、1584年に現在地の高岡市伏木古に移ると、加賀藩前田家と関係を深め、越中における浄土真宗の旗頭として、近代に至るまで繁栄した。現在、本堂や12棟の建造物が重要文化財に指定されている。本法人は、勝興寺が所有する文化財（建造物、絵画、工芸品、古文書など）の保存及び活用を図り、高岡市の文化振興に寄与することを目的としている。

事業の概要

1．文化財保存・修復事業
　(1) 歴史資料の適切な保存・管理
　(2) 本堂鬼板の板金の修理
2．文化財活用・環境整備事業
　(1) 文化財及び歴史資料等の貸出
　(2) 勝興寺ミニ宝物展の開催、他

行政庁	内閣府
目的	1, 16
類型	3, 6, 18

目的 1

公財 知床自然大学院大学設立財団

北海道斜里郡斜里町青葉町28-10　代表理事　田中俊次

- **法人コード**　A023847
- **会員数**　147名
- **寄付金収入**　3,045千円
- **会費収入**　1,745千円
- **経常収支**　経常収益合計　6,471千円
　経常費用合計　6,725千円
- **公益目的事業費**　5,544千円
- **収益事業**　無
- **主な財産**　預金等　6,489千円
　負債　208千円
- **正味財産額**　7,420千円
- **常勤理事**　1名
- **職員・給与**　1名・2,513千円
- **賃借料**　1,068千円
- **使用したデータ**　令和3年度

法人の概要

2013年1月設立・2014年2月公益法人登記。自然生態系の保全が人類生存の前提になっている現実を見据え、知床に、野生生物と人間社会との間に生じた様々な問題解決と共生のための新しい思想・技術を創出しその実践を担う専門家や研究者を育成する大学院相当の高等教育研究機関(以下「知床自然大学院大学」という)の設立・設置・誘致に寄与することを目的とに設立。知床自然大学ワーキンググループは、大学院大学のコンセプトを創造する活動を開始し、当法人を設立した。

事業の概要

1. 知床自然大学院大学を開設する学校法人設立の準備及び知床自然大学院大学の設置あるいは誘致の準備をする事業
 (1) 計画策定専門委員会の開催
 (2) 地元自治体、地元環境団体、現地機関との連携協力体制の構築
 (3) 設立に向けた資金確保の取り組み
2. 知床自然大学院大学賛同者募る広報事業「知床ネイチャーキャンパス」オンライン講義講師10名受講生42名、現地実習予定

行政庁	内閣府
目的	1
類型	13

公財 新日本先進医療研究財団

福岡県福岡市中央区赤坂1-14-22　代表理事　赤司浩一

- **法人コード**　A024410
- **会員数**　0
- **寄付金収入**　2,398千円
- **会費収入**　0
- **経常収支**　経常収益合計　60,548千円
　経常費用合計　40,501千円
- **公益目的事業費**　36,260千円
- **収益事業**　無
- **主な財産**　預金等　44,124千円
　負債　147,062千円
- **正味財産額**　2,010,327千円
- **常勤理事**　0
- **職員・給与**　1名・3,200千円
- **賃借料**　2,640千円
- **使用したデータ**　令和3年度

法人の概要

2014年12月設立・2016年1月公益法人登記。癌及び「生活習慣病」の早期撲滅を目指して、先進的な医療分野の研究を行う研究者や研究機関への支援、優れた成果を上げた研究者等を褒賞し、健康長寿社会の実現に寄与することを目的に設立。「がん」克服には新しい診断技術、遺伝子治療、分子標的療法等先進医療の開発が必要としながらも、基礎医学も重要であるとして、これも助成対象とする。

事業の概要

1. がん・生活習慣病研究に関する助成事業
 がん及び生活習慣病に関する先進的な研究の、国内において従事する研究者または研究機関が行う研究で、その成果ががん及び生活習慣病研究の進歩、発展に著しく貢献すると考えられるものに対し研究助成金を交付。総額4,000万円、30名を予定。
 (1) がん関連研究13名
 (2) 新型コロナウィルス関連研究7名
 1件あたり100～200万円を上限として支給
 (3) 応募件数が少なく20名に総額3,000万円を助成

目的	公財	**谷山治雄記念財団**	庁	内閣府
1		東京都新宿区四谷三栄町4－10　代表理事　安藤實	目的	1
			類型	3, 6, 14

- 法人コード　　　A024146
- 会員数　　　　　0
- 寄付金収入　　　1,525千円
- 会費収入　　　　0
- 経常収支　　　　経常収益合計　2,179千円
　　　　　　　　　経常費用合計　2,179千円
- 公益目的事業費　1,654千円
- 収益事業　　　　無
- 主な財産　　　　預金等　11,438千円
　　　　　　　　　負債　0
- 正味財産額　　　11,438千円
- 常勤理事　　　　0
- 職員・給与　　　1名・429千円
- 賃借料　　　　　687千円
- 使用したデータ　令和3年度

法人の概要

2011年1月設立・2017年4月公益法人登記。日本及び世界各国の財政・税制の国際的な研究を通して財政・税制の向上発展並びに啓発を図り、経済社会の発展、納税者の権利保護、国民生活など広く公益の増進に寄与することを目的に設立。財団創業者故谷山治雄は、研究者・税理士・社会運動家・税制経営研究所所長として「納税者の権利をまもる」、「税制と税務行政の民主化をはかる」を目的に活動・研究を行った。その意志を引継ぎ、財政・税制度の向上・発展と運動家支援のために活動。

事業の概要

1．税・財政ゼミナール－「谷山理論」継承
　　第14回「ベーシックインカム」参加10人
　　第15回「法人税増税は是か非か」参加12人
2．学術誌「税制研究」の企画・編集－日本及び世界の財政・税制・税務会計等の研究
　(1)　第80号『ふるさと納税』について
　(2)　第81号総選挙後の税財政を考える
3．図書館（谷山治雄・宇佐美誠次郎文庫）
　　財政・税関連書籍の収集・管理、無料閲覧

公財	**ダノン健康栄養財団**	行政庁	内閣府
	東京都目黒区上目黒2－1－1　代表理事　清水誠	目的	1, 7
		類型	3, 13, 18

- 法人コード　　　A017787
- 会員数　　　　　0
- 寄付金収入　　　42,000千円
- 会費収入　　　　0
- 経常収支　　　　経常収益合計　42,000千円
　　　　　　　　　経常費用合計　41,505千円
- 公益目的事業費　32,548千円
- 収益事業　　　　無
- 主な財産　　　　預金等　16,177千円
　　　　　　　　　負債　11,038千円
- 正味財産額　　　5,698千円
- 常勤理事　　　　1名
- 職員・給与　　　4名・4,487千円
- 賃借料　　　　　3,024千円
- 使用したデータ　令和3年度

法人の概要

2010年4月設立・2012年3月公益法人登記。代表者は東京大学名誉教授。フランスが本部の非営利組織ダノン・インスティテュートの15カ国目の組織として設立。健康は地球の健康（地球環境）と一体であり、地球環境に負荷をかけないことが、健康を維持するうえで必須であると考え、「健全な食と栄養による人々の健康向上」を目指し設立。「食による疾病予防」や「新しい栄養・食品機能の解析」、「全世代を対象とする食事・栄養改善による健康長寿の実現」を目指すことが目的。

事業の概要

1．研究助成事業（ダノン学術研究助成金）
　　研究報告書の要旨をメールマガジンおよびホームページで順次公開
2．研修事業
　　第23回ダノン健康栄養フォーラム（日本栄養士会共催）
3．食育・情報提供事業
　　食育サイト「ごはんだもん！げんきだもん！」
　　食育情報掲載中

行政庁	内閣府
目的	1
類型	3, 13

目的 1

公財 電気電子情報学術振興財団

東京都文京区弥生 2 − 4 − 16　代表理事　中野義昭

- 法人コード　　A011102
- 会員数　　　　8 名
- 寄付金収入　　0
- 会費収入　　　1,000千円
- 経常収支　　　経常収益合計　1,000千円
　　　　　　　　経常費用合計　2,462千円
- 公益目的事業費　391千円
- 収益事業　　　無
- 主な財産　　　預金等　20,911千円
　　　　　　　　負債　1,586千円
- 正味財産額　　19,360千円
- 常勤理事　　　0
- 職員・給与　　1 名・0
- 賃借料　　　　0
- 使用したデータ　令和 3 年度

法人の概要

1943年 2 月設立・2013年 4 月公益法人登記。
本法人は、基盤的研究分野である電機、電子、
情報に関する学術研究の進歩発展の重要性に

鑑み、この分野の学術研究の振興を図るための研究助成及び人文科学から自然科学の各般に及ぶ独創的、先端的な学術情報の提供などを行うことを目的とする。学際化、国際化の進展が著しい学術研究においては、情報重視の傾向は顕著であり、膨大かつ多様な学術情報の迅速、的確な流通及び利用の促進は、研究開発の効率率的な推進と研究成果の効果的な活用にとって不可欠である。電気通信をはじめ情報通信技術の研究開発は、今後ますます重要性を増し、産業、学術研究等幅広い活動分野に大きな影響を及ぼすことになる。

事業の概要

1．研究費補助事業
　(1)　原島博学術奨励賞（ 2 名）
　(2)　植之原留学生奨励賞（ 1 名）
　(3)　VDEC デザインアワード（計10名）
　(4)　海外渡航助成（該当なし）

庁	徳島県
目的	1, 9
類型	3, 4, 6, 10, 18

公財 徳島県埋蔵文化財センター

徳島県板野郡板野町犬伏字平山86− 2 　代表理事　福家清司

- 法人コード　　A004980
- 会員数　　　　0
- 寄付金収入　　0
- 会費収入　　　0
- 経常収支　　　経常収益合計　563,452千円
　　　　　　　　経常費用合計　563,452千円
- 公益目的事業費　505,529千円
- 収益事業　　　無
- 主な財産　　　預金等　122,409千円
　　　　　　　　未収入金　143,693千円
　　　　　　　　負債　262,269千円
- 正味財産額　　13,030千円
- 常勤理事　　　2 名
- 職員・給与　　49名・92,713千円
- 賃借料　　　　134,285千円
- 使用したデータ　令和 3 年度

法人の概要

1989年 4 月設立・2010年 4 月公益法人登記。
徳島県内における埋蔵文化財（出土した文化

財）の調査研究に関する事業を行い、文化財保護意識の啓発普及を図り、もって地域文化の振興に寄与することを目的としている。

事業の概要

1．埋蔵文化財の発掘調査及び研究事業
　徳島県から委託を受けて、 7 事業 7 遺跡、表面積11,086㎡、延22,498㎡の調査を実施
　①川西遺跡②加茂東原遺跡③中遺跡等7件
2．出土した文化財の整理及び保存事業
　徳島県の委託により、 3 事業に関連する 3 遺跡の出土品整理を行った。新居見遺跡、加茂宮ノ前遺跡、和食城跡を対象とした。和食城跡では報告書の刊行を行った
3．「いにしえを訪ねてミライを創るプロジェクト」 埋蔵文化財速報展「発掘とくしま」及び関連行事の実施。発掘調査成果の展示、調査成果報告会等を行った
4．埋蔵文化財総合センター収蔵庫管理業務
　収蔵する埋蔵文化財の管理と普及を実施。

目的
1

公財 鳥取バイオサイエンス振興会

鳥取県米子市西町133-2　代表理事　永瀬正治

行政庁	鳥取県
目的	1
類型	7, 13

- 法人コード　A011174
- 会員数　35名
- 寄付金収入　5,600千円
- 会費収入　0
- 経常収支　経常収益合計　5,600千円
　　　　　　経常費用合計　5,944千円
- 公益目的事業費　5,612千円
- 収益事業　無
- 主な財産　預金等　13,660千円
　　　　　　負債　0
- 正味財産額　13,660千円
- 常勤理事　0
- 職員・給与　5名・2,692千円
- 賃借料　872千円
- 使用したデータ　令和3年度

法人の概要

1994年2月設立・2014年4月公益法人登記。鳥取大学医学部に全国に先駆けて生命科学科が設置されたことを契機として、鳥取県における産学官の連携と新日本海新聞社の協力のもと、バイオサイエンスに関する教育・研究活動と人材養成の支援を行うとともに、学術研究会などを開催して、学術及び産学振興に寄与してきた。県民の健康確保と病気の予防のために、生活習慣病の予防食品開発とバイオサイエンスの情報提供を進め、鳥取大学で開発された染色体工学技術等、新技術を用いた医療・創薬支援を行っている。

事業の概要

1．研究助成金交付事業
　2021年度は実施なし
2．共同研究事業（鳥取大学他1社）
　「染色体工学技術を用いた研究に関わる全般」
3．セミナー開催事業
　「がん特異的なヒトキメラ抗体需要率の創出」里深博幸　参加人数15名

公財 西原里仁会

京都府福知山市字雲原2499　代表理事　西原忠昌

行政庁	内閣府
目的	1, 2
類型	13, 18

- 法人コード　A018367
- 会員数　0
- 寄付金収入　0
- 会費収入　0
- 経常収支　経常収益合計　270千円
　　　　　　経常費用合計　271千円
- 公益目的事業費　271千円
- 収益事業　無
- 主な財産　預金等　333千円
　　　　　　投資有価証券　3,228千円
　　　　　　負債　0
- 正味財産額　3,813千円
- 常勤理事　1名
- 職員・給与　0・0
- 賃借料　0
- 使用したデータ　令和3年度

法人の概要

1926年4月設立・2013年2月公益法人登記。故西原亀三が京都府地方における人材の養成、社会教化の翼賛及び救済を行い、併せて地方自治の開発を援助する事を目的として創設。西原亀三の遺志を継承し、主に理化学の研究を目的とする青少年への奨学援助及び地域振興を通じて、主に京都府地方の学術・経済・文化の発展に寄与することを目的としている。

事業の概要

理化学の研究を目的とする青少年への奨学金援助を行う

1．教育助成事業
　大学生1名（福井医療大学保健医療学部）に対して奨学資金15万円を助成
2．地域振興事業
　主に京都府地方の学術・経済・文化の発展への寄与を行う。2021年度は福知山市雲原所在の八幡神社の例祭に対して121,000円を寄付

公財 日本化学繊維研究所

京都府京都市左京区吉田河原町14　代表理事　伊藤紳三郎

庁	内閣府
目的	1
類型	3, 13

目的 1

- 法人コード　　　A015028
- 会員数　　　　　7 名
- 寄付金収入　　　0
- 会費収入　　　　5,915千円
- 経常収支　　　　経常収益合計　15,215千円
　　　　　　　　　経常費用合計　12,012千円
- 公益目的事業費　8,170千円
- 収益事業　　　　無
- 主な財産　　　　預金等　27,792千円
　　　　　　　　　負債　9,133千円
- 正味財産額　　　19,598千円
- 常勤理事　　　　0
- 職員・給与　　　1 名・2,306千円
- 賃借料　　　　　15千円
- 使用したデータ　令和 3 年度

法人の概要

1936年 8 月設立・2013年 4 月公益法人登記。繊維商社社長（当時）伊藤萬助による京都帝国大学への寄付金を基に設立され、代々の京大総長を理事長に招いている。繊維化学の学術的基盤をなす高分子科学分野の学術及び科学技術の振興を目的とし、研究成果の公開及び専門知識の普及、産学間及び国際的学術交流、研究教育に対する支援を行う。京都大学の繊維・高分子関連分野と連携し、京都大学の高分子科学研究者を主要メンバーとする非営利学術組織 Kyoto Institute Polymer Science（KIPS）と連携・協力関係にある。

事業の概要

1．研究助成費の交付
　公募によって申請のあった研究に助成を行う。2021年度は10件に各40万円（総額400万円）を交付した
2．第79回講演会開催（オンライン開催）
3．KIPS 高分子講座開催
　全10回20講義修了証書授与54名
4．学術講演集（第79集）（CD 版）の発行

公財 日本極地研究振興会

東京都立川市柴崎町 2 - 5 - 2　代表理事　福西浩

行政庁	内閣府
目的	1, 7, 15
類型	3, 6, 13

- 法人コード　　　A013691
- 会員数　　　　　485名
- 寄付金収入　　　5,995千円
- 会費収入　　　　3,388千円
- 経常収支　　　　経常収益合計　34,673千円
　　　　　　　　　経常費用合計　33,590千円
- 公益目的事業費　21,414千円
- 収益事業　　　　経常収益　13,977千円
　　　　　　　　　経常費用　6,645千円
- 主な財産　　　　預金等　12,921千円
　　　　　　　　　負債　16,800千円
- 正味財産額　　　17,939千円
- 常勤理事　　　　2 名
- 職員・給与　　　6 名・6,944千円
- 賃借料　　　　　1,835千円
- 使用したデータ　令和 3 年度

法人の概要

1964年12月設立・2013年 4 月公益法人登記。代表者は東北大学名誉教授。1961年10月、実質的創設者地球化学者鳥居鉄也が、南極探検で南極最大の露岩地域ドライバレーを視察し、この特異な景観に心を打たれた鳥居は、日本人チームによる調査研究を決意し、米国極地局の支援を得て、1963／64年に第 1 回調査を実施。これを機に、南極国際協同研究への支援、南極観測事業再開やその後の研究を支援する団体として、当法人が設立。

事業の概要

（公益事業）
1．教育助成（応募型）
　「教員南極派遣プログラム」
2．会誌「極地」113、114号
3．地球環境変動を学ぶ南極・北極教室展開
（収益事業）
極地観測事業を通じて開発取得した著作権及びノウハウによる資料貸出、技術指導を、極地観測事業関連の企業等からの依頼で実施

行政庁	内閣府
目的	1, 6
類型	13

公財 日本呼吸器財団

東京都文京区湯島 2 - 4 - 3　代表理事　三嶋理晃

- 法人コード　　A018095
- 会員数　　　　0
- 寄付金収入　　31,168千円
- 会費収入　　　0
- 経常収支　　　経常収益合計　31,168千円
　　　　　　　　経常費用合計　30,034千円
- 公益目的事業費　25,184千円
- 収益事業　　　無
- 主な財産　　　預金等　15,926千円
　　　　　　　　負債　0
- 正味財産額　　15,926千円
- 常勤理事　　　0
- 職員・給与　　1名・5,625千円
- 賃借料　　　　962千円
- 使用したデータ　令和3年度

法人の概要

2010年5月設立。2012年4月公益法人登記。呼吸器疾患の病態解明や予防法、治療法の開発に関する研究を推進するとともに、呼吸器疾患に関する正しい知識の普及や教育啓発活動を行うことを目的に設立。呼吸器疾患に関する研究への助成、市民公開講座等の啓発活動への助成、患者団体の活動への助成、各種調査への助成など医療支援活動を実施。日本呼吸器学会など6の呼吸器疾患関連学術団体が加盟している。

事業の概要

1．研究助成事業
　　呼吸器疾患全般を研究テーマとする研究助成と新型コロナウイルス関連を研究テーマとするCOVID研究助成で、2021年度は前者5件、後者8件の研究テーマに助成
2．市民講座助成
　　日本呼吸器学会の各支部が主催する市民講座及び日本COPDサミットの市民講座に対する助成で、2021年度の助成実績は7件
3．患者団体助成
　　患者団体に対する助成実績は4件

行政庁	内閣府
目的	1
類型	3, 6, 7

公財 日本世論調査協会

東京都中央区銀座 6 -16-12　代表理事　栁井道夫

- 法人コード　　A011665
- 会員数　　　　105名
- 寄付金収入　　0
- 会費収入　　　2,396千円
- 経常収支　　　経常収益合計　2,829千円
　　　　　　　　経常費用合計　1,941千円
- 公益目的事業費　1,856千円
- 収益事業　　　無
- 主な財産　　　預金等　9,835千円
　　　　　　　　負債　14千円
- 正味財産額　　9,821千円
- 常勤理事　　　0
- 職員・給与　　1名・0
- 賃借料　　　　369千円
- 使用したデータ　令和3年度

法人の概要

1950年9月設立・2012年4月公益法人登記。官公庁の広報調査部門、新聞・通信・放送などのマスコミの調査部門、民間の統計調査機関、各大学や研究所の学者等が参加して設立された。民主主義社会における民意の把握の基本である世論調査について、その意義と重要性を訴え、理解と協力を得ることや、世論調査の進歩向上を図ることを目的とする。会員相互の連携協力により研究成果や調査結果の報告・記録を行い、世論調査関係書籍や、世界の動向などについて情報の提供を実施。

事業の概要

1．世論調査の理論・方法を発展させる事業
2．研究会・研究大会（Zoom）
　(1)　「性別質問の選択肢に関する調査」他
　(2)　「コロナ後の世論調査に向けて」
　　　「コロナと世論調査−その実際と問題点−」
3．世論調査結果の収集と情報提供
　　会報「よろん」128号、129号の編集と発刊
4．会員アンケート
　　「新型コロナに伴う調査状況アンケート」
　　「性別質問の選択肢に関する調査」

公財 ニューテクノロジー振興財団

東京都千代田区外神田 3 - 9 - 2　代表理事　油田信一

庁	内閣府
目的	1, 7
類型	3, 4, 15, 18

目的 1

- 法人コード　　A012039
- 会員数　　　　0
- 寄付金収入　　1,430千円
- 会費収入　　　0
- 経常収支　　　経常収益合計　8,630千円
　　　　　　　　経常費用合計　8,085千円
- 公益目的事業費　7,311千円
- 収益事業　　　無
- 主な財産　　　預金等　13,396千円
　　　　　　　　負債　1,006千円
- 正味財産額　　12,890千円
- 常勤理事　　　0
- 職員・給与　　1 名・4,338千円
- 賃借料　　　　660千円
- 使用したデータ　令和 3 年度

法人の概要

1986年12月設立・2011年10月公益法人登記。
マイクロマウス（小型の自律移動ロボットが
自分で迷路を探索してそのコースを走り抜け

ることを競うロボット競技会）の全国大会を
開催し、知能ロボット技術やマイクロコン
ピュータの応用技術の進歩と人材の育成を目
的に設立。人間と技術の調和を基調に科学技
術の振興に寄与する。メカトロニクス及びロ
ボット技術を中心に普及・助成事業、広報事
業、情報・国際交流を実施。（メカトロニク
スは機械装置への電子工学的知見の融合によ
り新たな価値を求める学問）

事業の概要

1. メカトロニクス技術・ロボット技術普及
   (1) 第36回全日本学生マイクロマウス大会
   88台（MM：31人、CM：29人、RT：28人）
   (2) 第42回全日本マイクロマウス大会開催
   172台（MMF：20人　MMSF：32人　CM：71
   人　RT：49人）
   (3) つくばチャレンジへの協力
2. 情報交流・国際交流
   「知能ロボットとシステム国際会議」

公財 農学会

東京都文京区弥生 1 - 1 - 1　代表理事　丹下健

行政庁	内閣府
目的	1
類型	3, 14

- 法人コード　　A014928
- 会員数　　　　3 名
- 寄付金収入　　0
- 会費収入　　　20千円
- 経常収支　　　経常収益合計　8,981千円
　　　　　　　　経常費用合計　11,031千円
- 公益目的事業費　8,962千円
- 収益事業　　　経常収益　263千円
　　　　　　　　経常費用　474千円
- 主な財産　　　預金等　30,602千円
　　　　　　　　負債　2,482千円
- 正味財産額　　28,316千円
- 常勤理事　　　0
- 職員・給与　　2 名・1,072千円
- 賃借料　　　　101千円
- 使用したデータ　令和 3 年度

法人の概要

1932年 2 月設立・2012年 4 月公益法人登記。
わが国の近代農学黎明期（1887年）に東京農

林学校、旧駒場農場および札幌農学校の卒業
生によって設立。本学会は農業分野全般にわ
たる研究団体であったが、学術の進展により
細分化された専門学会が次第に設立され始め、
これらの学会の連合体形成の必要性が叫ばれ
1930年に日本農学会が設立された。本学会は
1932年に財団法人となり、当初日本農学会の
1 学会として活動してきたが、1952年に退会、
その後は独自の活動を行っている。「農学に
関する研究及び教育を振興し、持続的な農林
水産業の発展を図る」ことを目的とする。

事業の概要

1. 研究業績の表彰による農学研究の振興
   34機関から36名の推薦、受賞者11名
2. 学術講演会等の開催
   (1) 公開シンポジウム「有機農業のいまと
   これから」（ZOOM）参加者315名
   (2) 公開シンポジウム「持続可能な食料シ
   ステムに向けて」（ZOOM）参加者266名

目的 1

公財 原総合知的通信システム基金

行政庁	内閣府
目的	1
類型	3, 6, 13

大阪府大阪市天王寺区小橋町11−19　代表理事　原健人

- 法人コード　　A009124
- 会員数　　　　0
- 寄付金収入　　4,700千円
- 会費収入　　　0
- 経常収支　　　経常収益合計　60,860千円
　　　　　　　　経常費用合計　62,085千円
- 公益目的事業費　57,175千円
- 収益事業　　　無
- 主な財産　　　預金等　25,803千円
　　　　　　　　投資有価証券　190,352千円
　　　　　　　　負債　29,707千円
- 正味財産額　　203,624千円
- 常勤理事　　　0
- 職員・給与　　1 名・8,225千円
- 賃借料　　　　180千円
- 使用したデータ　令和3年度

法人の概要

1991年6月設立・2013年4月公益法人登記。本法人は、知的処理と情報通信が高度に融合した総合知的通信システムを実現するため、情報通信におけるAI技術、マルチメディア通信技術、コンピュータ間通信技術、生体情報伝達システム技術等に関する研究調査を行う者への助成等の支援、学界と産業界の連携の仲介より、上記新技術の事業化を支援し、情報通信技術の発展への寄与を目的とする。

事業の概要

1．総合知的通信システム技術とその応用に関する研究者への助成（コロナ禍で延期）
2．情報の収集及び提供
　(1)　「2021年ワールド・アライアンス・フォーラム東京円卓会議」共催
　(2)　「ITあわじ会議」主催
3．総合知的通信システムとその応用に関する研究者交流の推進
　先端技術研究会セミナーの開催
　開催回数　66回、参加人数　1,272人
　「GIGAスクール構想」他

公財 原・フルタイムシステム科学技術振興財団

庁	内閣府
目的	1, 7, 9
類型	13

東京都千代田区岩本町2−10−1　代表理事　原周平

- 法人コード　　A024960
- 会員数　　　　0
- 寄付金収入　　11,594千円
- 会費収入　　　0
- 経常収支　　　経常収益合計　11,595千円
　　　　　　　　経常費用合計　11,615千円
- 公益目的事業費　10,719千円
- 収益事業　　　無
- 主な財産　　　預金等　13,438千円
　　　　　　　　負債　0
- 正味財産額　　14,198千円
- 常勤理事　　　0
- 職員・給与　　4 名・0
- 賃借料　　　　660千円
- 使用したデータ　令和3年度

法人の概要

2017年12月設立・2018年4月公益法人登記。代表者は株式会社フルタイムシステム（宅配ボックス業界シェアNo.1、資本金4億9800万円）代表取締役副社長。学業優秀・品行方正であるにもかかわらず、経済的な理由で学費の支弁が困難な工学系の大学生・大学院生を奨学支援することで、科学技術の発展に貢献する有用な人材の育成に寄与することを目的として設立。2019年度に、財団の運営主体をより明確にする為に名称を「原・フルタイムシステム科学技術振興財団」と変更。

事業の概要

1．応募資格
　(1)　日本国籍を有し、国内の大学・大学院の工学部系又は工学系研究科に学ぶ者
　(2)　新たに学部3年生又は修士1年生となる者
2．給付金額及び採用人数
　月額4万円・年額48万円、2年間、毎年度10名
3．2021年度選考結果
　10名の奨学生を採用した。

公財 平岡環境科学研究所

神奈川県相模原市緑区原宿 5 - 15 - 6　代表理事　平岡正三郎

行政庁	神奈川県
目的	1, 16
類型	6, 13, 18

- 法人コード　　A003501
- 会員数　　　　0
- 寄付金収入　　375千円
- 会費収入　　　0
- 経常収支　　　経常収益合計　411千円
　　　　　　　　経常費用合計　938千円
- 公益目的事業費　577千円
- 収益事業　　　無
- 主な財産　　　預金等　2,794千円
　　　　　　　　負債　3,113千円
- 正味財産額　　19,254千円
- 常勤理事　　　1名
- 職員・給与　　0・0
- 賃借料　　　　0
- 使用したデータ　令和3年度

法人の概要

1986年10月設立・2011年4月公益法人登記。自然環境科学に関する調査研究を行い、自然環境と人間との関わりを科学的に探求し、環境の維持及び改善に資することが目的。

事業の概要

1．調査研究援助による研究（以下他3件）
　(1)　コセイタカスギゴケの生育形態と環境要因の結びつき
　(2)　在セン類土壌動物の研究
　(3)　八重山諸島に生息する絶滅危惧両生類の保全生態学的研究
2．調査研究援助等による調査活動
　(1)　屈斜路湖マリゴケ・構成種分布調査、周辺環境調査
　(2)　カブトガニ繁殖地の保全状況調査
　(3)　岡本太郎記念美術館屋上コケ庭現状視察
　(4)　イタヤカエデ樹液採取および Maple Syrup 精製
　(5)　希少植物の分布把握（5回）他
3．学会発表・講演会等
4．出版「自然環境科学研究」Vol.34

公財 広島がんセミナー

広島県広島市中区千田町 3 - 8 - 6　代表理事　田原榮一

行政庁	広島県
目的	1, 4
類型	3, 18

- 法人コード　　A017553
- 会員数　　　　66名
- 寄付金収入　　9,590千円
- 会費収入　　　725千円
- 経常収支　　　経常収益合計　10,952千円
　　　　　　　　経常費用合計　13,504千円
- 公益目的事業費　13,034千円
- 収益事業　　　無
- 主な財産　　　預金等　12,266千円
　　　　　　　　負債　58千円
- 正味財産額　　17,303千円
- 常勤理事　　　1名
- 職員・給与　　1名・1,441千円
- 賃借料　　　　1,199千円
- 使用したデータ　令和3年度

法人の概要

1992年5月設立・2013年4月公益法人登記。日本は「世界一の長寿国」になった結果、全死亡の3人に1人（毎年30万人以上）ががんで死亡する「世界一のがん大国」になった。本会は、国際平和都市広島市において、先端的がん薬物療法研究会等の学術会議を開催し、がんに関する最新情報を発信すると共に、がん医療従事者及びがん研究に関連する学会等への助成支援により、がんの学術振興と地域医療の発展に寄与することを目的とする。

事業の概要

1．がんに関する県内における学術研究集会
　広島がんセミナー先端的がん薬物療法研究会の開催－「がんゲノム医療の最前線」
2．がん予防推進事業
　(1)　第32回日本消化器癌発生学会総会
　(2)　第110回日本病理学会学術総会、他
3．学会開催助成事業
　(1)　第77回日本大腸肛門病学会学術集会
　寄附金受入額　550万円
　(2)　第44回日本呼吸器内視鏡学会学術集会
　寄附金受入額　200万円、他

行政庁	内閣府
目的	1
類型	13

目的 1

公財 風樹会
東京都千代田区一ッ橋2-5-5 代表理事 黒田成俊

- 法人コード　　A013854
- 会員数　　　　0
- 寄付金収入　　433千円
- 会費収入　　　0
- 経常収支　　　経常収益合計　13,984千円
　　　　　　　　経常費用合計　14,593千円
- 公益目的事業費　13,675千円
- 収益事業　　　無
- 主な財産　　　預金等　3,639千円
　　　　　　　　負債　0
- 正味財産額　　329,293千円
- 常勤理事　　　0
- 職員・給与　　1名・0
- 賃借料　　　　0
- 使用したデータ　令和3年度

法人の概要

1940年11月設立・2012年1月公益法人登記。岩波書店創業者岩波茂雄が創設。趣意書は、「今日高度国防国家の建設が強調せられると雖も其の根幹の理念は之を哲学に求むる外なく」としつつ、近年学術を尊重し、その応用的実際的研究には援助が増えているが、基礎研究への支援が極めて少ないことを嘆き、「思うに単なる応用的研究のみを以てはその効果も覚束なく根幹的学理の研究を俟ってこそ初めて実用的目的の達成を期しうる」と述べ、哲学・数学・物理学等の学術の基礎研究を支援することがこの法人の目的であるとする。初期理事に西田幾太郎、髙木貞治、岡田竹松、田辺元、小泉信三らの名が見られる。

事業の概要

学術及び科学技術振興のために哲学、数学、物理学等の基礎的学問に従事する少壮有為の研究者に奨励金を給付する。年700千円（最長5年受給可）。本年度は、継続12名（1名後期辞退）、新規8名に給付。哲学6名、数学7名、物理学7名で、支給総額は13,650千円

行政庁	内閣府
目的	1, 2
類型	3, 6, 14, 17, 18

公財 文化科学教育研究会
東京都港区麻布十番2-16-8 代表理事 池上圭一

- 法人コード　　A008123
- 会員数　　　　59名
- 寄付金収入　　20,000千円
- 会費収入　　　0
- 経常収支　　　経常収益合計　20,572千円
　　　　　　　　経常費用合計　1,753千円
- 公益目的事業費　1,659千円
- 収益事業　　　無
- 主な財産　　　預金等　43,591千円
　　　　　　　　負債　4,831千円
- 正味財産額　　47,364千円
- 常勤理事　　　0
- 職員・給与　　1名・0
- 賃借料　　　　0
- 使用したデータ　令和3年度

法人の概要

1951年3月設立・2012年4月公益法人登記。本法人は、理学博士下泉重吉により、科学教育、文化教育に関する基礎研究、調査及び環境保護活動、文化普及活動、併せて学校並びに社会における科学教育、文化教育の向上発展、環境保護に寄与することを目的に設立。

事業の概要

1．科学教育事業
　(1)　アースワーム研究会
　①　ミミズによる生ごみ処理の効用の研究
　②　環境教育の教材ミミズの普及、ミミズを教育教材に取り入れている学校の支援
　(2)　新田自然保護の会（理事長海老沢洋一）
　①　「新田わくわく水辺広場」を中心とした自然観察会、調査・研究・環境保護活動を委任
　②　広報活動として、「新田わくわく水辺広場」四季折々の写真を町内各所に掲示
　③　新田地域学習センター広報誌「さくら草」に「新田わくわく水辺広場だより」を連載
2．文化事業－ピアノコンサートの実施

行政庁	内閣府
目的	1
類型	4，6，13

目的 1

公財 ホクト生物科学振興財団

長野県長野市大字南堀字村東138　代表理事　水野雅義

- 法人コード　　　A002568
- 会員数　　　　　0
- 寄付金収入　　　16,000千円
- 会費収入　　　　0
- 経常収支　　　　経常収益合計　16,352千円
　　　　　　　　　経常費用合計　16,295千円
- 公益目的事業費　15,368千円
- 収益事業　　　　無
- 主な財産　　　　預金等　30,094千円
　　　　　　　　　負債　0
- 正味財産額　　　30,094千円
- 常勤理事　　　　0
- 職員・給与　　　2名・0
- 賃借料　　　　　120千円
- 使用したデータ　令和3年度

法人の概要

1997年6月設立・2012年4月公益法人登記。近年生物化学分野の技術が目覚ましく発展するなか、特にバイオテクノロジーは急速な成長段階にあり、その発展は農林水産業や医療・医薬品の産業分野へ大きく貢献し、人や国を豊かにするものと期待される。本法人は、不足しがちな研究費の一部を助成することで、バイオテクノロジー技術の交流及び普及を図り、国内産業の育成及び発展に貢献することを目的とする。

事業の概要

1．研究奨励金給付事業
　2021年5月より募集4カ月で71機関92件の応募があり、選考結果20名に1,430万円給付。累計25回総数382名総額25,865万円
2．受賞記念講演会
　コロナ禍で中止、一部の受賞者については、贈呈式を行い、目録を手渡した
3．きのこの観察会及び鑑定会
　長野県飯山市照岡なべくら高原・森の家39名1泊2日きのこの生態上の分類法、生態の不思議さ、環境との共生関係の説明あり

行政庁	内閣府
目的	1，9
類型	3，6，7，13

公財 未来教育研究所

兵庫県神戸市中央区中山手通6-1-1　代表理事　髙見茂

- 法人コード　　　A019875
- 会員数　　　　　30名
- 寄付金収入　　　0
- 会費収入　　　　4,212千円
- 経常収支　　　　経常収益合計　4,212千円
　　　　　　　　　経常費用合計　4,188千円
- 公益目的事業費　3,578千円
- 収益事業　　　　無
- 主な財産　　　　預金等　3,023千円
　　　　　　　　　負債　0
- 正味財産額　　　3,023千円
- 常勤理事　　　　0
- 職員・給与　　　2名・0
- 賃借料　　　　　519千円
- 使用したデータ　令和3年度

法人の概要

2010年12月設立・2012年9月公益法人登記。民主的かつ文化的な国家・日本をさらなる発展に導くための「人材育成」という社会的要請に応えるべく、「我が国の未来を切り開く教育のあり方」について広く研究するために設立された公益法人である。現在の代表理事は、京都大学特任教授、関西教育行政学会会長（専攻は教育政策学）が就任している。

事業の概要

1．調査研究、研修講座等の実施・開催事業
　(1)　未来教育研究会（9月）Web同時
　「学校におけるカーボンニュートラル」
　(2)　未来教育研究会（11月）研究助成報告
　「美術教育の視座からのSTEAM教育の授業モデル開発」
　「高校数学における反転学習を組み込んだ授業デザインの検討」
2．研究助成の実施を目的とする事業
　政策提言型研究と実践事例型研究に分け募集、個人6編、グループ1編採択
3．教育情報の提供を目的とする事業
　「英語指導法」題材にHPで受講生募集

公社 アンサンブル神戸

兵庫県神戸市中央区日暮通5－3－6　代表理事　矢野正浩

庁	内閣府
目的	2
類型	16

- 法人コード　　　A024300
- 社員・会員　　　40名・93名
- 寄付金収入　　　558千円
- 会費収入　　　　4,891千円
- 経常収支　　　　経常収益合計　17,946千円
　　　　　　　　　経常費用合計　20,716千円
- 公益目的事業費　20,332千円
- 収益事業　　　　無
- 主な財産　　　　預金等　745千円
　　　　　　　　　負債　4,982千円
- 正味財産額　　　－812千円
- 常勤理事　　　　1名
- 職員・給与　　　1名・0
- 賃借料　　　　　915千円
- 使用したデータ　令和3年度

法人の概要

2013年5月設立・2015年12月公益法人登記。阪神大震災直後の仮設住宅や老人ホームなどへの慰問演奏をきっかけに、1996年に関西の若手音楽家を中心に任意団体として発足した室内オーケストラである。同年9月にオープンした神戸新聞松方ホールを本拠地として、年間約10回の自主公演を行い、そのほか様々な依頼公演にも応えている。震災の記憶を忘れないように毎年1月17日前後には特別演奏会を実施し、オーケストラ音楽演奏を通して地域文化の振興・発展に貢献するため活動している。2000年には姉妹団体「神戸21世紀混声合唱団」を発足、宗教音楽にも取り組む。

事業の概要

1．定期演奏会の開催
　　第72・66・67・68・73回定期演奏会
2．「0歳からのクリスマスコンサート」
　　子どもがホールへ足を運び、整った音響で良い音楽を聴く習慣をつけ、クラシック音楽に興味をもつきっかけを提供（563人）
3．第22回特別演奏会の開催（入場者443人）
　　デュフレ　レクイエム　作品9

公社 愛媛能楽協会

愛媛県松山市千舟町4－3－9　代表理事　土居英雄

行政庁	愛媛県
目的	2
類型	3, 6, 13, 16

- 法人コード　　　A013102
- 社員・会員　　　28名・30名
- 寄付金収入　　　20千円
- 会費収入　　　　568千円
- 経常収支　　　　経常収益合計　608千円
　　　　　　　　　経常費用合計　637千円
- 公益目的事業費　227千円
- 収益事業　　　　無
- 主な財産　　　　預金等　6,653千円
　　　　　　　　　負債　0
- 正味財産額　　　6,831千円
- 常勤理事　　　　0
- 職員・給与　　　0・0
- 賃借料　　　　　80千円
- 使用したデータ　令和3年度

法人の概要

1972年6月設立・2014年4月公益法人登記。わが国を代表する古典芸能である「能楽」に関する技芸鍛錬と演能を行うとともに、愛媛県の能楽等の調査研究を行うことにより、愛媛県内における能楽の普及存続を図り、もって愛媛県内における文化の振興発展に寄与することを目的に設立された。

事業の概要

1．演能会の開催その他普及活動実施事業
　(1)　松山城二之丸薪能の開催事業
　　コロナ禍により中止
　(2)　闌能会の開催事業（毎年12月）
　　「第48回能楽祭・闌能会」
　　能楽祭（年一度の能楽祭典）と合同開催
　　素謡1番、仕舞16番、連管1番、連調1番
　　袴狂言1番、出演者総数107名、入場180人
　(3)　松囃子の開催事業（年始め）
　　舞囃子1番、素謡1番、連吟3番、仕舞3番、
　　小舞3番、出演者総数38名、入場120人
2．能楽を普及させるための人材育成事業
3．能楽の普及存続に資する事業への助成
　　潮見小学校能楽ワークショップへ助成

庁	内閣府
目的	2
類型	3, 5, 6, 9, 14

公社 園芸文化協会

東京都文京区本郷1−20−7　代表理事　三好世紀

- 法人コード　A012206
- 社員・会員　263名・312名
- 寄付金収入　811千円
- 会費収入　3,682千円
- 経常収支　経常収益合計　11,256千円
　　　　　　経常費用合計　12,822千円
- 公益目的事業費　11,862千円
- 収益事業　無
- 主な財産　預金等　1,908千円
　　　　　　負債　4,255千円
- 正味財産額　416千円
- 常勤理事　0
- 職員・給与　2名・3,576千円
- 賃借料　3,043千円
- 使用したデータ　令和3年度

法人の概要

1944年3月設立・2014年4月公益法人登記。日本の園芸文化の伝統を守りながら、園芸文化の向上と発展、普及を図ることを目的に設立。官界・学界・関係諸団体や生産者・一般の愛好家など園芸にかかわる人々を結び、新しい園芸文化の創出と普及啓発に従事。1926年創設の「花卉同好会」が母体で、翌年三越での陳列会には327点が出品。設立時は戦争中で、品種保存に務めた。戦後「焦土と化した国土を花と緑でいっぱいに」をスローガンに活動を再開した。

事業の概要

1．展示会（参加見合わせ）
　「2021日本フラワー＆ガーデンショウ」
2．園芸セミナー
　(1)　「ファラオの花・古代エジプトの植物」
　(2)　「新宿御苑菊花壇展観菊会2021」、他
3．園芸支援活動
　各種団体等の活動支援・協力（展示の企画協力、園芸相談、講師・品評会の審査員派遣）
4．植物の文化調査−菊、桜

行政庁	石川県
目的	2
類型	3, 4, 6, 16, 18

公社 金沢能楽会

石川県金沢市石引4−18−3　代表理事　岡能久

- 法人コード　A007065
- 社員・会員　73名・49名
- 寄付金収入　2,500千円
- 会費収入　2,160千円
- 経常収支　経常収益合計　49,204千円
　　　　　　経常費用合計　49,488千円
- 公益目的事業費　46,608千円
- 収益事業　無
- 主な財産　預金等　24,916千円
　　　　　　負債　3,806千円
- 正味財産額　27,102千円
- 常勤理事　0
- 職員・給与　2名・3,060千円
- 賃借料　144千円
- 使用したデータ　令和3年度

法人の概要

1972年1月設立・2011年9月公益法人登記。加賀宝生の継承保存と普及振興を図り、能楽後継者の育成を目的とする。金沢能楽会は佐野吉之助師を中心に明治34（1901）年に設立された。江戸時代、五代藩主前田綱紀が、宝生流贔屓の五代将軍綱吉に習って宝生流に開立してから、加賀藩は代々宝生流を愛好し、手厚く保護した。加賀藩では領民にも謡を奨励し、多くの領民が謡を習い裾野が広がった。

事業の概要

1．人材育成事業
　3、6、9、12月の4回、能楽師の技能向上を図る蛍光会（能、狂言の稽古会）を開催。定例能の演能ビデオを教材に活用
2．能楽講座、能楽体験教室の開催
　後継者、愛好者を育成するため、加賀宝生子ども塾等に協賛、県能楽堂で能楽講座開催
3．定例能、別会能等演能会の開催
　定例能計10回、別能会、慈善能
　県民移動能開催（加賀市、輪島市）
4．演能受託等
　加賀宝生の魅力能楽体験とろうそく能

公社 企業メセナ群馬

群馬県前橋市南町4-47-6　代表理事　岡野訓也

行政庁	群馬県
目的	2
類型	13, 14, 18

目的 2

- 法人コード　A005902
- 社員・会員　10名・35名
- 寄付金収入　200千円
- 会費収入　2,220千円
- 経常収支　経常収益合計　2,420千円
　　　　　　経常費用合計　2,333千円
- 公益目的事業費　1,227千円
- 収益事業　無
- 主な財産　預金等　870千円
　　　　　　負債　34千円
- 正味財産額　835千円
- 常勤理事　0
- 職員・給与　1名・545千円
- 賃借料　276千円
- 使用したデータ　令和3年度

法人の概要

1993年3月設立・2012年4月公益法人登記。本法人は前橋市の企業が社員となって、「心ゆたかなふるさと群馬づくり」を目指して設立し、運営している。企業メセナ（メセナはフランス語で、文化芸術を擁護支援することを意味する）は、企業が利益の一部を出し合って、芸術・文化を育てようという運動で、英米をはじめ、各国で熱心な活動が展開されている。本法人は、この活動を取り入れ、経済のソフト化の進展に伴い、企業はメセナ活動によって社会的価値を高め、さらに文化芸術活動を企業経営の根底に据えることによって、未来への一種の投資になると考えている。

事業の概要

メセナ活動に関する啓蒙や情報提供を行うことにより、メセナ活動に対する県民の理解を広めて群馬の芸術文化の向上と発展に寄与することを目的に以下の事業を行っている。
1．芸術文化に関する啓蒙と普及事業
　(1)　会報「メセナ群馬」の発行
　(2)　公募展「企業メセナ群馬賞」
2．芸術文化奨励事業　3名に10万円を授与

公社 北之台雅楽アンサンブル

千葉県いすみ市岬町鴨根646　代表理事　井口陽一郎

行政庁	内閣府
目的	2, 7, 15
類型	3, 4, 16

- 法人コード　A021197
- 社員・会員　18名・44名
- 寄付金収入　5,191千円
- 会費収入　874千円
- 経常収支　経常収益合計　7,531千円
　　　　　　経常費用合計　6,539千円
- 公益目的事業費　5,585千円
- 収益事業　無
- 主な財産　預金等　7,745千円
　　　　　　負債　5,008千円
- 正味財産額　3,423千円
- 常勤理事　3名
- 職員・給与　7名・360千円
- 賃借料　1,518千円
- 使用したデータ　令和3年度

法人の概要

2011年7月設立・2012年11月公益法人登記。1982年発足の任意団体「北之台雅楽会」の海外活動の円滑化のために法人化。千数百年に及ぶ長い伝統を持つ日本の古典芸術として高い評価を受ける雅楽を通して、国際文化交流及び青少年の情操教育に資することが目的。

事業の概要

1．国内雅楽演奏会等の開催
　(1)　国内雅楽演奏会－中止
　(2)　雅楽に関する講演会
　第12回「雅楽と国際文化交流」
　講演「和音の科学」と雅楽演奏
2．海外雅楽公演等の開催
　「2021欧州公演」はコロナ禍で延期
3．教育機関等における雅楽紹介
　(1)　伝統芸能・洋楽～ふれあい体験事業
　雅楽鑑賞・舞楽鑑賞と舞楽体験
　千葉県内7小学校参加者548名
　(2)　雅楽研修会（清泉女子大夏季集中講座）
　雅楽に関する講義「御神楽について」他
　雅楽の実演－管絃、舞楽、歌謡
　楽人11名舞人4名他8名、受講生112名

	庁	行政庁
	目的	1, 2, 11
	類型	3, 6, 7, 9

公社 劇場演出空間技術協会

東京都千代田区神田鍛治町 3 - 8 - 6　代表理事　伊東正示

目的
2

- 法人コード　　A001470
- 社員・会員　　56名・119名
- 寄付金収入　　0
- 会費収入　　　15,210千円
- 経常収支　　　経常収益合計　23,703千円
　　　　　　　　経常費用合計　27,270千円
- 公益目的事業費　14,057千円
- 収益事業　　　経常収益　7,678千円
　　　　　　　　経常費用　6,423千円
- 主な財産　　　預金等　7,079千円
　　　　　　　　負債　607千円
- 正味財産額　　8,000千円
- 常勤理事　　　1名
- 職員・給与　　3名・9,255千円
- 賃借料　　　　3,797千円
- 使用したデータ　令和3年度

法人の概要

1990年7月設立・2010年3月公益法人登記。
舞台芸術は、演出家と出演者の芸術性と、劇場・ホール、照明、音響、舞台機構、大型映像機器等の「劇場演出空間施設」とが有機的に機能することによって成立するが、本法人は、「劇場演出空間施設」の安全確保とその技術向上と普及を図ることを目的とする。

事業の概要

1．演出空間施設に関する指針、規格制定
2．演出空間施設の安全に関する調査・研究
3．講演会、フォーラム、施設見学等による国内外の交流推進
　JATETフォーラム2020/21　セミナー配信
4．機関紙、ジャーナル、ニュース、技術展等による情報発信
　(1)　JATET誌89号「配信における劇場の課題と今後の可能性」
　JATET誌90号「再生する劇場」
　(2)　ジャーナル19号「アクリエひめじ」
　(3)　ニュース（7回発行）
5．各種展示会開催への協力

	行政庁	内閣府
	目的	2, 15
	類型	3, 6, 17

公社 国際演劇協会日本センター

東京都渋谷区千駄ヶ谷4 -18- 1　代表理事　永井多惠子

- 法人コード　　A022119
- 社員・会員　　211名・241名
- 寄付金収入　　437千円
- 会費収入　　　3,725千円
- 経常収支　　　経常収益合計　44,176千円
　　　　　　　　経常費用合計　43,863千円
- 公益目的事業費　42,150千円
- 収益事業　　　無
- 主な財産　　　預金等　10,774千円
　　　　　　　　負債　5,987千円
- 正味財産額　　5,256千円
- 常勤理事　　　1名
- 職員・給与　　1名・5,907千円
- 賃借料　　　　727千円
- 使用したデータ　令和3年度

法人の概要

1990年5月設立・2013年7月公益法人登記。
国際演劇協会（International Theatre Institute =ITI）は、ユネスコの舞台芸術部門を担当する国際組織として計画され、1948年国連総会で創設された。現在では約90の国と地域が加盟し、それぞれのセンターが非政府組織（NGO）として、舞台芸術に関する情報の交換と実践面での国際交流を促進することを目標に活動している。ITI日本センターは、ITI創設3年後の1951年に設立され、ユネスコ憲章の趣旨に基づき、各国相互の理解を深めるため様々な事業を行っている。

事業の概要

1．国内外の舞台技術に関する現状調査
2．レクチャー、シンポジウム、ワークショップなどの開催
3．舞台芸術状況に関する出版物刊行
4．舞台芸術に関する国内国際会議への専門家の派遣・招聘
5．各国の相互理解目的の公演の企画・制作
6．舞台芸術による国際交流を促進するための環境整備

公社 金春円満井会

行政庁	内閣府
目的	2
類型	3, 16, 18

東京都杉並区西荻北 2－27－7　代表理事　髙橋忍

- 法人コード　　A008744
- 社員・会員　　348名・357名
- 寄付金収入　　2,490千円
- 会費収入　　　6,035千円
- 経常収支　　　経常収益合計　55,097千円
　　　　　　　　経常費用合計　55,387千円
- 公益目的事業費　51,191千円
- 収益事業　　　経常収益　1,464千円
　　　　　　　　経常費用　1,502千円
- 主な財産　　　預金等　14,926千円
　　　　　　　　負債　121千円
- 正味財産額　　31,160千円
- 常勤理事　　　0
- 職員・給与　　2 名・5,044千円
- 賃借料　　　　2,632千円
- 使用したデータ　令和 3 年度

法人の概要

1986年 3 月設立・2011年 4 月公益法人登記。金春流能楽の伝統を継承する団体で能の普及と振興が目的。流儀中興の祖、57世金春禅竹は能楽の大成者世阿弥の娘婿で、世阿弥から『六義』『拾玉得花』のほか多くの伝書を相伝されるなど、世阿弥の事績を受け継ぎ能楽大成に寄与した。江戸時代よりは観世座に次ぐ序列ながら、高い格式を誇り今に至る。芸風は、謡も型も古い様式を随所に残す最も古風なもので、素朴雄渾なものである。

事業の概要

1．主催演能会
(1) 円満井会定例能
金春流の中堅能楽師を主軸とした定期演能会で、5 回の公演。入場人員総数957人
(2) 第37回能楽金春祭り（毎年 8 月 7 日）
銀座八丁目銀座金春通りで路上奉納能（無観客、無料配信）
2．後援演能会－入場人員総数1,559人
3．素人会の開催－金春五星会53人参加

公社 こんぴら賢人記念館

行政庁	内閣府
目的	2, 7, 9
類型	2, 3, 6, 10, 18

香川県仲多度郡琴平町榎井106－5　代表理事　石川浩

- 法人コード　　A004323
- 社員・会員　　45名・195名
- 寄付金収入　　0
- 会費収入　　　286千円
- 経常収支　　　経常収益合計　315千円
　　　　　　　　経常費用合計　1,047千円
- 公益目的事業費　560千円
- 収益事業　　　無
- 主な財産　　　預金等　29千円
　　　　　　　　負債　8,819千円
- 正味財産額　　7,498千円
- 常勤理事　　　0
- 職員・給与　　0・0
- 賃借料　　　　0
- 使用したデータ　令和 3 年度

法人の概要

2008年12月設立・2010年 4 月公益法人登記。女子栄養大学の創設者香川昇三の生家が琴平町にあり、地元の 3 賢人の業績を顕彰する「こんぴら賢人記念館」建設計画が立ち上がり、本法人は、現在関連公益事業活動を行う一方、建設資金調達の寄付活動を継続中。郷土 3 賢人とは、日柳燕石（勤王の志士、詩吟作家）、長谷川佐太郎（私財による満濃池改修）、香川昇三・綾（日本の食文化の改善）である。

事業の概要

1．郷土賢人調査、資料収集・展示・保存
(1) 郷土 3 賢人、日柳燕石、長谷川佐太郎、香川昇三・綾の調査・資料収集
(2) 郷土賢人の研修・セミナー（中止）
(3) 日柳燕石史跡「呑象楼」の案内・講話
2．児童・青少年の健全な育成
(1) 「親子ペン画教室」（中止）
(2) 日柳燕石の「詩吟教室」（中止）
(3) 「おはなしの会」（中止）
3．食育の知識・技能普及のための料理教室

公社 させぼ夢大学

長崎県佐世保市三浦町4−30　代表理事　古賀良一

行政庁	長崎県
目的	2
類型	3, 17, 18

目的 2

- ▪ 法人コード　　　A022309
- ▪ 社員・会員　　　20名・20名
- ▪ 寄付金収入　　　0
- ▪ 会費収入　　　　0
- ▪ 経常収支　　　　経常収益合計　33,377千円
  　　　　　　　　　経常費用合計　42,500千円
- ▪ 公益目的事業費　33,735千円
- ▪ 収益事業　　　　無
- ▪ 主な財産　　　　預金等　47,329千円
  　　　　　　　　　負債　36,284千円
- ▪ 正味財産額　　　12,046千円
- ▪ 常勤理事　　　　1名
- ▪ 職員・給与　　　2名・4,670千円
- ▪ 賃借料　　　　　0
- ▪ 使用したデータ　令和3年度

法人の概要

2011年4月設立・2013年10月公益法人登記。佐世保ならではの文化づくりを進めるため、生涯学習の場として設立された。自ら学び、考え、行う生涯学習等文化の香り高い地域づくりに貢献することを基本理念として、自らの充実した暮らしを拓き、自分創りを行うための講演会等を開催し、文化活動を通じて地域活性化を図り、コミュニティの輪を広げることを事業の目的とする。文化講演会は佐世保市その周辺地域の住民を対象とし、受講は公募（完全抽選）の会員のみの参加となる。

事業の概要

1．文化講演会開催（定例講演会10回）
　(1)　政治、経済、芸術、福祉、教育、国際関係等の分野からの一流の講師の講演会
　(2)　受講感想文掲載の会報「夢のつづき」
2．地域住民等への文化支援活動
　(1)　地域の個人・文化団体の学習発表の場の提供（夢のひろば）
　(2)　折紙工房の実施
　幼稚園、小学校、公民館等での折紙教室
　(3)　周年事業「させぼ歴史・文化夢紀行III」

公社 静岡県茶手揉保存会

静岡県静岡市葵区北番町94　代表理事　澤村章二

行政庁	静岡県
目的	2, 7, 22
類型	2, 3, 4, 16, 18

- ▪ 法人コード　　　A020752
- ▪ 社員・会員　　　528名・528名
- ▪ 寄付金収入　　　1,000千円
- ▪ 会費収入　　　　2,169千円
- ▪ 経常収支　　　　経常収益合計　6,665千円
  　　　　　　　　　経常費用合計　7,432千円
- ▪ 公益目的事業費　5,317千円
- ▪ 収益事業　　　　経常収益　723千円
  　　　　　　　　　経常費用　450千円
- ▪ 主な財産　　　　預金等　812千円　負債　0
- ▪ 正味財産額　　　2,748千円
- ▪ 常勤理事　　　　0
- ▪ 職員・給与　　　2名・2,340千円
- ▪ 賃借料　　　　　100千円
- ▪ 使用したデータ　令和3年度

法人の概要

1972年10月設立・2013年11月公益法人登記。手揉製茶技術を有する人材を養成し、その伝統技術を後世に伝承し、手揉製茶技法の公開実演や体験などにより、広く静岡県民に対し手揉み茶への関心と理解を深めるための啓発・普及活動を行うことを目的として設立。

事業の概要

1．基本技術習得と流派ごとの後継者養成事業
　(1)　後継者養成講習・研修会の実施
　18支部82日参加者合計741人
　(2)　小・中・高等学校での手揉み実習
　14支部35校参加者延べ1,473人
　(3)　指導講師の派遣等　4支部4人
2．第44回静岡県茶手揉技術競技大会の開催
3．手揉技術資格認定事業(コロナ禍で中止)
4．静岡県指定無形民俗文化財指定(茶匠会)
5．献上茶謹製事業
6．静岡茶の啓発のための手揉実演事業
7．第29回全国手もみ茶振興会事業参画
8．書籍等頒布事業−『新手揉製茶法』及びDVD

庁	長野県
目的	2
類型	5, 11, 16, 18

公社 諏訪交響楽団

長野県諏訪郡下諏訪町5185－2　代表理事　丸茂洋一

- 法人コード　　A019111
- 社員・会員　　45名・56名
- 寄付金収入　　43千円
- 会費収入　　　0
- 経常収支　　　経常収益合計　　2,097千円
　　　　　　　　経常費用合計　　3,077千円
- 公益目的事業費 2,760千円
- 収益事業　　　無
- 主な財産　　　預金等　12,436千円
　　　　　　　　負債　　0
- 正味財産額　　12,609千円
- 常勤理事　　　0
- 職員・給与　　0・0
- 賃借料　　　　0
- 使用したデータ　令和3年度

法人の概要

1951年6月設立・2013年4月公益法人登記。諏訪地方の在住する管弦楽愛好家によるアマチュアオーケストラを運営する団体である。

創設は、1925年（大正14年）で長い歴史があり、現在の団員は70名を越えている。地元に根ざした音楽文化の普及と向上発展のために、責任ある団体として定期演奏会などの自主公演を中心に各地の学校や地域社会からの要請による演奏活動を行っている。団員の職業は、サラリーマン・教員・自営業・医師・主婦など様々で、年齢も広い世代にわたっている。

事業の概要

1．定期演奏会の実施事業
　第168回定期演奏会（2021年11月28日）カノラホール、入場者491人
　モーツアルト歌劇「フィガロの結婚」序曲
　ファリャ交響的印象「スペインの庭の夜」
2．南信オーケストラフェスティバル
3．練習会
　定期練習　合奏・分奏（毎週木曜日）41回
　特別練習　土・日曜日等7回

行政庁	香川県
目的	2
類型	3, 16, 18

公社 瀬戸フィルハーモニー交響楽団

香川県高松市サンポート2－1　代表理事　佃昌道

- 法人コード　　A004547
- 社員・会員　　49名・96名
- 寄付金収入　　4,770千円
- 会費収入　　　566千円
- 経常収支　　　経常収益合計　　29,131千円
　　　　　　　　経常費用合計　　31,092千円
- 公益目的事業費 31,049千円
- 収益事業　　　無
- 主な財産　　　預金等　8,616千円
　　　　　　　　負債　　10,824千円
- 正味財産額　　6,231千円
- 常勤理事　　　0
- 職員・給与　　3名・4,939千円
- 賃借料　　　　2,482千円
- 使用したデータ　令和3年度

法人の概要

2009年4月設立・2010年4月公益法人登記。地域の音楽文化の活性化への寄与を目的として、2001年11月に特定非営利活動法人として

設立された。交響管弦楽による音楽芸術の普及・発展に関する事業を行い、音楽文化の普及に努め、県民と香川県が一層元気になるよう、とりわけ、青少年に夢と希望をもたらすことができるよう活動する。瀬戸フィルハーモニーは、2021年に創立20周年を迎え、約60人の団員が、多彩な演奏活動を展開している。

事業の概要

1．定期演奏会（第35回500名、第36回400名）
2．メイトコンサート（中止）
3．第12回街クラシック in 高松（270名）
4．おもいでの心のうたコンサート（500名）
5．自治体、企業などへのコンサート
　イオン高松東店演奏（600名）
6．0歳児から入場できるコンサート（300名）
7．小中学校で音楽鑑賞・指導教室の実施
　オケ実演と指導（600名）

行政庁	内閣府
目的	2
類型	3, 4, 11, 18

公社 全国社寺等屋根工事技術保存会

京都府京都市東山区清水2-205-5　代表理事　大野浩二

- **法人コード**　A003350
- **社員・会員**　36名・287名
- **寄付金収入**　200千円
- **会費収入**　6,856千円
- **経常収支**　経常収益合計　46,290千円
　　　　　　経常費用合計　48,267千円
- **公益目的事業費**　42,614千円
- **収益事業**　経常収益　20千円
　　　　　　経常費用　528千円
- **主な財産**　預金等　22,911千円
　　　　　　負債　211千円
- **正味財産額**　24,036千円
- **常勤理事**　0
- **職員・給与**　4名・7,007千円
- **賃借料**　381千円
- **使用したデータ**　令和3年度

法人の概要

1979年12月設立・2010年4月公益法人登記。
文化財となっている社寺等の屋根は、一般の

家屋の瓦葺きではなく、檜皮・茅・こけら葺きのものが多く見られる。これらの資材による屋根葺きは、その技術だけでなく、その資材の確保からして、計画的・組織的な技術の継承が行われない限り、早晩廃れてしまう恐れがある。本法人は、組織的な活動運営により、このような屋根工事の伝統的技術の保存・向上を図り、社寺等屋根工事技術者、檜皮採取者の養成研修および文化財修理用資材の確保と文化財保護への寄与を目的とする。

事業の概要

1. 文化財屋根葺士養成研修（国庫補助）
2. 檜皮採取者（原皮師）養成研修事業
　　中級研修生17名実習560時間
3. 茅葺師養成研修事業（国庫補助事業）
　　茅葺師養成研修（中級）計9名実習520時間
4. 文化財研修会-「国宝根本中堂修理概要」
5. 森が支える日本の技術2021公開セミナー
　　伝統技術の実演、研修事業の公開1000名

行政庁	内閣府
目的	2
類型	2, 3, 4, 9, 18

公社 全日本小品盆栽協会

京都府京都市南区唐橋井園町19　代表理事　桝見朋広

- **法人コード**　A009698
- **社員・会員**　596名・597名
- **寄付金収入**　0
- **会費収入**　7,406千円
- **経常収支**　経常収益合計　36,523千円
　　　　　　経常費用合計　35,070千円
- **公益目的事業費**　31,635千円
- **収益事業**　無
- **主な財産**　預金等　34,927千円
　　　　　　負債　10,811千円
- **正味財産額**　28,361千円
- **常勤理事**　2名
- **職員・給与**　2名・2,270千円
- **賃借料**　545千円
- **使用したデータ**　令和3年度

法人の概要

2004年12月設立・2011年4月公益法人登記。
小品盆栽に関する展覧会を開催し、あわせて人材育成等を行うことで、小品盆栽の技術向

上及び発展を図り、もってわが国の文化向上に寄与することを目的とするわが国最大の小品盆栽の愛好家の団体である。
1987年から「雅風展」の名のもと、愛好家の主催する第12回小品盆栽展が、プロの日本小品盆栽組合の協賛のもと、開催されるようになった。本法人の主要な事業は、小品盆栽フェアであるが、この活動が、小品盆栽「芸術」の振興を図るものであり、ひいては日本文化の向上に寄与すると認められ、「公益社団法人」として認められることになった。

事業の概要

1. 展覧会の開催（小品盆栽フェア）
　　京都の「第47回雅風展」他5会場で開催
2. 小品盆栽に関する講習会、セミナー開催
　　認定講師による講義と実技指導
3. 資格の付与
　　基準適合者7名を「認定講師」に認定
4. 小品盆栽交歓会-小田原70名参加

公社 全日本書道教育協会

行政庁	内閣府
目的	2
類型	2, 3, 6, 9, 14, 18

東京都新宿区百人町 1 − 19 − 13　代表理事　福島一浩

- 法人コード　　A015851
- 社員・会員　　337名・337名
- 寄付金収入　　0
- 会費収入　　　3,635千円
- 経常収支　　　経常収益合計　34,437千円
　　　　　　　　経常費用合計　36,726千円
- 公益目的事業費　34,984千円
- 収益事業　　　無
- 主な財産　　　預金等　14,699千円
　　　　　　　　負債　5,822千円
- 正味財産額　　9,823千円
- 常勤理事　　　0
- 職員・給与　　5 名・3,323千円
- 賃借料　　　　1,368千円
- 使用したデータ　令和 3 年度

法人の概要

1961年 3 月設立・2012年 4 月公益法人登記。1931年、大阪における第 1 回全国中学校習字教育協議会をもって発足。2021年に創立90周年を迎える。先達の書の研究、作品発表と書写・書道教育への使命感という高い精神の連鎖によって、本会の歴史が蓄えた書美と書教展の方法論を受け継いで活動している。

事業の概要

1．創立90周年記念第105回書教展
　（一般公募、審査員、学生の部）4189点
2．書道に関する調査及び研究
　書道教育上、切実な諸問題、特に義務教育における教育課程改定に伴う国語科書写の実施上の諸問題について調査研究を実施
3．機関紙の発行（「書教」を毎月発行）
　写真版を多くし、鑑賞に資し、各階層の程度に応じた手本（硬筆を含む）を豊富に掲載
4．社会福祉施設等への講師派遣
5．民間書道指導者の養成および学校書道・書写担当教師の実力向上の為の講習並びに民間書道教授資格認定テストの実施
6．他書道団体と提携、書教育振興の推進

公社 全日本洋裁技能協会

行政庁	内閣府
目的	2, 3
類型	3, 14, 18

東京都新宿区新宿 2 − 8 − 1　代表理事　古屋貴史

- 法人コード　　A020162
- 社員・会員　　89名・89名
- 寄付金収入　　1,159千円
- 会費収入　　　2,810千円
- 経常収支　　　経常収益合計　10,917千円
　　　　　　　　経常費用合計　11,979千円
- 公益目的事業費　11,070千円
- 収益事業　　　無
- 主な財産　　　預金等　8,988千円
　　　　　　　　負債　12,597千円
- 正味財産額　　8,407千円
- 常勤理事　　　0
- 職員・給与　　2 名・1,956千円
- 賃借料　　　　352千円
- 使用したデータ　令和 3 年度

法人の概要

1971年12月設立・2013年 4 月公益法人登記。洋裁技能者の技能及び知識の向上を図り、もって技能者の社会的地位の向上及び婦人服装文化の発展に寄与することを目的に設立。設立以来、婦人服技能士の技術向上、社会的地位と婦人服文化の発展への貢献を目的に、全国的なビジネス競争の支援を委託され、日本で唯一の全国組織であり、最も権威のある多くの優秀技能者が活躍している協会である。

事業の概要

1．洋裁技能者の技能向上及び知識の向上を促進するためのセミナー事業
　(1)　夏期洋裁大学（コロナ禍で中止）
　(2)　他協会委託の協力事業
　①　第41回アビリンピック大会
　高齢障害者雇用支援機構の委託を受け協力
　②　第59回技能五輪大会
　中央職業能力開発協会の委託を受け協力
2．服飾文化発展・技術開発目的の表彰等
　2021全日本洋装技能コンクール
3．文化芸術振興を目的とする公益協力事業
　「全洋裁ニュース」152号の発行

行政庁	内閣府
目的	2
類型	18

公社 大日本弓馬会

神奈川県鎌倉市御成町20－43　代表理事　坂本和弘

目的 2

- 法人コード　　A017835
- 社員・会員　　123名・123名
- 寄付金収入　　100千円
- 会費収入　　　1,970千円
- 経常収支　　　経常収益合計　47,085千円
　　　　　　　　経常費用合計　44,865千円
- 公益目的事業費　41,672千円
- 収益事業　　　無
- 主な財産　　　預金等　2,412千円
　　　　　　　　負債　4,180千円
- 正味財産額　　32,543千円
- 常勤理事　　　0
- 職員・給与　　0・0
- 賃借料　　　　610千円
- 使用したデータ　令和3年度

法人の概要

1939年4月設立・2012年4月公益法人登記。鎌倉時代由来の日本弓馬術を普及発展し、古式馬術の実践指導により我が国伝統文化の発展に努めるとともに、馬術文化を通じ、国際親善に寄与することを目的として設立。当法人が、2020年11月に流鏑馬専用馬場「流鏑馬鎌倉教場」を開設した。世界最高の流鏑馬稽古馬場と言われている「鎌倉教場」は、全長220メートルの馬場に的を3つ設置し、稽古だけではなく、本格的な流鏑馬も実施できる"常設の馬場"である。

事業の概要

1. 古式馬術に関する行事（流鏑馬、笠懸及び馬上の剣、槍、薙刀、鉄砲に打靱、毬靱）
　(1) 寒川神社流鏑馬神事
　(2) 明治神宮流鏑馬神事
　(3) 鎌倉教場建設記念流鏑馬（鎌倉教場）
2. 国内では各地の由緒有る神社で流鏑馬神事を奉納し、海外において日本馬事伝統文化の象徴としての流鏑馬を演武、紹介
3. 会誌「蹄の音」第39号
4. パンフレットの作成、配布

行政庁	奈良県
目的	2
類型	3, 18

公社 奈良史蹟歴史研究普及会

奈良県奈良市紀寺町370－1　代表理事　森口敦

- 法人コード　　A022465
- 社員・会員　　35名・35名
- 寄付金収入　　314千円
- 会費収入　　　420千円
- 経常収支　　　経常収益合計　911千円
　　　　　　　　経常費用合計　1,203千円
- 公益目的事業費　993千円
- 収益事業　　　無
- 主な財産　　　預金等　3,511千円
　　　　　　　　負債　0
- 正味財産額　　3,920千円
- 常勤理事　　　0
- 職員・給与　　0・0
- 賃借料　　　　684千円
- 使用したデータ　令和3年度

法人の概要

1982年12月設立・2013年12月公益法人登記。古都奈良の史跡を中心とする文化財の説明会や講演会を行うとともに、史跡等の調査研究の成果を刊行し、文化財に関する正しい知識の普及に努めている公益法人である。「奈良観光ガイド」の母体となっている。

事業の概要

1. 通常学習会－コロナ禍で開催せず
2. 現地学習会（2021年は3回開催）
　(1) 柳生の里、山の辺の道について現地学習会
　(2) 岡寺、橘寺について現地学習会
　(3) 法隆寺、唐招堤寺について現地学習会
3. 特別研修講習会（新型コロナで開催中止）
4. 特別現地説明会（合計22回）
　(1) 東大寺、春日大社について現地説明会
　(2) 薬師寺、唐招堤寺について現地説明会
　(3) 興福寺、東大寺について現地説明会
5. 研究成果の刊行（新型コロナのため作成せず）
6. 説明員の養成と研鑽
　史跡文化財等の説明員研鑽・学習活動

公社 日本連珠社

兵庫県尼崎市金楽寺町2-8-7　代表理事　河村典彦

行政庁	内閣府
目的	2
類型	2, 6, 14, 15, 18

- 法人コード　　A023900
- 社員・会員　　112名・171名
- 寄付金収入　　729千円
- 会費収入　　　2,970千円
- 経常収支　　　経常収益合計　4,398千円
　　　　　　　　経常費用合計　4,434千円
- 公益目的事業費　4,269千円
- 収益事業　　　無
- 主な財産　　　預金等　5,716千円
　　　　　　　　負債　1,791千円
- 正味財産額　　3,924千円
- 常勤理事　　　0
- 職員・給与　　0・0
- 賃借料　　　　0
- 使用したデータ　令和3年度

法人の概要

1966年9月設立・2014年4月公益法人登記。連珠の普及、発展を図り、連珠技を通して考究心の練磨、道徳意識の推進、知的水準の向上および国際親交に努め、日本の伝統文化の継承・向上に寄与することを目的に設立（連珠とは、「五目並べ」のルールを変更し、競技として成立するように定めたものである。一説には平安時代が起源）。

事業の概要

1．連珠普及活動
　(1)　連珠公認指導員を中心とした公民館・老人施設・児童館・小中学校等での普及活動
2．連珠研究会・講習会・競技大会等の開催
　(1)　名人戦の開催　中村茂名人の体調不良により、2022年度に延期
3．連珠の段位制の確立並びに実施
4．図書・雑誌・新聞の編集、刊行及び収集機関誌「連珠世界」の発行（月1回）等
5．連珠資料の集積と電磁的保存
6．老人福祉や少年連珠に対するボランティア活動

公社 日本演劇協会

東京都中央区築地4-1-1　代表理事　植田紳爾

行政庁	内閣府
目的	2
類型	3, 6

- 法人コード　　A003834
- 社員・会員　　214名・230名
- 寄付金収入　　0
- 会費収入　　　5,005千円
- 経常収支　　　経常収益合計　16,471千円
　　　　　　　　経常費用合計　18,068千円
- 公益目的事業費　16,467千円
- 収益事業　　　無
- 主な財産　　　預金等　2,074千円
　　　　　　　　負債　0
- 正味財産額　　3,374千円
- 常勤理事　　　0
- 職員・給与　　3名・2,004千円
- 賃借料　　　　2,484千円
- 使用したデータ　令和3年度

法人の概要

1953年12月設立・2013年4月公益法人登記。1920年に菊池寛と山本有三を中心に組織された「劇作家協会」が母体。50年以上の歴史を持つ、評論家等によるその年の各種演劇やテレビドラマ等の概況と公演資料を柱とする「演劇年鑑」の発行、演劇界の存在をアピールするための「演劇フォーラム」の開催等を通して、演劇（劇放送を含む）の向上発展を図るとともに、演劇関係者の社会的地位の確立を目的として活動している。

事業の概要

1．「演劇年鑑2022」本体、「演劇年鑑2022」別冊を同一カバーに収納
　公演団体概況・年間公演活動状況等の刊行、本体A5版574頁（グラビア17頁本文557頁）別冊A5版127頁、文化庁「次代の文化を創造する新進芸術家育成事業」として刊行
2．講座・催事などの実施
　新シリーズ「演劇お勉強会ゲキ勉！」を始動
3．「日本演劇協会会報」の発行

行政庁	内閣府
目的	2
類型	2,3,8,14,16,17,18

公社 日本ギター連盟

東京都港区新橋6-14-4　代表理事　富川勝智

- **法人コード**　A004937
- **社員・会員**　211名・240名
- **寄付金収入**　0
- **会費収入**　2,068千円
- **経常収支**　経常収益合計　5,666千円
　　　　　　　経常費用合計　3,879千円
- **公益目的事業費**　3,178千円
- **収益事業**　無
- **主な財産**　預金等　8,300千円
　　　　　　　負債　8,073千円
- **正味財産額**　2,745千円
- **常勤理事**　1名
- **職員・給与**　0・405千円
- **賃借料**　858千円
- **使用したデータ**　令和2年度

法人の概要

1966年11月設立・2010年12月公益法人登記。ギター音楽の可能性を求める研究と演奏会を展開し、良質のギター音楽を提供することにより、芸術文化の振興及び普及を図る他、将来を見据えたギタリスト育成にも力を注ぎ、コンクール及び講習会等を開催している。

事業の概要

1．ギター音楽の可能性を求める研究と演奏会を展開、ギター音楽の普及を図る事業
　(1)　千葉ギターフェスティバル
　(2)　ニューイヤーギターコンサート in 神奈川
2．ギタリスト育成において行うコンクール及び講習会の推進事業
　(1)　新進芸術家ギタリストの響演
　(2)　第14回ギター大好きみんな集まれギターコンペティション
3．ギター演奏技術向上のための事業
　(1)　正会員によるギター講習会
　(2)　ユベントスによる講習会
4．その他の事業
　各地区演奏会の後援（開催中止）、他

庁	内閣府
目的	2,3,4,7,11,14,17,19,20
類型	3,6,14

公社 日本サインデザイン協会

東京都千代田区神田和泉町2-9　代表理事　竹内誠

- **法人コード**　A002958
- **社員・会員**　256名・263名
- **寄付金収入**　0
- **会費収入**　15,144千円
- **経常収支**　経常収益合計　28,635千円
　　　　　　　経常費用合計　30,015千円
- **公益目的事業費**　23,782千円
- **収益事業**　無
- **主な財産**　預金等　23,320千円
　　　　　　　負債　9,243千円
- **正味財産額**　15,228千円
- **常勤理事**　0
- **職員・給与**　2名・9,032千円
- **賃借料**　3,182千円
- **使用したデータ**　令和3年度

法人の概要

1993年7月設立・2012年4月公益法人登記。サインデザインの向上と普及を目指し、1965年に発足した「日本サインデザイナー協会」が前身。サインデザイナー、グラフィックデザイナー、インテリアデザイナー、照明デザイナー、建築デザイナーその他関連企業等により構成されている日本サインデザイン界は、世界で最も活発に活動しており、地域活性化の軸として、企業のイメージ戦略の柱として、その需要は増大すると思われる。

事業の概要

1．日本サインデザイン賞顕彰事業
　1966年より継続しているわが国唯一のサインデザインに関する顕彰事業で、質の高い作品を募集し、優れた作品に贈賞している第55回日本サインデザイン賞実施、343点
2．サインデザインに関する調査・研究事業
　サイン等の調査により課題を抽出し、より的確な情報伝達と快適な空間づくりに寄与すべく、研究や普及活動を展開している
3．サインデザインに関する人材育成、セミナー、講習会及び展覧会等の開催事業

行政庁	内閣府
目的	2
類型	3, 4, 13, 16, 18

公社 日本三曲協会

東京都港区赤坂 2 −15−12　代表理事　廣田隼人

- 法人コード　　A001656
- 社員・会員　　4,868名・4,868名
- 寄付金収入　　1,194千円
- 会費収入　　　17,066千円
- 経常収支　　　経常収益合計　75,141千円
　　　　　　　　経常費用合計　69,835千円
- 公益目的事業費　58,349千円
- 収益事業　　　無
- 主な財産　　　預金等　44,582千円
　　　　　　　　負債　14,891千円
- 正味財産額　　46,716千円
- 常勤理事　　　0
- 職員・給与　　6 名・7,876千円
- 賃借料　　　　2,564千円
- 使用したデータ　令和 3 年度

法人の概要

1968年11月設立・2010年 8 月公益法人登記。
本会は、1940（昭和15）年 6 月芸能統制令によって三曲（箏・三味線・尺八）の各流派の

教授者、演奏者等を糾合して結成された「大日本三曲協会」が前身。協会は、設立以来「三曲の"普及向上"と各流派の交流によって、わが国の伝統芸術の振興と邦楽文化の発展に寄与する」という目的を持ち、関係者の協力を得ながら、定期演奏会をはじめ各種の事業を催行して現代社会に文化的潤いを提供することを目的とする。

事業の概要

1．定期演奏会事業
　(1)　「三曲定期公演会−第 8 回日本の響」
　　　一部講演会、二部 6 曲、三部 6 曲
2．教育関係普及事業
　(1)　箏の寄贈− 3 面（含箏の教則本）
　(2)　「文化芸術による子供育成総合事業−
　　　巡回公演事業」− 8 校で実施
　　　箏のワークショップと三曲公演を巡回実施
3．明治神宮奉納演奏−春秋の大祭（協力）

行政庁	内閣府
目的	2
類型	14, 18

公社 日本七宝作家協会

東京都台東区東上野 4 −16− 3　代表理事　岩田広己

- 法人コード　　A003549
- 社員・会員　　102名・112名
- 寄付金収入　　0
- 会費収入　　　4,635千円
- 経常収支　　　経常収益合計　8,672千円
　　　　　　　　経常費用合計　10,748千円
- 公益目的事業費　7,496千円
- 収益事業　　　経常収益　22千円
　　　　　　　　経常費用　0
- 主な財産　　　預金等　10,111千円
　　　　　　　　負債　144千円
- 正味財産額　　11,429千円
- 常勤理事　　　0
- 職員・給与　　3 名・605千円
- 賃借料　　　　572千円
- 使用したデータ　令和 3 年度

法人の概要

1982年 7 月設立・2010年 7 月公益法人登記。
本協会は、我が国の伝統工芸である七宝の普

及及び向上を図るとともに、七宝に関する創作活動を奨励し、我が国の工芸美術の発展に寄与することを目的として設立。

事業の概要

（公益事業）
1．七宝に関する展覧会の開催などによる普
　　及啓蒙事業
　　第54回七宝作家協会展
　　2021年10月 7 日〜14日東京都美術館
　　会員・一般・研究員他135人140点
　　小作品部門29名34点、表彰式は中止
（収益事業）
　　七宝に関する出版書販売
（相互扶助等の事業）
1．研修会・講習会の開催及び会報発行等
　(1)　研修会−受賞作品解説 Zoom 配信
　(2)　実技講習会−「ロウ付けによる立体ペ
　　　ンダントと指輪胎制作と焼成」、他
2．会報「七彩」129号・130号発行

行政庁	内閣府
目的	2, 5, 7, 19, 22
類型	3, 4, 6, 9, 14, 18

公社 日本ジュエリーデザイナー協会

東京都中央区八丁堀 4 −11− 7　代表理事　長井豊

- **法人コード**　A001988
- **社員・会員**　287名・312名
- **寄付金収入**　100千円
- **会費収入**　15,880千円
- **経常収支**　経常収益合計　20,107千円
　　　　　　　経常費用合計　20,137千円
- **公益目的事業費**　12,367千円
- **収益事業**　無
- **主な財産**　預金等　4,595千円
　　　　　　　負債　1,541千円
- **正味財産額**　4,933千円
- **常勤理事**　0
- **職員・給与**　2 名・7,899千円
- **賃借料**　3,484千円
- **使用したデータ**　令和 3 年度

法人の概要

1988年 3 月設立・2012年 4 月公益法人登記。本法人は、日本国内でジュエリーの需要が増加し始めた1964年に「日本ジュエリーデザイナー協会」として創設され、その後一貫して「ジュエリーデザイン」の向上・普及を図る事業を行ってきた。近年は、日本のジュエリーデザインを世界に発信するため、世界のジュエリーフェアにも積極的に参加している。

事業の概要

1．公募展事業
(1)　第32回公募2022日本ジュエリー展 JAPAN JEWELLERY COMPETITION 選考と表彰
(2)　東京美術館での展示
協会公式 HP 内特設サイトで画像公開
2．調査研究及び人材育成に関する事業
(1)　調査研究−知的財産権の研究と推進
(2)　JJDA 講座「ジュエリーデザイナーのための法律講座」（Zoom 実施）
3．国内外の優秀なジュエリーデザインを展示及びジュエリーデザイン情報発信事業

目的 2

行政庁	内閣府
目的	2
類型	2, 3, 9, 14

公社 日本書作家協会

東京都荒川区東日暮里 1 −39−11　代表理事　木村壽子

- **法人コード**　A020257
- **社員・会員**　85名・223名
- **寄付金収入**　29千円
- **会費収入**　9,565千円
- **経常収支**　経常収益合計　29,501千円
　　　　　　　経常費用合計　28,938千円
- **公益目的事業費**　27,935千円
- **収益事業**　無
- **主な財産**　預金等　6,282千円
　　　　　　　負債　786千円
- **正味財産額**　5,661千円
- **常勤理事**　0
- **職員・給与**　2 名・6,775千円
- **賃借料**　112千円
- **使用したデータ**　令和 3 年度

法人の概要

1973年 3 月設立・2013年 4 月公益法人登記。書道各派を超えた純正の立場から書道研鑽の場を広め、高度な書道教師の育成と書道の普及を図ることを目的に設立された。当財団の会員数は海外を含め約2,500名。本協会で指導を受けた会員のなかには、一流書道展の審査員として活動されている人が大勢いる。

事業の概要

1．書道の普及を目的とした「通信教育講座」通信教育誌の送付と添削指導（毎月）
2．全国書道教師資格認定試験を行う事業
『全国書道教師資格認定試験』は、文部科学大臣認定の資格認定試験であり、合格者に書道教師の認定証を発行している
3．展覧会の開催
(1)　第56回書作家展
(2)　第63回新興書道展
毎年一月に東京都美術館で開催されている。「漢字」、「立体書道」「仮名」、「現代書」の特色のある計 4 部門から構成されており、非常に見応えのある展覧会となっている。『全国学生展』も併催されている

公社 日本茶業中央会

東京都港区東新橋 2 − 8 − 5　代表理事　上川陽子

行政庁	内閣府
目的	2, 19, 20, 21
類型	3, 5, 6, 8, 9, 14, 15

- 法人コード　　　A017183
- 社員・会員　　　10名・11名
- 寄付金収入　　　0
- 会費収入　　　　25,326千円
- 経常収支　　　　経常収益合計　27,262千円
　　　　　　　　　経常費用合計　20,355千円
- 公益目的事業費　15,684千円
- 収益事業　　　　無
- 主な財産　　　　預金等　14,729千円
　　　　　　　　　負債　4,611千円
- 正味財産額　　　19,850千円
- 常勤理事　　　　1名
- 職員・給与　　　1名・2,581千円
- 賃借料　　　　　297千円
- 使用したデータ　令和 3 年度

法人の概要

1943年 8 月設立・2013年 4 月公益法人登記。茶の振興に関する基本的方策を樹立し、安全で良質な茶の需給関係の総合的改良発達を推進するとともに、茶文化の振興を図り、茶業の健全な発展および国民生活の豊かさの向上実現に寄与することを目的とする。

事業の概要

1．茶業及び茶文化の振興に関する関係機関への提言
2．茶の需要の拡大、計画的な生産等茶の安定的な需給の安定に係る総合的施策の推進
3．茶の生産、流通及び加工の合理化
4．安全安心な信頼性の高い茶の供給体制の整備
5．国際的な視野に立った日本茶の振興と日本文化の普及に関すること
6．茶に関する情報の収集、機能性等の調査研究とその活用
7．消費者への茶の健康的、文化的情報の提供
8．茶業に関する団体相互の連携、協調

公社 日本・中国水墨交流協会

東京都文京区本郷 2 − 30 − 14　代表理事　中島廣志

行政庁	内閣府
目的	2
類型	3, 6, 14, 18

- 法人コード　　　A018106
- 社員・会員　　　162名・162名
- 寄付金収入　　　2,640千円
- 会費収入　　　　2,580千円
- 経常収支　　　　経常収益合計　9,923千円
　　　　　　　　　経常費用合計　9,417千円
- 公益目的事業費　8,719千円
- 収益事業　　　　無
- 主な財産　　　　預金等　5,980千円
　　　　　　　　　負債　1,514千円
- 正味財産額　　　5,145千円
- 常勤理事　　　　0
- 職員・給与　　　1名・907千円
- 賃借料　　　　　1,449千円
- 使用したデータ　令和 3 年度

法人の概要

1990年 6 月設立・2013年 4 月公益法人登記。日本及び海外との間で水墨画等を通じた文化交流に関する事業を行い、日本伝統文化の水墨画の振興を図り、国際的な友好親善に寄与することを目的として設立。「世界の平和は人類一人ひとりの心の中にある。水墨画を通した交流の輪を拡げよう」と綱領を定め、日本・中国水墨画合同展を主催している。

事業の概要

1．第39回日本・中国水墨画合同展
　作品数　公募143件（内中国人 3 ）
　顧問・招待作品他　総計153件
　湯島小学校児童の作品
2．会員増強及び水墨画普及活動
　(1)　合同展出品作品の出品依頼（電話作戦）
　(2)　協会主催湯島小（横山大観母校）での水墨画授業 5 ・ 6 年生（ 2 時限× 2 回）
　(3)　全国会員の出前授業、放課後学習等
　(4)　創立150周年記念展へ協会講師の出品
3．会報発行及びカレンダー製作・販売
　会報58号（12p、300部）
　カレンダー作成1,550個

公社 日本伝統俳句協会

東京都渋谷区笹塚2-18-9　代表理事　岩岡中正

行政庁	内閣府
目的	2
類型	3, 4, 6, 14, 18

目的 2

- 法人コード　　A012605
- 社員・会員　　2,253名・2,290名
- 寄付金収入　　613千円
- 会費収入　　　23,068千円
- 経常収支　　　経常収益合計　38,614千円
　　　　　　　　経常費用合計　33,951千円
- 公益目的事業費　24,549千円
- 収益事業　　　経常収益　3,114千円
　　　　　　　　経常費用　3,092千円
- 主な財産　　　預金等　43,847千円
- 正味財産額　　28,522千円
- 常勤理事　　　0
- 職員・給与　　7名・8,373千円
- 賃借料　　　　4,402千円
- 使用したデータ　令和3年度

法人の概要

1988年12月設立・2012年4月公益法人登記。
本法人は、日本古来からある伝統的なリズムを守り、人間と自然界の風物との係わり合いを詠う俳句、すなわち有季定型の花鳥諷詠詩である伝統俳句を継承し、普及啓発することを目的とする。俳句におけるこの立場は、高浜虚子が俳誌『ホトトギス』で守ろうとした伝統的な俳句理念であり、当時、同じく正岡子規に兄事し、同級生でもあった河東碧梧桐らが唱えた五七五の定型や季題にとらわれず生活感情を自由に詠うべきであるとする自由律俳句に対抗するものであった。本会初代会長稲畑汀子は、虚子の孫であり、本協会の機関紙「花鳥諷詠」は虚子の造語であり、虚子の理念の継承を明らかにしている。

事業の概要

1. 調査研究（「虚子宛書簡を読む」等）
2. 機関紙「花鳥諷詠」の発行（毎月1回）
3. 句集、叢書、俳人選集の刊行
4. 俳句カレンダーの刊行（4,151部販売）
5. 俳句教室（卯浪初心者俳句教室18教室）
6. 全国俳句大会（「第32回全国俳句大会」等）

公社 日本美術教育連合

東京都文京区本郷2-30-14　代表理事　大坪圭輔

行政庁	内閣府
目的	2
類型	3, 6

- 法人コード　　A007453
- 社員・会員　　243名・243名
- 寄付金収入　　0
- 会費収入　　　1,212千円
- 経常収支　　　経常収益合計　1,894千円
　　　　　　　　経常費用合計　2,344千円
- 公益目的事業費　1,851千円
- 収益事業　　　無
- 主な財産　　　預金等　2,906千円
　　　　　　　　負債　2,402千円
- 正味財産額　　3,064千円
- 常勤理事　　　0
- 職員・給与　　0・0
- 賃借料　　　　479千円
- 使用したデータ　令和3年度

法人の概要

1965年6月設立・2011年3月公益法人登記。
1953年に美術教育団体の連合体を作るため日本国内の8団体が集まって創設された。美術教育者相互の連絡提携の場となり、情報の交換と美術教育に関する国内外の諸問題の研究の進展に資するとともに、研究成果を広く世界に公開し、日本の美術教育の普及発展並びに国際交流を図ることを目的とする。

事業の概要

1. 美術教育研究発表会・研究収録の刊行・資料収集
 (1) 日本美術教育研究発表会（第55回、24件）オンライン開催、参加者64名
 (2) 「日本美術教育研究論集 No. 55 2022」の編集・発行、記載論文Ⅰ群4件Ⅱ群4件Ⅲ群6件
2. 国際学会参画寄与
 InSEA（国際美術教育学会）関連行事
 本年度はオンライン実施、連合ニュースを通して会員へ紹介
3. 啓発・普及事業
 造形・美術教育力養成講座（3回）

公社 日本舞台音響家協会

東京都新宿区高田馬場 1-29-22　代表理事　齋藤美佐男

行政庁	内閣府
目的	2
類型	3, 18

- 法人コード　　　A024202
- 社員・会員　　　446名・469名
- 寄付金収入　　　4,018千円
- 会費収入　　　　5,047千円
- 経常収支　　　　経常収益合計　32,022千円
　　　　　　　　　経常費用合計　31,014千円
- 公益目的事業費　27,941千円
- 収益事業　　　　無
- 主な財産　　　　預金等　19,222千円
　　　　　　　　　負債　565千円
- 正味財産額　　　22,214千円
- 常勤理事　　　　0
- 職員・給与　　　1名・3,045千円
- 賃借料　　　　　4,407千円
- 使用したデータ　令和3年度

法人の概要

2013年4月設立・2018年12月公益法人登記。舞台芸術、文化の創造に寄与するために、広く社会に舞台音響の啓蒙、普及および技術の向上を図ること、また舞台音響という術を用いて、舞台芸術、文化の創造に寄与することを目的に設立。「日本演劇音響効果家協会」と「日本PA技術者協議会」が合同して、2000年1月に任意団体として発足した。

事業の概要

1. 舞台音響の芸術・技術の向上と普及、舞台音響家の育成、安全に作業するための技術と意識の向上に関する事業
  (1) 舞台音響化のための公開講座
  ① 基礎 ② 演劇 ③ 研究 ④ 技術コース
2. 舞台作業上で安全に作業するための技術獲得と意識向上のための講座の実施
  (1) 安全技術獲得に関する事業
  (2) 特別教育
  ① 足場組立 ② フルハーネス等
3. 舞台機構調整（音響）技能検定への支援事業
4. 舞台音響に関する広報及び出版事業

公社 日本文化財保護協会

東京都中央区日本橋富沢町10-13　代表理事　長谷川渉

行政庁	内閣府
目的	2
類型	2, 3, 6, 18

- 法人コード　　　A004865
- 社員・会員　　　82名・88名
- 寄付金収入　　　0
- 会費収入　　　　17,020千円
- 経常収支　　　　経常収益合計　21,549千円
　　　　　　　　　経常費用合計　22,167千円
- 公益目的事業費　17,386千円
- 収益事業　　　　無
- 主な財産　　　　預金等　20,118千円
　　　　　　　　　負債　551千円
- 正味財産額　　　22,593千円
- 常勤理事　　　　1名
- 職員・給与　　　1名・6,145千円
- 賃借料　　　　　6,214千円
- 使用したデータ　令和3年度

法人の概要

2009年6月設立・2010年4月公益法人登記。文化財調査に係わる会社や民間の機関が集まって設立され、文化財保護に必要な技術の研鑽、向上を図ることを目的とする。そのために、埋蔵文化財調査士、埋蔵文化財発掘調査士補の資格を認定する事業を行っている。埋蔵文化財調査士は延べ383名、埋蔵文化財調査士補は延べ342名である。また継続教育（CPD）も実施。この資格の一番の特徴は現場経験を積んで初めて受験できるところである。

事業の概要

1. 埋蔵文化財発掘調査士試験
  行政経験者2名埋蔵文化調査士補10名合格
2. 埋蔵文化調査士補の指定講習会-2日間
  10講座（オンライン）受講後14名合格
3. 埋蔵文化財発掘に関する技術研修実施
  「遺跡層序の捉え方」、「遺跡調査における植物珪酸体（プラント・オパール）分析の活用と課題」他
4. 第13回考古検定の実施
  国民に考古学に親しみ、歴史や遺跡に対する知的好奇心を持ってもらうことが目的

公社 日本和紙絵画芸術協会

東京都新宿区高田馬場 1 − 16 − 14　代表理事　内田弘保

行政庁	内閣府
目的	2, 1, 5
類型	2, 3, 4, 10, 14, 118

目的 2

- 法人コード　　　A009721
- 社員・会員　　　202名・202名
- 寄付金収入　　　318千円
- 会費収入　　　　3,837千円
- 経常収支　　　　経常収益合計　11,072千円
　　　　　　　　　経常費用合計　11,637千円
- 公益目的事業費　7,880千円
- 収益事業　　　　無
- 主な財産　　　　預金等　7,779千円
　　　　　　　　　負債　2,156千円
- 正味財産額　　　6,129千円
- 常勤理事　　　　0
- 職員・給与　　　1名・138千円
- 賃借料　　　　　2,365千円
- 使用したデータ　令和3年度

法人の概要

1990年12月設立・2011年11月公益法人登記
和紙絵画芸術に係わる展覧会、講習会の開催、
国際交流の実施等を行うとともに、全国の和

紙絵画芸術家の交流・親睦を図り、日本の文化の発展・向上に寄与することを目的とする。和紙絵画は日本の伝統産業の手漉き和紙を主素材として描く絵画である。また同協会は記念事業としてネパールにラーニングセンター、ベトナムに幼稚園、フィリピンに助成研修センターを建設している。

事業の概要

1．和紙絵画芸術に関する展覧会企画・運営
　(1)　第35回記念「日本和紙絵画展」の開催
　　　展示数173点、入場者数1,598名
　(2)　巡回展の開催－美濃和紙の里会館
　(3)　和紙文化の振興
2．和紙絵画作家の指導・援助等（中止）
3．普及啓発活動
　(1)　講習会・こども教室への指導員派遣等
　　　明石市高齢者大学での指導
　　　和紙を使ってリハビリ講座（老人保健施設）
　(2)　機関紙「和紙絵画新聞」2回2,000部

公社 福岡県美術協会

福岡県福岡市中央区天神 5 − 2 − 1　代表理事　小田部黄太

庁	福岡県
目的	2
類型	14, 18

- 法人コード　　　A014362
- 社員・会員　　　763名・830名
- 寄付金収入　　　625千円
- 会費収入　　　　15,524千円
- 経常収支　　　　経常収益合計　22,021千円
　　　　　　　　　経常費用合計　22,291千円
- 公益目的事業費　14,803千円
- 収益事業　　　　無
- 主な財産　　　　預金等　13,247千円
　　　　　　　　　負債　543千円
- 正味財産額　　　13,047千円
- 常勤理事　　　　0
- 職員・給与　　　2名・9,348千円
- 賃借料　　　　　178千円
- 使用したデータ　令和3年度

法人の概要

1987年1月設立・2013年4月公益法人登記。
福岡県出身の美術家と在住の美術家によって
設立され、福岡県を中心とした美術全般の普

及・振興と、日本画・洋画・彫刻・工芸・書・写真及びデザインの7部門に属する福岡県関係美術家の相互研鑽と親和を図ることを目的とする。福岡県美術展の共催、福岡県シニア美術展、福岡県内各地域の美術展の助成、青少年の美術教育、会員展の開催など、地域文化の発展を目指す事業を行っている。

事業の概要

1．福岡県美術展覧会「県展」
　公募の部における2,587作品のうち、入選した1,313作品と、会員の部における587作品が、4期間に分かれて展示された。入場者は、有料、無料合わせて7,028名となった
2．県民美術啓発事業
　「2021福岡県シニア美術展」472点、2,700人
3．各地区展の指導・助成（一部中止）
4．美術教育関係への助成・後援
　小・中学校の県レベルの美術展の助成等

公社 毎日書道学会

香川県高松市旅籠町14-7　代表理事　東原宏平

行政庁	香川県
目的	2, 7
類型	3, 14

目的 2

- 法人コード　　A010681
- 社員・会員　　413名・413名
- 寄付金収入　　0
- 会費収入　　　3,964千円
- 経常収支　　　経常収益合計　14,266千円
　　　　　　　　経常費用合計　15,305千円
- 公益目的事業費　11,854千円
- 収益事業　　　無
- 主な財産　　　預金等　15,404千円
　　　　　　　　負債　2,387千円
- 正味財産額　　13,451千円
- 常勤理事　　　1名
- 職員・給与　　2名・4,160千円
- 賃借料　　　　1,885千円
- 使用したデータ　令和3年度

法人の概要

1978年3月設立・2012年4月公益法人登記。
毎日新聞高松支局の呼びかけで県内書壇の各
流派が統合「毎日書道学会」として発足する。

会員相互の切磋琢磨により書芸術の高揚、書
教育の振興を図り、その普及発展に努め、社
会の進展と我が国文化向上に寄与することを
目的として設立。

事業の概要

1．第48回毎日書道学会展
　　出品点数：602点（高松市美術館、香川文
　　化会館）表彰式は、社会福祉センターにて
　　特選以上を招待して実施
2．第49回毎日児童生徒硬筆展
　　出品点数：6,080点（坂出市民美術館で予
　　定するも、コロナ禍で展示・表彰式は中止
　　となり、顕彰のみ実施。）
3．第43回毎日児童生徒書き初めコンクール
　　出品点数：4,786点（坂出市民美術館）コ
　　ロナ禍で展示を毎日書道会賞以上の480点
　　に縮小
5．毎日書道特別講座（中止）
　　本会審査会員による講義と実技指導

公社 南信州地域資料センター

長野県飯田市座光寺3519　代表理事　吉澤健

庁	長野県
目的	2
類型	6

- 法人コード　　A003698
- 社員・会員　　76名・76名
- 寄付金収入　　0
- 会費収入　　　575千円
- 経常収支　　　経常収益合計　764千円
　　　　　　　　経常費用合計　887千円
- 公益目的事業費　757千円
- 収益事業　　　無
- 主な財産　　　預金等　1,607千円
　　　　　　　　土地　9,000千円
　　　　　　　　負債　0
- 正味財産額　　13,736千円
- 常勤理事　　　2名
- 職員・給与　　0・0
- 賃借料　　　　0
- 使用したデータ　令和3年度

法人の概要

2009年2月設立・2012年10月公益法人登記。
南信州の印刷物を主とした地域文化に関する

資料を収集・保存することを目的とする。京
都からの文化の入口であった南信地域には近
世から近代の貴重な地域資料が数多く残され
ているが、それらの資料も消失・散逸の危機
に瀕している。近代以降に限っても膨大な印
刷物・冊子・写真等の資料があり、その収集・
保管・整理・公開を掲げて、2009年10月に、
南信州地域資料センターが地元の有志によっ
て立ち上げられた。

事業の概要

1．地域資料の収集・整理
　　近代以降の地域に関する図書・写真・文書
　　等の収集・整理
2．収集した郷土資料のHPでの公開
3．コラム「資料渉猟余話」の執筆・掲載
　　「南信州新聞」の協力
4．『伊那青年』（全38冊）復刻出版
5．『「伊那青年」その時代』の刊行
　　『伊那青年』の解説・ガイド（社員有志）

行政庁	岐阜県
目的	2
類型	3, 14, 18

公社 美濃陶芸協会

岐阜県多治見市虎渓山町4-13-1　代表理事　安藤工

- 法人コード　　A007279
- 社員・会員　　61名・152名
- 寄付金収入　　3,179千円
- 会費収入　　　4,200千円
- 経常収支　　　経常収益合計　11,800千円
　　　　　　　　経常費用合計　12,700千円
- 公益目的事業費　5,214千円
- 収益事業　　　経常収益　3,568千円
　　　　　　　　経常費用　4,084千円
- 主な財産　　　預金等　21,280千円
　　　　　　　　負債　　697千円
- 正味財産額　　23,424千円
- 常勤理事　　　0
- 職員・給与　　1名・2,937千円
- 賃借料　　　　2,290千円
- 使用したデータ　令和3年度

法人の概要

1993年4月設立・2012年12月公益法人登記。美濃焼の歴史と伝統を承継し、陶磁工芸の進歩向上に係る事業を行い、陶磁器文化の普及振興を図るとともに、陶磁工芸技術伝承者の育成、陶磁器産業の振興に寄与する事業を行うことを目的とする。本協会は、岐阜県東濃地域を基盤として活動する58名（2021年9月1日現在）の陶芸作家集団で、本協会第1代会長は国指定重要無形文化財保持者である。

事業の概要

1．展示会、発表会等の企画及び実施
　(1)　美濃陶芸展
　(2)　美濃茶盌展
　(3)　卓男賞
　(4)　美濃陶磁育成智子賞
2．主催展示会・発表会での優秀作品を買い取り、これを保存または、美濃焼の発展等に寄与する者や公共団体等に寄付し、広く美濃焼の普及振興を図る
3．講演会・講習会・研究会の企画及び実施

目的 2

行政庁	岡山県
目的	2
類型	2, 14

公社 養和書道院

岡山県岡山市中区海吉1875-5　代表理事　石井裕子

- 法人コード　　A008964
- 社員・会員　　206名・225名
- 寄付金収入　　64千円
- 会費収入　　　1,250千円
- 経常収支　　　経常収益合計　10,614千円
　　　　　　　　経常費用合計　11,283千円
- 公益目的事業費　10,642千円
- 収益事業　　　無
- 主な財産　　　預金等　9,047千円
　　　　　　　　負債　70千円
- 正味財産額　　29,118千円
- 常勤理事　　　1名
- 職員・給与　　2名・1,372千円
- 賃借料　　　　624千円
- 使用したデータ　令和3年度

法人の概要

1970年8月設立・2013年1月公益法人登記。広く書道人の参加を求め、公募展を中心に各種書道展を開催し、書道の奥深さと背景にある歴史や知恵を愛する心を養うとともに、高度な芸術性を志向し、我国の伝統的芸術たる書道の健全な普及と発展に尽力し、地方文化の向上の一助となることを目的としている。

事業の概要

1．展示会事業
　(1)　第63回西日本教育書道展（440点）
　(2)　第51回養和書道院同人展（106点）
　(3)　第61回西日展（109点）
　(4)　第63回養和書道展（112点）
2．書道愛好家育成事業
　(1)　通信教育実力検定試験
　　　毎月随時　8名11講座受講（5講座終了）
　(2)　講習会（休会）
　(3)　錬成会（休会）
　(4)　席上揮毫（休会）
　(5)　小学校書道教室への支援
　①　書道体験教室各学年毎1年生〜6年生
　②　アフタースクール毎週月・木曜日2回

公社 浪曲親友協会

行政庁	内閣府
目的	2
類型	3, 6, 16, 17, 18

大阪府大阪市中央区内本町1-1-10　代表理事　福本一光

- 法人コード　　　A011197
- 社員・会員　　　41名・41名
- 寄付金収入　　　1,451千円
- 会費収入　　　　390千円
- 経常収支　　　　経常収益合計　14,615千円
　　　　　　　　　経常費用合計　14,401千円
- 公益目的事業費　11,935千円
- 収益事業　　　　無
- 主な財産　　　　預金等　13,125千円
　　　　　　　　　負債　128千円
- 正味財産額　　　18,292千円
- 常勤理事　　　　1名
- 職員・給与　　　2名・1,924千円
- 賃借料　　　　　600千円
- 使用したデータ　令和3年度

法人の概要

1986年3月設立・2011年7月公益法人登記。
明治29年関西を中心に活躍する若手浪曲師の協会として結成された「愛国者」が前身。日本の伝統文化である浪曲の継承発展および内外への普及・振興を図るとともに、浪曲の健全な育成を行い、浪曲を通して文化の向上に資することを目的とする。浪曲師の高齢化が進み、若手の育成、若者への浸透が課題。

事業の概要

1．一心寺門前浪曲寄席－毎月第2土・日・月曜日の3日間、年間36回を天王寺区の一心寺にて主催公演の実施（一部中止）
2．初夢で「見たよ聞いたよ」浪曲節－毎年正月に開催
3．みなと浪曲寄席（夏、秋、冬、春公演）浪曲が港湾労働者に人気があり、築港高野山釈迦院の境内に浪曲師・曲師を奉る「浪曲塔」があることから、大阪港所在ビルで開催（中止）
4．住吉大社浪曲寄席（中止）
5．福祉施設への慰問等の奉仕事業「大和郡山市老人福祉センター」（中止）

公財 アイスタイル芸術スポーツ振興財団

行政庁	内閣府
目的	2, 9
類型	13

東京都港区赤坂1-12-32　代表理事　吉松徹郎

- 法人コード　　　A024217
- 会員数　　　　　0
- 寄付金収入　　　2,834千円
- 会費収入　　　　0
- 経常収支　　　　経常収益合計　8,784千円
　　　　　　　　　経常費用合計　7,886千円
- 公益目的事業費　7,306千円
- 収益事業　　　　無
- 主な財産　　　　預金等　9,790千円
　　　　　　　　　負債　221千円
- 正味財産額　　　9,569千円
- 常勤理事　　　　0
- 職員・給与　　　2名・0
- 賃借料　　　　　396千円
- 使用したデータ　令和3年度

法人の概要

2017年6月設立・2017年12月公益法人登記。
芸術とスポーツの振興を図るため、現代アートの制作・展示活動およびスポーツイベントの開催活動への助成支援を行い、健康で文化的な社会の構築に寄与することが目的。

事業の概要

1．現代アートの制作・展示活動への助成支援－6件　計300万円
(1)　藤井宏水－凹みスタディ in Hiroshima 被爆建物を辿る
(2)　山城大督－新作インスタレーション SPATIAL TONE 制作プロジェクト
(3)　asamicro－現舞台芸術におけるストリートダンス作品の公演
(4)　野村由香－静かな力についての制作と展示
(5)　吉田山－自己修復する野外公園彫刻
(6)　川田知志－北川民次のリサーチと陶壁画作品制作
2．スポーツイベントの開催活動への助成支援（助成見送り）

庁	徳島県
目的	2
類型	4, 14, 16

公財 阿波人形浄瑠璃振興会

徳島県徳島市川内町宮島本浦184　代表理事　森惠子

- 法人コード　　　A006984
- 会員数　　　　　252名
- 寄付金収入　　　0
- 会費収入　　　　475千円
- 経常収支　　　　経常収益合計　2,090千円
　　　　　　　　　経常費用合計　4,021千円
- 公益目的事業費　3,696千円
- 収益事業　　　　無
- 主な財産　　　　預金等　12,660千円
　　　　　　　　　負債　95千円
- 正味財産額　　　11,704千円
- 常勤理事　　　　0
- 職員・給与　　　0・0
- 賃借料　　　　　0
- 使用したデータ　令和3年度

法人の概要

1953年9月設立・2011年4月公益法人登記。阿波に伝承し、独自の技術により発展し、国の重要無形文化財に指定された「阿波人形浄瑠璃」の技法を承継し保存すると共に、これに付随する技術の向上を振興保護し、「阿波人形浄瑠璃」が、阿波文化の中心的使命を十分発揮出来るようにすることを目的とする。

事業の概要

1．人形浄瑠璃の公演及び大会の開催事業
「第76回夏季阿波人形浄瑠璃大会・フェスティバル」を開催。1日目8演目7座、2日目10演目7座、入場者1,000人
2．第23回徳島県民文化祭分野別フェスティバル開催－学校等で活躍の後継者団体出演
3．学生育成研修事業
人形浄瑠璃の活動を行った者への表彰状と記念品の贈呈。2021年度は、大学1校4名、高校3校10名、中学4校15名、小学校その他5団体6名、計35名
4．阿波人形浄瑠璃普及事業
年間パスポートの発行等

目的 2

行政庁	三重県
目的	2, 7, 19
類型	3, 6, 10, 11

公財 伊賀文化産業協会

三重県伊賀市上野丸之内106　代表理事　中村信通

- 法人コード　　　A007346
- 会員数　　　　　47名
- 寄付金収入　　　161千円
- 会費収入　　　　0
- 経常収支　　　　経常収益合計　32,247千円
　　　　　　　　　経常費用合計　36,955千円
- 公益目的事業費　30,509千円
- 収益事業　　　　経常収益　2,480千円
　　　　　　　　　経常費用　1,342千円
- 主な財産　　　　預金等　171,314千円
　　　　　　　　　負債　101,602千円
- 正味財産額　　　18,421千円
- 常勤理事　　　　1名
- 職員・給与　　　6名・19,635千円
- 賃借料　　　　　171千円
- 使用したデータ　令和3年度

法人の概要

1936年8月設立・2011年4月公益法人登記。当法人は、伊賀上野城の維持管理を行うと共に、伊賀上野城及び伊賀地域の歴史、民俗、文化産業等の資料を収集、管理し、それらを広く一般に公開することにより、地方文化産業の発展に資するとともに、国民の文化的意識の向上に寄与することを目的として設立。

事業の概要

（公益事業）
1．伊賀上野城の歴史研究と資料収集、展示
藤堂高虎築城410年記念企画、他
2．地方の歴史・民俗・文化産業の資料収集
3．上記に関する文化事業に対する支援
特別講話「上野城親子教室」（中止）
4．研究会・会議への参加・関連事業
第1回薪能実施委員会への参加
5．文化団体等へ支援
（収益事業）
1．委託販売事業
2．城郭関係図書販売
3．登閣の促進

行政庁	内閣府
目的	2, 7, 9
類型	3, 16

公財 井上バレエ団

東京都世田谷区砧8-4-13　代表理事　西川佳津美

- 法人コード　　　A004694
- 会員数　　　　　140名
- 寄付金収入　　　0
- 会費収入　　　　1,984千円
- 経常収支　　　　経常収益合計　91,230千円
　　　　　　　　　経常費用合計　96,246千円
- 公益目的事業費　84,797千円
- 収益事業　　　　経常収益　11,063千円
　　　　　　　　　経常費用　10,094千円
- 主な財産　　　　預金等　24,108千円
　　　　　　　　　負債　　17,532千円
- 正味財産額　　　36,158千円
- 常勤理事　　　　6名
- 職員・給与　　　3名・5,808千円
- 賃借料　　　　　6,423千円
- 使用したデータ　令和2年度

法人の概要

1983年5月設立・2011年4月公益法人登記。
パリ、モンテカルロ等でダンサーとして活躍

した井上博文によるバレエ劇場のタイトルのもとに、1968年以来50回の公演を重ね、踊った人の総数は、日本のいろいろなバレエ団体から選ばれた踊り手約3,383人を数える。バレエ芸術の発展に寄与することを目的する。

事業の概要

1．バレエに関する普及活動
　(1)　井上バレエ団12月公演
「くるみ割り人形」1,256人（座席使用率50%）
　(2)　井上バレエ団2月特別公演
「ゆきひめ」他570人（座席使用率50%）
2．バレエに関する育成事業
　(1)　井上バレエ学園第47回発表会
3．その他目的を達するために必要な事業
　(1)　派遣事業－池袋コミュニティ・カレッジ
毎週月・水・土・日曜日計9クラス、他
　(2)　外部公演への出演等

行政庁	内閣府
目的	2
類型	3, 11, 16, 18

公財 梅若会

東京都中野区東中野2-6-14　代表理事　梅若善政

- 法人コード　　　A016988
- 会員数　　　　　528名
- 寄付金収入　　　160千円
- 会費収入　　　　1,945千円
- 経常収支　　　　経常収益合計　94,745千円
　　　　　　　　　経常費用合計　83,514千円
- 公益目的事業費　79,876千円
- 収益事業　　　　無
- 主な財産　　　　預金等　24,462千円
　　　　　　　　　建物　　25,423千円
　　　　　　　　　負債　　35,354千円
- 正味財産額　　　23,858千円
- 常勤理事　　　　0
- 職員・給与　　　1名・8,568千円
- 賃借料　　　　　1,249千円
- 使用したデータ　令和3年度

法人の概要

1961年10月設立・2014年4月公益法人登記。
梅若流は、1921年から1954年まで存在した能

楽シテ方の流派である。1954年、55世梅若六郎の決断により観世流に復帰。その後能楽堂建設計画が持ち上がった際、計画地が住宅専用地域であったために、学校の教習の場として舞台を設置することとなり、能舞台建設は学校設置と梅若会法人化に向けて進められることになった。1961年、梅若能学院会館が竣工し、梅若六郎「翁」竣工公演、その後学院の開校式と財団法人の設立が続いた。

事業の概要

1．能楽の公演開催その他の普及啓発活動
　(1)　梅若会定式能（5回）、梅流会（2回）、梅若会別会能（2回）実施
　(2)　文化庁アートキャラバン（3回）
　(3)　文化芸術による子供育成総合事業
小中学校11校を巡回し、ワークショップと公演（能・狂言）を開催
2．人材育成－梅若能楽学院の運営

行政庁	内閣府
目的	2, 7
類型	3, 4, 6, 16

公財 江戸糸あやつり人形結城座

東京都小金井市貫井北町3-18-2　代表理事　田中克昌

- 法人コード　　A003116
- 会員数　　　　3名
- 寄付金収入　　2,247千円
- 会費収入　　　1,967千円
- 経常収支　　　経常収益合計　52,666千円
　　　　　　　　経常費用合計　51,970千円
- 公益目的事業費　50,803千円
- 収益事業　　　無
- 主な財産　　　預金等　11,595千円
　　　　　　　　負債　29,975千円
- 正味財産額　　3,805千円
- 常勤理事　　　1名
- 職員・給与　　4名・5,852千円
- 賃借料　　　　3,425千円
- 使用したデータ　令和3年度

法人の概要

2008年12月設立・2010年1月公益法人登記。
日本古典文化の一つである江戸糸操り人形及び江戸写し絵を普及させて、芸能文化の享受

の機会を増やし、江戸糸操り人形などの人形文化及び江戸写し絵文化を日本の貴重な文化資源として後世に継承することが目的。

目的 2

事業の概要

1．江戸糸あやつり人形及び写し絵の公演
　「十三代目結城孫三郎襲名披露公演十一夜」
　孫三郎第二回古典小劇場「壺坂霊験記」
2．文化芸術による子供育成総合事業―学校
　公演―江戸糸あやつり人形の世界
　5校1164名
3．人形遣い体験入門・次世代育成事業
　「人形と俳優のクロスオーバーⅢ」（授業）
　「人形と俳優のクロスオーバーⅡ」
　（試演会）「おとらきつね」来場者31名
4．江戸糸あやつり人形及び写し絵の普及啓発事業―人形体験ワークショップ等
5．調査・研究、記録作成事業―実施事業におけるアンケートの分析・記録、演目と頭のデータアーカイブ化等

庁	内閣府
目的	2
類型	13, 16

公財 榎本文化財団

東京都千代田区外神田3-2-1　代表理事　榎本善紀

- 法人コード　　A024717
- 会員数　　　　0
- 寄付金収入　　13,990千円
- 会費収入　　　0
- 経常収支　　　経常収益合計　13,990千円
　　　　　　　　経常費用合計　13,399千円
- 公益目的事業費　11,773千円
- 収益事業　　　無
- 主な財産　　　預金等　13,167千円
　　　　　　　　負債　169千円
- 正味財産額　　13,648千円
- 常勤理事　　　0
- 職員・給与　　2名・0
- 賃借料　　　　660千円
- 使用したデータ　令和3年度

法人の概要

2018年9月設立・2019年2月公益法人登記。
代表者は株式会社京楽産業（事業内容は遊技機の企画、開発、製造、販売。資本金4,500

万円。）代表取締役社長。クラシック音楽の普及と発展を目指し、クラシックコンサートを開催するとともに、優れた若手音楽家に対して助成支援を行う。

事業の概要

1．クラシックコンサートの開催
　広く一般市民に向けて一流音楽家による入場無料のクラシックコンサートを開催することで、多くの人々にクラシック音楽の魅力を伝える。出演者には当該分野において実績ある優れた演奏家を精選した
2．若手音楽家に対する助成支援
　クラシック音楽の分野で活動する若手音楽家を対象として、助成金を支給した。本年度は以下の4件に助成をした
　(1)　代官山クラリネットソサエティ50万円
　(2)　"ミュージック"シアター 50万円
　(3)　NEOLOGISM 50万円
　(4)　オペラ団体 ABQ 50万円

公財 大野からくり記念館

石川県金沢市大野町4-甲2-29　代表理事　山本晴一

行政庁	石川県
目的	2，19
類型	4，6，10，18

目的 2

- 法人コード　　　A013850
- 会員数　　　　　0
- 寄付金収入　　　0
- 会費収入　　　　0
- 経常収支　　　　経常収益合計　23,477千円
　　　　　　　　　経常費用合計　23,891千円
- 公益目的事業費　23,275千円
- 収益事業　　　　無
- 主な財産　　　　預金等　14,023千円
　　　　　　　　　負債　848千円
- 正味財産額　　　14,644千円
- 常勤理事　　　　0
- 職員・給与　　　4名・7,442千円
- 賃借料　　　　　169千円
- 使用したデータ　令和3年度

法人の概要

1995年3月設立・2012年4月公益法人登記。
代表者は、㈱ヤマト醤油味噌代表取締役社長。
金沢市大野町に住み活躍した幕末の科学技術

者・からくり師大野弁吉の業績を紹介するとともに、近代技術のあけぼのを代表する「からくり」の世界を様々に展示する。

事業の概要

1．営業時間と入館者
　午前9時～午後5時（休館日あり）17,809人
2．常設展示（通年展示）
　(1)　各常設展示コーナーでの展示
　(2)　からくり人形の実演（15分4回上演）
　(3)　芋ほり長者人形の上演（5分5回上演）
　(4)　のぞきからくり（随時実施）
3．企画展
　(1)　メルヘン色彩画展～坂田久男の世界
　(2)　大野弁吉「一東視窮録を読む」
　(3)　江戸おもちゃ展
　(4)　県民文化の日特別企画
　からくり人形実演及び解説等
　(5)　企画講座
　親子体験教室の開催（11回/年、土・日）

公財 小川町文化協会

埼玉県比企郡小川町大字大塚55　代表理事　松本恒夫

行政庁	埼玉県
目的	2
類型	3，4，17

- 法人コード　　　A008628
- 会員数　　　　　0
- 寄付金収入　　　0
- 会費収入　　　　0
- 経常収支　　　　経常収益合計　27,850千円
　　　　　　　　　経常費用合計　26,696千円
- 公益目的事業費　19,846千円
- 収益事業　　　　経常収益　10,984千円
　　　　　　　　　経常費用　5,207千円
- 主な財産　　　　預金等　64,514千円
　　　　　　　　　負債　41,667千円
- 正味財産額　　　23,183千円
- 常勤理事　　　　1名
- 職員・給与　　　6名・15,939千円
- 賃借料　　　　　1,236千円
- 使用したデータ　令和3年度

法人の概要

1981年11月設立・2012年4月公益法人登記。
町直営の小川町民会館「リリックおがわ」の

運営において、文化事業及び受付業務全般の委託を受け、当法人の目的である「小川町における文化の創造と育成のための事業を行い、地域の活性化を促進する催事等の場を提供することにより、町民文化の向上とコミュニティ活動の振興を図り、もって色彩豊かな町民生活を形成し、地域社会の発展に寄与する」ことを目指している。

事業の概要

（公益目的事業）
1．文化団体育成に関する事業
　(1)　第19回リリック音楽祭
　(2)　第22回クリスマスコンサート
2．主催公演事業
　「リリック若手落語まつり」等
3．体験活動－「リリック学院」
　「台詞で学ぶ中国語」「本格能教室」等開催
（収益事業）
　(1)　施設保守管理　(2)　施設利用斡旋

公財 翁久允財団

富山県富山市磯部町1-1-1　代表理事　須田満

行政庁	富山県
目的	1, 2, 7
類型	14, 18

目的 2

- 法人コード　　A022679
- 会員数　　　　0
- 寄付金収入　　49千円
- 会費収入　　　0
- 経常収支　　　経常収益合計　649千円
　　　　　　　　経常費用合計　2,033千円
- 公益目的事業費　1,826千円
- 収益事業　　　無
- 主な財産　　　預金等　1,509千円
　　　　　　　　株式　19,955千円
　　　　　　　　負債　47千円
- 正味財産額　　21,417千円
- 常勤理事　　　0
- 職員・給与　　0・0
- 賃借料　　　　0
- 使用したデータ　令和3年度

法人の概要

1969年4月設立・2013年4月公益法人登記。富山県の文化に貢献した翁久允の意志を引継ぎ、学術、技術、思想等に貢献し得る郷土に関係する人材の奨学のためや翁久允の業績を後世に広く伝える活動を目的に設立。翁久允は、作家、ジャーナリスト、郷土史研究家、宗教家、画家であり、財団法人高志奨学財団（現在の本法人）の設立者。

事業の概要

1. 研究者・芸術家の援助その他（推薦）
第34回翁久允賞
受賞者：大村歌子（郷土史家）30万円
生地水橋をこよなく愛し、郷土研究に励んで、多数の論考を発表。特に童話作家大井冷光や旧制富山高等学校の設立に寄与した馬場はるについての精緻な研究が評価された
2. 奨学金の貸与ならびに給付（翁賞）
富山県高等学校長協会の定めた翁賞選考要領により、富山県内高等学校の卒業生14校15名に賞状と景品を贈った。SEIKO卓上時計、稗田菫平『筆魂翁久允の生涯』等

公財 お香の会

奈良県奈良市西ノ京町457　代表理事　山田法胤

行政庁	内閣府
目的	2, 4, 5, 7, 9, 15, 19
類型	3, 4, 5, 6, 13

- 法人コード　　A009781
- 会員数　　　　83名
- 寄付金収入　　891千円
- 会費収入　　　2,910千円
- 経常収支　　　経常収益合計　8,378千円
　　　　　　　　経常費用合計　9,805千円
- 公益目的事業費　7,940千円
- 収益事業　　　無
- 主な財産　　　預金等　10,779千円
　　　　　　　　負債　120千円
- 正味財産額　　71,208千円
- 常勤理事　　　0
- 職員・給与　　3名・1,002千円
- 賃借料　　　　789千円
- 使用したデータ　令和3年度

法人の概要

1974年5月設立・2011年7月公益法人登記。香道は、人格涵養に役立つとともに、日本文学に寄与した分野は広く、香道を解せずして日本文学の神髄を解することはできないとさえ言われているが、華道、茶道と比較して、社会的周知が進んでいるとはいえない。本会は日本文化を深く理解し、さらに伝統ある香りの文化保持・育成のために香道を普及させるとことを目的として設立された。

事業の概要

1. 普及啓発事業
(1) 香道体験教室－世田谷区郷土資料館「夏休み親子香道教室」他
(2) 吉祥天にちなむお香とお茶の会－毎年1月15日に薬師寺修正会で開催
2. 国民文化祭事業－「第36回国民文化祭」「お香の祭典」を開催、聞香席の開筵
3. 伝統文化伝承支援事業
(1) 花会式での献香－御家流香道宗家三條西堯水宗匠により献香（中止）
(2) 天武忌法要における献香－志野流蜂谷宗苾若宗匠により献香

行政庁	神奈川県
目的	2
類型	4，6，16

公財 鎌倉能舞台

神奈川県鎌倉市長谷 3－5－13　代表理事　石渡徳一

- 法人コード　　　A007192
- 会員数　　　　　0
- 寄付金収入　　　3,484千円
- 会費収入　　　　0
- 経常収支　　　　経常収益合計　123,879千円
　　　　　　　　　経常費用合計　108,677千円
- 公益目的事業費　105,123千円
- 収益事業　　　　経常収益　4,903千円
　　　　　　　　　経常費用　2,161千円
- 主な財産　　　　預金等　29,436千円
　　　　　　　　　負債　34,215千円
- 正味財産額　　　43,124千円
- 常勤理事　　　　1名
- 職員・給与　　　1名・3,788千円
- 賃借料　　　　　0
- 使用したデータ　令和3年度

法人の概要

1970年7月設立・2011年11月公益法人登記。
日本の伝統文化でありユネスコ世界無形文化

遺産の「能楽」の振興と普及を目的として設立。能楽を中心とした伝統芸能の公開及び普及を目的とする「自主公演」、次世代への能楽の伝承と育成及び技術の向上を目的とする「受託公演」、伝統芸能の調査・研究及び資料収集と提供を行う普及振興事業の実施。

事業の概要

1．自主公演（能を知る会）
　「鎌倉能舞台」「横浜能楽堂」12公演1,500人
　「国立能楽堂」（東京公演）2公演707人
2．受託公演－40回鑑賞（延べ人数6,300人）
　(1)　「文化芸術による子供の育成事業」
　神奈川県他小中学校14校鑑賞人数2,865人
　文化庁補助金4,667万円
　(2)　神奈川県「青少年のための能楽鑑賞体験」公演4回326人、1公演は動画配信1,200人
　(3)　鎌倉市「鎌倉能狂言」－16校1,329人
3．調査－未記録演目の録音録画等資料作成

行政庁	山形県
目的	2，9
類型	3，4，6，10，11，18

公財 上山城郷土資料館

山形県上山市元城内 3－7　代表理事　土田秀穎

- 法人コード　　　A007240
- 会員数　　　　　0
- 寄付金収入　　　267千円
- 会費収入　　　　8,346千円
- 経常収支　　　　経常収益合計　43,363千円
　　　　　　　　　経常費用合計　43,254千円
- 公益目的事業費　29,174千円
- 収益事業　　　　経常収益　10,103千円
　　　　　　　　　経常費用　9,321千円
- 主な財産　　　　預金等　25,545千円
　　　　　　　　　負債　5,392千円
- 正味財産額　　　29,481千円
- 常勤理事　　　　1名
- 職員・給与　　　10名・18,657千円
- 賃借料　　　　　0
- 使用したデータ　令和3年度

法人の概要

1982年9月設立・2013年4月公益法人登記。
天文4年（1535年）に築城されたと伝えられ

ている上山城。戦国時代は、最上氏の最南端の城塞であり、米沢の伊達氏や上杉氏との攻防の舞台となった。元禄5年（1692年）幕命により取り壊しとなったが、堀跡の一部が名残をとどめている。1982年に再建され、内部は郷土資料館となっており、歴史・自然科学・産業の展示がなされている。本法人は、この郷土資料館を中心に、上山市の文化遺産の収集保存及び調査研究を目的としている。

事業の概要

1．博物館事業
　(1)　企画展
　①　「上山城の刀剣・甲冑展」3,369人
　②　「ちょっと昔の上山風景展」5,636人
　(2)　講座・体験教室
　①　刀剣手入れ体験、他
2．地域連携の生涯学習による地域活性化
　(1)　上山城古文書解読講座（36人）
3．収益事業－売店事業

公財 北区文化振興財団

東京都北区王子 1 − 11 − 1　代表理事　依田園子

行政庁	東京都
目的	2
類型	3, 4, 10, 11, 17, 18

- 法人コード　　A003556
- 会員数　　　　0
- 寄付金収入　　156千円
- 会費収入　　　0
- 経常収支　　　経常収益合計　331,857千円
　　　　　　　　経常費用合計　330,772千円
- 公益目的事業費　296,031千円
- 収益事業　　　経常収益　289千円
　　　　　　　　経常費用　130千円
- 主な財産　　　預金等　119,408千円
　　　　　　　　負債　　92,933千円
- 正味財産額　　31,225千円
- 常勤理事　　　0
- 職員・給与　　32名・108,415千円
- 賃借料　　　　53,486千円
- 使用したデータ　令和3年度

法人の概要

1988年4月設立・2012年4月公益法人登記。
東京北区の地域文化と地域活動を振興する事業を行い、区民生活の向上と個性豊かな文化都市の実現に寄与することを目的とする。

事業の概要

区の「北とぴあ」を中心に、有料の企画も含め多彩な事業を展開、以下はその一部。
1．文化の振興に関する事業の企画及び実施
(1) 北とぴあホール事業
① 主催公演等（有料の公演）
ほくとぴあ亭1000円落語（5回）348人、
小倉貴久子と巡るクラシックの旅　352人
② 共催事業（商業を目的とした公演）
二期会オペラ研修所コンサート　455人
(2) 北とぴあ国際音楽祭事業
企画公演、アクト・ド・バレ《アナクレオン》（2回）1,213人
(3) 田端文士村記念館の運営と講演事業
年間利用者数16,839人、会館日数249日
2．芸術・文化活動に関する調査・普及
北区民オーケストラ及び合唱団育成事業

目的 2

公財 九州文化協会

福岡県福岡市中央区天神 1 − 4 − 1　代表理事　柴田建哉

行政庁	内閣府
目的	2
類型	14, 16, 18

- 法人コード　　A019339
- 会員数　　　　0
- 寄付金収入　　1,000千円
- 会費収入　　　0
- 経常収支　　　経常収益合計　15,462千円
　　　　　　　　経常費用合計　14,855千円
- 公益目的事業費　13,445千円
- 収益事業　　　無
- 主な財産　　　預金等　22,338千円
　　　　　　　　負債　537千円
- 正味財産額　　22,465千円
- 常勤理事　　　1名
- 職員・給与　　0・180千円
- 賃借料　　　　820千円
- 使用したデータ　令和3年度

法人の概要

1969年8月設立・2013年4月公益法人登記。
目的は、九州・沖縄の広域圏で独自の地域文化を形成発展させることにある。

事業の概要

1．九州芸術祭文学賞（第53回）
応募総数は269編。11地区で地区審査をし、地区優秀作11編が最終選考に残り、長崎県代表の白石昇氏の『足の間』が最優秀作に選ばれた。
2．九州芸術祭文学賞表彰式・記念公演
3．九州芸術祭巡回講演会
九州・沖縄各地区を巡回トーク形式で実施
(1) 「習作合評会 in 長崎」
長崎市　入場者30名
講師　東山彰良（作家）
(2) 「文学カフェ in 北九州」
北九州市　入場者60名
講師　町田その子（作家）
4．舞台公演など
「第29回ふくおか県民文化祭2021」
「沖縄県伝統芸能公演」、他各地で実施

庁	山形県
目的	2, 7, 9
類型	6, 10, 15, 18

公財 清河八郎記念館

山形県東田川郡庄内町清川字上川原37　代表理事　田澤伸一

- 法人コード　　A022677
- 会員数　　　　0
- 寄付金収入　　15千円
- 会費収入　　　0
- 経常収支　　　経常収益合計　1,799千円
　　　　　　　　経常費用合計　2,652千円
- 公益目的事業費　2,025千円
- 収益事業　　　経常収益　23千円
　　　　　　　　経常費用　16千円
- 主な財産　　　預金等　2,173千円
　　　　　　　　投資有価証券　6,371千円
　　　　　　　　負債　129千円
- 正味財産額　　8,874千円
- 常勤理事　　　0
- 職員・給与　　1名・1,255千円
- 賃借料　　　　63千円
- 使用したデータ　令和3年度

法人の概要

1977年3月設立・2014年4月公益法人登記。

清河八郎は江戸時代末期（幕末）の庄内藩出身の志士であり、浪士組を結成し新選組・新徴組への流れを作り、自らも虎尾の会を率いて明治維新の火付け役となった。清河八郎記念館は清河八郎の百年記念事業の一環。遺品及び明治維新資料は百数十点が保管され、一部は常時展示。山形県文化財指定は51点。

事業の概要

1．清河八郎の遺物資料収集、保管及び展示
(1)　遺物資料の収集、保管事業
(2)　常設展示事業
2．清河八郎の偉業の顕彰
(1)　特別企画展示事業
(2)　顕彰支援事業
「歩いて楽しむ回転の道と清川歴史の旅」
3．清河八郎記念館の管理運営
（収益事業）
1．図書、物品販売、他（計23,956円）
2．委託販売（計7,200円）

行政庁	内閣府
目的	2
類型	13, 16

公財 国際音楽芸術振興財団

東京都台東区上野6-16-22　代表理事　麻生泰

- 法人コード　　A024111
- 会員数　　　　0
- 寄付金収入　　13,181千円
- 会費収入　　　0
- 経常収支　　　経常収益合計　13,439千円
　　　　　　　　経常費用合計　12,913千円
- 公益目的事業費　12,476千円
- 収益事業　　　無
- 主な財産　　　預金等　14,585千円
　　　　　　　　負債　0
- 正味財産額　　14,585千円
- 常勤理事　　　0
- 職員・給与　　1名・0
- 賃借料　　　　0
- 使用したデータ　令和3年度

法人の概要

2018年4月設立・2018年10月公益法人登記。一流音楽家による入場無料のクラシックコンサートを開催するとともに、若手音楽家に向

けた助成支援を行うことで、日本のクラシック音楽の振興に寄与することを目的として設立。誰もが気軽に上質なコンサートに足を運ぶことができ、優秀な音楽家たちが自由に活動を繰り広げられる機会を提供することが、クラシック音楽の継続・発展に不可欠であるとして事業活動を推進している。

事業の概要

1．クラシック音楽に関するコンサート開催
初めてクラシック音楽に触れる入門者にも配慮し、全国のコンサートホールや公共施設にて良質で親しみやすい公演内容を実現。2020年度延期分を含め5回のコンサートを開催した（金管5重奏コンサート、サントリーホール／ブルーローズ等）
2．若手クラシック音楽家に向けた助成支援
同法人が制定する「若手クラシック音楽家（YCA）助成制度」に基づき、3件に各500千円、1件に420千円を支給

行政庁	高知県
目的	2, 4, 7
類型	4, 18

公財 坂本報效会

高知県宿毛市片島13−22−14　代表理事　坂本嘉廣

- 法人コード　　A019843
- 会員数　　　　0
- 寄付金収入　　300千円
- 会費収入　　　0
- 経常収支　　　経常収益合計　369千円
　　　　　　　　経常費用合計　1,337千円
- 公益目的事業費　677千円
- 収益事業　　　無
- 主な財産　　　預金等　37,599千円
　　　　　　　　負債　　7 千円
- 正味財産額　　39,068千円
- 常勤理事　　　0
- 職員・給与　　0・0
- 賃借料　　　　120千円
- 使用したデータ　令和3年度

法人の概要

1937年3月設立・2013年4月公益法人登記。戦前の大手出版社のひとつであった冨山房を1886年に神田神保町に設立した坂本嘉治馬が、出身地の高知県内の児童及び生徒の教育を支援するために私財を投じて設立した財団法人。現在四代目坂本嘉廣が、嘉治馬の志を受け継ぎ、事業を継続している。

事業の概要

1. 宿毛市立坂本図書館に、市の予算だけでは購入できない書籍があり、その希望書籍代344,315円を支援
2. 2005年度文化勲章受章者日野原重明が高知県宿毛市・土佐清水市において本会で行った講演録「十歳のきみへ、九十五歳のわたしから」を両市の十歳の小学生に毎年配布
3. 高知県出身の人あるいは高知県に関係ある題材で出版を志す人に、冨山房インターナショナルの協力の下、200万円を助成（本年度は該当者なし）
4. 高知県内の福祉施設への寄付

目的 2

行政庁	内閣府
目的	2
類型	13

公財 さわかみオペラ芸術振興財団

東京都千代田区一番町29−2　代表理事　澤上篤人

- 法人コード　　A024888
- 会員数　　　　66名
- 寄付金収入　　104,738千円
- 会費収入　　　5,490千円
- 経常収支　　　経常収益合計　136,685千円
　　　　　　　　経常費用合計　129,515千円
- 公益目的事業費　121,763千円
- 収益事業　　　無
- 主な財産　　　預金等　8,407千円
　　　　　　　　負債　4,469千円
- 正味財産額　　24,145千円
- 常勤理事　　　1名
- 職員・給与　　10名・38,615千円
- 賃借料　　　　4,975千円
- 使用したデータ　令和3年度

法人の概要

2014年8月設立・2016年8月公益法人登記。日本ではオペラは高尚な貴族趣味とみなされがちであるが、ヨーロッパでは、オペラは一般大衆の娯楽として、人々の間でひろく愛されてきたものであり、オペラは社交界の花でもあるが、ごく身近な楽しみでもある。生活者に身近でかつ芸術性の高いオペラ文化を日本でも広めたい、世界の人々に愛される日本語のオペラを一曲でも世に出したいという思いで本財団が設立された。

事業の概要

1. オペラ公演等の企画、開催、協力
　全19公演約3,000名来場
　(1) さわかみオペラ in 南紀勝浦生まぐろ市場コンサート　305名
　(2) 喜多方酒造コンサート　90名
　(3) 「超贅沢なさわかみアラカルトコンサート」9都市文化庁「ARTS for the future !」対象
2. 世界を目指す音楽家の助成・育成等
　イタリア留学助成−継続3名、次期対象者3名（月15万円）

公財 重要無形文化財結城紬技術保存会

茨城県結城市中央町2-3　代表理事　小林栄

行政庁	内閣府
目的	2
類型	9, 18

目的 2

- 法人コード　A023099
- 会員数　0
- 寄付金収入　0
- 会費収入　0
- 経常収支　経常収益合計　1,026千円
　　　　　　経常費用合計　838千円
- 公益目的事業費　827千円
- 収益事業　無
- 主な財産　預金等　1,958千円
　　　　　　反物　3,450千円　負債0
- 正味財産額　5,408千円
- 常勤理事　0
- 職員・給与　4名・0
- 賃借料　0
- 使用したデータ　令和3年度

法人の概要

1961年3月設立・2014年4月公益法人登記。重要無形文化財結城紬の制作技術保存の重要性に鑑み、その保存が適切におこなわれるよう精神的及び物質的な支援をおこない、その技術を保護・育成し、日本文化の発展に寄与することを目的として設立。製品の展示や表彰等を積極的におこない、結城紬の保護育成と啓発につとめる。（結城紬は日本の紬の代表的存在であり、紬製作の本来の手法が守られており、伝統的な手工芸の良い特質のものを今なお生産しているまれな例である。1956年4月に国の重要無形文化財に指定された。）

事業の概要

1. 重要無形文化財結城紬の技術保存事業
   (1) 製造技術保存事業
   (2) 撚糸加工技術の維持管理
   (3) 整理（糊抜き）技術の維持管理
   (4) 結城紬機織り体験教室、糸とり講習会
   (5) 和染めの復活
2. 重要無形文化財結城紬の製品の展示
   きもの day 結城、等

公財 新宮町文化振興財団

福岡県糟屋郡新宮町新宮東4-1-1　代表理事　東順治

行政庁	福岡県
目的	2
類型	3, 4, 17, 18

- 法人コード　A004911
- 会員数　259名
- 寄付金収入　0
- 会費収入　515千円
- 経常収支　経常収益合計　41,292千円
　　　　　　経常費用合計　40,949千円
- 公益目的事業費　35,645千円
- 収益事業　経常収益　546千円
　　　　　　経常費用　342千円
- 主な財産　預金等　44,885千円
　　　　　　負債　16,440千円
- 正味財産額　28,954千円
- 常勤理事　0
- 職員・給与　4名・11,356千円
- 賃借料　741千円
- 使用したデータ　令和3年度

法人の概要

2001年4月設立・2013年4月公益法人登記。地域における文化芸術活動の振興と生涯学習のまちづくりに寄与することを目的とする。

事業の概要

（公益目的事業）
地域住民に対して文化活動の主催及び情報の提供を行う事業
1. 伝統芸能、講演会等を主催する事業
2. 地域住民等に提供する参加型体験事業
   (1) 「おでかけそぴあシリーズ」3回開催
   　　未就学児を対象とする。
   (2) 「そぴあマルシェ」開催
   (3) ミュージカル「パーパス！〜森の王様と八人の子供たち〜」創作・上演
3. 学習機会の提供
   (1) 「そぴあスポット講座」夏冬講座開講
4. 情報の提供を行う事業
   　情報誌「そぴあまがじん」年4回12万部
（収益事業）
自動販売機による飲料水等の販売

行政庁	内閣府
目的	2
類型	3, 16, 18

公財 スターダンサーズ・バレエ団

東京都港区南青山 2−22−4　代表理事　法眼健作

目的 2

- 法人コード　　　A010914
- 会員数　　　　　0
- 寄付金収入　　　3,986千円
- 会費収入　　　　0
- 経常収支　　　　経常収益合計　587,836千円
　　　　　　　　　経常費用合計　534,392千円
- 公益目的事業費　529,047千円
- 収益事業　　　　無
- 主な財産　　　　預金等　133,157千円
　　　　　　　　　負債　　67,896千円
- 正味財産額　　　109,192千円
- 常勤理事　　　　1 名
- 職員・給与　　　5 名・11,219千円
- 賃借料　　　　　5,050千円
- 使用したデータ　令和 3 年度

法人の概要

1981年 3 月設立・2012年 4 月公益法人登記。
創設者故太刀川瑠璃子は、創立当初から日本
発信のナショナルバレエの創造を目標に掲げ、

「くるみ割り人形」などオリジナル作品を生
み出す一方、サー・ピーター・ライトの古典
作品から20世紀の振付家による近現代バレエ
まで、日本初演作品を含む世界レベルのレ
パートリーを保持している。次世代を担う人
材育成にも力を入れ、また地方に向けた活動
も行い、バレエの普及向上に努めている。

事業の概要

1．自主公演開催及びバレエの普及活動
　(1) 令和 3 年度文化芸術振興補助金
　　ピーター・ライト版「コッペリア」
　(2) 令和 3 年度文化芸術振興補助金
　　バレエ「ドラゴンクエスト」
　(3) 令和 3 年度文化芸術振興補助金
　　バレエ「くるみ割り人形」
2．委託公演の出演
　文化芸術子供育成総合事業（巡回公演）
3．バレエに関する芸術家の育成
　ジュニアカンパニーの指導・育成

行政庁	内閣府
目的	2
類型	14

公財 世界文化伝承財団

東京都中央区日本橋人形町 2−2−3　代表理事　内田由利子

- 法人コード　　　A024504
- 会員数　　　　　0
- 寄付金収入　　　0
- 会費収入　　　　0
- 経常収支　　　　経常収益合計　4,386千円
　　　　　　　　　経常費用合計　3,944千円
- 公益目的事業費　929千円
- 収益事業　　　　経常収益　1,293千円
　　　　　　　　　経常費用　1,599千円
- 主な財産　　　　預金等　8,940千円
　　　　　　　　　負債　　5,324千円
- 正味財産額　　　4,043千円
- 常勤理事　　　　1 名
- 職員・給与　　　1 名・438千円
- 賃借料　　　　　948千円
- 使用したデータ　令和 3 年度

法人の概要

2014年 6 月設立・2018年 4 月公益法人登記。
音楽を愛し、特に声楽分野の発展に情熱を傾

ける代表理事内田由利子の意思のもと、志を
一にする者が集い、ヨーロッパ音楽を通して、
日本人の精神文化の向上に貢献するために設
立された公益法人である。

事業の概要

（公益目的事業）
1．日本ドイツ歌曲コンクールの開催事業
　第31回日本ドイツ歌曲コンクール（延期）
2．日本歌曲コンクールの開催事業
　第 2 回日本歌曲コンクール
　法相宗大本山薬師寺（延期）
3．定期演奏会の開催事業
（収益目的事業）
4．リサイタルの開催事業
　小松英典＆城守香ジョイントリサイタル、
　春のコンサート Vol.1
　※「（公財）日本ドイツ歌曲協会」から名
　称変更

公財 僧月性顕彰会

山口県柳井市大畠1500　代表理事　折中光雄

行政庁	山口県
目的	2
類型	10, 18

- 法人コード　　A018617
- 会員数　　　　0
- 寄付金収入　　0
- 会費収入　　　0
- 経常収支　　　経常収益合計　2,559千円
　　　　　　　　経常費用合計　2,642千円
- 公益目的事業費　2,560千円
- 収益事業　　　経常収益　31千円
　　　　　　　　経常費用　　5千円
- 主な財産　　　預金等　1,917千円
　　　　　　　　負債　187千円
- 正味財産額　　6,844千円
- 常勤理事　　　0
- 職員・給与　　3名・1,563千円
- 賃借料　　　　120千円
- 使用したデータ　令和3年度

法人の概要

1968年5月設立・2014年4月公益法人登記。僧「月性」は、幕末期に周防国大島郡遠崎村（現山口県柳井市）で生まれた、尊皇攘夷派の僧侶であり、思想家であり、詩人であり、教育者であり、剣術家でもあった。「月性」の私塾は「東の松下村塾、西の清狂草堂」と言われ、高名であった。月性が唱えた「脳兵隊構想」は、「身分に関係なく、一般庶民みんなが立ち上がろう」「国を護るためには全員が意識改革しなければならない」「武士だけでなく、農民も一生に戦おう」という考えは、高杉晋作の騎兵隊の基となった。この団体は、この「月性」に関する文物資料、建物等を保全公開することにより、郷土の文化及び教育の振興に寄与することを目的とする事業を行うために設立された公益法人である。

事業の概要

1. 僧「月性」が開いた私塾「清狂草堂」跡及び「月性展示館」の保全公開を行う事業
2. 僧「月性」の事跡を広く社会に紹介する出版物を編集、頒布する事業

公財 橘秋子記念財団

東京都渋谷区富ヶ谷2-14-15　代表理事　山田秀雄

行政庁	内閣府
目的	2
類型	13, 14, 16

- 法人コード　　A008547
- 会員数　　　　0
- 寄付金収入　　13,221千円
- 会費収入　　　2,575千円
- 経常収支　　　経常収益合計　53,397千円
　　　　　　　　経常費用合計　46,002千円
- 公益目的事業費　40,583千円
- 収益事業　　　無
- 主な財産　　　預金等　25,693千円
　　　　　　　　負債　5,767千円
- 正味財産額　　21,278千円
- 常勤理事　　　0
- 職員・給与　　4名・9,702千円
- 賃借料　　　　6千円
- 使用したデータ　令和3年度

法人の概要

1975年4月設立・2012年4月公益法人登記。日本のバレエ教育の向上とバレエ芸術の振興・普及に努めた故橘秋子の意志継承を目的として設立。児童や青少年に対するバレエ芸術の指導及び人材育成、海外から指導者を招いてのワークショップ、顕彰や奨学金の授与、公演の開催等の事業により、バレエ芸術の創造・振興・普及に寄与する。

事業の概要

1. バレエ芸術の優秀な成果の表彰
　　埼玉県舞踊コンクール－各部門表彰
2. 盛田正明スカラシップ－計1名
　　バレエ塾授業料免除＋奨学金(月額3万円)
3. バレエ公演の開催事業等
　(1) 児童のためのバレエ芸術の指導と発表
　　東京会場週1回月3回、新潟会場年12回
　　第46回ジュニアバレエ公演（生徒82名）
　(2) 後継者育成（牧阿佐美バレエ塾）
　　年齢15～22歳、人数5名（純塾生3名他）
　　レッスン・講座：週5回10～17時11カ月
　　牧阿佐美バレエ塾発表会（塾生他39名）

行政庁	京都府
目的	2, 19
類型	4, 10, 18

公財 手織技術振興財団

京都府京都市上京区浄福寺通上立売上る大黒町693　代表理事　渡邉隆夫

- 法人コード　　A022021
- 会員数　　　　117名
- 寄付金収入　　0
- 会費収入　　　1,400千円
- 経常収支　　　経常収益合計　40,057千円
　　　　　　　　経常費用合計　53,037千円
- 公益目的事業費　47,651千円
- 収益事業　　　経常収益　2,137千円
　　　　　　　　経常費用　3,488千円
- 主な財産　　　預金等　7,694千円
　　　　　　　　什器備品　15,786千円
　　　　　　　　負債　33,445千円
- 正味財産額　　7,698千円
- 常勤理事　　　0
- 職員・給与　　0・3,392千円
- 賃借料　　　　1,200千円
- 使用したデータ　令和3年度

法人の概要

1989年6月設立・2013年11月公益法人登記。

手織物は、人類の文明とともに始まり、歴史とともに受け継がれてきた。特に日本では、世界に誇る和装文化の根幹として、さらには能、茶、華、建築、美術など多彩な芸術や文化との深い結びつきの中で発展してきた。ところが、科学技術の進歩や生活様式の変化とともに、手織り文化が失われつつある。本法人は「手織を中心とした染織文化、工芸文化」を研究・開発し、展示・催事活動を通じて一般に啓蒙、振興することを目的とする。京都西陣の「織成舘」を拠点に手織り製品の暖かさや美しさ、技術の素晴らしさを伝えている。

事業の概要

1．催事事業
(1) 常設展
収蔵品（復原の能装束・時代衣装等）展示
織成舘－開館日数283日、入館者数1,001人
2．啓蒙・啓発事業
手織体験工房・工場などの見学実施。

目的
2

行政庁	内閣府
目的	2
類型	3, 9

公財 勅使河原和風会

東京都世田谷区桜新町1−21−13　代表理事　勅使河原光衣

- 法人コード　　A021171
- 会員数　　　　612名
- 寄付金収入　　0
- 会費収入　　　10,881千円
- 経常収支　　　経常収益合計　42,662千円
　　　　　　　　経常費用合計　41,657千円
- 公益目的事業費　21,272千円
- 収益事業　　　経常収益　29,967千円
　　　　　　　　経常費用　18,864千円
- 主な財産　　　預金等　9,192千円
　　　　　　　　建物・土地　428,038千円
　　　　　　　　負債　521,686千円
- 正味財産額　　5,831千円
- 常勤理事　　　2名
- 職員・給与　　2名・1,020千円
- 賃借料　　　　593千円
- 使用したデータ　令和3年度

法人の概要

1967年12月設立・2013年4月公益法人登記。

和風会館を中心に、華道の研究調査及びいけ花の教授と技能認定、花展の開催等を行い、和風会いけ花の普及向上、文化の向上発展に寄与することを目的として設立。「日本生花学会」を主催し日本華道の新たな教授法を確立した初代勅使河原和風、昭和期に独自のいけ花芸術を推進した二代目和風のあとを継ぎ、会頭三代目和風は花と器と環境の調和により構成される環境芸術としてのいけ花を実践、次世代のいけ花を推進する指導を行っている。

事業の概要

(公益目的事業)
1．和風会いけ花の教授事業
会員対象の研究会（146名）
警視庁警察学校の生け花教室（713名）
埼玉県警察学校華道部生け花教室（86名）
2．和風会いけ花の技能認定事業
(収益事業)
いけ花関連商品の販売事業

行政庁	大阪府
目的	2
類型	3，10

公財 天門美術館

大阪府枚方市山之上北町3－1　代表理事　池田方彩

- 法人コード　　　A019391
- 会員数　　　　　0
- 寄付金収入　　　1,015千円
- 会費収入　　　　0
- 経常収支　　　　経常収益合計　1,301千円
　　　　　　　　　経常費用合計　1,304千円
- 公益目的事業費　1,127千円
- 収益事業　　　　無
- 主な財産　　　　預金等　　3千円
　　　　　　　　　土地　7,436千円
　　　　　　　　　負債　　　0
- 正味財産額　　　7,564千円
- 常勤理事　　　　1名
- 職員・給与　　　1名・0
- 賃借料　　　　　0
- 使用したデータ　令和3年度

法人の概要

1958年3月設立・2014年4月公益法人登記。
常設展と特別展を通して、広く一般に美術鑑
賞の機会を提供するとともに、知られざる日
本絵画を紹介して忘れられた画人への関心を
喚起し、自由で柔軟な審美眼を養う一助とな
ることを目的とする。さらに深く人間性の陶
冶に資することを目的に、人文科学の研究発
表の場として講演会を開催、また、音楽演奏
会を開催して視覚（美術）に加えて聴覚（音
楽）分野での藝術美に対する理解を深める。

事業の概要

1．常設展(コロナ禍で特別展回帰以外休館)
　創設者池田遊子の彫刻・絵画等の展示
2．特別展の開催
　(1)　春季特別展「田能村直入とその子孫」
　幕末・明治期に活躍した文人画の大家田能
　村直入とその子弟の作品を紹介
　(2)　秋季特別展「耳庵松永安左エ門展」
　耳庵松永安左エ門展の没後50年を記念し、
　翁の遺墨・器物類、約60点を展覧

行政庁	内閣府
目的	2
類型	3，14，16，18

公財 東京シティ・バレエ団

東京都江東区北砂2－8－5　代表理事　依知川悦子

- 法人コード　　　A024269
- 会員数　　　　　0
- 寄付金収入　　　210千円
- 会費収入　　　　24,787千円
- 経常収支　　　　経常収益合計　273,758千円
　　　　　　　　　経常費用合計　258,452千円
- 公益目的事業費　251,655千円
- 収益事業　　　　無
- 主な財産　　　　預金等　36,292千円
　　　　　　　　　負債　34,814千円
- 正味財産額　　　37,348千円
- 常勤理事　　　　0
- 職員・給与　　　3名・8,839千円
- 賃借料　　　　　14,988千円
- 使用したデータ　令和3年度

法人の概要

2009年5月設立・2016年7月公益法人登記。
1968年日本初の合議制バレエ団として、有馬
五郎、石田種生、内田道生、橋本洋、野口辰
雄が発起人になり設立。以来古典バレエと創
作バレエを両輪として活動している。本法人
は、舞踊の創造、上演、人材育成、普及活動
を行い、豊かな社会づくりに貢献することを
目的とする。

事業の概要

1．舞踊作品の創造及び提供事業
　(1)　主催公演『白鳥の湖』、他
　(2)　依頼公演「第35回くるみ割り人形」他
2．舞踊文化の普及事業
　(1)　依頼公演「文化庁　文化芸術による子
　供育成事業」(巡回公演)ワークショップ
3．舞踊に関わる人材育成事業
　(1)　依頼事業ティアラこうとうジュニアバ
　レエ教室への講師派遣、他
4．舞踊を通じた地域貢献事業
　主催事業東京シティ・バレエ団「ワンコイ
　ン・バレエ・レクチャー」、他

庁	内閣府
目的	1，2
類型	3，18

公財 東京大学新聞社

東京都文京区本郷7－3－1　代表理事　川出良枝

- 法人コード　　　A008059
- 会員数　　　　　0
- 寄付金収入　　　0
- 会費収入　　　　14,376千円
- 経常収支　　　　経常収益合計　36,960千円
　　　　　　　　　経常費用合計　37,140千円
- 公益目的事業費　30,683千円
- 収益事業　　　　経常収益　8,358千円
　　　　　　　　　経常費用　3,913千円
- 主な財産　　　　預金等　28,041千円
　　　　　　　　　負債　　23,275千円
- 正味財産額　　　12,133千円
- 常勤理事　　　　0
- 職員・給与　　　5名・16,859千円
- 賃借料　　　　　774千円
- 使用したデータ　令和3年度

法人の概要

1946年11月設立・2011年4月公益法人登記。
東京大学新聞社は1920年の「帝国大学新聞」

創刊以来、東京大学に基礎を置き、かつ東京大学とからは組織的・人的・財政的に独立した立場から、新聞を中心とするメディアによる知識・情報の発信・交流を行ってきた。2020年に創刊100周年を迎え、それまで週刊で発刊していた紙媒体の新聞を月刊タブロイド化し、ウェブメディア「東大新聞オンライン」を中核にした発信形態に移行した。「東大オンライン」は「東大の知を開く」をコンセプトに、毎週編集会議を開き、学生が主体となって執筆・編集・撮影を実施。東京大学に関するニュースや東京大学関係者へのインタビュー等を掲載。

事業の概要

1．東京大学新聞の編集及び発行事業
　東京大学新聞 No.2962～2974の発行
2．講演会開催事業（中止）
（収益事業）
　図書及び雑誌の編集、出版及び販売事業

目的 2

行政庁	内閣府
目的	2
類型	3，4，16

公財 東京二期会

東京都渋谷区千駄ヶ谷1－25－12　代表理事　清水雅彦

- 法人コード　　　A006749
- 会員数　　　　　2,672名
- 寄付金収入　　　49,194千円
- 会費収入　　　　136,403千円
- 経常収支　　　　経常収益合計　912,886千円
　　　　　　　　　経常費用合計　885,331千円
- 公益目的事業費　787,035千円
- 収益事業　　　　経常収益　175,725千円
　　　　　　　　　経常費用　64,159千円
- 主な財産　　　　預金等　149,423千円
　　　　　　　　　負債　　222,868千円
- 正味財産額　　　52,166千円
- 常勤理事　　　　1名
- 職員・給与　　　13名・46,558千円
- 賃借料　　　　　12,000千円
- 使用したデータ　令和3年度

法人の概要

1977年6月設立・2010年12月公益法人登記。
ルーツは、1952年16名の音楽家によって結成

された「二期会」にある。その後、オペラ公演を安定して継続させるための強力な財政基盤と確実な支援体制の必要性から、1977年「財団法人二期会オペラ振興会」が設立された。2005年10月「財団法人東京二期会」と改称。オペラ及び音楽全般にわたる公演活動を行うとともに、音楽家、オペラ歌手、合唱団を育成してオペラ及び音楽全般の振興を図ることを目的とする。

事業の概要

1．オペラ公演
　(1)　オペラ自主公演（主催事業）
　　ニューウェーブ・オペラ劇場『セルセ』
　　東京二期会オペラ劇場『魔笛』4回
　　東京二期会オペラ劇場『こうもり』4回
　(2)　文化庁受託公演－『ルル』（新制作）
2．演奏会自主公演
　二期会スペシャル・コンサート
3．オペラ歌手の養成

公財 土岐市文化振興事業団

岐阜県土岐市泉町久尻1263　代表理事　山田恭正

行政庁	岐阜県
目的	2
類型	4, 6, 10, 11, 14, 17, 18

- 法人コード　　A018041
- 会員数　　　　0
- 寄付金収入　　0
- 会費収入　　　0
- 経常収支　　　経常収益合計　136,936千円
　　　　　　　　経常費用合計　136,936千円
- 公益目的事業費　132,684千円
- 収益事業　　　経常収益　3,696千円
　　　　　　　　経常費用　3,696千円
- 主な財産　　　預金等　60,136千円
　　　　　　　　負債　30,480千円
- 正味財産額　　30,000千円
- 常勤理事　　　1名
- 職員・給与　　10名・69,384千円
- 賃借料　　　　677千円
- 使用したデータ　令和3年度

法人の概要

1994年3月設立・2013年4月公益法人登記。
土岐市民の文化芸術の振興と文化財の調査研

究・活用・保存等の事業を行い、心豊かで活力あるまちづくりに寄与することが目的。

事業の概要

1．文化芸術振興事業
　文化プラザなどの文化施設で、鑑賞を主目的とした公演による文化芸術に触れる機会の提供と、参加を主目的とした公演により文化芸術活動の発表の場の提供を行った
2．文化財調査研究事業
　埋蔵文化財、美濃焼の歴史等資料・文化財の専門的調査・研究により文化振興を図った
3．歴史民俗資料展示事業－美濃陶磁歴史館で美濃焼の歴史他郷土史資料収集・展示で文化振興を図る。特別展「小山富士夫と美濃～昭和の窯業界のあゆみとともに」
4．美濃桃山陶体験事業
　国指定史跡「元屋敷陶器窯跡」を中心とした織部の里を活用してやきもの文化と茶の湯文化への理解を深め、文化財愛護を図った

公財 中津万象園保勝会

香川県丸亀市中津町25−1　代表理事　眞鍋雅彦

行政庁	香川県
目的	2
類型	4, 6, 10, 18

- 法人コード　　A004810
- 会員数　　　　0
- 寄付金収入　　41,790千円
- 会費収入　　　3,720千円
- 経常収支　　　経常収益合計　63,017千円
　　　　　　　　経常費用合計　62,950千円
- 公益目的事業費　61,106千円
- 収益事業　　　無
- 主な財産　　　預金等　44,622千円
　　　　　　　　建物　25,268千円
　　　　　　　　負債　74,604千円
- 正味財産額　　3,743千円
- 常勤理事　　　1名
- 職員・給与　　7名・26,005千円
- 賃借料　　　　1,970千円
- 使用したデータ　令和3年度

法人の概要

1998年3月設立・2010年9月公益法人登記。
中津万象園をはじめとする文化財の保護活用

や、丸亀美術館の管理運営、文化芸術活動などの事業の実施を通じ、文化財の保護と地域における芸術・文化の振興発展に寄与することを目的として設立。中津万象園は丸亀藩京極家二代目藩主・京極高豊侯により貞享5年に築庭された大名庭園であり、同会代表理事の眞鍋雅彦が代表取締役を務める富士建設株式会社によって12年の歳月をかけて修復された。丸亀美術館は園内に併設されている。

事業の概要

1．保存活用に資する事業
　(1)　中津万象園の公開
　(2)　さつきまつり
　(3)　こども写生大会（中止）
2．丸亀美術館の公開　絵画館・陶器館公開
3．芸術文化の鑑賞・普及事業
　(1)　特別展の開催　「狩野裕子展」等
　(2)　「石投げ地蔵尊供養」共催事業

公財 日伊音楽協会

東京都目黒区大橋 1 - 7 - 4　代表理事　俣野隆

行政庁	内閣府
目的	2
類型	3、14

目的 2

- 法人コード　　A023677
- 会員数　　　　202名
- 寄付金収入　　2,472千円
- 会費収入　　　3,527千円
- 経常収支　　　経常収益合計　10,192千円
　　　　　　　　経常費用合計　11,545千円
- 公益目的事業費　10,849千円
- 収益事業　　　無
- 主な財産　　　預金等　22,928千円
　　　　　　　　負債　1,125千円
- 正味財産額　　10,030千円
- 常勤理事　　　1名
- 職員・給与　　1名・3,871千円
- 賃借料　　　　699千円
- 使用したデータ　令和3年度

法人の概要

2013年5月設立・2014年4月公益法人登記。
ドイツ音楽が偏重された1960年代に、イタリア音楽に熱い情熱を傾ける演奏家、オペラ歌手たちにより設立されたのが、本法人の前身「日伊音楽協会」である。協会の会員は声楽家が大部分を占め、イタリア・オペラの普及や日本人オペラ歌手の育成に寄与している。協会の重要な事業「日伊声楽コンコルソ」は、課題曲、自由曲ともイタリアのオペラ・アリア並びに歌曲のみで競われている。

事業の概要

1．第57回日伊声楽コンコルソ
　(1)　1次予選　イタリア文化会館アニェッリホール
　(2)　2次予選　東京文化会館
　(3)　本選・表彰式　東京文化会館
　2次予選を通過した9名が、各約17分間の持ち時間の演奏会形式で、イタリア・オペラのアリア2曲とイタリア歌曲の計3曲を歌唱
　(4)　第57・58回入賞者による特別披露コンサート（2022年予定）

公財 日本編物検定協会

東京都文京区水道 2 -13- 2　代表理事　大野信子

行政庁	内閣府
目的	2、4、7
類型	2、3、4、9

- 法人コード　　A012634
- 会員数　　　　1,328名
- 寄付金収入　　4,325千円
- 会費収入　　　0
- 経常収支　　　経常収益合計　14,641千円
　　　　　　　　経常費用合計　15,810千円
- 公益目的事業費　15,158千円
- 収益事業　　　無
- 主な財産　　　預金等　19,208千円
　　　　　　　　負債　4,542千円
- 正味財産額　　16,285千円
- 常勤理事　　　0
- 職員・給与　　2名・3,871千円
- 賃借料　　　　2,340千円
- 使用したデータ　令和3年度

法人の概要

1963年11月設立・2012年4月公益法人登記。
文部科学省後援の毛糸編物技能検定試験およびレース編物技能検定試験の実施法人。これらの技能試験と関連する研修事業を行い、編物に関する知識・技能技術に対する社会的評価を高めるとともに、その普及に努め、職業と生活の充実向上への寄与を目的とする。

事業の概要

1．編物に関する検定試験（2021年）
　毛糸検定（5段階）志願者数　396名
　レース検定（3段階）志願者数　60名
　合計456名の志願
　試験会場36都市、6特設会場
　毛糸検定受験者　369名　合格者319名
　レース検定　受験者58名　合格者50名、
　平均合格率86.45％（毛糸）86.21％（レース）
2．審査委員資格者認定研修会
3．審査委員質向上のための研修会
4．成績優秀合格者に対する表彰式（中止）
　賞状と賞品は各受賞者宛送付
5．受験生のための講習会
　11支部で開催

行政庁	内閣府
目的	2, 4, 9
類型	2, 3, 4, 6, 9

公財 日本編物手芸協会

東京都渋谷区千駄ヶ谷5-16-16　代表理事　櫻井映乙子

- 法人コード　　A022578
- 会員数　　　　232名
- 寄付金収入　　523千円
- 会費収入　　　1,063千円
- 経常収支　　　経常収益合計　2,725千円
　　　　　　　　経常費用合計　3,552千円
- 公益目的事業費　3,515千円
- 収益事業　　　無
- 主な財産　　　預金等　2,282千円
　　　　　　　　建物　5,900千円
　　　　　　　　負債　1,275千円
- 正味財産額　　14,557千円
- 常勤理事　　　0
- 職員・給与　　0・0
- 賃借料　　　　536千円
- 使用したデータ　令和2年度

法人の概要

1955年11月設立・2013年4月公益法人登記。当法人は、編物及び手芸に関する研究調査を行い、編物及び手芸に関する知識と技術の向上普及を図り、もって社会文化の向上発展及び福祉に関する育成支援に寄与することを目的として設立。初代理事長に大妻コタカ（大妻女子大学創立者）を迎えて設立された。

事業の概要

1. 基礎講座（編み物を始めから学びたい方　指導者を目指している方向け基礎講座）
　　年間8回を1コースで、初・中・上級設置　コロナ禍でも6回実施
2. 高等講座（指導者の方、改めて勉強したい方、基礎講座を修了された方の講座）
　　前年度延期分を実施
3. 一般講座（新しいデザイン素材を取り入れた作品製作の研修会）
　　春夏を楽しむニットは実施、秋冬は中止。
4. ミニ講座（編物・手芸を楽しむ研修会）
　　アフガン編みマフラー・ハーダンガー刺繍のピンクッション

行政庁	内閣府
目的	2, 9
類型	3, 13, 18

公財 日本手工芸作家連合会

東京都千代田区神田小川町3-6-10　代表理事　井上美沙子

- 法人コード　　A018598
- 会員数　　　　203名
- 寄付金収入　　0
- 会費収入　　　1,588千円
- 経常収支　　　経常収益合計　2,460千円
　　　　　　　　経常費用合計　3,216千円
- 公益目的事業費　2,147千円
- 収益事業　　　無
- 主な財産　　　預金等　5,637千円
　　　　　　　　負債　747千円
- 正味財産額　　5,297千円
- 常勤理事　　　2名
- 職員・給与　　1名・890千円
- 賃借料　　　　836千円
- 使用したデータ　令和3年度

法人の概要

1966年12月設立・2013年4月公益法人登記。手工芸に関する調査研究、知識・技術の普及に関する事業、正しい技術教育の実施、優良手工芸指導者の育成を促進させる事業を行い、生活文化の向上に寄与すること、生涯教育の発展達成を目的として設立。織る・編む・刺す・縫う・組む・染色・押絵・つまみ細工・木彫・陶芸・ステンドグラス・レザークラフト・フラワー・七宝等の技術を手工芸と称して、日本の手工芸文化の再生と普及を目指す。

事業の概要

1. 教育・育成・出版事業
   (1) 講習会・研修会開催事業
   　　手工芸講習会を4回開催（他6回中止）
   (2) 指導者の派遣事業
   　　「スモック刺繍講習」（12名参加）、「欧風スペイン刺繍」（15名参加）へ講師派遣
   (3) 指導者の育成及び資格認定事業
   (4) 機関誌「SOUSAKU 創作手工芸」の発刊
2. 展示会・コンクール事業
   　「第54回創作手工芸展」（コロナ禍で中止）

公財 日本刀文化振興協会

東京都北区赤羽南 2 - 4 - 7　代表理事　吉原莊二

行政庁	内閣府
目的	2
類型	3, 5, 6, 10, 14, 18

目的 2

- 法人コード　　A001194
- 会員数　　　　263名
- 寄付金収入　　10,317千円
- 会費収入　　　1,754千円
- 経常収支　　　経常収益合計　24,927千円
　　　　　　　　経常費用合計　22,294千円
- 公益目的事業費　10,816千円
- 収益事業　　　経常収益　11,706千円
　　　　　　　　経常費用　11,235千円
- 主な財産　　　預金等　8,105千円
　　　　　　　　負債　8,578千円
- 正味財産額　　5,809千円
- 常勤理事　　　0
- 職員・給与　　2 名・2,974千円
- 賃借料　　　　1,187千円
- 使用したデータ　令和 2 年度

法人の概要

2008年12月設立・2009年12月公益法人登記。
本協会は、文化財保護の精神に則り、有形文化財及び無形文化財としての日本刀の保護育成及び普及並びにその基盤の拡充に努め、かつ発展を期し、もって日本刀文化の振興を図るとともに、内外に敷衍してわが国文化の啓発に寄与することを目的として設立。

事業の概要

（公益事業）
1．第13回刀職者実技研修会(コロナ禍中止)
2．刀剣修復特殊技術研修事業
　（研磨・白鞘・白銀・刀装具）研修生 4 名
3．第11回新作日本刀 研磨 外装 刀職技術展
　展覧会 坂城町鉄の展示館
4．第15回お守り刀展覧会（後援）
5．日本刀・刀装具鑑賞会・講演会（中止）
6．鍛錬場見学会（中止）
7．東京アメリカンクラブでの展示・即売会
（収益事業）
1．新作日本刀・刀装具等の製作販売及び保
　存・修理の受託

公財 日本ばら会

東京都世田谷区奥沢 7 - 19 - 14　代表理事　志村雪子

行政庁	内閣府
目的	1, 2, 9, 15, 16
類型	3, 7, 9, 18

- 法人コード　　A006055
- 会員数　　　　424名
- 寄付金収入　　1,414千円
- 会費収入　　　4,350千円
- 経常収支　　　経常収益合計　12,616千円
　　　　　　　　経常費用合計　11,885千円
- 公益目的事業費　6,721千円
- 収益事業　　　無
- 主な財産　　　預金等　31,484千円
　　　　　　　　負債　4,676千円
- 正味財産額　　27,425千円
- 常勤理事　　　3 名
- 職員・給与　　2 名・2,631千円
- 賃借料　　　　1,873千円
- 使用したデータ　令和 3 年度

法人の概要

1962年 3 月設立・2012年 4 月公益法人登記。
バラの植栽普及及び品種改良並びに遺伝資源の保存等を図り、環境の緑化及び美化に寄与し、さらに国際親善に貢献するとともに、文化の向上及び国民の情操の啓発に寄与することを目的とする。

事業の概要

1．普及推進事業
　(1)　苗木寄贈事業（本年度なし）
　(2)　皇室奉仕活動
　　　皇室バラ園における剪定作業（中止）
　(3)　公共団体支援
　　　生田緑地ばら苑バラ栽培の管理運営等支援
　　　東沢バラ公園のボランティアに栽培支援
2．展覧会事業
　(1)　秋の展覧会（日比谷公園展示場）
　(2)　地域協賛バラ会
3．情報提供
　(1)　機関紙「ばらだより」の発行
　(2)　栽培暦カレンダー・栽培書等の出版
4．国際交流事業－世界バラ会連合との連携

行政庁	内閣府
目的	2
類型	14

公財 日本文学振興会

東京都千代田区紀尾井町 3 − 23　代表理事　飯窪成幸

目的 2

- 法人コード　A001151
- 会員数　0
- 寄付金収入　85,020千円
- 会費収入　0
- 経常収支　経常収益合計　85,020千円
　　　　　　経常費用合計　85,020千円
- 公益目的事業費　83,581千円
- 収益事業　無
- 主な財産　預金等　21,322千円
　　　　　　負債　0
- 正味財産額　21,322千円
- 常勤理事　0
- 職員・給与　4 名・0
- 賃借料　0
- 使用したデータ　令和 3 年度

法人の概要

1938年 7 月設立・2010年 2 月公益法人登記。文藝春秋社の創業者である菊池寛が1935年に友人である芥川龍之介と直木三十五を記念する賞を制定、1938年にこれらの賞を選考・授与するために財団法人を設立し、その目的を文芸の向上顕揚を図ることとした。後に新しい 3 つの賞が誕生した。

事業の概要

1．芥川龍之介賞
　雑誌（同人誌を含む）発表された新進作家による純文学の中・短編作品が対象
2．直木三十五賞
　新進・中堅作家によるエンターティンメント作品の単行本（長編小説、短編集）が対象
3．菊池寛賞（1953年から）
　文藝春秋の創業者菊池寛が日本文化の各方面に遺した功績を記念するもの。文学、映画・演劇その他文化活動一般が対象
4．大宅壮一ノンフィクション賞（1970年）
　ノンフィクション作品全般が対象
5．松本清張賞（1994年から）
　長編エンターティンメント小説が対象

行政庁	千葉県
目的	2, 19
類型	3,4,5,6,10,14,18

公財 鋸山美術館

千葉県富津市金谷2146− 1　代表理事　鈴木裕士

- 法人コード　A013322
- 会員数　4 名
- 寄付金収入　4,531千円
- 会費収入　0
- 経常収支　経常収益合計　17,865千円
　　　　　　経常費用合計　18,200千円
- 公益目的事業費　16,573千円
- 収益事業　経常収益　3,562千円
　　　　　　経常費用　1,460千円
- 主な財産　預金等　3,877千円
　　　　　　負債　192,971千円
- 正味財産額　3,534千円
- 常勤理事　0
- 職員・給与　3 名・2,083千円
- 賃借料　1,604千円
- 使用したデータ　令和 3 年度

法人の概要

2009年12月設立・2012年 2 月公益法人登記。「石と芸術」をテーマに町おこしに取り組む千葉県富津市金谷の、「芸術」のシンボルである鋸山美術館（旧金谷美術館）を運営することを目的として設立された。

事業の概要

（公益事業）
1．展観事業
　(1)　「鋸山美術館収蔵作品 No.2 」
　　会期117日、来館者数629人
　(2)　「鋸山美術館コンクール2021展」
　　上位賞 4 名、審査員 5 名の新作発表
　　会期86日、来館者数809人
　(3)　MOA 美術館所蔵「歌川広重東海道五十三次展」
　　会期28日、来館者数2,582人
　(4)　吉田堅治展
　　会期128日、来館者数1,856人

公財 ヒロシマ平和創造基金

広島県広島市中区土橋町7−1　代表理事　岡畠鉄也

行政庁	内閣府
目的	2, 15
類型	13, 14, 18

- 法人コード　　　　A019199
- 会員数　　　　　　0
- 寄付金収入　　　　27,431千円
- 会費収入　　　　　0
- 経常収支　　　　　経常収益合計　27,900千円
　　　　　　　　　　経常費用合計　27,431千円
- 公益目的事業費　　23,829千円
- 収益事業　　　　　無
- 主な財産　　　　　預金等　40,237千円
　　　　　　　　　　負債　8,230千円
- 正味財産額　　　　32,008千円
- 常勤理事　　　　　0
- 職員・給与　　　　5名・0
- 賃借料　　　　　　504千円
- 使用したデータ　　令和3年度

法人の概要

2012年2月設立・2012年8月公益法人登記
人類最初の原爆の惨禍を体験した広島市民の
平和への願いと使命感を高め、様々な平和の

推進、国際交流、協力活動などの推進や支援
を進めるために設立された法人である。

事業の概要

1．第44回ひろしまフラワーフェスティバル
　規模を縮小して実施された。花の塔及びフ
　ラワーキャンドルの設営、大書パフォーマ
　ンス、ステージプログラムオンライン配信
2．ヒロシマ情報の多言語発信（通年）
　中国新聞ヒロシマ平和メディアセンターの
　ウェブサイトを通じて「ヒロシマの空白」
　を英訳して発信
3．ヒロシマピースグラント2021
　被爆体験の継承や平和創造を目的とした地
　道な活動企画を支援。10団体2個人を助成。
4．ヒロシマ・アピールズポスター2021
　世界平和を希求する「ヒロシマの心」を視
　角で訴える。通算25作目大貫卓也氏デザイ
　ン
5．ヒロシマ・スカラシップ2021

公財 福澤旧邸保存会

大分県中津市留守居町586　代表理事　奥塚正典

行政庁	大分県
目的	1, 2
類型	3, 6, 10, 11

- 法人コード　　　　A006964
- 会員数　　　　　　0
- 寄付金収入　　　　50千円
- 会費収入　　　　　0
- 経常収支　　　　　経常収益合計　18,069千円
　　　　　　　　　　経常費用合計　16,648千円
- 公益目的事業費　　13,975千円
- 収益事業　　　　　無
- 主な財産　　　　　預金等　21,900千円
　　　　　　　　　　負債　289千円
- 正味財産額　　　　28,598千円
- 常勤理事　　　　　0
- 職員・給与　　　　4名・5,773千円
- 賃借料　　　　　　856千円
- 使用したデータ　　令和3年度

法人の概要

1968年11月設立・2011年11月公益法人登記。
本法人は、大分県中津市にある福澤諭吉の旧
邸、それに隣接して建てられている記念館及

び附属施設の維持・運営並びに記念品等の募
集及び保存に努め、福澤諭吉の遺徳を顕彰し、
もって文化の発展に寄与することを目的とし
ている。福澤諭吉は、大分の中津藩出身で、
日本の近代化の土台を築いた人物のひとりで、
慶應義塾の創設者であり、1984-2024年まで
一万円札の肖像画となった人物である。

事業の概要

1．福澤関連遺品・遺墨等の収集調査と公開
　(1)　寄託資料及び慶應義塾福澤研究セン
　　ター借受資料の保管・展示
　(2)　収蔵品の保管管理・調査、展示入替
2．福澤諭吉旧居・福澤記念館の維持管理
3．施設有効利用－福澤旧邸藤の花鑑賞、他
4．福澤諭吉顕彰活動
　(1)　福澤諭吉先生122回忌法要・記念講演
　　「福沢諭吉の事業観と門下生の起業家活動」
　(2)　まちなみ歴史探索計618名
5．入館者16,933人（2021年度）

公財 藤井斉成会

京都府京都市左京区岡崎円勝寺町44　代表理事　藤井善嗣

行政庁	京都府
目的	2
類型	3, 10

目的 2

- 法人コード　　　A003524
- 会員数　　　　　0
- 寄付金収入　　　3,300千円
- 会費収入　　　　0
- 経常収支　　　　経常収益合計　6,361千円
　　　　　　　　　経常費用合計　6,423千円
- 公益目的事業費　5,664千円
- 収益事業　　　　無
- 主な財産　　　　預金等　773千円
　　　　　　　　　投資有価証券　2,987千円
　　　　　　　　　負債　0
- 正味財産額　　　20,811千円
- 常勤理事　　　　1名
- 職員・給与　　　0・547千円
- 賃借料　　　　　0
- 使用したデータ　令和3年度

法人の概要

1919年9月設立・2009年12月公益法人登記。明治から昭和初期に活躍した藤井善助（滋賀県出身の実業家、政治家、美術収集家）のコレクションを所蔵し、展示する美術館「藤井斉成会有鄰館」を開設し運営する法人。屋上に朱塗りの八角堂を乗せた中国風の展示館は1926年に建てられ、京都市登録文化財となっている。私立美術館としては、日本で二番目に古い建物である。殷代から清代まで4,000年間の皇帝から庶民までの中国の民族遺産である絵画、書、仏像、青銅器、陶磁器、古印等を所蔵、漢字や仏像の起源を知りうる史料を有しており、国宝1件、国の重要文化財9件が含まれている。

事業の概要

1．美術館の管理運営事業
2．講演会開催事業
3．他館特別展への出展
　　龍谷大学博物館実習12月展へ香炉等を出典協力
4．博物館学芸員の実習指導事業

公財 無窮会

東京都新宿区新宿1-10-2　代表理事　井上義久

行政庁	内閣府
目的	2
類型	3, 18

- 法人コード　　　A007558
- 会員数　　　　　560名
- 寄付金収入　　　5,971千円
- 会費収入　　　　0
- 経常収支　　　　経常収益合計　6,101千円
　　　　　　　　　経常費用合計　6,586千円
- 公益目的事業費　6,441千円
- 収益事業　　　　無
- 主な財産　　　　預金等　22,126千円
　　　　　　　　　負債　25,029千円
- 正味財産額　　　28,080千円
- 常勤理事　　　　1名
- 職員・給与　　　2名・723千円
- 賃借料　　　　　4,107千円
- 使用したデータ　令和3年度

法人の概要

1939年12月設立・2012年4月公益法人登記。明治末期、後に内閣総理大臣になる平沼騏一郎邸では、日本的儒教の精神をよりどころに軽佻浮薄な民心を立て直そうと「論語」などの講習、研究が行われていたが、時を同じくして明治期の神学・国学分野の大家井上頼圀が死去し、残された3万5千冊余の蔵書に散逸の恐れが生じていたので、平沼が1915（大正4）年私財を投じて買入れ、この蔵書の受け入れと管理、その活用を行う組織として「無窮会」を立ち上げた。その後も貴重図書整備が続けられ、終戦時には25、6万冊に増え、内容も特に儒教関係や日・中両国の古今にわたる漢文学など、所謂東洋学の全領域に及ぶおびただしい基本的諸古典と、その注釈書の類いや、近世以降の専門的研究の諸文献などを網羅する、わが国と東アジアに亘っての貴重な一大コレクションとなった。

事業の概要

1．「無窮会図書館」の維持経営－閲覧中止
2．会誌「東洋文化」（創刊1924年）発行

公財 椋庵文学賞財団

行政庁	高知県
目的	2
類型	14

高知県高知市本町 4 − 1 − 48　代表理事　中平雅彦

- 法人コード　　A015923
- 会員数　　　　0
- 寄付金収入　　500千円
- 会費収入　　　0
- 経常収支　　　経常収益合計　500千円
　　　　　　　　経常費用合計　579千円
- 公益目的事業費　537千円
- 収益事業　　　無
- 主な財産　　　預金等　2,136千円
　　　　　　　　有価証券　5,730千円
　　　　　　　　負債　0
- 正味財産額　　7,867千円
- 常勤理事　　　0
- 職員・給与　　0・0
- 賃借料　　　　0
- 使用したデータ　令和 3 年度

法人の概要

1970年 6 月設立・2012年 4 月公益法人登記。
本法人の「椋庵文学賞」は、毎年高知県在住

者が発表する全ジャンルの文学作品を対象として、推薦（自薦・他薦）されたものについて選考し、特に優秀な作品に授与される。前身は、1967年設立の「椋庵文学賞基金」であるが、本財団の事務局の「高知文教協会」の理事であった町田昌直の遺族の寄付により、1970年に同「基金」規定を廃止し、本財団が設立された。『椋庵文学賞』の募集・選考の事務は、「高知文教協会」が担当しているが、同協会は、「高知県出版文化賞」、「寺田寅彦記念賞」の選考も担当している。

事業の概要

『椋庵文学賞』は、毎年 1 回「高知新聞」を通じて応募作品を募集し、選考委員会の選考により受賞作品が決定されている
第55回椋庵文学賞は応募総数 9 点（散文 7 点、歌集 2 点）、選考委員会は次の 2 点を選出
　『中津刀禰日記』（羽田正也）
　『段屋敷の子』（山下恵美子）

公財 向日市埋蔵文化財センター

行政庁	京都府
目的	1，2
類型	3，4，6

京都府向日市鶏冠井町上古23　代表理事　杉原和雄

- 法人コード　　A014657
- 会員数　　　　0
- 寄付金収入　　0
- 会費収入　　　0
- 経常収支　　　経常収益合計　89,036千円
　　　　　　　　経常費用合計　88,933千円
- 公益目的事業費　71,912千円
- 収益事業　　　無
- 主な財産　　　預金等　30,540千円
　　　　　　　　負債　13,918千円
- 正味財産額　　26,143千円
- 常勤理事　　　1 名
- 職員・給与　　20名・36,159千円
- 賃借料　　　　4,467千円
- 使用したデータ　令和 3 年度

法人の概要

1988年 4 月設立・2012年 4 月公益法人登記。
784年桓武天皇は平城京を廃し、長岡宮に遷都したが、この長岡宮の大部分は現在の京都

府向日市に含まれている。また同市には、古墳はじめ数多くの文化遺産があり、本法人は、長岡宮をはじめとする向日市所在の埋蔵文化財を調査研究及び保存、活用事業を行い、文化財の保護を図るとともに、文化財保護意識の普及・啓発に寄与することを目的とする。

事業の概要

1 ．調査事業
　(1)　埋蔵文化財の調査・保存及び活用
　発掘調査（17件、調査面積1,172.5 ㎡、出土遺物63箱）
　(2)　埋蔵文化財の研究・資料の収集・公表
　①　埋蔵物文化財発掘調査報告書
　②　五塚原古墳調査写真、他
2 ．普及・啓発事業
　(1)　史跡等・埋蔵文化財公開活用業務受託
　①　史跡長岡宮跡案内員配置（ 8 名）
　②　市民考古学講座
　『よみがえる長岡寺』（連続講座）

公財 ヤマノ文化財団

行政庁	内閣府
目的	2
類型	13, 16

東京都渋谷区代々木1-30-7　代表理事　山野義友

- 法人コード　A024031
- 会員数　0
- 寄付金収入　9,711千円
- 会費収入　0
- 経常収支　経常収益合計　9,851千円
　　　　　　経常費用合計　9,499千円
- 公益目的事業費　8,721千円
- 収益事業　無
- 主な財産　預金等　18,236千円
　　　　　　負債　3,394千円
- 正味財産額　15,526千円
- 常勤理事　0
- 職員・給与　2名・0
- 賃借料　660千円
- 使用したデータ　令和3年度

法人の概要

2017年7月設立・2017年10月公益法人登記。
音楽文化の振興を通じて文化的で豊かな国民
生活の形成に寄与することを目的として設立。

誰もが気軽にクラシック音楽の素晴らしさに
触れることができる機会として、一流音楽家
による無料コンサートを開催するとともに、
若手音楽家に対して助成支援を行っている。
設立者山野功子は、財団設立時はヤマノホー
ルディングス社主。

事業の概要

1．クラシックコンサートの開催
　実績のある優れた音楽家を精選し、初めて
　クラシック音楽に触れる入門者にも配慮し
　た選曲とプログラムを心掛けている
　(1)　第2回公演-弦楽器とピアノによる四
　重奏-情熱のピアソラ-
　(2)　第3回公演-フルート&ヴァイオリン
　デュオリサイタル-ロマンス-
2．若手音楽家に対する助成支援
　2021年度は21件に48千円～300千円を助成
　（総額2,000千円）

公財 ルネッサ地域文化振興財団

行政庁	内閣府
目的	2, 19
類型	3, 13

大阪府大阪市西区阿波座1-9-20　代表理事　麻殖生光弘

- 法人コード　A024140
- 会員数　0
- 寄付金収入　0
- 会費収入　0
- 経常収支　経常収益合計　0
　　　　　　経常費用合計　754千円
- 公益目的事業費　380千円
- 収益事業　無
- 主な財産　預金等　3,000千円
　　　　　　有価証券　2,943千円
　　　　　　負債　2,205千円
- 正味財産額　3,738千円
- 常勤理事　1名
- 職員・給与　1名・0
- 賃借料　0
- 使用したデータ　令和3年度

法人の概要

2016年5月設立・2017年2月公益法人登記。
地域独自の文化、特に建物、建築様式、町並

み及び景観を保存し、伝承することにより、
日本全体の文化の多様性を確保することを目
的に設立された。現代表理事は、この法人の
本店所在地にある昭和2年築のレトロビル
「立売堀ビルディング」のオーナーである。

事業の概要

1．地域文化に関する講演会
　（新型コロナウィルス蔓延により中止）
2．地域文化に関するフィールドワーク開催
　（新型コロナウィルス蔓延により中止）
3．建築・景観の管理、保存の助成支援事業
　塩屋まちづくり推進会「塩屋景観ガイドラ
　イン（試験運用版）のコンセプトをブラッ
　シュアップして新たなページを追加し、印
　刷物媒体にして住民に配布する」事業
　助成金額　30万円

庁	内閣府
目的	3
類型	13

公社 ア・ドリーム ア・デイ IN TOKYO

東京都世田谷区砧 5 − 8 −31　代表理事　天野功二

- **法人コード** A024339
- **社員・会員** 13名・13名
- **寄付金収入** 8,453千円
- **会費収入** 120千円
- **経常収支** 経常収益合計　9,583千円
  経常費用合計　11,425千円
- **公益目的事業費** 8,172千円
- **収益事業** 無
- **主な財産** 預金等　23,979千円
  負債　3,596千円
- **正味財産額** 20,956千円
- **常勤理事** 1 名
- **職員・給与** 0・3,002千円
- **賃借料** 1,112千円
- **使用したデータ** 令和 3 年度

法人の概要

2009年 2 月設立・2015年 3 月公益法人登記。
代表者は医療法人財団はるたか会あおぞら診療所しずおか院長。難病と闘っている子ども

とその家族が一緒に旅行をして、新しい体験をし、楽しい時間を過ごす手伝いをするために、東京に滞在施設を設置し、家族旅行の手伝いをしている。難病の子どもと家族が日常を離れ、東京で素敵な時間を過ごすことで、子どもが新しい刺激を受けて、さらに成長することを願い、そして家族が癒され、新たな希望を抱くことを願って活動している。

事業の概要

2021年度は家族受入事業を再開。
2021年度は感染状況がやや収まっていた12月に 3 泊 4 日で、緊急性の高い小児がん患者とそのご家族の受入れを行った。また、外出制限を強いられ、外出が元々難しい難病児とそのご家族が閉塞感・孤独感を抱くことを緩和するため家庭用工作キットを贈る「贈り物事業」をスタート。さらに患者間交流のためのオンラインカフェを開催した。

目的
3

行政庁	石川県
目的	3
類型	3,4,5

公社 石川県手をつなぐ育成会

石川県金沢市本多町 3 − 1 −10　代表理事　藤井優

- **法人コード** A002854
- **社員・会員** 1,275名・1,547名
- **寄付金収入** 120千円
- **会費収入** 4,685千円
- **経常収支** 経常収益合計　11,257千円
  経常費用合計　11,294千円
- **公益目的事業費** 9,701千円
- **収益事業** 経常収益　2 千円
  経常費用　0
- **主な財産** 預金等　984千円
  負債　80千円
- **正味財産額** 2,345千円
- **常勤理事** 0
- **職員・給与** 2 名・3,959千円
- **賃借料** 0
- **使用したデータ** 令和 3 年度

法人の概要

1981年 1 月設立・2010年 4 月公益法人登記。
本会は、知的障害のある人々を守り、その福

祉の向上を第一義に掲げ、安心して豊かに暮らせる地域社会をつくることを目標とする。
本会は「全国手をつなぐ育成会連合会」の正会員として、石川県内の各市町育成会（親の会）の会員、賛助会員等で組織されている。
1951年に東京で 3 人の母親が知的障害のある子の幸せを求め、互いに手をつなぎ施策の充実を求めようと呼びかけたのが始まり。

事業の概要

1．啓発普及事業－大会・集会の開催 / 機関誌の普及 / 資料の作成、配布 / 個人・マスコミ等への情報提供協力等
2．障害児・者地域活動奨励事業－障害児者行事応援 / 県障害児者スポーツ協会の事業応援 / 定期総会時表彰
3．相談員役員等活動事業－市町村の各種相談事業に協力、障害基礎年金手続の支援
4．助成事業－知的障害者わいわい活動促進事業 / 社会参加事業 / 関連団体支援

公社 ウォームサポートシオン

埼玉県川越市大字下赤坂11　代表理事　森下法光

行政庁	埼玉県
目的	3, 5
類型	3, 4, 5

- 法人コード　　A024712
- 社員・会員　　5名・5名
- 寄付金収入　　120千円
- 会費収入　　　0
- 経常収支　　　経常収益合計　33,368千円
　　　　　　　　経常費用合計　33,293千円
- 公益目的事業費　32,507千円
- 収益事業　　　経常収益　903千円
　　　　　　　　経常費用　661千円
- 主な財産　　　預金等　30,741千円
　　　　　　　　売掛金　6,647千円
　　　　　　　　負債　10,077千円
- 正味財産額　　27,426千円
- 常勤理事　　　2名
- 職員・給与　　5名・15,174千円
- 賃借料　　　　2,750千円
- 使用したデータ　令和3年度

法人の概要

2013年9月設立・2018年8月公益法人登記。

本法人は、障害者、高齢者、生活困窮者等の区別をつけず、広く社会的弱者を対象に、農業に関する職業訓練、就労支援、日常生活支援等に関わる活動を行い、もって社会的弱者の社会的及び経済的な自立の推進に寄与し、併せて国が推進する農福商工連携による社会福祉の増進に寄与することを目的とする。

事業の概要

1. 心音に耳を傾ける
2. 一般就労への支援
　障害者就業・生活支援センター等と連携のもと、委託訓練等の情報の伝達、就労の機会・生産活動の機会提供その他就労支援
3. 生活困窮者への就労訓練
　「生活困窮者自立支援法」に基づく「就労訓練事業」に川越市の指定で取組んでいる。
4. 農業に関する職業訓練及び就労支援
　開所271日契約者数247作業延13,360時間
5. 販売会開催－シオン前販売会

公社 SL災害ボランティアネットワーク

東京都千代田区九段北1-15-2　代表理事　片桐卓

行政庁	内閣府
目的	3
類型	3, 18

- 法人コード　　A023143
- 社員・会員　　600名・600名
- 寄付金収入　　323千円
- 会費収入　　　1,408千円
- 経常収支　　　経常収益合計　3,679千円
　　　　　　　　経常費用合計　3,161千円
- 公益目的事業費　2,792千円
- 収益事業　　　無
- 主な財産　　　預金等　6,988千円
　　　　　　　　負債　1,366千円
- 正味財産額　　5,691千円
- 常勤理事　　　1名
- 職員・給与　　1名・1,015千円
- 賃借料　　　　180千円
- 使用したデータ　令和3年度

法人の概要

2013年4月設立・2014年3月公益法人登記。災害救援ボランティア養成講座の理念である「わが身・わが命・わが家は自分で守る」を

実践する場として、首都圏での大地震等の大規模災害に備えるため、養成講座を修了したセーフティーリーダー（通称：SL）の防災・減災の知識・技術の維持向上を図るとともに、地域・職場・大学等に根ざした自主的な防災活動、被災地支援活動を行い、災害の被害を軽減することを目的として設立。

事業の概要

1. 地域・職場・学校等での自主的防災活動
　(1) 自主活動～地域ネット活動
　オンライン定例会による意見交換会
　(2) 防災訓練の指導と訓練参加
　(3) 地域・行政等の委託事業（一部中止）
2. 災害の被災地及び被災者の支援活動
3. 知識と技能向上のための教育訓練活動
　(1) 自主企画のセミナーの開催
　(2) リーダー及びインストラクターの育成
4. 災害救援ボランティアリーダーを育成する事業等への協力

公社 大阪府精神障害者家族会連合会

大阪府大阪市中央区法円坂 1 − 1 −35　代表理事　倉町公之

行政庁	大阪府
目的	3
類型	3, 4, 5, 18

- 法人コード　　A019983
- 社員・会員　　41名・642名
- 寄付金収入　　2,534千円
- 会費収入　　　966千円
- 経常収支　　　経常収益合計　8,686千円
　　　　　　　　経常費用合計　8,775千円
- 公益目的事業費　5,509千円
- 収益事業　　　経常収益　814千円
　　　　　　　　経常費用　661千円
- 主な財産　　　預金等　5,343千円
　　　　　　　　負債　301千円
- 正味財産額　　5,251千円
- 常勤理事　　　0
- 職員・給与　　0・1,246千円
- 賃借料　　　　847千円
- 使用したデータ　令和 3 年度

法人の概要

1970年 5 月設立・2014年 4 月公益法人登記。
大阪府下精神に障がいのある人の家族で結成

されている約50の地域家族会や個人賛助会員の集まりとして活動。家族が精神障がいを学び、理解し、情報交換しながら孤立化防止のため連携すること、また、精神障がい者福祉施策の向上を国や関係自治体に要望することを目的とする。精神障がいの当事者も家族も安心して暮らすことができることが目標。

事業の概要

1．精神障がい者の家族からの電話相談受付
　　対応時間短縮するも相談件数増（1133件）
2．大阪府精神障がい者社会参加支援事業
　　講座の内容
　　(1) 病気の理解と治療「発達障害とはなにか、ともに暮らすために」Zoom 開催
　　(2) 家族支援「親あるうちに備えよう親亡き後 今私たちにできること」Zoom 開催
3．機関紙「だいかれん」年 4 回発行
4．他団体との連携
　　大阪障害フォーラム：府下28団体で構成

目的 3

公社 岡山県難聴者協会

岡山県岡山市北区南方 2 − 13 − 1　代表理事　森俊己

行政庁	岡山県
目的	3
類型	3, 5, 9, 18

- 法人コード　　A012170
- 社員・会員　　29名・136名
- 寄付金収入　　200千円
- 会費収入　　　376千円
- 経常収支　　　経常収益合計　1,030千円
　　　　　　　　経常費用合計　984千円
- 公益目的事業費　766千円
- 収益事業　　　経常収益　0
　　　　　　　　経常費用　17千円
- 主な財産　　　預金等　1,801千円
　　　　　　　　負債　97千円
- 正味財産額　　1,859千円
- 常勤理事　　　0
- 職員・給与　　0・38千円
- 賃借料　　　　40千円
- 使用したデータ　令和 3 年度

法人の概要

1994年 9 月設立・2014年 4 月公益法人登記。
岡山県における難聴者・中途失聴者に対する

社会の理解と協力を得るために、また難聴者等の社会参加と市民と難聴者等の交流を促進するために、講演会・字幕付き映画会・各種教室を開催している。また難聴者が支援を得られるように、医療・公的機関に「耳マーク」の掲示を依頼している。

事業の概要

1．耳の日の集い事業
　　毎年「耳の日」に講演会や映画会を開催し、市民と難聴者との交流を図る。日常だけでなく、災害時における支援の必要性への注意を喚起すると同時に、高齢者を含めて、耳の病気相談、補聴器相談、人工内耳相談等を行っている。今年度は、オンラインにて開催
2．各種教室開催事業
　　食育教室、フラストレッチ教室
3．広報事業
　　会報誌「岡山難聴」の発行、年12回4,600部

公社 香川県断酒会

行政庁	香川県
目的	3, 6, 10, 19
類型	3, 5, 8, 18

香川県高松市国分寺町新居1164-3　代表理事　中山光男

- 法人コード　　A009528
- 社員・会員　　98名・98名
- 寄付金収入　　100千円
- 会費収入　　　1,402千円
- 経常収支　　　経常収益合計　2,154千円
　　　　　　　　経常費用合計　1,610千円
- 公益目的事業費　1,562千円
- 収益事業　　　無
- 主な財産　　　預金等　1,977千円
　　　　　　　　負債　0
- 正味財産額　　1,977千円
- 常勤理事　　　0
- 職員・給与　　0・0
- 賃借料　　　　0
- 使用したデータ　令和3年度

法人の概要

1990年8月設立・2014年4月公益法人登記。（公社）全日本断酒連盟初代代表である高知県の松村春繁より、香川県内のアルコール依存症者に断酒例会を開催することで自主回復を目指す団体の設立を促され、初代会長である岩崎廣明を中心に1966年に本会が設立された。酒害に関する普及と啓発を行い、酒害に起因する社会悪の防止に努めるとともに、自発的決意により断酒を実行し、その断酒を通して反省を重ね、人格を高めより良い家庭の建設と自主更生を図ろうとする者を援助して社会復帰を促進し、公共の福祉に寄与することを目的とする。

事業の概要

1. 酒害に関する知識の普及と啓発
2. 医療関係教育機関で体験発表
3. 高松刑務所での酒害予防活動
4. 酒害相談及び酒害者の自立指導
5. 市民公開セミナー（三木町）
　　アルコール問題啓発セミナー（参加76名）
6. 酒害に関する調査並びに資料の頒布
7. 機関誌「燈台」年2回

公社 神奈川学習障害教育研究協会

行政庁	神奈川県
目的	3, 7, 9
類型	3, 5, 6

神奈川県横浜市緑区十日市場町801-8　代表理事　平尾彰士

- 法人コード　　A001367
- 社員・会員　　362名・563名
- 寄付金収入　　1,129千円
- 会費収入　　　3,744千円
- 経常収支　　　経常収益合計　40,906千円
　　　　　　　　経常費用合計　39,679千円
- 公益目的事業費　38,043千円
- 収益事業　　　無
- 主な財産　　　預金等　13,153千円
　　　　　　　　負債　3,162千円
- 正味財産額　　38,239千円
- 常勤理事　　　0
- 職員・給与　　15名・19,566千円
- 賃借料　　　　4,884千円
- 使用したデータ　令和3年度

法人の概要

1995年4月設立・2012年4月公益法人登記。本法人は、学習障害（LD）、注意欠如/多動障害（ADHD）、自閉スペクトラム症などの発達障害のある人が必要とする教育のあり方等の調査研究や、発達障害のある人の社会参加のために必要な教育に関する事業を実施し、発達障害のある人に対する教育の発展への寄与を目的とする。発達障害のある人たちの自立を支援する目的で、親の会（飛翔の会）が母体となって設立。2020年4月現在、約450名の正会員と約250人の賛助会員で構成。

事業の概要

1. 学習障害啓発相談事業
　(1) 研修会事業
　① 夜間ゼミ（広瀬ゼミほか）
　「レジュメのない事例検討会」
　② セミナーの開催（夏のセミナー）
　「本当にわかる発達障害」
　(2) 出版事業
　① 啓発DVD・CDの普及
　発達障害実践シリーズ、基礎講座シリーズ
　(3) 教育相談

公社 群馬県知的障害者福祉協会

群馬県前橋市新前橋町13-12　代表理事　中島穣

行政庁	群馬県
目的	3
類型	3, 6, 8, 9,18

- 法人コード　　A008245
- 社員・会員　　2,308名・2,309名
- 寄付金収入　　534千円
- 会費収入　　　8,543千円
- 経常収支　　　経常収益合計　15,777千円
　　　　　　　　経常費用合計　15,615千円
- 公益目的事業費　11,923千円
- 収益事業　　　経常収益　1,015千円
　　　　　　　　経常費用　656千円
- 主な財産　　　預金等　26,679千円
　　　　　　　　負債　1,075千円
- 正味財産額　　25,638千円
- 常勤理事　　　1名
- 職員・給与　　2名・6,661千円
- 賃借料　　　　101千円
- 使用したデータ　令和3年度

法人の概要

1996年5月設立・2012年4月公益法人登記。知的障害の人権を尊重し、知的障害に関する啓発、調査研究、研修及び知的障害者に対する支援事業を行い、知的障害者の福祉向上に寄与することを目的としている。

事業の概要

1. 知的障害に関する啓発事業
   (1) 第48回福祉パレード
   (2) 第33回群馬ナイスハートフェアー（中止）
2. 知的障害に関する調査研究事業
   (1) 第58回全国知的障害福祉関係職員研究大会（京都、オンライン開催）
   (2) 第50回研究発表会
3. 知的障害に関する研修事業
   (1) 初任者研修会（リモート）
   (2) 夏季特別研修会（リモート）
   (3) 発達障害支援者養成研修（リモート）
4. 知的障害者に対する支援事業
   (1) 障害者スポーツ大会（多くは中止）
   (2) 第21回全国障害者スポーツ大会(中止)

目的 3

公社 厚生車輌福祉協会

埼玉県戸田市大字新曽2245　代表理事　山根明

行政庁	内閣府
目的	3, 4
類型	2, 3, 5, 13

- 法人コード　　A022631
- 社員・会員　　143名・180名
- 寄付金収入　　233千円
- 会費収入　　　67千円
- 経常収支　　　経常収益合計　2,712千円
　　　　　　　　経常費用合計　5,734千円
- 公益目的事業費　3,895千円
- 収益事業　　　無
- 主な財産　　　預金等　1,258千円
　　　　　　　　負債　0
- 正味財産額　　1,294千円
- 常勤理事　　　1名
- 職員・給与　　0・0
- 賃借料　　　　168千円
- 使用したデータ　平成30年度

法人の概要

1966年1月設立・2014年4月公益法人登記。車椅子を使用し自動車を利用している人を主に、障害のある人も無い人も共に集い活動している団体である。身体の一部に障害が有っても残存機能を活かし、車の運転技術を向上させて社会参加し、障害福祉と障害者の生活向上を目指して、障害のある人も無い人も力を合わせて共に生きていける人に優しい社会作りと交通安全に貢献することが目的。1982年に高速道路料金減免運動を起し、減免が認められた。

事業の概要

1. 交通安全講習会
2. 情報機関誌「足」の発行
3. 障害者老後福祉と生活相談に関する事業
4. 障害者の生活圏拡大のための移動に関する事業及び情報の提供
5. 成年後見制度事業
6. 協会設立50周年記念事業

公社 埼玉県断酒新生会

埼玉県さいたま市岩槻区西町5-5　代表理事　嶋田兆央

行政庁	埼玉県
目的	3
類型	3, 4, 5, 6, 14

- 法人コード　　A019098
- 社員・会員　　267名・267名
- 寄付金収入　　6千円
- 会費収入　　　1,684千円
- 経常収支　　　経常収益合計　2,681千円
　　　　　　　　経常費用合計　3,532千円
- 公益目的事業費　3,196千円
- 収益事業　　　無
- 主な財産　　　預金等　3,864千円
　　　　　　　　負債　1,411千円
- 正味財産額　　3,351千円
- 常勤理事　　　0
- 職員・給与　　0・0
- 賃借料　　　　60千円
- 使用したデータ　令和3年度

法人の概要

1981年7月設立・2014年4月公益法人登記。「わが人生の礎は断酒なり。あなたも酒はやめられます」とホームページに書かれているように、埼玉県内において、断酒をしたい人又は家族に断酒をさせたい人のために設立された、酒害者による酒害者による酒害者のための公益法人である。

事業の概要

1. 酒害相談及び問題飲酒者社会復帰支援事業
   (1) 定期的な断酒例会等
   (2) 断酒相談（随時）
2. 講演会、セミナー、研修会等の開催事業
   (1) 埼玉県断酒新生会第20回市民公開セミナー（コロナ禍で中止）
   (2) 第36回断酒アンケート集計・配布
3. 機関誌『礎』第90号1,000部の編集・発行
4. 本会と目的及び事業を同じくする団体との協力活動事業
   (1) 第7回関東ブロック断酒学校（中止）
   (2) （公社）全日本断酒連盟第58回全国（東北）大会（コロナ禍で中止）

公社 島根県断酒新生会

島根県松江市宍道町白石1412-1　代表理事　竹田一男

行政庁	島根県
目的	3, 19
類型	3, 4, 5, 6, 8, 18

- 法人コード　　A011431
- 社員・会員　　123名・123名
- 寄付金収入　　0
- 会費収入　　　1,627千円
- 経常収支　　　経常収益合計　2,342千円
　　　　　　　　経常費用合計　3,733千円
- 公益目的事業費　2,811千円
- 収益事業　　　無
- 主な財産　　　預金等　4,996千円
　　　　　　　　負債　201千円
- 正味財産額　　14,469千円
- 常勤理事　　　0
- 職員・給与　　1名・600千円
- 賃借料　　　　0
- 使用したデータ　令和3年度

法人の概要

1974年12月設立・2013年4月公益法人登記。アルコール依存症で悩む人及び酒害で苦しむ家族に対して、県内各地で開催される断酒例会、地域セミナー・学校セミナー、断酒学校、酒害相談等への参加を呼びかけて、本人が自発的にアルコール依存症から立ち直り社会復帰するための支援を目的とする。

事業の概要

1. 県関係
   (1) 本部例会（原則第3日曜日で毎月実施）
   (2) 救護施設「新生園」（月2回）
   (3) 島根あさひ社会復帰促進センタ断酒会
   (4) 更生保護法人「しらふじ」断酒例会
   (5) アルコール問題地域セミナー（3会場）
   (6) 松江市八雲地域人権教育研修会
   (7) 第94回一日特別研修会　37名参加
2. その他
   (1) 飲酒運転撲滅キャンペーン・チラシ配布－3カ所　計26人参加
   (2) 出雲地域精神保健福祉協議会
   (3) 酒困りごと相談－雲南保健所（月1回）出雲保健所（月1回）、松江保健所（年3回）

行政庁	岐阜県
目的	3
類型	3, 4

公社 すくすく岐阜

岐阜県岐阜市養老町 2 - 42 - 4　代表理事　筒井孝司

- **法人コード**　A008016
- **社員・会員**　155名・155名
- **寄付金収入**　695千円
- **会費収入**　5,420千円
- **経常収支**　経常収益合計　13,225千円
　　　　　　　　経常費用合計　12,225千円
- **公益目的事業費**　9,660千円
- **収益事業**　無
- **主な財産**　預金等　12,312千円
　　　　　　　　負債　322千円
- **正味財産額**　12,329千円
- **常勤理事**　0
- **職員・給与**　28名・8,270千円
- **賃借料**　1,852千円
- **使用したデータ**　令和 3 年度

法人の概要

2010年 7 月設立・2011年 4 月公益法人登記。障がい者及び学童に水泳の普及や日中支援活動を通して、障がい児（者）の自立を助け、余暇を支援し、社会参加に寄与することを目的として設立。楽しみながら泳ぐことを大切にして、生涯の余暇や趣味の一環として水泳を長く続けられるよう活動を行っている。

事業の概要

1．水泳普及活動の実施及び維持、改善に関する事業
　(1)　水泳教室の定期開催
　(2)　ジャパンパラリンピックへの参加
　横浜国際プール、1 名参加
　(3)　中部障がい者水泳連盟選手権大会
　名古屋市障害者スポーツセンター11名参加
　(4)　第 4 回日本知的障害者選手権新春水泳
　競技大会千葉国際総合水泳場 8 名参加
　(5)　スイミングカーニバル（中止）
2．水泳指導員の育成事業
　スタッフ研修会・救命救急講習会（中止）
3．障がい者支援普及啓発事業（講演会開催）
4．障がい者の余暇活動のサポート事業

目的 3

行政庁	東京都
目的	3, 4
類型	3, 5

公社 成年後見支援センターヒルフェ

東京都目黒区青葉台 3 - 1 - 6　代表理事　山﨑節子

- **法人コード**　A017135
- **社員・会員**　260名・260名
- **寄付金収入**　4,000千円
- **会費収入**　7,278千円
- **経常収支**　経常収益合計　14,651千円
　　　　　　　　経常費用合計　15,258千円
- **公益目的事業費**　11,974千円
- **収益事業**　無
- **主な財産**　預金等　10,091千円
　　　　　　　　負債　936千円
- **正味財産額**　10,701千円
- **常勤理事**　0
- **職員・給与**　0・2,946千円
- **賃借料**　770千円
- **使用したデータ**　令和 3 年度

法人の概要

2010年12月設立・2012年 6 月公益法人登記。東京都行政書士による社会貢献の一環として、成年後見制度の推進のために設立された団体。当財団は、成年後見制度及びこれに付帯関連する諸制度（以下「成年後見制度等」という）を活用することにより、高齢者、精神障がい者や知的障がい者等が、自らの意思に基づきあるいはその者が有する能力を活かしつつ、安心して幸福な日常生活を送ることができるよう支援し、もって高齢者、精神障がい者、知的障がい者等の権利の擁護及び福祉の増進に寄与することを目的として設立。

事業の概要

1．専門職後見人養成事業
　(1)　第16期社団基礎研修
　計16時限の講義の実施、受講者36名
　(2)　更新研修
　計 5 回の研修を実施、受講者総数741名
2．専門職後見人指導監督事業・法人後見事業－成年後見（106）任意後見受任者（82）委任契約（69）死後事務委任契約（53）等受任件数396件

行政庁	内閣府
目的	3, 9, 11
類型	3, 5, 6, 18

公社 全国脊髄損傷者連合会

東京都目黒区緑が丘2-15-14　代表理事　大濱眞

- 法人コード　　A009514
- 社員・会員　　66名・1,354名
- 寄付金収入　　3,415千円
- 会費収入　　　5,196千円
- 経常収支　　　経常収益合計　31,254千円
　　　　　　　　経常費用合計　29,968千円
- 公益目的事業費　28,219千円
- 収益事業　　　無
- 主な財産　　　預金等　19,781千円
　　　　　　　　負債　6,290千円
- 正味財産額　　13,959千円
- 常勤理事　　　0
- 職員・給与　　2名・1,075千円
- 賃借料　　　　5,637千円
- 使用したデータ　令和3年度

法人の概要

2002年3月設立・2014年4月公益法人登記。本会は、事故や疾病により重度の障害を持った者に、活用できる福祉及び労災制度等の相談と障害の受容に向けた支援を提供し、初期の支援終了後も、情報提供等による啓発活動を通した継続的な支援を行い、障害者の社会復帰を支援し、地域での継続性的文化的なサポートを実施。また公的機関や民間法人等へ政策提言と要請活動を行い、障害者の権利擁護、医療・介護制度の充実を図っている。

事業の概要

1．ピアサポート等障害福祉相談支援事業
　(1)　ピアサポート相談支援事業
　①　グループ相談会24件　②　個人サポート206件　③　勉強会・会議15件　合計245件
　(2)　ピアサポートブロック研修会開催
2．調査研究
　(1)　ワーキンググループ会議
　①　労働災害WG　②　介護保障WG
　③　組織体制WG　④　バリアフリー等WG
　⑤　広報WG　⑥　IT・ピアサポートWG
　(2)　全国の脊髄損傷の実態調査

行政庁	内閣府
目的	2, 3
類型	3, 6, 9

公社 東北障がい者芸術支援機構

宮城県仙台市青葉区国分町2-2-2　代表理事　須佐尚康

- 法人コード　　A024282
- 社員・会員　　12名・26名
- 寄付金収入　　11,048千円
- 会費収入　　　6,976千円
- 経常収支　　　経常収益合計　20,308千円
　　　　　　　　経常費用合計　17,405千円
- 公益目的事業費　16,114千円
- 収益事業　　　経常収益　695千円
　　　　　　　　経常費用　530千円
- 主な財産　　　預金等　5,656千円
　　　　　　　　負債　2,267千円
- 正味財産額　　7,068千円
- 常勤理事　　　0
- 職員・給与　　2名・4千円
- 賃借料　　　　1,658千円
- 使用したデータ　令和3年度

法人の概要

2015年5月設立・2017年4月公益法人登記。障がいのある人たちの芸術活動を支援し、彼らの生きがいを個人、企業、団体から支えることは、社会全体のあるべき姿となりつつある。そのため、障がいのある人の芸術表現を支援し、芸術活動の普及と振興を図り、芸術活動を通した生きがいづくりを促進することを目的とする。2015年から障がいのある人の芸術作品の公募展を開催している。

事業の概要

1．公募展事業
　第7回公募展
　第1次審査－42都道府県837作品入選101
　第2次審査－101作品の内、57作品を入賞作品に決定、大賞、内閣総理大臣賞等を授与。公募展を4日間開催（せんだいメディアテーク）。来場者数は4,916人
2．巡回展の実施
　多賀城巡回展2,944人、秋田巡回展300人
3．仮囲い実施（工事現場の塀に作品展示）

公社 日本精神保健福祉連盟

東京都港区芝浦 3 − 15 − 14　代表理事　鮫島健

行政庁	内閣府
目的	3，9
類型	3, 6, 14, 15, 18

- 法人コード　　A010819
- 社員・会員　　11名・260名
- 寄付金収入　　1,090千円
- 会費収入　　　8,138千円
- 経常収支　　　経常収益合計　9,630千円
　　　　　　　　経常費用合計　8,928千円
- 公益目的事業費　7,714千円
- 収益事業　　　無
- 主な財産　　　預金等　5,018千円
　　　　　　　　負債　0
- 正味財産額　　5,018千円
- 常勤理事　　　0
- 職員・給与　　2名・3,560千円
- 賃借料　　　　96千円
- 使用したデータ　令和3年度

法人の概要

1970年10月設立・2012年4月公益法人登記。各地の精神保健福祉団体と連携しつつ、日本における精神保健福祉事業の進展を図ること

を目的として1953年に「日本精神衛生連盟」として創設された。設立当初よりの事業である精神保健福祉全国大会は、1953年の第1回大会以来、精神保健福祉に関する正しい知識を普及させて、ノーマライゼイションの実現を目指すという一貫した目的をもって開催されている。また1999年より連盟内に設置された「精神障害者スポーツ推進委員会」が中心となって精神障害者スポーツの振興を図かり、2001年に第1回全国障害者バレーボール大会を開催した。

事業の概要

1．精神保健福祉に関する調査研究並びに資料の収集及び情報の交換
2．精神障害者スポーツの振興事業
3．精神保健福祉全国大会の開催及び精神保健福祉事業功労者の表彰
4．精神福祉に関する広報
5．世界精神保健連盟との提携

目的 3

公社 被害者支援センターやまなし

山梨県甲府市丸の内 2 − 28 − 15　代表理事　金丸康信

行政庁	山梨県
目的	3
類型	5, 6, 8, 18

- 法人コード　　A003269
- 社員・会員　　53名・311名
- 寄付金収入　　3,949千円
- 会費収入　　　3,730千円
- 経常収支　　　経常収益合計　23,011千円
　　　　　　　　経常費用合計　24,895千円
- 公益目的事業費　20,019千円
- 収益事業　　　無
- 主な財産　　　預金等　4,344千円
　　　　　　　　負債　2,685千円
- 正味財産額　　2,504千円
- 常勤理事　　　1名
- 職員・給与　　6名・12,304千円
- 賃借料　　　　1,035千円
- 使用したデータ　令和3年度

法人の概要

2007年4月設立・2011年4月公益法人登記。犯罪及びこれに準じる心身に有害な影響を及ぼす行為により害を被った者、家族、遺族に

対する精神的支援その他各種支援事業を行うことにより、被害者等が置かれている状況及び被害者支援の重要性等について県民の理解を深め、社会全体の被害者支援意識の高揚並びに被害者等の被害の早期回復を図ることを目的に設立。理事長金丸康信は㈱テレビ山梨の代表取締役相談役。山梨県内初の民間の総合的な被害者支援センターとして誕生。

事業の概要

1．相談活動（電話・直接・専門）年間950件
2．直接的支援活動の推進−付添い支援42件
3．間接的支援活動推進−自助グループの支援年間10回、犯罪被害者給付金申請補助年間2件
4．ボランティア支援員等の育成・養成−支援員継続研修年間58回、支援員養成講座、性犯罪被害者支援員継続研修、他。年間5回
5．被害者の遺族が集う交流の場の提供

公社 広島市身体障害者福祉団体連合会

広島県広島市南区松原町5-1　代表理事　向井助三

行政庁	広島県
目的	3
類型	3，5

目的 3

- 法人コード　A006628
- 社員・会員　12名・12名
- 寄付金収入　50千円
- 会費収入　491千円
- 経常収支　経常収益合計　31,132千円
　　　　　　経常費用合計　30,533千円
- 公益目的事業費　26,917千円
- 収益事業　経常収益　3,026千円
　　　　　　経常費用　779千円
- 主な財産　預金等　25,230千円
　　　　　　負債　6,056千円
- 正味財産額　22,947千円
- 常勤理事　0
- 職員・給与　3名・9,776千円
- 賃借料　228千円
- 使用したデータ　令和3年度

法人の概要

1988年11月設立・2012年4月公益法人登記。
広島市身体障害者福祉団体連合会（以下「市身連」）は、広島市内に居住する身体障害者等の自立を促進し、文化、体育等の向上を目指し、社会参加と平等の基本理念に基づく福祉の推進を図り、社会の発展に寄与することを目的とする。本会は、本会事業に賛同する広島市内の身体障害者関係福祉団体から構成。

事業の概要

1．第66回日本身体障害者福祉大会
2．第46回中・四国身体障害者福祉大会
3．市身連実施事業
　(1)　要望活動
　新型コロナウイルス感染症の予防接種に関する要望書（市保健医療担当局長）
　(2)　第16回広島市身体障害者グラウンドゴルフ大会（15名参加）
　(3)　文化研修会ー落語会（ジャンボ衣笠）
　(4)　市身連会報の発行3回発行計6,200部
　(5)　第24回広島市障害者水泳大会（59名）
　(6)　第22回障害者フライングディスク大会

公社 フードバンクかながわ

神奈川県横浜市金沢区富岡東2-4-45　代表理事　當具伸一

行政庁	神奈川県
目的	3，5，14
類型	3，13，18

- 法人コード　A024585
- 社員・会員　11名・429名
- 寄付金収入　18,526千円
- 会費収入　21,693千円
- 経常収支　経常収益合計　85,573千円
　　　　　　経常費用合計　82,700千円
- 公益目的事業費　81,208千円
- 収益事業　無
- 主な財産　預金等　27,469千円
　　　　　　負債　1,498千円
- 正味財産額　40,652千円
- 常勤理事　0
- 職員・給与　5名・7,670千円
- 賃借料　4,721千円
- 使用したデータ　令和3年度

法人の概要

2018年2月設立・2018年10月公益法人登記。
個人や団体・企業から消費するには十分安全であるにもかかわらず、廃棄されてしまう食料の寄贈を受け、支援を必要としている生活困窮者等に非営利団体を通じて適切に配るフードバンクシステムの確立を目指して設立。この事業を通じ地域の「たすけあい」「支え合い」「分かち合い」、相互扶助の社会づくりを目指すとともに、食品ロス削減への社会の意識の向上を図り、社会福祉及び資源・環境保全の増進に寄与することを目的とする。

事業の概要

1．食料収集配布による生活困窮者への支援
　(1)　新たに67団体と合意、食支援を拡大
　(2)　地域フードバンクの立上
2．食品ロスの削減、フードバンク等に係る調査研究・啓発・政策提言
　(1)　新たに64団体から食品寄贈を受けた
　(2)　フードドライブ回収拠点の拡大を進め、回収拠点299カ所（内常設120）
　(3)　取扱品拡大ー菓子パン、冷凍食品

公社 ふくしま被害者支援センター

行政庁	福島県
目的	3
類型	5，8

福島県福島市森合町14－6　代表理事　生島浩

- 法人コード　　　A008491
- 社員・会員　　　37名・381名
- 寄付金収入　　　6,700千円
- 会費収入　　　　2,856千円
- 経常収支　　　　経常収益合計　22,441千円
　　　　　　　　　経常費用合計　20,746千円
- 公益目的事業費　14,373千円
- 収益事業　　　　無
- 主な財産　　　　預金等　21,412千円
　　　　　　　　　負債　78千円
- 正味財産額　　　23,410千円
- 常勤理事　　　　1名
- 職員・給与　　　6名・8,709千円
- 賃借料　　　　　3,017千円
- 使用したデータ　令和3年度

法人の概要

2007年12月設立・2012年4月公益法人登記。
福島県において、犯罪、交通事故等の被害者・
その家族または遺族に対して精神的支援その

他各種の支援を行うことによって、被害者等
の苦しみや悩みを軽減し、再び平穏な生活を
営むことができるよう支援することを目的と
する。また本法人は、2009年3月に福島県公
安委員会から「犯罪被害者早期援助団体」の
指定を受けており、所定の手続きにより警察
から被害者等に関する必要な情報の提供を受
け、被害を受けた直後の混乱し、自ら援助を
求めることが困難な状態にある被害者等に迅
速適切な支援を行っている。

事業の概要

1．被害者等からの電話相談－483件396人
　　被害者からの面接相談－24件23人
　　直接的支援－裁判・病院等付添105件60人
2．物品の供与・貸与、役務提供等直接支援
3．「犯罪被害者等給付金」の申請補助
4．自助グループ活動の促進・拡充
5．支援の必要性に関する広報・啓発活動
6．研修会の開催－全体研究会、養成研修会

公社 北海道ろうあ連盟

行政庁	北海道
目的	3
類型	3，5，18

北海道札幌市中央区北二条西7－1　代表理事　大内祥一

- 法人コード　　　A007410
- 社員・会員　　　116名・1,116名
- 寄付金収入　　　1,166千円
- 会費収入　　　　7,254千円
- 経常収支　　　　経常収益合計　119,837千円
　　　　　　　　　経常費用合計　118,078千円
- 公益目的事業費　101,331千円
- 収益事業　　　　経常収益　10,366千円
　　　　　　　　　経常費用　10,177千円
- 主な財産　　　　預金等　22,411千円
　　　　　　　　　負債　4,881千円
- 正味財産額　　　37,341千円
- 常勤理事　　　　1名
- 職員・給与　　　24名・66,925千円
- 賃借料　　　　　4,489千円
- 使用したデータ　令和3年度

法人の概要

1974年4月設立・2013年4月公益法人登記。
北海道において、聴覚障害者の権利を擁護す

るとともに、その社会的地位の向上と社会参
加の増進に努め、北海道における福祉の増進
に寄与することを目的とする。

事業の概要

1．意思疎通支援に関する事業
　(1)　派遣センター事業（1,004件）
　　①　手話通訳者設置事業（北海道補助事業）
　　②　コミュニケーション支援事業（市町村
　　　委託事業）
　　③　手話通訳者派遣事業（一部北海道委託
　　　事業）
　(2)　電話リレーサービス
　(3)　遠隔手話サービス事業
　情報提供施設内に手話通訳者を配置、タブ
　レットによる遠隔手話通訳を通じて聴覚障
　害者と各市町村役場窓口等との意思疎通支
　援
2．意思疎通支援者の養成、他
　手話通訳者養成講座の開設（北海道委託）

公社 モバイル・ホスピタル・インターナショナル

東京都中央区新川 1 − 30 − 7　代表理事　砂田向一

行政庁	内閣府
目的	1, 3
類型	3, 6

- 法人コード　　A013155
- 社員・会員　　12名・12名
- 寄付金収入　　3,769千円
- 会費収入　　　2,514千円
- 経常収支　　　経常収益合計　6,300千円
　　　　　　　　経常費用合計　6,165千円
- 公益目的事業費　4,389千円
- 収益事業　　　無
- 主な財産　　　預金等　3,948千円
　　　　　　　　負債　117千円
- 正味財産額　　3,895千円
- 常勤理事　　　1名
- 職員・給与　　0・0
- 賃借料　　　　454千円
- 使用したデータ　令和3年度

法人の概要

2010年11月設立・2011年11月公益法人登記。「海洋国日本の災害医療の未来のために、病院船を創ろう！」という想いを原点に設立された公益法人。 2011年の東北大震災直後から活動を始め、「病院船建造推進超党派議員連盟」創設、「災害時多目的船検討調査委員会」の委員就任等を経て、2021年6月に議員立法で「病院船推進法」が成立。「病院船を拠点とした救援ネットワーク」構築を目指す。

事業の概要

1. 移動病院の実現に向けた調査研究の実施及び成果物の発表・広報
　東京オリパラ開催時の災害対処に、海上から救急艇を用いた救急患者搬送研究事業を実施した。
2. 法制化事業推進
　「病院船推進法」の成立に向けて超党派の合意を形成し、2021年6月11日に本法案を成立させた。
3. 病院船の研究開発事業
4. 緊急支援活動人材養成事業
5. 船舶を利用した傷病者の運搬事業

公財 茨城国際親善厚生財団

茨城県結城市大字結城10745 − 24　代表理事　多田正毅

行政庁	茨城県
目的	3, 6, 7, 15
類型	3, 4, 13, 18

- 法人コード　　A021743
- 会員数　　　　0
- 寄付金収入　　22,891千円
- 会費収入　　　0
- 経常収支　　　経常収益合計　30,374千円
　　　　　　　　経常費用合計　30,806千円
- 公益目的事業費　30,718千円
- 収益事業　　　無
- 主な財産　　　預金等　31,217千円
　　　　　　　　負債　5,529千円
- 正味財産額　　27,292千円
- 常勤理事　　　0
- 職員・給与　　2名・8,650千円
- 賃借料　　　　712千円
- 使用したデータ　令和3年度

法人の概要

1963年1月設立・2013年11月公益法人登記。当財団は、茨城県において達生堂グループの「城西病院」、社会福祉法人「達生堂」と県内の医療福祉関係者とのネットワークを構築し、災害時の茨城県内の緊急医療福祉支援体制の強化が目的。また「城西病院」は、1981年の開設直後からインドシナ難民の救援活動を皮切りに、難民医療救済活動をつづけ、1989年には日本国際親善厚生財団を設立。その後もアジアで医療支援活動を継続し、2018年3月海外への技術・技能の円滑な移転を目的に、介護職種の外国人技能実習生の受入れ事業等の監理団体としての業務を開始した。

事業の概要

1. 災害時の緊急医療福祉体制の強化事業
　コロナのため達生堂グループ関係者だけで、感染予防に関する専門的な研修会等を開催
2. 大規模災害時の緊急医療福祉支援活動
　コロナのため、大規模な訓練活動は行わず、参加者5〜10人程度の小規模訓練を実施
3. 外国人技能実習制度監理団体の活動
　新規来日なし、13名医療機関で実習中

行政庁	香川県
目的	3
類型	3, 5, 18

公財 香川県視覚障害者福祉協会

香川県高松市番町1-10-35　代表理事　浅見裕一郎

- 法人コード　　A011026
- 会員数　　　　184名
- 寄付金収入　　60千円
- 会費収入　　　265千円
- 経常収支　　　経常収益合計　37,034千円
　　　　　　　　経常費用合計　36,716千円
- 公益目的事業費　34,308千円
- 収益事業　　　経常収益　4,546千円
　　　　　　　　経常費用　2,225千円
- 主な財産　　　預金等　32,421千円
　　　　　　　　負債　3,353千円
- 正味財産額　　29,782千円
- 常勤理事　　　1名
- 職員・給与　　5名・24,678千円
- 賃借料　　　　64千円
- 使用したデータ　令和3年度

法人の概要

1981年11月設立・2011年4月公益法人登記。
視覚に障害のある人に対し、各種の情報を提供するとともに、視覚障害者が、主体性や自立性を身につけ、積極的に社会参加していくことを目的として、各種事業に取り組むとともに、心のバリアフリーや福祉のまちづくりが進展することを願って活動している団体で、全国区組織日本盲人会連合に所属する。

事業の概要

1. センター利用者　13,681人（延人数）
　貸出閲覧9,018人レファレンス1,908人他
2. 点字図書・録音書の閲覧・貸出
　全国視覚障害者情報提供施設ネットワークに参加、全国の点字図書・録音図書利用可
　点字貸出数：図書2,700冊、雑誌113冊
　録音図書：テープ図書30巻、雑誌0、
　デイジー音声図書7,749枚、雑誌2,269枚
3. 点字図書・録音図書の制作
　ボランティアの協力により点字・FD・録音・デイジー図書を作成している。
4. 点訳・音訳のプライベートサービス

目的
3

行政庁	内閣府
目的	3
類型	3, 11, 13, 18

公財 共生地域創造財団

宮城県仙台市青葉区二日町6-6　代表理事　奥田知志

- 法人コード　　A019467
- 会員数　　　　0
- 寄付金収入　　30,473千円
- 会費収入　　　0
- 経常収支　　　経常収益合計　95,918千円
　　　　　　　　経常費用合計　91,334千円
- 公益目的事業費　90,292千円
- 収益事業　　　無
- 主な財産　　　預金等　24,085千円
　　　　　　　　負債　14,912千円
- 正味財産額　　29,082千円
- 常勤理事　　　0
- 職員・給与　　4名・45,337千円
- 賃借料　　　　10,199千円
- 使用したデータ　令和3年度

法人の概要

2011年11月設立・2012年10月公益法人登記。
本財団は、NPO法人ホームレス支援全国ネットワークと、グリーンコープ共同体・生活クラブ連合会の2つの生活協同組合が母体。東日本大震災3日後から仙台に本部を置き、被災3県の在宅被災や農漁業への支援を中心に活動を行っている。「伴走型支援」をコンセプトとし被災支援および地域づくりの事業を住民と地域に寄り添いながら復興にとどまらない、共生地域の創造を目指している。

事業の概要

現在本法人は、石巻市、大船渡市、大槌町、陸前高田市に事務所を構え、独自かつ同様の活動を行っており、以下は石巻市の例である。
1. 自主事業（雇用創出事業）
　(1) 殻付き牡蠣の出荷作業（就労訓練）
　(2) 困窮者の生活再建支援
2. 居住支援事業（補助金事業）
　21件の新規相談、住まいの確保と生活の再スタート支援、生活定着までの見守り支援
3. 他機関と協働の相談支援包括化推進業務
　総数24名、生活／住居、金銭、健康等

行政庁	熊本県
目的	3
類型	5, 13, 14, 18

公財 熊本県肢体不自由児協会

熊本県熊本市中央区南千反畑町3-7 代表理事 福田稠

- 法人コード A020425
- 会員数 272名
- 寄付金収入 0
- 会費収入 5,086千円(含寄付金等)
- 経常収支 経常収益合計 7,939千円
  経常費用合計 8,032千円
- 公益目的事業費 7,531千円
- 収益事業 無
- 主な財産 預金等 3,482千円
  負債 84千円
- 正味財産額 3,457千円
- 常勤理事 1名
- 職員・給与 2名・3,307千円
- 賃借料 168千円
- 使用したデータ 令和3年度

法人の概要

1975年4月設立・2013年4月公益法人登記。肢体不自由児に適切な治療・教育・支援を与え、その子どもたちが心豊かに過ごしていけ

る社会づくりに貢献することを目的として、寄付・募金活動等を行い、障がい者団体への支援活動を行っている。

事業の概要

1．広報「あゆみ」57号発行・配布（共同募金会配分対象事業）2,500部広告14.7万円
2．募金活動
  (1) 日本肢体不自由児協会の全国運動に連動した頒布協力推進—頒布協力金約269万円
  (2) 有志・団体への寄付依頼
  ①街頭募金実践強化（一般寄付）約132万円、②賛助会費（寄付）約232万円
3．関係団体への支援（共同募金対象事業）
  (1) 地域療育グループ（親の会）支援
  (2) 特別支援学校への支援
4．奨学金支給
  肢体不自由学生5名各1万円

行政庁	福岡県
目的	1, 3, 5, 10
類型	3, 6, 14

公財 こころのバリアフリー研究会

東京都品川区東五反田5-9-22 代表理事 秋山剛

- 法人コード A023769
- 会員数 114名
- 寄付金収入 2,274千円
- 会費収入 476千円
- 経常収支 経常収益合計 3,000千円
  経常費用合計 2,796千円
- 公益目的事業費 2,388千円
- 収益事業 無
- 主な財産 預金等 9,034千円
  負債 602千円
- 正味財産額 8,460千円
- 常勤理事 0
- 職員・給与 2名・1,666千円
- 賃借料 0
- 使用したデータ 令和3年度

法人の概要

2013年2月設立・2014年5月公益法人登記。精神疾患や障がいをもつ当事者やその家族が社会や地域で本当に幸せな人生を送ることが

できるよう誤解や偏見・差別を是正し、当事者の社会参加を阻んでいる「こころのバリア」を無くすことを目的に設立。精神疾患や障がいの適切な理解と予防、当事者の社会復帰の促進及びその自立、社会経済活動への参加の促進に関する事業を行い、精神保健医療福祉に関する啓発の増進への寄与が目的。

事業の概要

1．こころのバリアフリー研究会総会
  テーマ「自分らしく生きるって」、基調講演宇田川健「自分らしく生きるって−私のリカバリーストーリーとアンチスティグマ」他
2．若手精神科医への研修
  総会シンポジウムの企画・運営での研修
3．ピアスタッフ（当事者が他の当事者を支援する取り組み）研修支援
4．ホームページ等による情報収集・発信
5．「こころのバリアフリー活動」を展開する個人・団体の表彰−個人1、団体1

行政庁	内閣府
目的	3
類型	18

公財 震災復興支援放射能対策研究所

福島県石川郡平田村大字上蓬田字大隅30　代表理事　佐川優

- **法人コード**　　A019310
- **会員数**　　　　0
- **寄付金収入**　　4,489千円
- **会費収入**　　　0
- **経常収支**　　　経常収益合計　6,467千円
　　　　　　　　　経常費用合計　7,689千円
- **公益目的事業費** 4,949千円
- **収益事業**　　　経常収益　1,978千円
　　　　　　　　　経常費用　1,260千円
- **主な財産**　　　預金等　3,669千円
　　　　　　　　　土地　11,029千円
　　　　　　　　　負債　7,589千円
- **正味財産額**　　8,105千円
- **常勤理事**　　　0
- **職員・給与**　　3名・4,498千円
- **賃借料**　　　　0
- **使用したデータ**　令和2年度

法人の概要

2011年12月設立・2012年6月公益法人登記。

福島原発事故により、自然環境中に放出された放射能汚染による人体への影響について、内部被ばく検査、食品全般の放射能汚染調査、放射性物質の除染等の研究実践を行い、復興支援を通じ、子供の夢と希望を育む環境を実現するために設立。研究所事業資金は、医療法人誠励会からの寄付金・資金運用による。

目的 3

事業の概要

1. 放射能汚染を憂慮する人々の人体内部被ばく等の測定検査（無償対象分）事業
   (1) 対象者と事業量
   ① 原発事故被災者内18歳以下（664名）
   ② 協定締結33市町村18歳以下（413名）
   ③ 県内外検査希望18歳以下（251名）
2. 食品検査全般の放射能汚染検査事業
   ゲルマニウム半導体検出器測定18検体
3. 放射能汚染を憂慮する人々の人体内部被ばく等の測定検査（有償対象分）事業
   19歳以上の者有償対象者の合計659名

行政庁	岡山県
目的	3, 12
類型	3, 4, 6, 10, 18

公財 長濤会

岡山県瀬戸内市邑久町虫明6539　代表理事　山本典良

- **法人コード**　　A019801
- **会員数**　　　　0
- **寄付金収入**　　730千円
- **会費収入**　　　0
- **経常収支**　　　経常収益合計　3,370千円
　　　　　　　　　経常費用合計　4,752千円
- **公益目的事業費** 4,422千円
- **収益事業**　　　無
- **主な財産**　　　預金等　2,444千円
　　　　　　　　　負債　0
- **正味財産額**　　8,152千円
- **常勤理事**　　　0
- **職員・給与**　　2名・0
- **賃借料**　　　　0
- **使用したデータ**　令和3年度

法人の概要

1950年8月設立・2014年4月公益法人登記。ハンセン病の国立療養所長島愛生園内に住所をもつ。本法人は、ハンセン病は、現在は完

治できる病気となったにもかかわらず、ハンセン病に対する偏見・差別は依然として強いところから、ハンセン病に関する正しい知識を普及させ、その歴史を普及・啓発することにより、偏見差別をなくす活動を行っている。

事業の概要

ハンセン病問題の歴史を広く啓発することを通じて、偏見差別のない社会の実現に努めるとともに、ハンセン病施設入所者の社会参加を支援する目的で、次の事業を行う。

1. ハンセン病に関する正しい知識普及事業
   広報誌「愛生」の出版
2. ハンセン病問題の歴史を正しく継承するための事業（コロナ禍で資料室受入制限）
3. ハンセン病問題の歴史を正しく普及啓発し、人権の確立を図る事業－学芸員派遣
4. ハンセン病施設入所者が自己実現を図ることを援助する事業－宗教活動の援助

行政庁	徳島県
目的	3
類型	4, 8, 13

公財 徳島の盲導犬を育てる会

徳島県徳島市沖浜東1-34　代表理事　上田美治

- 法人コード　　　A010527
- 会員数　　　　　160名
- 寄付金収入　　　4,632千円
- 会費収入　　　　0
- 経常収支　　　　経常収益合計　7,218千円
　　　　　　　　　経常費用合計　7,207千円
- 公益目的事業費　6,464千円
- 収益事業　　　　無
- 主な財産　　　　預金等　19,212千円
　　　　　　　　　負債　　2,143千円
- 正味財産額　　　20,006千円
- 常勤理事　　　　0
- 職員・給与　　　1名・1,446千円
- 賃借料　　　　　1,441千円
- 使用したデータ　令和3年度

法人の概要

1995年9月設立・2012年4月公益法人登記。1989年に徳島の盲導犬を育てる会を結成した。盲導犬の無償貸与、盲導犬に対する理解を深めるための啓発活動を継続して実施。

事業の概要

1．盲導犬育成事業
　(1)　盲導犬の貸与
　　重度視覚障がい者に、育成した盲導犬を無償貸与し社会参加を促進する。
　(2)　盲導犬使用者の確保と啓発
　　関係諸機関との連携を強化し活動を行う。
　(3)　パピーウォーカー事業
　　子犬を訓練を受けるまで育てる訓練所の事業をサポートすると同時に当事業の必要性を県民に知らせる。
　(4)　引退犬ボランティア事業
　　引退した犬が快適な老後を過ごす場の確保。
2．盲導犬啓発事業
　(1)　啓発用機関誌の発行
　　盲導犬の普及への支援と協力を促進する。
　(2)　講演会等の実施と各種研修事業の実施
　　盲導犬への理解と会員の知識向上を図る。

行政庁	新潟県
目的	3, 12
類型	3,4,5,8,9,13,14,18

公財 新潟県肢体不自由児協会

新潟県新潟市中央区新光町4-1　代表理事　橋本憲次郎

- 法人コード　　　A004767
- 会員数　　　　　0
- 寄付金収入　　　20,089千円
- 会費収入　　　　0
- 経常収支　　　　経常収益合計　20,319千円
　　　　　　　　　経常費用合計　17,697千円
- 公益目的事業費　16,196千円
- 収益事業　　　　無
- 主な財産　　　　預金等　16,258千円
　　　　　　　　　負債　　138千円
- 正味財産額　　　16,325千円
- 常勤理事　　　　0
- 職員・給与　　　3名・1,682千円
- 賃借料　　　　　44千円
- 使用したデータ　令和3年度

法人の概要

1958年6月設立・2011年4月公益法人登記。県庁の担当課内に設置され、肢体不自由児の福祉に関する事業を行うために設立された公益法人である。

事業の概要

1．肢体不自由児への理解と療養思想を県民に普及する事業
　(1)　「友情絵はがき」「愛の絵はがき」「トッキッキクリアファイル」等事業
　(2)　「愛のタオル」事業
　(3)　「ふれ愛作品展」開催事業
　(4)　援護活動が顕著な者を表彰する事業
2．肢体不自由児に奨学金を給付する事業
　新規1名継続7名、各6万円総計48万円
3．肢体不自由児の生活向上のための講習会
　(1)　肢体不自由児夏期訓練事業
　　柏崎市父母の会等5団体、参加人数94名
4．体不自由児に生活の意欲と活力を与える活動、団体への助成事業等を行う
　(1)　肢体不自由児激励イベントの助成事業
　　県立東新潟特別支援学校PTA、フォトコンテスト等8団体参加人数929名

公財 日本チャリティ協会

東京都新宿区四谷1−19　代表理事　前島英三郎

行政庁	内閣府
目的	3，4
類型	3，5，6，14，17，18

- 法人コード　　　A021536
- 会員数　　　　　85名
- 寄付金収入　　　8,721千円
- 会費収入　　　　368千円
- 経常収支　　　　経常収益合計　67,843千円
　　　　　　　　　経常費用合計　66,748千円
- 公益目的事業費　57,635千円
- 収益事業　　　　経常収益　6,675千円
　　　　　　　　　経常費用　6,359千円
- 主な財産　　　　預金等　48,443千円
　　　　　　　　　負債　31,176千円
- 正味財産額　　　19,993千円
- 常勤理事　　　　2名
- 職員・給与　　　5名・10,761千円
- 賃借料　　　　　4,402千円
- 使用したデータ　令和3年度

法人の概要

1981年8月設立・2013年4月公益法人登記。
障害者のメンタルな面における開発と社会復帰を助成することを目的として設立。年間100本もの事業を展開している。また、高齢者の健康と生きがい対策も重要な事業である。

事業の概要

1．障害者関係事業
（1）第36回東京都障害者総合美術展
入選点数：絵画132点、造形29点、書26点
写真13点、計200点。WEB展覧会を開催。
（2）東京都障害者休養ホーム事業
障害者が指定の保養施設を利用した場合の
宿泊利用料の一部助成－951件2,927名
（3）第36期パラアートスクール
（障害者のカルチャースクール）
A．マンガ・イラスト・絵画18名
B．絵画・造形16名C.書道14名；計48名
2．高齢者関係事業
（1）第25回シニアコーラスフェスティバル
（2）高齢者のはつらつカラオケコンクール
3．東京都福祉サービス第三者評価（16件）

目的 3

公財 日本フードバンク連盟

東京台東区浅草橋4−4−4　代表理事　マクジルトン　チャールズ　アール

行政庁	内閣府
目的	3，21
類型	2，5，7，13，18

- 法人コード　　　A023138
- 会員数　　　　　9名
- 寄付金収入　　　3,599千円
- 会費収入　　　　0
- 経常収支　　　　経常収益合計　3,599千円
　　　　　　　　　経常費用合計　3,599千円
- 公益目的事業費　2,662千円
- 収益事業　　　　無
- 主な財産　　　　預金等　5,403千円
　　　　　　　　　負債　0
- 正味財産額　　　5,403千円
- 常勤理事　　　　0
- 職員・給与　　　1名・910千円
- 賃借料　　　　　0
- 使用したデータ　令和3年度

法人の概要

2013年2月設立・2013年12月公益法人登記。
食品関連企業他より寄贈された食品等を福祉施設や生活困窮者の支援団体等に届ける活動（フードバンク）について、信頼できるフードバンク活動の普及に取り組み、誰もが食べ物にアクセスできるフードセーフティネットの構築を目指し活動。全国ネットワークの構築に特化した法人として、セカンドハーベスト・ジャパンから独立する形で設立された。安心・安全なフードバンク活動を根付かせるため、フードバンク団体の認証及び公表、ガイドラインの管理（財団ホームページに掲載）や技術・研究開発、助成事業等を行う。

事業の概要

1．フードバンク活動助成事業
お米の助成事業として、当連盟の認証の有無に係らず、公募し5団体に助成を行った。
2．フードバンク活動の普及およびインフラ
整備活動
調査研究他、これから活動を始めようとしている市民のサポートや、フードバンク団体への衛生管理監査など

	行政庁	内閣府
	目的	3, 4, 15, 19
	類型	3, 5, 18

公財 フォトン・ジャパンフレンド

埼玉県所沢市大字下富1206-1　代表理事　岡田京子

- 法人コード　　　A024564
- 会員数　　　　　0
- 寄付金収入　　　1,100千円
- 会費収入　　　　0
- 経常収支　　　　経常収益合計　5,517千円
　　　　　　　　　経常費用合計　6,460千円
- 公益目的事業費　5,807千円
- 収益事業　　　　無
- 主な財産　　　　預金等　8,962千円
　　　　　　　　　負債　5,261千円
- 正味財産額　　　4,185千円
- 常勤理事　　　　0
- 職員・給与　　　2名・1,114千円
- 賃借料　　　　　360千円
- 使用したデータ　令和3年度

法人の概要

2014年7月設立・2015年2月公益法人登記。本法人は、ベルギーのブルージュ市NPO法人「フォトン」の認知症になっても地域で生活していけるシステムに共感し設立。急速な増加が見込まれる認知症高齢者を対象とした社会福祉の増進が目的。外国人技能実習生の介護・福祉の分野での受入・養成を行う。

事業の概要

1. 認知症高齢者の支援を中心とした社会福祉の増進を目的とする事業
　(1) セミナー、講演会等の開催—認知症に関する正確な理解の推進と、認知症の人や家族を地域で支える取り組みの必要性を地域住人に普及・啓発することが目的（コロナ禍で中止）
　(2) 相談会の開催—専門の相談員による相談会「地域認知症カフェ」を開催、認知症の家族が情報を共有することが目的
2. 人材育成を通じた開発途上地域等への技術移転による国際協力推進—インドネシアからの介護技能実習生を受入れ、実習生の技能習得について監理業務を行う

	庁	福岡県
	目的	3, 7
	類型	3, 13, 18

公財 福岡県肢体不自由児協会

福岡県春日市原町3-1-7　代表理事　藤井敏男

- 法人コード　　　A018081
- 会員数　　　　　0
- 寄付金収入　　　50千円
- 会費収入　　　　0
- 経常収支　　　　経常収益合計　10,832千円
　　　　　　　　　経常費用合計　10,931千円
- 公益目的事業費　7,293千円
- 収益事業　　　　経常収益　7,188千円
　　　　　　　　　経常費用　3,380千円
- 主な財産　　　　預金等　11,259千円
　　　　　　　　　負債　0
- 正味財産額　　　11,705千円
- 常勤理事　　　　1名
- 職員・給与　　　2名・5,444千円
- 賃借料　　　　　0
- 使用したデータ　令和3年度

法人の概要

1957年2月設立・2013年4月公益法人登記。福岡県において、肢体不自由児の療育と社会参加に関する事業を行い、肢体不自由児の福祉の向上に寄与することを目的として設立。

事業の概要

1. 第69回「手足の不自由な子どもを育てる運動」−期間2021年11月10日～12月10日
　(1) 愛護思想の啓発普及の実施
　① 広報活動（ポスター・チラシ配布）
　② 募金活動（絵はがき等頒布）
　③ 絵画・コンピュータアート・書・デジタル写真募集−美術展486点、写真展959点
2. 肢体不自由児童愛護思想の普及
　友情ハンカチ・友情タオルの頒布
　目標　−ハンカチ3,500枚、タオル9,500枚
　頒布数−ハンカチ3,144枚、タオル9,650枚
3. 交流レクリエーションの実施（中止）
4. 在宅肢体不自由児等療育キャンプ(中止)
5. 肢体不自由高校生奨学金交付
　16名、年額35千円、総計560千円

公財 福岡県重症心身障害児（者）を守る会

行政庁	福岡県
目的	3，7
類型	4

福岡県春日市原町3－1－7　代表理事　和多正景

- 法人コード　　A012484
- 会員数　　　　0
- 寄付金収入　　948千円
- 会費収入　　　0
- 経常収支　　　経常収益合計　4,675千円
　　　　　　　　経常費用合計　4,628千円
- 公益目的事業費　4,160千円
- 収益事業　　　無
- 主な財産　　　預金等　4,144千円
　　　　　　　　負債　0
- 正味財産額　　4,144千円
- 常勤理事　　　1名
- 職員・給与　　1名・3,480千円
- 賃借料　　　　71千円
- 使用したデータ　令和3年度

法人の概要

1970年7月設立・2014年4月公益法人登記。福岡県内における重症心身障害児（者）の福祉の増進を図ることを目的として設立。全国重症心身障害児（者）を守る会を構成する組織（福岡県支部）として、1964年11月発足した。親の意識の啓発と連携を密にするため、全国47都道府県全てに支部がおかれ、施設施策と在宅施策の運動を進め、地域活動が行われている。

事業の概要

1．療育キャンプ事業
　(1) 福岡県在宅重症心身障害児（者）対策事業（福岡県委託事業）
　コロナ禍のため、宿泊事業をハイキング事業に変更。2地区で合計親子11組、スタッフ12名、学生ボランティア15名。
　(2) 在宅心身障がい児のための療育キャンプ事業（福岡市補助事業）－コロナ禍で中止
2．キャンプ関連事業
　(1) ボランティア学生事前療育研修－中止
　(2) 事業反省会及び次年度事業計画打合せ

目的 3

公財 福岡県身体障害者福祉協会

行政庁	福岡県
目的	3
類型	3，4，5，15，18

福岡県春日市原町3－1－7　代表理事　大塚洋

- 法人コード　　A004946
- 会員数　　　　0
- 寄付金収入　　0
- 会費収入　　　1,359千円
- 経常収支　　　経常収益合計　36,446千円
　　　　　　　　経常費用合計　36,632千円
- 公益目的事業費　30,059千円
- 収益事業　　　経常収益　865千円
　　　　　　　　経常費用　86千円
- 主な財産　　　預金等　13,898千円
　　　　　　　　負債　9,110千円
- 正味財産額　　4,788千円
- 常勤理事　　　1名
- 職員・給与　　4名・9,577千円
- 賃借料　　　　182千円
- 使用したデータ　令和3年度

法人の概要

1972年10月設立・2013年4月公益法人登記。日本身体障害者団体連合会、九州身体障害者団体連絡協議会と連携し、福岡県の身体障害者に、「障害者の完全参加と平等」の理念のもと、身体障害者自立更生に必要な支援事業を行い、その社会参加を推進する活動を実施。

事業の概要

1．障がい者110番運営事業－常設の相談窓口の設置、電話・面談による相談、公的機関との連携、弁護士等に依頼しての相談
2．障がい者疑似体験事業－車いす体験、アイマスク着用白杖歩行体験等
3．身体障がい者相談員のための研修会開催
4．音声機能障がい者発声訓練・発声訓練者養成事業－医療機関と連携し、日常生活における会話を可能とする発声訓練。食道発声訓練、人工喉頭・電気発声器による訓練
5．盲ろう者通訳・介助員養成研修派遣事業
6．障がい者ITサポート事業
7．身体障がい者球技大会開催事業（中止）

行政庁	静岡県
目的	3, 4, 7
類型	3, 13

公財 星いきいき社会福祉財団

静岡県牧之原市静波2315－6　代表理事　井部憲良

目的 3

- 法人コード　　A024999
- 会員数　　　　0
- 寄付金収入　　4,599千円
- 会費収入　　　0
- 経常収支　　　経常収益合計　4,600千円
　　　　　　　　経常費用合計　3,703千円
- 公益目的事業費　2,986千円
- 収益事業　　　無
- 主な財産　　　預金等　51,242千円
　　　　　　　　負債　4千円
- 正味財産額　　51,267千円
- 常勤理事　　　1名
- 職員・給与　　1名・1,114千円
- 賃借料　　　　0
- 使用したデータ　令和3年度

法人の概要

2011年1月設立・2017年3月公益法人登記。
少子高齢化が急速に進行し、また核家族化が
市民社会の問題となる中、障害者、高齢者お

よび介護者に対する支援を行うとともに、青
少年の健全育成及び児童福祉の向上に寄与す
ることを目的とする。

事業の概要

1．福祉助成（障害者、高齢者及び介護者）
　(1)　募集対象
　①　障害者、高齢者および介護者に対する
援助福祉事業、②　障害者、高齢者の支援
を行おうとする人の資格取得・知識取得の
援助、③　障害者の就労支援および就労の
ための知識取得の支援
　(2)　2021年度助成実績－32件実施
　①　地域生活センターおまえざき
　②　社会福祉法人Mネット東遠きくがわ
製作所
　③　放課後児童クラブひみつ基地、他29件
2．青少年の健全育成等を目的とした茶道・
礼法・マナー教室（コロナ禍で中止）

行政庁	北海道
目的	3
類型	3, 4, 5, 6, 8, 18

公財 北海道移植医療推進財団

北海道札幌市中央区南一条西16－1－246　代表理事　柴田龍

- 法人コード　　A008760
- 会員数　　　　173名
- 寄付金収入　　3,759千円
- 会費収入　　　2,610千円
- 経常収支　　　経常収益合計　13,009千円
　　　　　　　　経常費用合計　13,903千円
- 公益目的事業費　8,596千円
- 収益事業　　　無
- 主な財産　　　預金等　33,853千円
　　　　　　　　負債　54千円
- 正味財産額　　33,798千円
- 常勤理事　　　1名
- 職員・給与　　2名・3,801千円
- 賃借料　　　　1,082千円
- 使用したデータ　令和3年度

法人の概要

1984年5月設立・2012年10月公益法人登記。
北海道において、臓器機能障害のある人たち
が、移植医療によりその機能を回復し健康な

生活が送れるようにするため、移植を必要と
している患者に、善意による臓器提供者の意
思を生かし、最善で十分な医療を実施できる
ように、移植医療についての知識の普及啓発
と移植医療に係る各諸機関の役割に応じた支
援活動を行うとともに、北海道民の健康と福
祉の向上に資することを目的とする。

事業の概要

1．移植医療に関する知識の普及啓発活動
　(1)　動画（制作）公開
　(2)　出前講座「命の授業」開催（高校4校）
　(3)　ドナーファミリー支援（提供者精神的
支援）
　(4)　事業案内誌発行
2．北海道内医療機関の体制整備
　(1)　ネットワーク補助事業
あっせん業務（提供症例5件）
　(2)　移植医療委員会
移植勉強会の開催（45名参加）

行政庁	大分県
目的	4
類型	3、6、18

公社 大分県老人保健施設協会

大分県大分市大字中戸次4525　代表理事　河村忠雄

- 法人コード　　A015110
- 社員・会員　　58名・58名
- 寄付金収入　　0
- 会費収入　　　13,651千円
- 経常収支　　　経常収益合計　13,761千円
　　　　　　　　経常費用合計　11,304千円
- 公益目的事業費　8,010千円
- 収益事業　　　無
- 主な財産　　　預金等　15,879千円
　　　　　　　　負債　722千円
- 正味財産額　　15,262千円
- 常勤理事　　　0
- 職員・給与　　2名・4,655千円
- 賃借料　　　　387千円
- 使用したデータ　令和3年度

法人の概要

2001年7月設立・2013年4月公益法人登記。
本法人は、大分県内介護老人保健施設相互の
一致協力により、高齢者等が自立して生活で

きるよう、保健医療サービス及び福祉サービ
スの質の向上確保に係る調査研究等を行い、
高齢者等の保健医療の向上並びに生活支援に
寄与することを目的に設立。介護老人保健施
設（老健施設）の目標は、「利用者ご自身の
生活機能の改善・安定、安心できる『住まい』
と人生の穏やかな終末への導き」である。

事業の概要

1．毎年大分県老人保健施設大会を開催
2．具体的な活動としては、総務企画・介護
　保険委員会など5つの委員会、事務管理
　部会、支援相談部会、看護・介護部会、
　リハビリ部会、栄養給食部会及び県内を
　7地区に分け（大分由布、別府・杵築・
　速見、中津、日田・玖珠、宇佐・高田・
　国東、白杵・津久見・佐伯、豊後大野・
　竹田）、各地区において独自の事業を展開
　し、当協会の目的「県民の保健、医療及
　び福祉の増進に寄与」する活動を実施

目的 4

行政庁	内閣府
目的	1、3、4、9
類型	2、3、6、18

公社 顔と心と体研究会

東京都新宿区左門町20　代表理事　内田嘉壽子

- 法人コード　　A021423
- 社員・会員　　400名・457名
- 寄付金収入　　24,261千円
- 会費収入　　　1,043千円
- 経常収支　　　経常収益合計　25,830千円
　　　　　　　　経常費用合計　11,320千円
- 公益目的事業費　7,239千円
- 収益事業　　　無
- 主な財産　　　預金等　20,882千円
　　　　　　　　負債　1,434千円
- 正味財産額　　21,908千円
- 常勤理事　　　1名
- 職員・給与　　2名・6,670千円
- 賃借料　　　　1,233千円
- 使用したデータ　令和3年度

法人の概要

2012年4月設立・2014年10月公益法人登記。
2000年7月研究会発足以降、高齢者へのメイ
クボランティア活動を通じてデータを収集し、

化粧が与える効果について学術的に調査研究
し、化粧の社会的地位の向上を図るとともに、
顔と心と体のつながりを多方面から検討し、
外観に関して悩みをもつ人の社会的・精神的
自立を支援してきており、これを目的に本法
人を設立。

事業の概要

1．メイクボランティア及び講習会（中止）
　高齢者施設等を訪問し、入居者等にメイク
　の講習・指導を行い、被術者、介護者等の
　QOLの向上を図る機会の提供
2．メイク講座、セミナー、メイク講習
　「メイクセラピーとは〜メンタルメイクセ
　ラピストの実際〜」
3．調査研究活動
　①「化粧によるストレス軽減効果の長期的
　観察」、②「社会的支援を必要とする高齢
　者へのメイクアップを用いた高齢者・支援
　者双方のQOL向上の試み」等のテーマ

公社 鹿児島県老人保健施設協会

鹿児島県鹿児島市中央町 8 − 1　代表理事　今村英仁

行政庁	鹿児島県
目的	4
類型	3, 18

目的 4

- 法人コード　　　A011919
- 社員・会員　　　78名・78名
- 寄付金収入　　　0
- 会費収入　　　　17,035千円
- 経常収支　　　　経常収益合計　17,406千円
　　　　　　　　　経常費用合計　13,275千円
- 公益目的事業費　10,600千円
- 収益事業　　　　無
- 主な財産　　　　預金等　34,220千円
　　　　　　　　　負債　55千円
- 正味財産額　　　34,896千円
- 常勤理事　　　　0
- 職員・給与　　　2名・2,111千円
- 賃借料　　　　　2,551千円
- 使用したデータ　令和 3 年度

法人の概要

1997年 4 月設立・2011年11月公益法人登記。鹿児島県内の介護老人保健施設が一致協力して高齢者が自立して生活できるよう、地域社会の健全な発展を図るとともに、保健医療サービス及び福祉サービスの質の向上確保に係る研修及び普及啓発活動を行い、高齢者の保健医療の向上に寄与することを目的とする。

事業の概要

1．職員研修会の開催
　(1)　事務長部会研修会（事務部会と合同）講演「老人保健施設における2040年を見据えた事業戦略と事務継続に必要な組織基盤の必要性」68（Zoom65）名、他 2 講演
　(2)　事務部会研修会（各部会と合同）講演「アンガーマネージメントについて」
　(3)　リハビリテーション部会、看護・介護部会、支援相談・在宅ケア部会、給食栄養部会がそれぞれ講演会を実施した
　(4)　第26回鹿児島県老人保健施設大会
2．広報誌の発行－ 4 回9,600部
3．将来の介護人材を確保するための取組み

公社 北汲沢地域総合福祉活動委員会

神奈川県横浜市戸塚区汲沢 7 − 23 − 18　代表理事　宮沢忠男

行政庁	神奈川県
目的	4
類型	18

- 法人コード　　　A022408
- 社員・会員　　　28名・35名
- 寄付金収入　　　0
- 会費収入　　　　0
- 経常収支　　　　経常収益合計　1,029千円
　　　　　　　　　経常費用合計　950千円
- 公益目的事業費　807千円
- 収益事業　　　　無
- 主な財産　　　　預金等　598千円
　　　　　　　　　負債　0
- 正味財産額　　　598千円
- 常勤理事　　　　0
- 職員・給与　　　0・0
- 賃借料　　　　　0
- 使用したデータ　令和 2 年度

法人の概要

2011年 2 月設立・2013年 5 月公益法人登記。戸塚区北汲沢地区の住民らによる有償で支え合う活動が発端。送迎支援と日常家事支援が中心。高齢化率が高く、丘陵地斜面の開発のため坂道も多く、住民同士の助け合いからこの活動が始まった。

事業の概要

1．送迎支援
　道路運送法に則った福祉有償運送事業として、車両による送迎。高齢者、障害者の他、歩行支障のある健常者の利用もあり、1,800回程度の利用がある。医療機関や福祉施設への送迎が中心。買物支援、公共交通機関への送迎も増加している
2．日常家事支援
　(1)　高齢者住宅の新聞出し、買い物、包丁研ぎ等は要望が少ない一方、空き家住宅の樹木の剪定や垣根の剪定等大規模活動が多いため、 1 コインでの家事支援を増やしていく
　(2)　誰でも気軽に手伝がしやすい仕組みづくりを行い、利用券収入の増加を検討中

公社 京都府介護支援専門員会

京都府京都市中京区竹屋町通烏丸東入ル清水町375　代理理事　山下宜和

行政庁	京都府
目的	4
類型	3，5，6，18

- 法人コード　　　A005216
- 社員・会員　　　37名・1,654名
- 寄付金収入　　　0
- 会費収入　　　　7,077千円
- 経常収支　　　　経常収益合計 139,140千円
　　　　　　　　　経常費用合計 136,995千円
- 公益目的事業費　129,219千円
- 収益事業　　　　無
- 主な財産　　　　預金等　43,781千円
　　　　　　　　　負債　21,853千円
- 正味財産額　　　60,980千円
- 常勤理事　　　　0
- 職員・給与　　　8名・53,445千円
- 賃借料　　　　　23,860千円
- 使用したデータ　令和3年度

法人の概要

2007年10月設立・2013年11月公益法人登記。京都府民の保健・医療・福祉の増進への寄与を目的に、京都府の区域内において、介護支援専門員が職域・所属の枠を越え連携して業務を行えるよう、研修会や懇談会の開催、刊行物の発行、ウェブサイトによる情報提供、政策提言を中心とした諸活動を行っている。

事業の概要

1．広報事業
　(1) ケアマネ・ポートの発刊－年度3回
　(2) メールマガジン配信166-179号
　(3) HP で介護保険最新情報を発信
2．京都府委託の法定研修事業の実施
　(1) 京都府介護支援専門員更新・再研修
　(2) 京都府介護支援専門員専門研修・実務経験者更新研修［課程Ⅰ、Ⅱ］
　(3) 京都府主任介護支援専門員研修
3．認知症の人とその家族を支えるためのケアマネジャー育成事業（京都府補助金事業）
4．看取りサポート人材養成研修－84名終了
5．ケアマネジメントに関する研修等－基準に沿った標準的ケアマネジメントの検討

目的 4

公社 杉並区成年後見センター

東京都杉並区天沼3－19－16　代理理事　田山輝明

行政庁	東京都
目的	3，4
類型	3，5，18

- 法人コード　　　A024261
- 社員・会員　　　2名・0
- 寄付金収入　　　0
- 会費収入　　　　0
- 経常収支　　　　経常収益合計 38,634千円
　　　　　　　　　経常費用合計 38,634千円
- 公益目的事業費　31,306千円
- 収益事業　　　　無
- 主な財産　　　　預金等　9,469千円
　　　　　　　　　負債　6,470千円
- 正味財産額　　　3,000千円
- 常勤理事　　　　0
- 職員・給与　　　35名・21,081千円
- 賃借料　　　　　2,278千円
- 使用したデータ　令和3年度

法人の概要

2006年3月設立・2015年4月公益法登記。成年後見制度を周知、普及させるとともに、判断能力が不十分な認知症高齢者、知的障害者、精神障害者、その他支援を必要とする人に対して、成年後見制度に関する相談や利用の支援、福祉的配慮に基づく後見事務を提供することにより、区民の福祉向上を目的として設立。本法人は、成年後見制度利用推進機関であり、「杉並区」と「杉並区社会福祉協議会」が出資・運営している。

事業の概要

1．成年後見制度の周知、普及及び啓発活動
　(1) 一般区民向け講演会
　(2) 区民後見人等養成・支援事業
　(3) 周知活動
　成年後見制度パネル展示、他
2．成年後見制度に関する相談及び利用支援
　申立費用、後見報酬助成事業
3．後見人サポート、関係機関との連携強化
　親族後見人勉強会
4．法人後見業務－受任件数3件
5．区長申立て事務支援－2021年度50件

公社 長寿社会文化協会

東京都港区芝公園 2 - 6 - 8　代表理事　京極高宣

行政庁	内閣府
目的	4, 5, 19
類型	1, 3, 4, 5, 6, 11

- **法人コード**　A002873
- **社員・会員**　128名・746名
- **寄付金収入**　10千円
- **会費収入**　3,396千円
- **経常収支**　経常収益合計　157,137千円
　　　　　　　経常費用合計　157,540千円
- **公益目的事業費**　132,971千円
- **収益事業**　経常収益　18,912千円
　　　　　　　経常費用　17,050千円
- **主な財産**　預金等　29,651千円
　　　　　　　負債　18,291千円
- **正味財産額**　41,480千円
- **常勤理事**　4名
- **職員・給与**　54名・27,305千円
- **賃借料**　6,233千円
- **使用したデータ**　令和3年度

法人の概要

1988年4月設立・2010年6月公益法人登記。21世紀の長寿社会を構築していくためには、当事者である中高齢者自身の「自覚と自立」、「仲間作り」と「ネットワーク作り」により、活力ある長寿社会を作っていく必要がある。そのためには、個人の長寿が停滞ではなく、「発展と成長につながるライフスタイル」を創り出していく必要がある。この法人は、そのような社会の実現を目的として設立された。

事業の概要

1．高齢者福祉増進・啓発事業
　(1)　高齢者の福祉・生きがいづくり支援
　千葉県福祉ふれあいプラザ指定管理
　(2)　福祉サービスの質の向上事業
　福祉サービス第三者評価事業
　(3)　長寿社会の啓発事業
　「ふれあいねっと」（会員向け情報誌）発行
2．高齢者の雇用・就労支援事業
　「みなと＊しごと55」港区アクティブシニア就労支援センター（無料職業紹介事業）
3．地域相互扶助機能活性化事業

公社 名古屋市老人クラブ連合会

愛知県名古屋市北区清水 4 - 17 - 1　代表理事　三溝芳隆

行政庁	愛知県
目的	4
類型	3, 4, 5, 6, 8, 14, 18

- **法人コード**　A011068
- **社員・会員**　1,209名・1,209名
- **寄付金収入**　0
- **会費収入**　4,174千円
- **経常収支**　経常収益合計　109,470千円
　　　　　　　経常費用合計　109,739千円
- **公益目的事業費**　96,808千円
- **収益事業**　経常収益　172千円
　　　　　　　経常費用　243千円
- **主な財産**　預金等　33,755千円
　　　　　　　負債　4,767千円
- **正味財産額**　30,968千円
- **常勤理事**　0
- **職員・給与**　22名・70,019千円
- **賃借料**　1,689千円
- **使用したデータ**　令和3年度

法人の概要

1995年4月設立・2013年4月公益法人登記。現在の老人クラブは、高齢社会の中で高齢者自身が、応分に福祉の担い手となることを目的として、「生活を豊かにする楽しい活動」「地域社会を豊かにする社会活動」を自主的に企画実行する地域に根ざした団体となっている。本法人は、名古屋市内にある16の区老人クラブから構成されている。各区老人クラブの下には、学区老人クラブ（267学区）、各学区老人クラブの下には単位老人クラブがあり合計は1,099クラブである。

事業の概要

1．健康づくり事業（市老連主催分）
　(1)　第21回グランド・ゴルフ大会104名参加
　(2)　シニア・スポーツリーダー研修会
　体力測定をボッチャ競技に変更49名参加
2．日本セカンドライフ協会と交流交歓事業
　(1)　史跡散策
　①　村絵図の里めぐり　30名参加
　②　鳴海宿コース　26名参加
　③　大高城下コース　31名参加

目的 **4**

公社 虹の会

東京都中央区日本橋小伝馬町13-4　代表理事　伊東貞行

行政庁	内閣府
目的	4，7
類型	2，3，16，18

- 法人コード　　　A020131
- 社員・会員　　　73名・84名
- 寄付金収入　　　6,102千円
- 会費収入　　　　9,442千円
- 経常収支　　　　経常収益合計　17,581千円
　　　　　　　　　経常費用合計　17,989千円
- 公益目的事業費　15,593千円
- 収益事業　　　　無
- 主な財産　　　　預金等　18,202千円
　　　　　　　　　負債　1,987千円
- 正味財産額　　　19,987千円
- 常勤理事　　　　1名
- 職員・給与　　　0・0
- 賃借料　　　　　1,980千円
- 使用したデータ　令和3年度

法人の概要

1979年7月設立・2013年4月公益法人登記。社会福祉に関心を有する文化人及び芸能人を中心に、広く高齢者、児童の福祉を目的とした事業を行うことを目的とする。具体的には「虹のキャラバン」（カー）が老人福祉施設を訪問し、高齢者と一緒に歌や踊り、音楽を楽しみながら、高齢者のQOLの向上を目指している。本会は、これを「心音レインボートレーニング」と呼び、音楽療法をベースに、運動療法、食事療法、アロマセラピー等高齢者の病気予防効果が認められる療法を組合わせ、五感を健全な状態に保つことで認知障害などの問題を予防する医療補完療法である。

事業の概要

1．老人福祉活動（虹のキャラバン）
　老人福祉施設巡回訪問事業として、笑顔と元気を届けにキャラバンカーで巡回している。コロナ禍のためオンライン開催。23回開催、参加施設1,217カ所、観覧者数19,508人
2．認知症改善音楽療法教育制度事業
　2級56名、1級28名資格取得、累積491名

目的 4

公社 日本産業退職者協会

東京都中央区八丁堀3-17-13　代表理事　西浦三郎

行政庁	内閣府
目的	4
類型	3，18

- 法人コード　　　A015792
- 社員・会員　　　25名・844名
- 寄付金収入　　　1,067千円
- 会費収入　　　　7,027千円
- 経常収支　　　　経常収益合計　14,319千円
　　　　　　　　　経常費用合計　13,706千円
- 公益目的事業費　9,272千円
- 収益事業　　　　経常収益　6,507千円
　　　　　　　　　経常費用　3,441千円
- 主な財産　　　　預金等　4,610千円
　　　　　　　　　負債　499千円
- 正味財産額　　　4,343千円
- 常勤理事　　　　1名
- 職員・給与　　　2名・2,769千円
- 賃借料　　　　　2,738千円
- 使用したデータ　令和3年度

法人の概要

1970年12月設立・2012年4月公益法人登記。退職者を含む高齢者の生活の安定・向上と「生きがい」の発見のため、高齢者の心身の健康増進と積極的な社会参加の場づくりへの寄与が目的。年金・医療・雇用・介護・教育等についての問題提起、遺産相続・税務など相談業務の充実、教養・趣味・旅行など会員相互の懇親を深めるイベントの開催など、実現可能な問題を中心に企画・運営を実施。

事業の概要

（公益目的事業）
1．社会参加支援
　(1)　社会貢献事業
　　チャリティコンサート
　(2)　生活情報提供事業－「私の大切な覚書き」（エンディングノート）頒布10,000部
　(3)　イベント・地域会活動
2．研修・講座事業（ふれあいトークサロン）
　「日本人はどのように形成された」
（収益事業）
　コンサルティング事業

	行政庁	内閣府
	目的	4
	類型	3

公社 日本認知症グループホーム協会

東京都新宿区大京町23-3　代表理事　河﨑茂子

- 法人コード　　　A003158
- 社員・会員　　　61名・1,734名
- 寄付金収入　　　40千円
- 会費収入　　　　90,701千円
- 経常収支　　　　経常収益合計　158,180千円
　　　　　　　　　経常費用合計　145,754千円
- 公益目的事業費　119,821千円
- 収益事業　　　　無
- 主な財産　　　　預金等　94,255千円
　　　　　　　　　負債　57,472千円
- 正味財産額　　　47,552千円
- 常勤理事　　　　0
- 職員・給与　　　8名・43,749千円
- 賃借料　　　　　7,961千円
- 使用したデータ　令和3年度

法人の概要

2009年3月設立・2010年4公益法人登記。
本法人は、認知症グループホーム（認知症対応型共同生活介護及び介護予防認知症対応型

共同生活介護事業）相互の連携を密にし、認知症ケアに関する調査研究、普及啓発等の各種事業を行い、認知症の人の尊厳の保持のもと、住み慣れた地域で安心できる長寿社会の実現に向けて、グループホーム事業の健全な発展と国民福祉の増進への寄与が目的。

事業の概要

1. 認知症事業に関わる知識の向上と人材育成、地域住民の認知症への理解を推進する事業
 (1) 第22回日本認知症グループホーム全国大会「認知症でんよかろうもん！」
 (2) 認知症介護実践者等養成
 豊島区認知症介護実践研修
 講義・演習40時間、職場実習4週間
2. 認知症と認知症ケアの正しい理解と認知症グループホームの普及を図る事業
 (1) 機関誌の発行と頒布
 隔月（年6回）、3,200部会員、官公庁等

	行政庁	徳島県
	目的	4, 7
	類型	18

公財 内町敬老育英会

徳島県徳島市中通町3-5-1　代表理事　泊健一

- 法人コード　　　A010270
- 会員数　　　　　0
- 寄付金収入　　　824千円
- 会費収入　　　　0
- 経常収支　　　　経常収益合計　825千円
　　　　　　　　　経常費用合計　825千円
- 公益目的事業費　687千円
- 収益事業　　　　無
- 主な財産　　　　預金等　6千円
　　　　　　　　　負債　0
- 正味財産額　　　15,473千円
- 常勤理事　　　　0
- 職員・給与　　　1名・100千円
- 賃借料　　　　　0
- 使用したデータ　令和3年度

法人の概要

1957年5月設立・2011年8月公益法人登記。
徳島市内町地区に居住する高齢者の福祉の増進を図る敬老事業及び同地区小学校・中学校

を対象に助成する育英事業等を通して内町地区の発展に寄与することを目的とする。

事業の概要

1. 敬老事業
 (1) 内町地区敬老会
 新型コロナウィルス感染拡大のため恒例の敬老会は中止し、代わりに、高齢者に阿波しじら織の洗えるマスクを進呈した。
 (2) 長寿者へお祝い
 該当者がいたもののお祝いを辞退したため、該当者なしとなった。
2. 育英事業
 (1) 内町小学校へ寄贈
 ① 外付けHDD 1台
 ② デスクカッター1台
 (2) 徳島中学校へ寄贈
 キャノンデジタルカメラ1台

行政庁	内閣府
目的	4
類型	17

公財 健康普及会

東京都板橋区常磐台 1 - 52 - 3　代表理事　山﨑光博

- 法人コード　　A006475
- 会員数　　　　4 名
- 寄付金収入　　170千円
- 会費収入　　　0
- 経常収支　　　経常収益合計　232千円
　　　　　　　　経常費用合計　852千円
- 公益目的事業費　704千円
- 収益事業　　　無
- 主な財産　　　預金等　10,321千円
　　　　　　　　負債　50千円
- 正味財産額　　10,271千円
- 常勤理事　　　1 名
- 職員・給与　　0・0
- 賃借料　　　　0
- 使用したデータ　令和 3 年度

法人の概要

1941年 8 月設立・2013年 4 月公益法人登記。人々の心や体の健康及びその増進を図ることによって、豊かな希望に満ちた日本社会を創造することを目的に設立された。高齢者福祉施設に劇団を派遣し、ショーを楽しんでもらうことによって、施設の高齢者の心の健全化及びストレス解消を図る活動を行っている。

事業の概要

不特定多数の高齢者に対する心の健康教育を実施するために、首都圏の高齢者福祉施設を任意に選択した上で、そこに劇団を派遣し、本財団の策定したカリキュラムに従って、高齢者の認知症の予防や改善に繋がるような高齢者の青春時代に流行した歌謡曲をベースに歌や踊り、ダンスに寸劇からなるショーを開催し、目と耳と心で楽しんでもらい、高齢者の心の健全化を図り、また演者たちが高齢者と会話しながら握手をするなどタッチセラピーを実施することによって、ストレスの軽減を目的とするケアを行っている。
本年度はコロナ禍で訪問活動中止。ユーチューブ配信を行った。

目的 4

行政庁	内閣府
目的	4
類型	1, 3, 5, 6, 18

公財 Uビジョン研究所

東京都渋谷区渋谷 1 - 3 - 18　代表理事　本間郁子

- 法人コード　　A024095
- 会員数　　　　48名
- 寄付金収入　　1,757千円
- 会費収入　　　1,340千円
- 経常収支　　　経常収益合計　16,819千円
　　　　　　　　経常費用合計　14,381千円
- 公益目的事業費　13,397千円
- 収益事業　　　無
- 主な財産　　　預金等　35,747千円
　　　　　　　　負債　497千円
- 正味財産額　　37,348千円
- 常勤理事　　　1 名
- 職員・給与　　3 名・4,305千円
- 賃借料　　　　2,080千円
- 使用したデータ　令和 3 年度

法人の概要

2014年12月設立・2016年12月公益法人登記。市民が介護施設や障がい者施設で安心して安全に暮らすことができるようにするためには、人間としての人権が守られ、また時代とともに変化する市民の価値観・ライフスタイルに対応したサービスの質の向上が図られることが必要である。本法人は、長年施設にかかわりながら、そこに暮らす人の尊厳を守るためにどのようなシステムが必要なのか調査を重ね、その研究の中から認証制度を創設した。認証制度は、経験と研修と訓練を受けた評価者が夜間調査を含め悉皆調査を行い、さらに年に 1 回は夜間時間帯に「抜き打ち調査」をすることで利用者を守る仕組みである。

事業の概要

1．施設認証事業
　(1)　抜き打ち調査　4 施設
　中山ちどりケアホーム、中山ちどりケアハウス、生活クラブ風の村、龍生園
　(2)　施設評価 1 カ所－ほのぼのホーム西尾
2．講師派遣事業－ZOOM による研修等
　年間契約 5 カ所（ 8 月末に取消 3 カ所）

行政庁	大阪府
目的	5
類型	2, 3, 18

公社 大阪府港湾教育訓練協会

大阪府大阪市大正区鶴町2-20-21　代表理事　間口敦生

- **法人コード**　A003683
- **社員・会員**　76名・76名
- **寄付金収入**　0
- **会費収入**　11,377千円
- **経常収支**　経常収益合計　23,817千円
　　　　　　経常費用合計　23,856千円
- **公益目的事業費**　17,255千円
- **収益事業**　経常収益　4,902千円
　　　　　　経常費用　3,028千円
- **主な財産**　預金等　28,049千円
　　　　　　負債　1,615千円
- **正味財産額**　27,584千円
- **常勤理事**　1名
- **職員・給与**　3名・15,484千円
- **賃借料**　603千円
- **使用したデータ**　令和3年度

法人の概要

1973年11月設立・2012年4月公益法人登記。港湾労働者育成のため、港湾荷役運送機械の技術指導、講習会を実施して技能の向上と国家資格を取得させることにより、就労の促進と雇用の安定を図り、港湾労働者等の社会的地位の向上と地域経済の発展に寄与する。

事業の概要

1．各種技能向上訓練、講習会の実施
　会員各社の従業員をはじめ技能資格を必要とする者に訓練・講習会を行った。2,018人
　① 大型特殊自動車免許取得準備講習会
　② クレーン運転免許学科実技準備講習会
　③ 揚貨装置運転実技教習（国家試験実技免除）
　④ 揚貨装置運転学科実技受験準備講習会
　⑤ 玉掛け技能講習
　⑥ フォークリフト技能講習会、他
2．大阪府港湾教育訓練センターの運営
　関西職業能力開発促進センター大阪港湾労働分所と連携し、職業訓練生に対し港湾労働者として育成するための支援協力を実施

行政庁	内閣府
目的	5, 22
類型	3, 5, 6, 18

公社 全日本マネキン紹介事業協会

東京都千代田区神田須田町1-7-1　代表理事　小金井敬

- **法人コード**　A016839
- **会員数**　58名・60名
- **寄付金収入**　0
- **会費収入**　6,549千円
- **経常収支**　経常収益合計　13,815千円
　　　　　　経常費用合計　14,551千円
- **公益目的事業費**　8,172千円
- **収益事業**　経常収益　3,641千円
　　　　　　経常費用　3,613千円
- **主な財産**　預金等　7,445千円
　　　　　　負債　674千円
- **正味財産額**　7,712千円
- **常勤理事**　0
- **職員・給与**　1名・1,400千円
- **賃借料**　1,651千円
- **使用したデータ**　令和3年度

法人の概要

1980年10月設立・2013年4月公益法人登記。マネキンとは、デパート・専門店などで宣伝・販売を担当する者をいい、本法人は、求人者（アパレル、食品メーカー他）からの依頼を受け、求職者（マネキン）の希望（賃金、職種、地域等）に合わせて仕事を紹介する職業紹介業を営んでいる。雇用形態は、求人企業と求職者との契約となり、給与は直接雇用者から支払われる。民間職業紹介事業の公共性を認識し、職業安定機関その他関係行政機関の指導及び関係団体の協力を得て、マネキンの地位の向上と雇用の安定を図っている。

事業の概要

1．技能講習会の開催その他マネキンの宣伝販売技能向上を図る事業－講座1回16名
2．求職者および求人者のために必要な相談及び援助に関する事業
　フリーダイヤル、メールによる相談計50件
3．マネキン職業紹介業従事者研修会開催その他同業の健全運営と発展に必要な事業
　研修会4回参加総数56名（リアル32名）

行政庁	内閣府
目的	1, 5, 15
類型	13, 18

公財 NSG 財団

東京都大田区矢口 1 − 4 −10　代表理事　中西佑二

- 法人コード　　A024649
- 会員数　　　　0
- 寄付金収入　　4,100千円
- 会費収入　　　0
- 経常収支　　　経常収益合計　4,100千円
　　　　　　　　経常費用合計　3,603千円
- 公益目的事業費　2,632千円
- 収益事業　　　無
- 主な財産　　　預金等　9,135千円
　　　　　　　　負債　1,574千円
- 正味財産額　　7,569千円
- 常勤理事　　　0
- 職員・給与　　2名・890千円
- 賃借料　　　　120千円
- 使用したデータ　令和3年度

法人の概要

2017年11月設立・2018年10月公益法人登記。
高等専門学校等に在籍し、建設工事の施工技術等について学ぶ学生に対して、実践的な技術者として必要な知識及び経験を積ませるためのインターンシップ先企業の支援と、将来的に技術資格を取得するための修学資金を支援し、またこれらに関連する分野への調査・研究への助成等を行い、もって建設工事の施工技術等の振興を図り、科学技術及び建設産業の向上発展に寄与することを目的とする。

事業の概要

1．高等専門学校等の学生に対するインターンシップ支援事業（コロナ禍で延期）
2．高等専門学校等の学生に対する技能資格取得支援事業
　2022年1月から2月の募集期間内に51名（日本15名、モンゴル36名）の応募があり、選考の結果全員を支援の対象とした。
3．収益事業−コロナ禍で受注なし

目的 5

行政庁	大阪府
目的	5, 7, 20
類型	3, 13, 18

公財 匠・育英会

大阪府大阪市中央区谷町 6 −10−19　代表理事　砂田直成

- 法人コード　　A024598
- 会員数　　　　0
- 寄付金収入　　58,171千円
- 会費収入　　　0
- 経常収支　　　経常収益合計　58,171千円
　　　　　　　　経常費用合計　58,171千円
- 公益目的事業費　55,299千円
- 収益事業　　　無
- 主な財産　　　預金等　16,309千円
　　　　　　　　株式　37,750千円
　　　　　　　　負債　4,177千円
- 正味財産額　　49,881千円
- 常勤理事　　　0
- 職員・給与　　4名・157千円
- 賃借料　　　　165千円
- 使用したデータ　令和3年度

法人の概要

2017年7月設立・2019年7月公益法人登記。
スナダ建設の創業者砂田直哉が設立した財団。砂田は、本財団設立前から児童福祉施設に寄付をしていたが、本財団設立を機に、本業である建築職人の育成をも取り込み、目的を拡大している。すなわち、日本の高度な建築技術を保全・発展させ、次の世代への伝承を促進すること、地域の若者に建築の職人としての教育を施し就業機会を提供すること、及び児童養護施設などの児童・青少年の健全な育成に寄与することを目的とする。

事業の概要

1．若年の建築職人育成事業
　(1)　「第2回やろうぜ！建築職人」
　　無料職業訓練の実施　18日間
　　躯体系職人体験、玉掛け技能講習、足場の組立て等特別教育、他
　(2)　建築職人の技能・技術等に関する教材等の開発および無料配布事業
2．児童養護施設等団体への教育助成事業
　15施設　入所児童数計721人　合計718万円

行政庁	内閣府
目的	5, 7, 14
類型	3, 14

公財 みんなの夢をかなえる会

東京都大田区羽田 1 - 1 - 3　代表理事　渡邉美樹

- 法人コード　　A023325
- 会員数　　　　0
- 寄付金収入　　9,289千円
- 会費収入　　　6,920千円
- 経常収支　　　経常収益合計　35,463千円
　　　　　　　　経常費用合計　44,963千円
- 公益目的事業費　44,611千円
- 収益事業　　　無
- 主な財産　　　預金等　18,603千円
　　　　　　　　負債　4,692千円
- 正味財産額　　15,835千円
- 常勤理事　　　1 名
- 職員・給与　　2 名・6,181千円
- 賃借料　　　　111千円
- 使用したデータ　令和 3 年度

法人の概要

2013年 4 月設立・2014年 3 月公益法人登記。国内外に在住する者に対して、夢を持ち、夢が実現するように支援するための活動を行う

ために設立された。代表理事は、株式会社ワタミの代表取締役が就任。

事業の概要

1．普及啓発事業
(1)　「みんなの夢 AWARD12」の開催
(2)　「高校生みんなの夢 AWARD 2 」の開催
2．支援・能力開発事業
(1)　渡美塾（渡邉美樹実践経営塾）の開催
将来起業を目指す者、中小企業経営者、起業家、経営幹部、第二創業者、事業継承者等を対象に、経営の要諦を学び、支援する
(2)　ソーシャルビジネス学習プログラム 2
高校生みんなの夢 AWARD にエントリーするための事前学習プログラムで、高校生に夢（社会における自らの役割）を見つけてもらうことを目的とする無償公開のオンライン学習プログラム（延視聴数3,290回）

庁	茨城県
目的	6, 7, 10, 22
類型	3, 5, 8, 18

公社 茨城県医薬品配置協会

茨城県水戸市けやき台 1 - 23 - 2　代表理事　柴沼利夫

- 法人コード　　A007605
- 社員・会員　　195名・195名
- 寄付金収入　　0
- 会費収入　　　3,744千円
- 経常収支　　　経常収益合計　4,330千円
　　　　　　　　経常費用合計　4,484千円
- 公益目的事業費　2,743千円
- 収益事業　　　経常収益　485千円
　　　　　　　　経常費用　210千円
- 主な財産　　　預金等　838千円
　　　　　　　　負債　0
- 正味財産額　　1,112千円
- 常勤理事　　　0
- 職員・給与　　1 名・829千円
- 賃借料　　　　1,615千円
- 使用したデータ　令和 3 年度

法人の概要

1987年 4 月設立・2012年 3 月公益法人登記。茨城県の地域住民への健康・医療に関しての

知識の向上を図るための支援、健康保持・増進を目的としたセルフメディケーション等の普及活動を推進し、また適切な情報提供・街頭啓蒙活動を行い、保健衛生向上に寄与することによる地域社会への貢献を目的に設立。各家庭に薬箱を置き、使用した分の代金を受け取り、新しい薬を補充する「配置薬」を販売形態とする業者（配置販売業者）の団体。

事業の概要

1．住民の公衆衛生向上を目的とした講習会
「コロナ禍における食と運動」受講48名
2．啓蒙普及関係事業
(1)　薬と健康の週間
(2)　麻薬覚せい剤乱用防止運動
「ダメ、ゼッタイ、ヤング街頭キャンペーン」
(3)　見守り啓蒙活動
(4)　献血啓蒙活動－ 1 回46名
3．電話・メール等での薬の相談受付

行政庁	茨城県
目的	6, 7
類型	3, 5

公社 いはらき思春期保健協会

茨城県水戸市笠原町993－17　代表理事　皆川憲弘

- 法人コード　　A019695
- 社員・会員　　187名・189名
- 寄付金収入　　2,374千円
- 会費収入　　　345千円
- 経常収支　　　経常収益合計　5,681千円
　　　　　　　　経常費用合計　5,683千円
- 公益目的事業費　4,105千円
- 収益事業　　　無
- 主な財産　　　預金等　70千円
　　　　　　　　負債　325千円
- 正味財産額　　119千円
- 常勤理事　　　2名
- 職員・給与　　2名・1,320千円
- 賃借料　　　　293千円
- 使用したデータ　令和3年度

法人の概要

1997年3月設立・2013年4月公益法人登記。
思春期にある者の健全な心身の発達を図る事
業を行い、児童又は青少年の健全な育成及び
公衆衛生の向上に寄与することを目的として
設立。医師その他思春期問題に取り組んでい
る人々による社会貢献活動。

事業の概要

1．相談・助言事業
　(1)　来所面談相談（ベルハウス）
　金曜日・祝祭日を除き、専任のカウンセ
　ラーが常駐し、思春期問題等の相談に応じ
　る。主な相談内容は、友人関係、人間関係、
　緊張、引きこもり、性に関すること、子育
　て。相談料1回45分3,000円、相談件数61件
　(2)　電話相談（ヤングボランティア相談）
　水戸市からの委託で、研修を終了したヤン
　グボランティアが生徒・学生からの相談に
　応じる。相談料無料、相談件数年319件
2．講座、セミナー、育成
　(1)　性教育講師派遣事業（82校）
　(2)　指導者への自殺予防研修、他
3．啓発活動（講演会・講師派遣）－6件

目的
6

行政庁	岡山県
目的	6, 11, 16
類型	4, 18

公社 宇野清港会

岡山県玉野市宇野1－18－15　代表理事　塩塚譲

- 法人コード　　A008374
- 社員・会員　　33名・33名
- 寄付金収入　　0
- 会費収入　　　1,300千円
- 経常収支　　　経常収益合計　15,688千円
　　　　　　　　経常費用合計　15,628千円
- 公益目的事業費　13,560千円
- 収益事業　　　無
- 主な財産　　　預金等　10,378千円
　　　　　　　　負債　80千円
- 正味財産額　　10,298千円
- 常勤理事　　　1名
- 職員・給与　　4名・7,260千円
- 賃借料　　　　1,033千円
- 使用したデータ　令和3年度

法人の概要

1971年12月設立・2013年4月公益法人登記。
宇野港及び付近の水面の漂流物、汚物等の投
捨の防止及び除去等を行い、航行船舶の安全
及び港内の整頓を図る事業を行うために設立
された公益法人である。岡山県から業務を受
託している。

事業の概要

1．海上清掃事業
　鋼製双胴の海面清掃船により、港内を見回
　り、ゴミを回収し、陸上で分別し廃棄する
2．陸上清掃事業
　軽トラックで、港内のゴミを収集し、分別
　のうえ廃棄する。雑草の除去も行う
3．広報宣伝事業
　(1)　海面清掃船に横断幕を掲示して釣り人
　等にアピールする
　(2)　小学校に「海をきれいに」とプリント
　した下敷きを配布する
　(3)　中学生が清掃船に乗り体験学習
　(4)　玉野まつり花火大会後の清掃に清掃船
　で参加する
　(5)　客船が宇野港入港時に歓迎放水を行う

公社 大分県言語聴覚士協会

大分県大分市碩田町1-1-27 代表理事 木村暢夫

行政庁	大分県
目的	6
類型	8

- 法人コード　A023861
- 社員・会員　329名・337名
- 寄付金収入　0
- 会費収入　3,250千円
- 経常収支　経常収益合計　6,138千円
　　　　　　経常費用合計　5,449千円
- 公益目的事業費　3,793千円
- 収益事業　無
- 主な財産　預金等　997千円
　　　　　　負債　100千円
- 正味財産額　2,566千円
- 常勤理事　0
- 職員・給与　0・0
- 賃借料　442千円
- 使用したデータ　令和3年度

法人の概要

2011年6月設立・2014年4月公益法人登記。言語聴覚士の学術と技術の向上及び職業倫理の確立と、小児や成人の言語・聴覚障がいに対するリハビリテーションの普及等の事業を行うことを目的に設立。「地域のニーズに柔軟に対応するとともに、社会的地位の向上に寄与する」が活動指針。言語聴覚士は、言語や聴覚に障がいのある人々に対して障がいされた機能とそれによって生じるコミュニケーション障がいを評価して、改善、維持、代償させるための訓練を行う国家資格の専門職。

事業の概要

1．言語聴覚士についての啓蒙活動事業
　(1) 言語障害に関する書籍の寄贈、ケーブルテレビ出演を通した啓蒙活動
　(2) 大分県言語聴覚士協会ニュース「どんこ」の発行（年4回）等
2．言語聴覚士の技能向上、調査・研究事業研修会の開催等
3．言語障がい友の会（なし会）活動事業

公社 大阪ハートクラブ

大阪府堺市堺区東雲西町4-5-27 代表理事 堀正二

行政庁	大阪府
目的	6
類型	3, 13, 18

- 法人コード　A002554
- 社員・会員　197名・215名
- 寄付金収入　5,859千円
- 会費収入　5,630千円
- 経常収支　経常収益合計　11,499千円
　　　　　　経常費用合計　11,499千円
- 公益目的事業費　9,726千円
- 収益事業　無
- 主な財産　預金等　28,719千円
　　　　　　負債　340千円
- 正味財産額　28,403千円
- 常勤理事　0
- 職員・給与　1名・3,511千円
- 賃借料　56千円
- 使用したデータ　令和3年度

法人の概要

1982年5月設立・2013年6月公益法人登記。本法人は、大阪府内における循環器医療に関する専門領域の情報交換及び臨床研究を推進するとともに、府民に対する循環器病の啓発を行うことを目的としている。

事業の概要

1．循環器学術セミナー
　(1) 講演『腎保護を考慮した慢性心不全患者におけるトルバプタン投与の検討』他
　(2) 講演『急性心不全患者における血中グレリン濃度とブチリルコリンエステラーゼに関する横断研究』他
　(3) 講演『ARNIを高血圧診療にどのように活かすか？』他
　(4) 講演1『日循COVID-19レジストリ(CLA-VIS-COVID)からわかること』、講演2『COVID-19関連凝固異常症―血栓症からワクチン起因性血小板減少性血栓症まで―』
2．看護セミナー
　腫瘍循環器と看護一般講演と教育講演

公社 埼玉県医療社会事業協会

行政庁	埼玉県
目的	6
類型	3, 5, 6, 18

埼玉県さいたま市大宮区大門町3-22-2　代表理事　杉山明伸

- 法人コード　　　A017878
- 社員・会員　　　442名・442名
- 寄付金収入　　　0
- 会費収入　　　　2,807千円
- 経常収支　　　　経常収益合計　3,212千円
　　　　　　　　　経常費用合計　2,829千円
- 公益目的事業費　2,502千円
- 収益事業　　　　無
- 主な財産　　　　預金等　4,070千円
　　　　　　　　　負債　0
- 正味財産額　　　7,466千円
- 常勤理事　　　　0
- 職員・給与　　　1名・63千円
- 賃借料　　　　　1,183千円
- 使用したデータ　令和3年度

法人の概要

1969年9月設立・2015年1月公益法人登記。埼玉県における医療社会事業の推進につとめ、疾病等に悩む者及びその家族の福祉の増進を図るとともに、医療社会事業従事者の資質の向上を図り、もって社会福祉の向上に寄与することを目的とする。

事業の概要

1．ブロック活動の実施
　コロナ禍による活動の制約のもと、東部ブロック、南部ブロック、北部ブロックではZoom等オンラインによる会議、研修会を開催した。西部ブロックは中止した
　例）南部「無料低額宿泊所における生活困窮者の現状」（研修会）
2．研修部会
　(1) 新人研修
　「リッチモンドのソーシャルワーク理論化を可能にしたもの」、「病院におけるソーシャルワークの理論と実践」（オンラインZoom）
　(2) 全体研修
　「コロナ禍における8050問題～ソーシャルワーカーに期待すること～」（オンライン）

目的 6

公社 受動喫煙撲滅機構

行政庁	神奈川県
目的	6
類型	8, 13

神奈川県横浜市中区尾上町1-4-1　代表理事　田中潤

- 法人コード　　　A012008
- 社員・会員　　　10名・20名
- 寄付金収入　　　5,017千円
- 会費収入　　　　0
- 経常収支　　　　経常収益合計　5,306千円
　　　　　　　　　経常費用合計　5,885千円
- 公益目的事業費　5,709千円
- 収益事業　　　　無
- 主な財産　　　　預金等　3,212千円
　　　　　　　　　負債　6,344千円
- 正味財産額　　　-3,131千円
- 常勤理事　　　　1名
- 職員・給与　　　1名・480千円
- 賃借料　　　　　275千円
- 使用したデータ　令和3年度

法人の概要

2011年1月設立・2011年7月公益法人登記。一切の受動喫煙を撲滅し、全ての人の受動喫煙による健康被害の場をなくすことを目的に設立。受動喫煙の問題を喫煙者を対象にした「喫煙すべきかどうか」の問題から切り離し、「タバコの煙を人に吸わせている」という事実に着目して、人権侵害ととらえることが理念。誰もが理解できるマークや合言葉をつくり、それを示した時自然に皆が受動喫煙のない環境づくりを心掛けることを目標として活動。

事業の概要

1．季刊誌「STOP受動喫煙新聞」発行
　2021年度4回合計3,500部発行。企業・医療機関、図書館等に郵送または直接頒布
2．「横浜受動喫煙学習・相談会」第4金曜日
3．受動喫煙被害インターネットで情報提供
4．受動喫煙被害者へのアドバイス、喫煙者や問題施設への改善申入書の添削・助言
5．「煙のない飲食店MAP」の頒布
6．「STOP受動喫煙　消臭スプレー」頒布
7．オリジナル禁煙ステッカーの頒布等

公社 全国建築物飲料水管理協会

東京都千代田区平河町2－12－2　代表理事　山東昭子

行政庁	内閣府
目的	6
類型	3

- 法人コード　　A010286
- 社員・会員　　290名・290名
- 寄付金収入　　240千円
- 会費収入　　34,090千円
- 経常収支　　経常収益合計　51,904千円
　　　　　　　経常費用合計　45,706千円
- 公益目的事業費　37,364千円
- 収益事業　　無
- 主な財産　　預金等　29,341千円
　　　　　　　負債　1,498千円
- 正味財産額　33,697千円
- 常勤理事　　0
- 職員・給与　7名・16,679千円
- 賃借料　　6,455千円
- 使用したデータ　令和3年度

法人の概要

1978年8月設立・2013年4月公益法人登記。1975年飲料水槽の衛生的管理の確保を図り、適切な飲料水の供給に寄与するため、本会の前身全国飲料水槽管理協会が設立され、技術の向上、知識の普及啓蒙並びに事業者の健全な育成に努め、建築物の衛生的環境の確保に寄与してきた。次いで、1978年8月に、「社団法人全国飲料水槽清掃管理協会」として再発足し、1985年4月にビル衛生管理法第12条の6第1項の規定に基づく建築物飲料水貯水槽清掃業の指定団体に指定され、登録業者の業務の指導、業務に必要な知識及び技能の研修など同法に規定する指定団体の業務を全国的に行って、登録事業者の資質向上を図り、健全に育成する任務を遂行している。

事業の概要（2020年度）

1．貯水槽清掃作業従事者研修会事業
　　計845名参加
2．貯水槽管理技術者講習会事業
　　新規講習5会場81名、再講習5会場180名
3．建築物レジオネラ症防止対策講習会
4．関係団体等連携普及啓発事業

公社 日本脳卒中協会

大阪府大阪市阿倍野区阿倍野筋1－3－15　代表理事　峰松一夫

行政庁	内閣府
目的	6
類型	3,4,5,6,8,14,18

- 法人コード　　A017399
- 社員・会員　　458名・607名
- 寄付金収入　　5,368千円
- 会費収入　　2,503千円
- 経常収支　　経常収益合計　37,848千円
　　　　　　　経常費用合計　18,029千円
- 公益目的事業費　12,711千円
- 収益事業　　経常収益　11,498千円
　　　　　　　経常費用　4,249千円
- 主な財産　　預金等　48,524千円
　　　　　　　負債　454千円
- 正味財産額　52,052千円
- 常勤理事　　0
- 職員・給与　1名・3,507千円
- 賃借料　　455千円
- 使用したデータ　令和3年度

法人の概要

2005年3月設立・2012年10月公益法人登記。脳卒中は死亡原因の3位、入院原因の2位を占め、また急性期を生き延びても、運動麻痺、失語症などの後遺症に苦しむことが多い。また医療費の1割弱が脳卒中に費やされ、要介護となる原因の3割を占める。本協会は、予防により脳卒中発症を減らすべく、同症の正しい知識の普及及び社会啓発を行い、また発症した患者と家族を支援すべく、情報の提供、自立のための支援促進によって、患者・家族の不安とハンディキャップの軽減と生活の質の改善を図ることを目的とする。

事業の概要

1．情報提供事業
　（1）会報－第65～68号を発行
　（2）パンフレット・小冊子の作成事業
　（3）インターネットホームページの充実
2．脳卒中週間・月間事業
　　ポスターの作成、新聞広告等
3．都道府県との協同の啓発プロジェクト
4．企業との協同事業

目的
6

公社 日本厚生協会

神奈川県横須賀市稲岡町82　代表理事　西本真司

庁	内閣府
目的	1, 4, 6, 7, 10, 11
類型	3, 6, 7, 18

- 法人コード　A023736
- 社員・会員　106名・112名
- 寄付金収入　0
- 会費収入　180千円
- 経常収支　経常収益合計　88,750千円
　　　　　　経常費用合計　88,732千円
- 公益目的事業費　88,300千円
- 収益事業　経常収益　583千円
　　　　　　経常費用　340千円
- 主な財産　預金等　20,298千円
　　　　　　投資有価証券　12,401千円
　　　　　　負債　23,675千円
- 正味財産額　9,302千円
- 常勤理事　1名
- 職員・給与　1名・70,773千円
- 賃借料　0
- 使用したデータ　令和3年度

法人の概要

1948年5月設立・2016年4月公益法人登記。

故高松宮殿下の提唱により、日赤病院院長佐藤正を発起人代表として結核等感染症絶滅のため設立。結核だけでなく新型インフルエンザ、SARS、性感染症など幅広く感染症と予防についての知識啓蒙活動を展開。超高齢化社会への対応として、口腔ケア・摂食嚥下リハビリテーションの教育・啓蒙にも取組む。また死因究明推進のため法医鑑定業務の実施。

事業の概要

（公益事業）

1．講演会研修会事業
　「警察官のための法歯学研修会」
2．講演会「新型コロナワクチン最新情報」
3．死因究明事業
　法医解剖6件、死亡時画像診断409件、検案1190件、死体検案書再交付15件、文書回答12件、歯科鑑定20件、学会発表2件
4．生前DNA及び歯科所見登録データベース化－生前DNA登録29件、歯科所見28件

目的 6

公社 日本WHO協会

大阪府大阪市中央区本町橋2-8　代表理事　中村安秀

行政庁	内閣府
目的	6
類型	3, 6, 13, 18

- 法人コード　A010953
- 社員・会員　57名・332名
- 寄付金収入　17,356千円
- 会費収入　6,772千円
- 経常収支　経常収益合計　27,334千円
　　　　　　経常費用合計　24,679千円
- 公益目的事業費　20,556千円
- 収益事業　無
- 主な財産　預金等　34,061千円
　　　　　　負債　5,035千円
- 正味財産額　95,554千円
- 常勤理事　0
- 職員・給与　2名・10,321千円
- 賃借料　3,564千円
- 使用したデータ　令和3年度

法人の概要

1965年4月設立。2012年4月公益法人登記。WHO憲章の精神に基づきグローバルな視野から人類の健康を考え、WHOが実施してい

る活動や有益な情報を多くの人たちに伝える活動を通して、WHO精神の普及と人々の健康増進につながる諸活動を展開してきた。

事業の概要

1．WHO普及啓発事業
　(1)　ウェブサイト拡充とメルマガ発信
　(2)　フォーラムの開催
　　関西グローバルヘルスの集い（オンライン）
　(3)　機関誌「目で見るWHO」発行4回
2．調査研究事業
3．連携事業
　(1)　ラオス小児外科卒後研修プログラム確立
　(2)　「医療従事者応援カレンダー」頒布
　(3)　母子健康手帳アプリ共同運営
　(4)　「TEAM EXPO 2025」共創チャレンジ、共創パートナー登録、他
4．募金支援事業
5．人材開発事業

公社 福島県ビルメンテナンス協会

福島県福島市中町 4 - 20　代表理事　佐藤日出一

行政庁	福島県
目的	5, 6, 11
類型	3, 8, 18

- 法人コード　　A019165
- 社員・会員　　24名・16名
- 寄付金収入　　0
- 会費収入　　　7,512千円
- 経常収支　　　経常収益合計　8,001千円
　　　　　　　　経常費用合計　8,306千円
- 公益目的事業費　6,659千円
- 収益事業　　　無
- 主な財産　　　預金等　4,366千円
　　　　　　　　負債　383千円
- 正味財産額　　4,217千円
- 常勤理事　　　0
- 職員・給与　　2名・4,576千円
- 賃借料　　　　1,005千円
- 使用したデータ　令和3年度

法人の概要

1989年10月設立・2014年4月公益法人登記。専門的な知識の普及と技術の向上により、ビルメンテナンス業界の資質向上を図り、衛生的環境条件の確保を期し、環境衛生の向上と増進、障がい者等就労弱者の就労支援等に寄与することを目的に設立。ビルの維持管理の相談・指導援助、従業員の教育、技能・技術習得のための研修及び各種資格取得に必要な講習会の開催等を実施している。

事業の概要

1. 建築物の衛生環境の維持管理に関する技術や知識の普及のための各種教育事業及び障がい者・就労弱者の就労を支援する事業
 (1) 清掃作業従事者研修会
 (2) 清掃作業従事者研修指導者講習会
 (3) 貯水槽清掃作業従事者研修会
 (4) 障がい者、就労弱者等の就労支援事業　第9回特別支援学校作業技能大会
2. 建築物の安全衛生環境の維持向上に関する災害防止を図るための啓発促進事業

目的 6

公社 緑区薬事センター

神奈川県横浜市緑区中山 3 - 16 - 2　代表理事　西澤昌市

行政庁	神奈川県
目的	6
類型	5, 18

- 法人コード　　A009452
- 社員・会員　　98名・115名
- 寄付金収入　　0
- 会費収入　　　1,195千円
- 経常収支　　　経常収益合計　9,404千円
　　　　　　　　経常費用合計　11,594千円
- 公益目的事業費　9,676千円
- 収益事業　　　無
- 主な財産　　　預金等　9,494千円
　　　　　　　　負債　1,423千円
- 正味財産額　　11,885千円
- 常勤理事　　　0
- 職員・給与　　1名・7,534千円
- 賃借料　　　　156千円
- 使用したデータ　令和2年度

法人の概要

1995年7月設立・2012年4月公益法人登記。この法人は、休日医療及び災害時医療に伴う調剤等の薬務体制を整備するとともに、薬品に関する的確な情報を提供することにより、公衆衛生の向上に努め、もって地域住民の医療・保健・福祉及び健康の増進に寄与することを目的として設立。

事業の概要

1. 休日急患調剤薬局の管理運営事業
 患者が休日でも調剤を受けられ、疾病や薬剤の適正使用の相談を受けられる体制の維持
2. 災害時医薬品地域供給システム確立事業
 薬局の備蓄医薬品の備蓄状況の把握
3. 地域ケアシステムの確立事業
 薬剤師の地域への参加を推進する
4. 学校保健及び学校薬剤師研修事業
 学校環境衛生検査、学校保健会を通して学校での薬剤師の役割を果たす
5. 薬物乱用防止活動等事業
 学校薬剤師が講演、教員・生徒への啓発
6. 薬局相互、病院、診療所等との連携協調

行政庁	山形県
目的	6, 22
類型	2, 3, 18

公社 山形県食品衛生協会

山形県山形市松山3－14－69　代表理事　長谷川正芳

- 法人コード　　　A007234
- 社員・会員　　　8名・13名
- 寄付金収入　　　0
- 会費収入　　　　5,720千円
- 経常収支　　　　経常収益合計　14,956千円
　　　　　　　　　経常費用合計　15,903千円
- 公益目的事業費　10,299千円
- 収益事業　　　　経常収益　1,514千円
　　　　　　　　　経常費用　885千円
- 主な財産　　　　預金等　2,849千円
　　　　　　　　　負債　261千円
- 正味財産額　　　2,881千円
- 常勤理事　　　　1名
- 職員・給与　　　2名・2,678千円
- 賃借料　　　　　1,227千円
- 使用したデータ　令和3年度

法人の概要

1981年12月設立・2012年4月公益法人登記。
飲食に起因する感染症、食中毒その他の危害

の発生を防止し、食品衛生の向上を図ることを目的として設立。食品営業者約15千人が加入する8つの地区食品衛生協会で構成。厚生労働省及び各関係地方自治体の指導のもとに設置された食品衛生指導員制度を活動の中核として位置づけ、食品衛生法等の遵守、食品衛生思想の普及啓発、健康被害者救済等に係る事項について実践活動を行っている。

事業の概要

（公益目的事業）
1．食品衛生自主管理推進事業
　(1)　食品営業施設の巡回指導
　(2)　営業許可申請に関する指導助言
2．食品衛生に係る人材育成事業（講習会）
3．食品衛生思想啓発活動事業
4．優良施設及び優良食品等の推奨事業
（収益事業）
　腸内細菌検査事業

目的 6

行政庁	内閣府
目的	6
類型	13

公財 赤枝医学研究財団

神奈川県横浜市緑区三保町171－1　代表理事　赤枝恒雄

- 法人コード　　　A001501
- 会員数　　　　　3名
- 寄付金収入　　　29,915千円
- 会費収入　　　　0
- 経常収支　　　　経常収益合計　29,915千円
　　　　　　　　　経常費用合計　28,048千円
- 公益目的事業費　24,028千円
- 収益事業　　　　無
- 主な財産　　　　預金等　30,935千円
　　　　　　　　　負債　0
- 正味財産額　　　30,935千円
- 常勤理事　　　　1名
- 職員・給与　　　2名・0
- 賃借料　　　　　0
- 使用したデータ　令和3年度

法人の概要

1991年5月設立・2010年10月公益法人登記。
本会は、初代理事長赤枝恒雄が私費を投じて設立した。その動機は、理事長の父赤枝日出

男の「女性の不定愁訴の原因は、慢性骨盤内感染症」という仮説の解明への取組みであった。設立以来女性の不定愁訴とその関連疾患への診断、治療・予防に関連した研究を助成の対象としたが、2015年以降がん等の難病及び高度医療全般の調査研究に拡張した。

事業の概要

1．一般公募による研究助成事業（休止）
2．人類の保健の向上の調査研究並びに学術振興に関する助成・支援事業
　(1)　第57回日本周産期・新生児医学会学術総会
　(2)　第26回日本形成外科手術手技学会
　(3)　第75回日本食道学会学術集会
　以上他5件総計1,961万円
3．医師、学生他医療関係者に対する奨学金指定寄付を財源とする助成
　株式会社明治産婦人科医育成奨学金
　コロナ禍で派遣できず、助成なし。

大阪府生活衛生営業指導センター

公財

大阪府大阪市中央区谷町1-3-1 代表理事 福長徳治

行政庁	大阪府
目的	6, 22
類型	3, 5

- 法人コード A001033
- 会員数 0
- 寄付金収入 0
- 会費収入 0
- 経常収支 経常収益合計 30,489千円
経常費用合計 31,456千円
- 公益目的事業費 28,414千円
- 収益事業 経常収益 2,942千円
経常費用 2,457千円
- 主な財産 預金等 23,959千円
負債 1,102千円
- 正味財産額 23,057千円
- 常勤理事 1名
- 職員・給与 4名・19,249千円
- 賃借料 1,711千円
- 使用したデータ 令和3年度

法人の概要

1982年3月設立・2013年4月公益法人登記。
大阪府における生活衛生関係営業（略称：生

衛業）の経営の健全化及び振興を通じて、その衛生水準の維持向上を図るとともに、併せて利用者又は消費者の利益の擁護を図ることを目的とする。本法人は、「生活衛生関係営業の運営の適正化及び振興に関する法律」に基づき都道府県に設置された公益法人であり、生活衛生業に関する専門指導機関として、知事の指定を受けている。

事業の概要

1．経営指導事業
　(1) 近畿ブロック経営指導員等会議
　(2) 都道府県生活衛生営業指導センター理事長会議
2．生活衛生営業相談室運営事業
　相談業務は、経営指導員が常時在室、従事指導延件数1,211件内融資463件
3．融資等指導事業
　経営特別相談員による融資等指導業務特別相談員の相談指導延件数　6,002件

目的 6

橘勝会

公財

石川県河北郡内灘町字大学1-1 代表理事 中農理博

行政庁	石川県
目的	1, 6
類型	3, 5, 18

- 法人コード A017063
- 会員数 50名
- 寄付金収入 0
- 会費収入 17,790千円
- 経常収支 経常収益合計 17,790千円
経常費用合計 19,034千円
- 公益目的事業費 16,412千円
- 収益事業 無
- 主な財産 預金等 16,731千円
負債 2,511千円
- 正味財産額 14,220千円
- 常勤理事 0
- 職員・給与 3名・2,183千円
- 賃借料 203千円
- 使用したデータ 令和3年度

法人の概要

1985年2月設立・2012年4月公益法人登記。
代表者は学校法人金沢医科大学副理事長。保健衛生及び成人病の早期発見に関して地域住

民を啓発し、関連する研究を奨励助成し、県内の医療機関における患者の援助その他必要な事業を行うことにより、石川県の保健・医療水準向上への寄与を目的として設立。

事業の概要

1．放送事業
　金沢医科大学等での取材を中心に、各診療科のドクターが番組に出演し、隔週土曜日にテレビ金沢にて健康情報番組「カラダ大辞典」として制作、放送
2．セミナー事業
　予防医学を中心に地域の予防医療や健康増進に積極的に貢献するため、セミナー＆健康測定会などを開催し、地域と連携を図る
3．研究助成
　がんの予防と早期診断治療技術の研究・開発に従事する県内の医学研究所・医療機関等に対して助成を行う（助成総額100万円）

行政庁	群馬県
目的	6
類型	13, 18

公財 群馬健康医学振興会

群馬県前橋市昭和町3−39−22　代表理事　鈴木忠

- 法人コード　　　A011610
- 会員数　　　　　2,339名
- 寄付金収入　　　530千円
- 会費収入　　　　2,760千円
- 経常収支　　　　経常収益合計　9,826千円
　　　　　　　　　経常費用合計　9,231千円
- 公益目的事業費　7,923千円
- 収益事業　　　　経常収益　6,535千円
　　　　　　　　　経常費用　653千円
- 主な財産　　　　預金等　242,300千円
　　　　　　　　　負債　126千円
- 正味財産額　　　242,751千円
- 常勤理事　　　　0
- 職員・給与　　　2名・4,100千円
- 賃借料　　　　　198千円
- 使用したデータ　令和3年度

法人の概要

1980年1月設立・2015年4月公益法人登記。
科学的な健康づくりのための調査研究を行い、成果を健康づくりの実践に生かし、群馬県民の健康増進に寄与することを目的とする。

事業の概要

1．研究助成事業
(1)　医学研究、調査及び教育に関する助成
群馬県内又はその近郊その他の地域の医師、薬剤師その他保健・医療及び福祉関連従事者を対象に研究又は事業を募集のうえ助成
6件計180万円を助成
(2)　海外留学に対する助成
群馬県に在住または勤務もしくは将来群馬県の医学等に寄与しうる一定の研究業績を有する40歳未満の研究者が対象
2021年度は申請者はなかった。
(3)　学会・研究会に対する助成
県民の健康増進の推進を目的としたセミナー、研究会等への助成。助成金は寄付金収入とし、2021年度は3件の募金実施
(4)　書籍の発行事業

目的 6

行政庁	内閣府
目的	6
類型	5, 18

公財 国際全人医療研究所

東京都千代田区神田美土代町11−8　代表理事　永田貴志子

- 法人コード　　　A024236
- 会員数　　　　　126名
- 寄付金収入　　　660千円
- 会費収入　　　　2,854千円
- 経常収支　　　　経常収益合計　65,997千円
　　　　　　　　　経常費用合計　70,182千円
- 公益目的事業費　69,204千円
- 収益事業　　　　無
- 主な財産　　　　預金等　12,707千円
　　　　　　　　　負債　4,945千円
- 正味財産額　　　23,232千円
- 常勤理事　　　　2名
- 職員・給与　　　7名・23,112千円
- 賃借料　　　　　7,507千円
- 使用したデータ　令和3年度

法人の概要

2010年4月設立・2015年4月公益法人登記。
国際全人医療学会・日本実存療法学会・日本疼痛心身医学会を運営し、ウィーンのビクトール・フランクル研究所と学術連携して、全人医療実践のため研究・診療・専門家の育成・普及等を目的に設立。(全人医療は、特定の部位や疾患に限定せず、患者の心理や社会的側面も含めて幅広く考慮し、個々人に合った総合的な疾病予防や診断・治療を行う医療である。当研究所では、患者を「いま、ここで」生きている生活者としてとらえ、クオリティオブライフを高める医療実践が目的)

事業の概要

1．「第26回日本実存療法学会」Web開催
2．国際実存療法士認定・カウンセリング資格認定講座やワークショップの開催
3．痛みと疲労の患者大学－痛みの仕組みや治療法、栄養学、音楽療法等を学ぶ
4．「バリント方式医療面接法」の習得－患者固有の身体・心理・社会・実存性を相互主体的に理解し、治療的自我を高める教育方法

公財 デイリー健康福祉事業団

宮崎県延岡市大貫町2-1302　代表理事　松下勝文

行政庁	宮崎県
目的	6，9
類型	3，4，13，18

- 法人コード　　　A021724
- 会員数　　　　　0
- 寄付金収入　　　3,072千円
- 会費収入　　　　0
- 経常収支　　　　経常収益合計　3,082千円
　　　　　　　　　経常費用合計　2,280千円
- 公益目的事業費　2,104千円
- 収益事業　　　　無
- 主な財産　　　　預金等　3,768千円
　　　　　　　　　負債　0
- 正味財産額　　　4,283千円
- 常勤理事　　　　1名
- 職員・給与　　　1名・603千円
- 賃借料　　　　　390千円
- 使用したデータ　令和3年度

法人の概要

1969年3月設立・2014年4月公益法人登記。夕刊デイリー新聞社と延岡市医師会がタイアップして設立された。宮崎県県北民の健康増進を目的として、延岡市医師会、日向市東臼杵郡医師会、歯科医師会からの医療に関する専門的なアドバイスにより、夕刊デイリー新聞紙上での広報や啓発活動を展開している。

事業の概要

1．学童心臓検診費と腎臓検診費の補助
　小中高校生の心臓検診で精密検査を要する児童生徒についての費用の負担（2021年度までの累計額3,700万円以上）等
2．デイリー健康大学の開講
　夕刊デイリー新聞で受講生を募集し、開業医による病気や健康の講義を実施する事業（コロナ禍のため延期）
3．延岡市歯科医師会と日向市・東臼杵郡歯科医師会への助成（イベント中止）
4．健康づくり運動助成－おはよう鍛錬会（コロナ禍のため中止）
5．健康づくり体操教室（中断あり）
6．日曜・祭日当番医案内の電話サービス

公財 長崎県食鳥肉衛生協会

長崎県諫早市幸町79-20　代表理事　加藤佳寛

行政庁	長崎県
目的	6，11，21，22
類型	1

- 法人コード　　　A002806
- 会員数　　　　　0
- 寄付金収入　　　0
- 会費収入　　　　0
- 経常収支　　　　経常収益合計　56,190千円
　　　　　　　　　経常費用合計　56,508千円
- 公益目的事業費　54,558千円
- 収益事業　　　　無
- 主な財産　　　　預金等　24,546千円
　　　　　　　　　負債　5,673千円
- 正味財産額　　　23,637千円
- 常勤理事　　　　1名
- 職員・給与　　　17名・41,765千円
- 賃借料　　　　　274千円
- 使用したデータ　令和3年度

法人の概要

1992年3月設立・2012年4月公益法人登記。本法人は、食鳥検査事業を行うための財団法人として、1992年3月に設立され、国より「指定検査機関」として指定を受け、県からその業務の委任を受けて、同年4月より業務を開始している。食鳥処理の事業規制及び食鳥検査に関する法律（平成2年法律第70号）に基づき、食鳥検査に関する事業及び食鳥処理業者、食鳥処理衛生管理者等の食品衛生思想の普及に関する事業を行うことにより、食鳥肉等に起因する衛生上の危害の発生を防止し、国民の衛生の保護を図ることが目的。

事業の概要

1．食鳥検査に関する事業
　食鳥の生体検査、脱羽検査及び内臓摘出後検査を実施
2．食鳥検査の技術研修事業
　各種研修会への参加及び内部研修を定例化し、検査技術の向上と情報の共有を図る
3．食鳥肉衛生に関する指導、調査研究事業
　毎月の検査結果のデータを処理場にフィードバックし食鳥の疾病予防に努めている

公財 日本アジア医療看護育成会

愛知県名古屋市中川区中島新町３−2518　代表理事　川原弘久

行政庁	内閣府
目的	6
類型	3, 13, 18

- 法人コード　　　A024164
- 会員数　　　　　94名
- 寄付金収入　　　200千円
- 会費収入　　　　6,280千円
- 経常収支　　　　経常収益合計　6,480千円
　　　　　　　　　経常費用合計　7,923千円
- 公益目的事業費　5,424千円
- 収益事業　　　　無
- 主な財産　　　　預金等　14,542千円
　　　　　　　　　負債　325千円
- 正味財産額　　　14,293千円
- 常勤理事　　　　0
- 職員・給与　　　3名・1,872千円
- 賃借料　　　　　841千円
- 使用したデータ　令和３年度

法人の概要

2013年7月設立・2014年1月公益法人登記。海外の医療・看護関係者の育成・支援、国内の医療看護関係者による海外における医療活動の支援、また医療・看護における国際協力の必要性についての普及啓発活動を通して、日本及びアジア各国における公衆衛生の向上に寄与することを目的とする。

事業の概要

1．育成・支援事業
　看護師国家試験で不合格となったインドネシア人を対象に、看護師試験・准看護師試験を受験するための各種費用の援助と日本語及び看護の専門教育などの支援を実施
2．普及啓発活動
　日本及びアジアの医療現場の実態と問題点、国際医療連携の現状への理解促進
　第41回日本看護科学学会学術集会（Web開催）で研究発表（「インドネシア人研修生の高齢者ケアのとらえ方の特徴」）
3．各団体への協力要請
　当会に賛同する学会・企業とのタイアップにより事業活動の円滑化を促した

目的
6

公財 弘前大学アイバンク

青森県弘前市大字本町53　代表理事　上野真治

行政庁	青森県
目的	1, 3, 6
類型	18

- 法人コード　　　A013089
- 会員数　　　　　0
- 寄付金収入　　　1,970千円
- 会費収入　　　　0
- 経常収支　　　　経常収益合計　3,388千円
　　　　　　　　　経常費用合計　3,262千円
- 公益目的事業費　2,080千円
- 収益事業　　　　無
- 主な財産　　　　預金等　5,438千円
　　　　　　　　　負債　4千円
- 正味財産額　　　5,570千円
- 常勤理事　　　　0
- 職員・給与　　　1名・780千円
- 賃借料　　　　　41千円
- 使用したデータ　令和３年度

法人の概要

1965年9月設立・2011年8月公益法人登記。角膜等の移植手術に使用される眼の銀行を設立し、視力障がい者の視力の回復に資するとともに、眼の衛生思想の普及向上を図り、社会福祉に寄与することを目的とする。弘前大学医学部附属病院内にて、眼球提供に関する実務等を行っている。

事業の概要

1．眼球提供者の募集及び登録
　(1)　設立以来の登録者数累計5434人、提供者数累計289人
　(2)　JR時刻表の広告掲載、ポスターＢ２版100部、Ｂ３版100部・パンフレット200部配布、まんが小冊子100部発注（アイバンク協会）
2．眼球の摘出、保存及び斡旋
　斡旋個数6個、設立以来の斡旋個数481個
3．眼の衛生に関する知識の啓発普及
　眼の健康講座「近視について、近視は最近なぜふえているのか」400部作成
4．眼の疾患に関する調査研究に対する助成
　弘前大学医学部眼科学講座へ研究費用助成

公財 三重県救急医療情報センター

三重県津市桜橋3－446－34　代表理事　二井栄

行政庁	三重県
目的	6
類型	18

- 法人コード　　A008158
- 会員数　　　　0
- 寄付金収入　　0
- 会費収入　　　0
- 経常収支　　　経常収益合計　96,405千円
　　　　　　　　経常費用合計　98,305千円
- 公益目的事業費　84,220千円
- 収益事業　　　無
- 主な財産　　　預金等　25,194千円
　　　　　　　　負債　17,757千円
- 正味財産額　　24,545千円
- 常勤理事　　　1名
- 職員・給与　　19名・61,275千円
- 賃借料　　　　3,252千円
- 使用したデータ　令和3年度

法人の概要

1982年10月設立・2012年4月公益法人登記。三重県広域災害・救急医療情報システムの運営を通じて、県民の救急医療の円滑かつ迅速な確保を図るとともに、県民に詳細な医療機関情報を提供することにより、県民の健康保持及び増進に寄与することを目的とする。2012年4月以降、電話案内に加え、ホームページ「医療ネットみえ」、音声案内等多様な手法により救急医療情報案内を行っている。

事業の概要

1．新型コロナ感染症に係る受診・相談業務
　県が設置した「受診・相談センター」の夜間窓口として、相談者と保健所等との取次業務を実施し、4,937件の案内業務を実施した。
2．三重県救急医療情報システムの運営
　(1) 救急医療情報システム運営業務
　① 電話案内－64,224件（1日175.9件）
　② ホームページ「医療ネットみえ」
　アクセス件数611,025件（△17.7%）
　コロナによる医療機関受診の減少と推定
3．医療機関へのシステム参加促進業務
　システム参加726機関（27機関増）

公財 宮崎霊園事業団

宮崎県宮崎市別府町3－9　代表理事　野地一行

行政庁	宮崎県
目的	6
類型	11, 18

- 法人コード　　A008809
- 会員数　　　　0
- 寄付金収入　　0
- 会費収入　　　0
- 経常収支　　　経常収益合計　29,631千円
　　　　　　　　経常費用合計　29,234千円
- 公益目的事業費　20,518千円
- 収益事業　　　経常収益　6,129千円
　　　　　　　　経常費用　5,587千円
- 主な財産　　　預金等　281,917千円
　　　　　　　　負債　598,302千円
- 正味財産額　　3,977千円
- 常勤理事　　　0
- 職員・給与　　2名・5,011千円
- 賃借料　　　　1,243千円
- 使用したデータ　令和3年度

法人の概要

1966年7月設立・2014年4月公益法人登記。墓地の経営と無縁仏の供養を目的に設立された公益法人である。今日の少子高齢化により、墓じまいによる墓地解約が急増し、併せて消息不明の墓地も増加傾向にあり、継続的に権利者確定の調査を行っている。こうしたなか、納骨堂建立を希望する利用者の声が高まったことから、行政等との協議の上、2019年度より1,072個の遺骨壺を安置できる永代供養墓と粉骨の遺骨を安置する合祀堂の事業も開始している。

事業の概要

1．共同納骨堂の建立及び無縁仏の供養（聚霊碑）
2．墓地の維持管理（区画墓地・永代供養墓・合祀堂）
3．墓石建立・納骨相談（墓地利用にかかる諸対応）
4．墓参代行及び墓地草取り代行、供花販売（墓参に伴う諸事業）

公社 鹿児島県社会福祉士会

鹿児島県鹿児島市鴨池新町1−7　代表理事　東和沖

行政庁	鹿児島県
目的	7
類型	18

- 法人コード　　A015452
- 社員・会員　　724名・724名
- 寄付金収入　　0
- 会費収入　　6,300千円
- 経常収支　　経常収益合計　40,881千円
　　　　　　　経常費用合計　49,931千円
- 公益目的事業費　46,019千円
- 収益事業　　経常収益　1,925千円
　　　　　　　経常費用　1,925千円
- 主な財産　　預金等　81,971千円
　　　　　　　負債　78,377千円
- 正味財産額　　11,162千円
- 常勤理事　　0
- 職員・給与　　8名・22,422千円
- 賃借料　　2,439千円
- 使用したデータ　令和3年度

法人の概要

2007年4月設立・2012年4月公益法人登記。
社会福祉の援助を必要とする鹿児島県民の生活と権利を擁護し、社会福祉に関する知識、技術等に関して広く県民への普及・啓発を行うとともに、社会福祉事業に携わる職員に関する研修及び相談・助言を行うことにより、福祉サービスの向上と発展を図ることを目的として設立。国家資格「社会福祉士」を有した者で組織された公益社団法人である。

事業の概要

（公益事業）
1．講演会・セミナー・相談・情報提供事業
2．社会福祉の知識・技術の普及・啓発事業
　(1)　成年後見制度の普及・啓発活動
3．福祉サービスの向上・評価に関する事業
　(1)　第三者評価の実施
4．基礎研修・各種研修会の開催
　基礎研修Ⅰ（25名）基礎研修Ⅱ（25名）
（収益事業）
社会福祉士等の資格取得支援事業

公社 学校教育開発研究所

広島県広島市中区幟町3−1　代表理事　栗原慎二

行政庁	内閣府
目的	1，7
類型	3，5，6

- 法人コード　　A024645
- 社員・会員　　8名・242名
- 寄付金収入　　0
- 会費収入　　2,708千円
- 経常収支　　経常収益合計　46,676千円
　　　　　　　経常費用合計　45,630千円
- 公益目的事業費　44,599千円
- 収益事業　　経常収益　2,047千円
　　　　　　　経常費用　856千円
- 主な財産　　預金等　8,565千円
　　　　　　　負債　5,663千円
- 正味財産額　　3,956千円
- 常勤理事　　0
- 職員・給与　　6名・8,095千円
- 賃借料　　1,784千円
- 使用したデータ　令和3年度

法人の概要

2014年10月設立・2016年6月公益法人登記。
教師や保護者に、教育相談・生徒指導・学習指導・カウンセリング・マネジメント等のノウハウや最新情報を提供し、「教育を通じて子供達に明るい未来を」届けるために設立された。学校ではこれまでの経験や指導方法では通用しなくなっている。オンラインや直接研修で、教育現場の課題に対応する理論・実践例・教材・教具などを提供する。

事業の概要

1．教員免許更新事業
　(1)　対面教員免許更新講習（中止）
　(2)　e-ラーニング教員免許更新講習(44講座)
2．教員研修事業−対面500人、Online2,000人、eラーニング941人
3．教育委員会・学校に対する学校教育コンサルテーション事業
4．カウンセリング事業
　(1)　母子支援施設への学習支援
　(2)　SST&学習カウンセリング・相談活動

目的
7

公社 京都府少年補導協会

行政庁	京都府
目的	7
類型	13, 18

京都府京都市東山区清水 4 −185− 1　代表理事　津田佐兵衛

- 法人コード　　　A004340
- 社員・会員　　　255名・255名
- 寄付金収入　　　0
- 会費収入　　　　8,161千円
- 経常収支　　　　経常収益合計　12,200千円
　　　　　　　　　経常費用合計　13,832千円
- 公益目的事業費　11,670千円
- 収益事業　　　　無
- 主な財産　　　　預金等　13,097千円
　　　　　　　　　負債　1,054千円
- 正味財産額　　　12,123千円
- 常勤理事　　　　0
- 職員・給与　　　2 名・5,033千円
- 賃借料　　　　　66千円
- 使用したデータ　令和 3 年度

法人の概要

1954年 3 月設立・2012年 4 月公益法人登記。京都府内において、少年の補導・支援活動又は青少年を取り巻く環境の浄化活動を行って

いる団体に対する助成、少年の非行防止に関する調査・研究等を行い、少年の健全な育成を図ることを目的として設立。当法人は、次代を担う子どもたちの健全な育成活動を応援するため、京都府内で活動している少年補導関係団体に対する助成事業を行っている。

事業の概要

1 ．健全な青少年育成活動への援助推進
　(1)　少年補導団体への活動資金援助
　2021年度は352万円を助成した
　(2)　青少年の健全育成に関する当法人発刊機関誌「みちびき」発行・年間18,000部発行
2 ．適正な協会業務の運営推進
　(1)　インターネットを活用した公開募集の助成事業を実施し、引き続き公益法人制度の趣旨に沿った適正な対応を推進
　(2)　会員募集活動の強化と協会業務の広報
　(3)　情報公開の実施

目的 7

公社 こども環境学会

行政庁	内閣府
目的	1, 7, 9
類型	2, 3, 4, 6, 14, 18

東京都港区東麻布 3 − 4 − 7　代表理事　仙田満

- 法人コード　　　A010759
- 社員・会員　　　21名・1,070名
- 寄付金収入　　　0
- 会費収入　　　　10,221千円
- 経常収支　　　　経常収益合計　18,050千円
　　　　　　　　　経常費用合計　14,553千円
- 公益目的事業費　11,079千円
- 収益事業　　　　無
- 主な財産　　　　預金等　9,307千円
　　　　　　　　　負債　185千円
- 正味財産額　　　11,964千円
- 常勤理事　　　　0
- 職員・給与　　　2 名・4,706千円
- 賃借料　　　　　1,056千円
- 使用したデータ　令和 3 年度

法人の概要

2010年 9 月設立・2011年 8 月公益法人登記。本法人は、こどもの成育に寄与する環境科学の確立を図り、こどものためのよりよい環境

を実現するために、総合的な学術研究の推進とこども環境の形成のための実践的な事業を行うことを目的として設立。こども達が明るい地球の未来を築いていけるように、様々な学問分野が連携して、「こどものための環境づくり」を目指して設立された学会である。

事業の概要

1 ．教育・啓発事業
　(1)　大会の開催（佐久市）
　「自然とともに暮らすこども〜生きる力を育むには」（リアル開催とオンライン開催）
　(2)　セミナー、シンポジウムの開催
　こども環境学会2022年大会プレ・セミナー
　基調講演「現代の子どもの健康課題」
　パネルディスカッション「地域とのつながり方からみたこどもの環境」参加102名
　(3)　災害復興支援活動
　「福島県保育所等環境改善巡回指導業務」
　新規受託、県内各地の保育園・こども園指導

公社 こどもみらい研究所

宮城県石巻市双葉町8−17　代表理事　太田倫子

行政庁	宮城県
目的	7, 9
類型	3, 4

- 法人コード　　A024368
- 社員・会員　　2名・14名
- 寄付金収入　　598千円
- 会費収入　　2,481千円
- 経常収支　　経常収益合計　7,757千円
　　　　　　　経常費用合計　7,375千円
- 公益目的事業費　6,121千円
- 収益事業　　無
- 主な財産　　預金等　6,260千円
　　　　　　　負債　356千円
- 正味財産額　5,961千円
- 常勤理事　　1名
- 職員・給与　1名・195千円
- 賃借料　　1,001千円
- 使用したデータ　令和3年度

法人の概要

2011年12月設立・2017年12月公益法人登記。表現、情報発信及びスポーツを通して、子どもたちのつくる力・つたえる力・つながる力を育み、子どもたちが社会に関与し、参加し、その一員として貢献する機会を創出することにより、全ての子どもたちが与えられた能力に目覚め、発揮し、未来を創る人材として成長するための支援を行うことを目的とする。

事業の概要

1. 「石巻日日こども新聞」の製作・発行
　36号、37号、38号、39号各2.2万部発行
　ワークショップ・取材実施回数49回
2. 「石巻日日こども通信」
　Vol. 129〜140を約1,000名にメルマガ配信
3. 第55回吉川英治文化賞受賞
　「石巻日日こども新聞」
　選考理由−震災の被害にあったこども記者が地域の今を伝え続ける
4. 10周年記念事業について
　「おめでとう！石巻日日子ども新聞40号」
　オンライン開催

公社 JEO・子どもに均等な機会を

大阪府大阪市中央区南本町1−4−10　代表理事　辻正夫

行政庁	内閣府
目的	7, 16
類型	3, 4, 13

目的 7

- 法人コード　　A024968
- 社員・会員　　4名・75名
- 寄付金収入　　7,525千円
- 会費収入　　8,225千円
- 経常収支　　経常収益合計　15,959千円
　　　　　　　経常費用合計　17,759千円
- 公益目的事業費　11,530千円
- 収益事業　　無
- 主な財産　　預金等　23,847千円
　　　　　　　負債　311千円
- 正味財産額　24,051千円
- 常勤理事　　0
- 職員・給与　5名・　3,471千円
- 賃借料　　706千円
- 使用したデータ　令和3年度

法人の概要

2011年1月設立・2018年7月公益法人登記。本法人は、社会貢献活動を通じて社会的責任を果たす意思はあるものの、時間的・予算的制約から単独では取り組みにくい中小企業群の要請をくみ取って設立された。幼い子どもたちや生まれてくる生命のために、持続可能な社会の実現を目指している。2021年1月「公益社団法人全国環境対策機構」から名称変更。

事業の概要

① 将来世代である子どもの支援事業、② 将来世代の生活基盤となる環境保護活動事業を活動の2本柱とする。具体的には、以下の活動を行っている。

1. 児童養護施設などに対する生活環境支援事業（甲賀学園にLED設備助成）
2. 子ども食堂事業
　生活困窮家庭の中学生以下の子どもに無償で食事を提供
3. セミナー事業
4. 企業からの物品提供支援事業
5. エコプログラム事業

公社 ジュニア・アチーブメント 日本

庁	内閣府
目的	7
類型	4

東京都品川区北品川 3 － 9 － 30　代表理事　佐川秀雄

- 法人コード　　　A006679
- 社員・会員　　　53名・53名
- 寄付金収入　　　47,541千円
- 会費収入　　　　21,430千円
- 経常収支　　　　経常収益合計　81,223千円
　　　　　　　　　経常費用合計　80,958千円
- 公益目的事業費　70,885千円
- 収益事業　　　　無
- 主な財産　　　　預金等　72,336千円
　　　　　　　　　負債　19,558千円
- 正味財産額　　　52,778千円
- 常勤理事　　　　3 名
- 職員・給与　　　9 名・13,250千円
- 賃借料　　　　　655千円
- 使用したデータ　令和 3 年度

法人の概要

2009年 5 月設立・2010年 7 月公益法人登記。1919年米国で発足し、世界120以上の国々で青少年のために様々な活動を展開している経済教育団体であるジュニア・アチーブメントの日本本部。企業支援を受け青少年に無償でプログラムを提供している。毎年60,000人以上の子どもたちにプログラムを展開。

事業の概要

1．意思決定力、リーダーシップ及び責任意識涵養プログラム
　　仮想空間で、青少年が自分の意志で進路選択・将来設計が行えるよう、グループ体験活動を通し「社会に適応できる基本的資質の育成」が目的のプログラム
2．職業意識涵養プログラム
　　仕事をしている人の取り組む姿勢を観察し、仕事は「人と人との関わりあい」の中で進められていることを学ぶプログラム
3．社会仕組と経済の働きを知るプログラム
　　本物そっくりの「街」を再現して、消費者・経営者の立場を体験し、仕事を通じて人と地域社会との関わりを学ぶプログラム

目的 7

公社 Sumita Scholarship Foundation, Cambodia

行政庁	内閣府
目的	7
類型	18

東京都千代田区神田神保町 2 － 44　代表理事　小林ふじ子

- 法人コード　　　A024467
- 社員・会員　　　2 名・2 名
- 寄付金収入　　　1,351千円
- 会費収入　　　　100千円
- 経常収支　　　　経常収益合計　1,486千円
　　　　　　　　　経常費用合計　1,486千円
- 公益目的事業費　1,360千円
- 収益事業　　　　無
- 主な財産　　　　預金等　13,070千円
　　　　　　　　　負債　249千円
- 正味財産額　　　13,148千円
- 常勤理事　　　　0
- 職員・給与　　　1 名・0
- 賃借料　　　　　366千円
- 使用したデータ　令和 3 年度

法人の概要

2017年 4 月設立。2018年 3 月公益法人登記。発展途上国において、教育環境の整備に関する事業、子どもの就学支援事業を行い、発展途上国の教育と経済発展に寄与することを目的とする。主にカンボジアで活動しており、2018年カンボジア政府公認の支援団体(INGO)となっている。

事業の概要

主としてカンボジアでの教育支援により、同国の豊かな国づくりに寄与するため、次のような事業を行っている。

1．就学支援事業（奨学金給付）
　　シェムリアップ州バッコン郡アラン・ランサイ中学校とスレイ・ビボケイ中学校－33人
2．教育環境の改善支援（コロナ禍で中止）
　(1)　先生の指導力向上の支援－「生徒によくわかる授業」の実践支援
　(2)　指導環境の整備支援
　①　教材教具の配布
　②　教育環境整備－教室等の整備・改修
　③　学校の開設

公社 青少年育成秋田県民会議

秋田県秋田市山王4−1−1　代表理事　熊谷隆益

行政庁	秋田県
目的	7
類型	3, 8, 13, 14, 18

- 法人コード　　A007404
- 社員・会員　　199名・494名
- 寄付金収入　　353千円
- 会費収入　　　1,577千円
- 経常収支　　　経常収益合計　5,911千円
　　　　　　　　経常費用合計　5,855千円
- 公益目的事業費　5,035千円
- 収益事業　　　無
- 主な財産　　　預金等　15,387千円
　　　　　　　　負債　108千円
- 正味財産額　　15,279千円
- 常勤理事　　　0
- 職員・給与　　2名・2,694千円
- 賃借料　　　　342千円
- 使用したデータ　令和3年度

法人の概要

1980年8月設立・2011年4月公益法人登記。戦後青少年非行が増加し、1964年にピークに達した。このため1966年5月に"伸びよう！伸ばそう！青少年！！"を合言葉に社団法人青少年育成国民会議が結成され、青少年の健全育成を目指す国民運動がスタート。秋田県では1966年10月に「秋田県青少年健全育成会議」が結成された。1977年会員制の導入等組織体制を見直し「青少年育成秋田県民会議」に改称、社団法人を経て、現在に至る。

事業の概要

1．青少年育成講師派遣事業
2．セミナー・研修事業
　青少年育成運動活性化研修会（中止）
3．わたしの主張事業
　(1)　地区予選3カ所　発表者計30名
　(2)　第43回少年の主張　秋田県民大会
　発表者13名（各地区各4名他1名）
　応募者数　30校45作品
4．青少年の非行・被害防止月間啓発事業
　標語募集48中学校2,655作品

公社 全国学習塾協会

東京都豊島区南大塚3−39−2　代表理事　安藤大作

行政庁	内閣府
目的	7, 14
類型	18

- 法人コード　　A015669
- 社員・会員　　418名・561名
- 寄付金収入　　0
- 会費収入　　　21,910千円
- 経常収支　　　経常収益合計　83,466千円
　　　　　　　　経常費用合計　73,265千円
- 公益目的事業費　65,332千円
- 収益事業　　　無
- 主な財産　　　預金等　36,143千円
　　　　　　　　負債　1,010千円
- 正味財産額　　38,377千円
- 常勤理事　　　0
- 職員・給与　　5名・4,875千円
- 賃借料　　　　2,759千円
- 使用したデータ　令和3年度

法人の概要

1988年10月設立・2013年4月公益法人登記。当法人は、民間教育を担う団体・個人に関する支援及び能力開発、調査研究、地域社会に対する貢献の推進等を行うことによって児童及び青少年等の学力養成の推進に寄与し、より良い社会の形成の推進を目的として設立。豊かな社会の教育において、学習塾の果たす役割は大であり、本法人は、学習塾の経営基盤の強化を念頭に種々の事業を展開している。

事業の概要（2020年度）

1．学力養成を行う民間組織支援能力開発
　(1)　学習塾認証に関する事業
　(2)　学習塾法務管理者等の人材育成及び学習塾法務管理者資格認定
　(3)　学習塾講師検定制度の運営
2．民間教育組織に関する良い市民社会形成
　(1)　全国読書作文コンクールの開催
　(2)　進学相談会
　(3)　教材教具情報機械展示会の開催（中止）
　(4)　「学習塾何でも相談窓口」開設・相談
3．調査研究、セミナー、ガイドライン普及

目的
7

公社 全国幼児教育研究協会

東京都千代田区九段南2−4−9　代表理事　福井直美

行政庁	内閣府
目的	7
類型	3，6，13，18

- 法人コード　　A013772
- 社員・会員　　2,662名・2,705名
- 寄付金収入　　11,358千円
- 会費収入　　　10,174千円
- 経常収支　　　経常収益合計　29,095千円
　　　　　　　　経常費用合計　24,085千円
- 公益目的事業費　19,262千円
- 収益事業　　　無
- 主な財産　　　預金等　27,822千円
　　　　　　　　負債　76千円
- 正味財産額　　31,281千円
- 常勤理事　　　0
- 職員・給与　　3名・3,724千円
- 賃借料　　　　5,881千円
- 使用したデータ　令和3年度

法人の概要

2006年3月設立・2013年4月公益法人登記。幼稚園、保育所、こども園等の幼児教育施設の教育、保育のあり方に関する研究を行うとともに、地域社会、家庭の教育力向上に対する支援を行い、幼児教育の振興に寄与することを目的とする。1952年に設置された旧文部省全国モデル幼稚園協会が本会の前身。幼児教育の充実・発展を目指し、施設のあり方や保育のあり方について、幼児の立場から追求し、教育行政への働きかけを行い、また保育環境について研究を継続している。

事業の概要

1．研修会の開催
（1）ワクワクプロジェクト研修会（中止）
（2）オンライン研修会2回
2．研究助成制度
（1）研究奨励－助成件数1件、10万円
（2）研究助成－助成件数1件、5万円
3．第69回全国幼児教育研究大会
4．第42回全幼研教育経営研修会
5．研究会の開催－「持続可能な社会の創り手の育成と幼児教育への期待」

公社 全日本高等学校ギター・マンドリン音楽振興会

大阪府吹田市泉町3−8−15　代表理事　辰野勇

庁	内閣府
目的	2，7，9
類型	14

- 法人コード　　A002488
- 社員・会員　　51名・51名
- 寄付金収入　　332千円
- 会費収入　　　1,320千円
- 経常収支　　　経常収益合計　5,796千円
　　　　　　　　経常費用合計　7,430千円
- 公益目的事業費　6,448千円
- 収益事業　　　無
- 主な財産　　　預金等　11,476千円
　　　　　　　　負債　0
- 正味財産額　　11,687千円
- 常勤理事　　　0
- 職員・給与　　1名・999千円
- 賃借料　　　　425千円
- 使用したデータ　令和3年度

法人の概要

1977年12月設立・2011年4月公益法人登記。高等学校ギター・マンドリンクラブの振興と育成を行い、生徒たちの豊かな人間形成、音楽教育の発展への寄与を目的に設立。1971年第1回 "High-School Guitar Mandolin Festival" が開催され、その後継続して開催、しかし2021年度はコロナ禍のため無観客での開催。国内マンドリンコンクールの中では規模・参加人数ともに最大で「マンドリンの甲子園」とも言われる全国高等学校ギター・マンドリン音楽コンクールを主催している。

事業の概要

全国高等学校ギター・マンドリン音楽コンクールは毎年7月下旬開催。参加者は63校1,621名であった。地方予選会は、長野県（無観客）7校136名参加推薦7校、兵庫県（無観客）10校参加推薦8校、広島県（無観客）8校219名参加推薦6校、東海（動画録音審査）15校参加推薦15校、京阪支部（動画審査）10校参加推薦9校、群馬県（動画審査）6校推薦3校、支部のない地域（録音審査）14校であった。

行政庁	富山県
目的	7
類型	13, 18

公社 富山県高等学校安全振興会

富山県富山市千歳町 1 - 5 - 1　代表理事　松山朋朗

- 法人コード　　　A023787
- 社員・会員　　　66名・27,540名
- 寄付金収入　　　0
- 会費収入　　　　0
- 経常収支　　　　経常収益合計　37,871千円
　　　　　　　　　経常費用合計　42,297千円
- 公益目的事業費　37,242千円
- 収益事業　　　　無
- 主な財産　　　　預金等　314,284千円
　　　　　　　　　負債　301,953千円
- 正味財産額　　　14,465千円
- 常勤理事　　　　1 名
- 職員・給与　　　2 名・6,471千円
- 賃借料　　　　　358千円
- 使用したデータ　令和 3 年度

法人の概要

2011年11月設立・2014年 4 月公益法人登記。本会は、富山県下の高校生および特別支援学校生が、健康で安全な学校生活が送れること

を願い、1992年に共済団体として設立された。学校管理下における事故・疾病にかかる医療費等の共済事業を通して、本人並びに家族の精神的・経済的負担の軽減を図り、学校における教育活動の円滑な展開に寄与することが目的。とりわけ、部活動中の事故や怪我に対して必要な給付を行うとともに、生徒の安全・健康及び健全育成への助成事業と広報活動を行い、事故の未然防止に務めている。

事業の概要

1．安全普及事業
　(1)　機器の整備 − AED パッド配布、熱中症指数モニター、熱中症対策応急キッド
　(2)　広報事業 − 会報の発行
2．助成事業 − 生徒の安全、健康及び健全育成に関わる校内研究　15件、36万円
3．生徒等の災害に関する共済金の給付
　520件、1,507万円

行政庁	大分県
目的	7
類型	3, 4, 18

目的 7

公社 日本ボーイスカウト大分県連盟

大分県大分市城崎町 2 - 4 - 19　代表理事　池邉晴美

- 法人コード　　　A007160
- 社員・会員　　　46名・86名
- 寄付金収入　　　1,080千円
- 会費収入　　　　1,068千円
- 経常収支　　　　経常収益合計　3,488千円
　　　　　　　　　経常費用合計　3,278千円
- 公益目的事業費　2,549千円
- 収益事業　　　　無
- 主な財産　　　　預金等　7,051千円
　　　　　　　　　負債　1,047千円
- 正味財産額　　　13,847千円
- 常勤理事　　　　1 名
- 職員・給与　　　2 名・426千円
- 賃借料　　　　　0
- 使用したデータ　令和 3 年度

法人の概要

2006年 6 月設立・2012年11月公益法人登記。大分県内のボーイスカウト運動を普及し、社会から評価されるスカウトを育成、質の高い

活動の提供、隊・団指導者の充実を図ることで、青少年の健全育成への寄与が目的。

事業の概要

1．スカウト運動の広報と地域への普及
　(1)　パンフレットと「スカウトおおいた」配布
　(2)　スカウト展・入団説明会の開催
2．合同・連携で学習プログラム企画・実施
　(1)　第 8 回カブフェスティバル63名
　(2)　第 8 回ビーバーフェスティバル20名
　(3)　県連盟スカウトフォーラム15名
　(4)　パイオニアリング − 1 泊 2 日18名
　(5)　スカウトフェスティバル52名（延期）
　(6)　ボーイスカウト救急法講習会（中止）
3．スカウト学習プログラムへの参加支援
　2021年度全国大会、全国代表者会議、九州・沖縄ブロック協議会等（リモート会議）
4．行政の施策に連動した学習活動
　大分県少年の船参加支援・指導者派遣

行政庁	内閣府
目的	1, 7
類型	3, 6

公社 日本幼年教育会

大阪府東大阪市新庄3−22−2　代表理事　玉木弁立

- 法人コード　　　A014082
- 社員・会員　　　149名・163名
- 寄付金収入　　　133千円
- 会費収入　　　　4,480千円
- 経常収支　　　　経常収益合計　15,618千円
　　　　　　　　　経常費用合計　15,591千円
- 公益目的事業費　13,618千円
- 収益事業　　　　無
- 主な財産　　　　預金等　11,833千円
　　　　　　　　　負債　2,651千円
- 正味財産額　　　10,003千円
- 常勤理事　　　　0
- 職員・給与　　　3名・3,212千円
- 賃借料　　　　　198千円
- 使用したデータ　令和3年度

法人の概要

1969年8月設立・2012年6月公益法人登記。発達心理学者ジャン・ピアジェ博士の理論に基づいた科学的な幼児教育をめざす全国の幼稚園・保育園によって設立された。ピアジェ博士は、子どもは環境との相互作用の中で発達するという事実に着目して、共同生活や自然との共生関係を営むために不可欠な心の優しさと豊かさは、身近な物や人に能動的に関わり心を通わせる活動によって育まれると説いた。本会はその教育理念に基づき、子どもの自発的・主体的な活動を援助している。

事業の概要

1．全国地区定期研修会（オンライン開催）
2．訪問講習会・子育て支援事業
　　幼稚園並びに保育園の保護者・教職員対象、令和3年度の訪問園数38園
3．幼児教育の実践研究と相互交流
　（1）幼稚園・保育園見学会（中止）
　（2）オンライン研修会
　　「2学期からすぐに役立つ幼児教育講座」
4．春夏定期研修会−「子どもと共につくる、希望の未来・確かな理念・心の関わり合い」

目的 7

行政庁	内閣府
目的	7, 9
類型	1, 3, 4, 6, 18

公社 日本ストリートダンススタジオ協会

大阪府大阪市中央区農人橋2−1−35　代表理事　吉田健一

- 法人コード　　　A018451
- 社員・会員　　　6名・66名
- 寄付金収入　　　16,600千円
- 会費収入　　　　0
- 経常収支　　　　経常収益合計　29,945千円
　　　　　　　　　経常費用合計　37,077千円
- 公益目的事業費　19,444千円
- 収益事業　　　　経常収益　10,101千円
　　　　　　　　　経常費用　8,740千円
- 主な財産　　　　預金等　2,487千円
　　　　　　　　　負債　21,179千円
- 正味財産額　　　−10,676千円
- 常勤理事　　　　1名
- 職員・給与　　　2名・7,800千円
- 賃借料　　　　　900千円
- 使用したデータ　令和3年度

法人の概要

2008年12月設立・2012年11月公益法人登記。ストリートダンスに関する調査及び研究、普及促進及び技術指導、教育、研修及び啓発、ストリートダンスを取り巻くストリート文化の普及促進を通じて、安全・安心で青少年から中高年までが楽しめる芸術・スポーツとしてのストリートダンスやリズムダンスの発展を推進することにより、日本のダンス文化の発展に資することを目的として設立。ダンスを初めて体験する全世代を対象に、ダンスの明るさや元気・楽しさを提供する活動を実施。

事業の概要

（公益目的事業）
1．就学児童・生徒対象のダンス検定（中止）
2．インストラクター学校への派遣（158回）
3．ダンスの普及振興
　　第10回全国小中学校ダンスコンクール
4．調査研究及びその実践
　　産官学連携のダンスを活用した共同研究
（収益事業）
ダンスに関する資格認定事業

公社 福井市民間幼児教育連盟

福井県福井市明里町9-1 代表理事 澤田夏彦

行政庁	福井県
目的	7
類型	3，5，18

- 法人コード　　A023553
- 社員・会員　　44名・45名
- 寄付金収入　　0
- 会費収入　　　1,320千円
- 経常収支　　　経常収益合計　13,973千円
　　　　　　　　経常費用合計　15,923千円
- 公益目的事業費　14,978千円
- 収益事業　　　無
- 主な財産　　　預金等　18,917千円
　　　　　　　　負債　　53千円
- 正味財産額　　20,007千円
- 常勤理事　　　0
- 職員・給与　　6名・8,231千円
- 賃借料　　　　808千円
- 使用したデータ　令和3年度

法人の概要

2001年10月設立・2014年4月公益法人登記。
福井市と連携して地域の子育てに関する事業
を行い、幼児教育や児童福祉の向上に寄与す
ることを目的とする。

事業の概要

1．地域子育て支援センターの経営・子育て
　に関する相談事業及び情報提供
　(1)　「福井市地域子育てセンターひよこ広
　場」経営
　(2)　子育てマイスター講座・相談会の開催
　(3)　ふれあい遊びの紹介・指導季節の行事・
　制作遊びの紹介
　(4)　体位測定と栄養相談
　(5)　子育て相談（電話）
2．教育や保育、子育て支援に関わる職員等
　の資質向上を図るための研修事業
　(1)　調理研修
　(2)　キャリアアップ研修（マネジメント）
　(3)　研修「幼児教育保育の原点」
3．幼児教育や保育事業・子育て支援事業に
　関する調査・研究・連絡及び調整事業

公社 母子保健推進会議

東京都新宿区市谷田町1-10 代表理事 原澤勇

行政庁	内閣府
目的	6，7
類型	3，6，8，18

- 法人コード　　A018401
- 社員・会員　　15名・15名
- 寄付金収入　　0
- 会費収入　　　1,910千円
- 経常収支　　　経常収益合計　43,702千円
　　　　　　　　経常費用合計　67,011千円
- 公益目的事業費　66,315千円
- 収益事業　　　無
- 主な財産　　　預金等　341千円
　　　　　　　　負債　　61,143千円
- 正味財産額　　－39,856千円
- 常勤理事　　　2名
- 職員・給与　　6名・12,215千円
- 賃借料　　　　5,257千円
- 使用したデータ　令和3年度

法人の概要

1971年4月設立・2013年4月公益法人登記。
国及び地方自治体、関係諸団体と連携協力し
て、母子保健の重要性を啓発し、母性の健康
を守り、たかめ、心身ともに健全な児童の出
生と育成に寄与するため設立。親子に身近な
市区町村等の機関とともに、妊娠期からの切
れ目ない親子への支援が利用しやすいものに
なり、心身共に健やかな次世代が育つことに
寄与できる取り組みをすすめることが目的。

事業の概要

1．「健やか親子21全国大会（母子保健家族
　計画全国大会）」の開催
　テーマ「心に寄り添い育む次代　ともに手
　を取り合って」
2．母子保健指導者養成に係る研修の実施
　厚生労働省より母子保健指導者養成の研修
　7テーマの作成を受託し、ライブ配信とオ
　ンデマンド配信にて実施
3．有効教材制作配布
　母子手帳交付時「プレママ・パパさんへ
　くまさんからの贈り物」

目的
7

公社 街のあかり

大阪府大阪市西区西本町1－2－8　代表理事　桑田克由

行政庁	大阪府
目的	1, 7
類型	13

- 法人コード　　A025209
- 社員・会員　　5名・0
- 寄付金収入　　15,253千円
- 会費収入　　　0
- 経常収支　　　経常収益合計　15,253千円
　　　　　　　　経常費用合計　15,253千円
- 公益目的事業費　9,979千円
- 収益事業　　　無
- 主な財産　　　預金等　24,318千円
　　　　　　　　負債　57千円
- 正味財産額　　24,261千円
- 常勤理事　　　0
- 職員・給与　　1名・0
- 賃借料　　　　0
- 使用したデータ　令和2年度

法人の概要

2016年8月設立・2020年4月公益法人登記。アンダーツリーグループの創業者木下春雄の「学習意欲は高いが、金銭的な理由により進学が難しい学生を支援したい」という想いから、2020年よりアンダーツリーグループの当期純利益の一部を「街の明かり」に寄付し、大学生、専門学生向けの奨学事業を開始した。少子高齢化が進む中、青少年の育成は、社会の使命であるとの考えに基づくものである。

事業の概要

1. 応募資格－大学・専門学校入学予定
　住民税課税標準額300万円未満、大阪在住
2. 奨学生の採用（第1期生）
　候補生13名、正式採用12名
3. 奨学金の給付実績
　(1) 受験費助成（第1期生）－100千円13名
　(2) 入学一時金（第1期生）－300千円12名
　(3) 奨学金－給付総額　4,590千円
　1期生（自宅）－月45千円7名6カ月
　1期生（自宅外）－月90千円5名6カ月

目的 7

公社 マナーキッズプロジェクト

東京都杉並区高円寺北3－22－3　代表理事　田中日出男

行政庁	内閣府
目的	7
類型	3

- 法人コード　　A023614
- 社員・会員　　124名・163名
- 寄付金収入　　7,023千円
- 会費収入　　　1,210千円
- 経常収支　　　経常収益合計　11,415千円
　　　　　　　　経常費用合計　12,396千円
- 公益目的事業費　7,567千円
- 収益事業　　　経常収益　38千円
　　　　　　　　経常費用　88千円
- 主な財産　　　預金等　778千円
　　　　　　　　商品　3,736千円
　　　　　　　　負債　62千円
- 正味財産額　　5,966千円
- 常勤理事　　　1名
- 職員・給与　　5名・1,183千円
- 賃借料　　　　2,679千円
- 使用したデータ　令和3年度

法人の概要

2013年7月設立・2014年10月公益法人登記。小学生等を対象に、小笠原流法総師範が正しい姿勢、お辞儀・挨拶の仕方を指導し、次にショートテニスを通して正しい姿勢・お辞儀・挨拶を反復練習させ、最後には姿勢が良くなり、元気な声が出る様になるという指導法を通じて、＜体・徳・知＞のバランスのとれた子どもを育成することを目的とする。

事業の概要

事業の中心であるマナーキッズ教室には、子どもの体力・運動能力の低下に歯止めをかける「体育」、挨拶・礼儀作法の基本的マナーを習得する「徳育」、運動で知性を育む「知育」を考慮したプログラムが組まれている

1. 総合型地域スポーツクラブ等におけるマナーキッズ教室の開催事業（43,215回）
2. マナーキッズショートテニス教室を介した体育道徳融合授業開催事業
3. マナーキッズ体幹遊び教室（1,674回）

公財 あいである

東京都港区新橋 1 － 18 － 16　代表理事　木皿昌司

行政庁	内閣府
目的	7
類型	3, 13

- 法人コード　　A024407
- 会員数　　　　0
- 寄付金収入　　13,220千円
- 会費収入　　　590千円
- 経常収支　　　経常収益合計　14,720千円
　　　　　　　　経常費用合計　12,469千円
- 公益目的事業費　8,711千円
- 収益事業　　　無
- 主な財産　　　預金等　6,072千円
　　　　　　　　負債　　75千円
- 正味財産額　　5,997千円
- 常勤理事　　　2名
- 職員・給与　　3名・2,985千円
- 賃借料　　　　0
- 使用したデータ　令和3年度

法人の概要

2015年4月設立・2017年4月公益法人登記。未来を担う子どもの健全な育成を支援し、もって児童又は青少年の健全な育成や地域社会の健全な発展に寄与することを目的として設立。当法人は、児童養護施設など社会的養護のもとで暮らす子ども、そこから自立を始めた子どもを支援している。

事業の概要

当法人は、社会的養護児童の自立支援、社会的養護施設出身者の退所後の支援事業を通して、「保護者がいない、保護者のもとで暮らすことが適当でないとされた子ども」の健全育成支援を行っている。

1. 児童養護施設退所者の見守り支援「実家便」施設と退所者をつなぐ架け橋として年2回、5年を限度として施設に代わって生活用品を送っている
　継続441個、新規200個
2. お金の管理のレクチャー「マネップ」
　社会的養護の下で暮らす子どもがお金の管理について学ぶためのレクチャーを行う5施設応募、対面3団体、動画2団体

公財 あくるめ

石川県加賀市別所町 4 － 5　代表理事　霜下順子

行政庁	石川県
目的	7, 19
類型	3, 4, 5, 13

- 法人コード　　A025224
- 会員数　　　　0
- 寄付金収入　　175千円
- 会費収入　　　0
- 経常収支　　　経常収益合計　18,555千円
　　　　　　　　経常費用合計　17,535千円
- 公益目的事業費　14,986千円
- 収益事業　　　無
- 主な財産　　　預金等　9,114千円
　　　　　　　　負債　　890,223千円
- 正味財産額　　118,890千円
- 常勤理事　　　0
- 職員・給与　　4名・7,650千円
- 賃借料　　　　745千円
- 使用したデータ　令和3年度

法人の概要

2017年8月設立・2020年6月公益法人登記。本法人の事業は、人口減少が著しく進む石川県において「子育て・若者・地域に関する活性化事業」を行うことにより、若者一人ひとりの小さな想いを支援し、持続可能な未来に向かって子どもの笑顔が行き交う地域を作ることを目的とする。

事業の概要

1. 地域活性化助成事業
　加賀市の地域振興を促すために、子育て・若者・地域に関する活性化を目的とした事業を募集し、助成金を交付した
　(1)　はじめの一歩コース－持続に向かっての初期活動に10万円を上限に助成＝7件
　(2)　ステップアップコース－既助成の財団で、継続的な活動を目指した取組みに30万円を上限に助成（最大2年間）＝3件
　(3)　パワーアップコース
　地域に好影響をもたらす団体組織になるための組織基盤強化事業もしくは新規事業に50万円を上限に助成＝1件

公財 伊都奨学会

和歌山県橋本市高野口町名古曽558　代表理事　松本公望

行政庁	和歌山県
目的	7
類型	13

- 法人コード　　　A005120
- 会員数　　　　　0
- 寄付金収入　　　50千円
- 会費収入　　　　0
- 経常収支　　　　経常収益合計　641千円
　　　　　　　　　経常費用合計　641千円
- 公益目的事業費　550千円
- 収益事業　　　　無
- 主な財産　　　　預金等　4,786千円
　　　　　　　　　負債　0
- 正味財産額　　　4,786千円
- 常勤理事　　　　0
- 職員・給与　　　0・0
- 賃借料　　　　　0
- 使用したデータ　令和3年度

法人の概要

1961年5月設立・2012年4月公益法人登記。
当法人は、勉学に意欲を持ち優れた学生・生徒でありながら、経済的理由により修学が困難な者に対し、奨学援助を行い、もって有為の人材の育成に寄与することを目的として設立された。事務所は、和歌山県立伊都中央高等学校内にある。

事業の概要

1．学資金の給与
　年額100千円・年2回（1回50千円）
　伊都・橋本地方の中学校（10校）を訪問し、伊都奨学会の趣旨を説明し、奨学生の募集を行っている
2．学資金を受ける学生の補導

目的
7

公財 岩佐教育文化財団

東京都豊島区目白3-1-40　代表理事　岩佐実次

庁	内閣府
目的	7,9
類型	13

- 法人コード　　　A023155
- 会員数　　　　　0
- 寄付金収入　　　36千円
- 会費収入　　　　0
- 経常収支　　　　経常収益合計　36千円
　　　　　　　　　経常費用合計　36千円
- 公益目的事業費　18千円
- 収益事業　　　　無
- 主な財産　　　　預金等　11,230千円
　　　　　　　　　負債　0千円
- 正味財産額　　　11,230千円
- 常勤理事　　　　0
- 職員・給与　　　1名・0
- 賃借料　　　　　0
- 使用したデータ　令和2年度

法人の概要

2010年11月設立・2013年6月公益法人登記。
地球温暖化、少子高齢化などめまぐるしく変化する社会環境の中で、将来を荷なう次世代を育成することは人類の責務であるとして、優秀な若者のための奨学育英事業のため本財団が設立された。東日本大震災、福島原発事故、熊本地震その他の自然災害の被災学生に対する奨学金育英事業を中心的に事業を実施している。「TOMAS」等を統括している「株式会社リソー教育」（東証プライム上場）の岩佐実次会長が発起人となって設立された。

事業の概要

（奨学金給付）
自然災害の被災者への奨学金に限定しないより一般的な奨学金として募集を行う予定であったが、コロナ禍で広報活動ができず、新規採用はできなかった
1．受給人数
　定員20名（定員を超えた場合は選考）
2．給付金額（給付のため返済不要）
　高校生60万円/年　大学生100万円/年
3．1年毎の再選考により更新継続可

行政庁	内閣府
目的	7, 19
類型	13

公財 SHG財団

三重県四日市市石塚町8-24　代表理事　廣田康之

- 法人コード　　A024378
- 会員数　　　　0
- 寄付金収入　　3,400千円
- 会費収入　　　0
- 経常収支　　　経常収益合計　3,495千円
  　　　　　　　経常費用合計　3,608千円
- 公益目的事業費　2,941千円
- 収益事業　　　無
- 主な財産　　　預金等　4,667千円
  　　　　　　　投資有価証券　18,668千円
  　　　　　　　負債　15千円
- 正味財産額　　23,320千円
- 常勤理事　　　0
- 職員・給与　　1名・300千円
- 賃借料　　　　0
- 使用したデータ　令和3年度

法人の概要

2013年8月設立・2014年12月公益法人登記。保護者のいない児童等を入所させている児童養護施設は、国および地方公共団体から措置費と呼ばれる補助金を受けて経営されているが、この措置費は使途の制限が多いため、本法人は、措置費では賄えない支出、例えば入所児童の体験活動や備品の購入に必要な資金の援助を行っている。本法人は、株式会社SHG（サティス・ホールディングス・グループ）のグループ会社一覧に含まれている。

事業の概要

本法人の主たる事業は、助成事業であり、児童養護施設等の入所児童が、安心・安全な生活を送れるよう、また心身ともに健全な成長が図れるよう各施設に配布される措置費では賄えない費用、入所児童の体験活動や備品の購入等の費用の援助を行っている。各施設から申請を受け、選考委員会で選考の上、金銭による助成を実施。2021年の場合、所在地近隣4県16施設から申請があり、16施設に対し約2,687千円の助成金を交付

行政庁	内閣府
目的	7
類型	13

公財 NSKナカニシ財団

栃木県鹿沼市下日向700　代表理事　中西英一

- 法人コード　　A024521
- 会員数　　　　0
- 寄付金収入　　2,500千円
- 会費収入　　　0
- 経常収支　　　経常収益合計　170,553千円
  　　　　　　　経常費用合計　172,231千円
- 公益目的事業費　169,189千円
- 収益事業　　　無
- 主な財産　　　預金等　66,550千円
  　　　　　　　投資有価証券　6,822,772千円
  　　　　　　　負債　817千円
- 正味財産額　　6,889,671千円
- 常勤理事　　　0
- 職員・給与　　1名・0
- 賃借料　　　　360千円
- 使用したデータ　令和3年度

法人の概要

2016年10月設立。2018年4月公益法人登記。株式会社ナカニシ（歯科製品で世界首位級の会社）により設立。歯科医師は、口腔の健康を守る重要な役割を担っており、高い意識と知識と技術を持つ有能な人材が求められる。返還不要の給付型奨学金を支給することで、学生が学業に専念できる環境を提供、歯科医療を通して、健康増進のために設立。

事業の概要

1．奨学生の選考

　2021年度奨学生は大学生97名（4年生36名、5年生29名、6年生32名）、大学院生9名計106名を採用した。2022年度は、大学生30名、大学院生3名の33名を採用した

2．奨学金の支給

　2019年度奨学生11名及び2020年度13名については、前年成績証明書の提出とともに、支給を継続。2021年度106名については、4月より支給を開始。大学生月額6万円、大学院生10万円、またコロナ禍で大学生36万円、大学院生50万円を別途支払う

目的
7

公財 FACP財団

兵庫県神戸市中央区御幸通2-1-6　代表理事　石野政道

行政庁	内閣府
目的	7, 9
類型	13

- 法人コード　　A024823
- 会員数　　　　0
- 寄付金収入　　5,202千円
- 会費収入　　　0
- 経常収支　　　経常収益合計　5,202千円
　　　　　　　　経常費用合計　5,202千円
- 公益目的事業費　3,526千円
- 収益事業　　　無
- 主な財産　　　預金等　6,449千円
　　　　　　　　負債　2千円
- 正味財産額　　17,040千円
- 常勤理事　　　1名
- 職員・給与　　1名・0
- 賃借料　　　　180千円
- 使用したデータ　令和2年度

法人の概要

2016年12月設立・2017年7月公益法人登記。世界レベルでの活躍を目指す日本の優秀な若手アスリートの中には、不人気競技であるこ

とや有力なスポンサーを得られないことのみの理由で、競技の続行や技能の向上を断念せざるを得ない者が多く存在する。そのような資金不足に悩む日本の若手アスリートの競技能力向上に必要な費用を助成して、当人の夢へのチャレンジを後押しし、チャレンジの過程と結果を公表することにより、青少年の豊かな人間性の涵養とスポーツの普及に資することを目的として設立。ホームページで助成希望課題を公募し、支援を行っている。

事業の概要

1．アスリートに対する各種支援事業
　(1)　カヌー　　　　　　　1,989,478円
　(2)　レスリング　　　　　　640,000円
　(3)　空手　　　　　　　　　190,000円
　(4)　ライフル競技　　　　　296,350円
　(5)　ボブスレー　　　　　　316,259円
2．普及啓発
　ホームページで助成金の案内等の活動実施

目的 7

公財 岡崎金次郎育英会

香川県小豆郡土庄町豊島家浦2303　代表理事　山本彰治

行政庁	香川県
目的	7, 9
類型	13

- 法人コード　　A017531
- 会員数　　　　0
- 寄付金収入　　0
- 会費収入　　　0
- 経常収支　　　経常収益合計　0
　　　　　　　　経常費用合計　18千円
- 公益目的事業費　7千円
- 収益事業　　　無
- 主な財産　　　預金等　9,178千円
　　　　　　　　貸付金等　6,862千円
　　　　　　　　負債　0
- 正味財産額　　16,040千円
- 常勤理事　　　0
- 職員・給与　　0・0
- 賃借料　　　　0
- 使用したデータ　令和3年度

法人の概要

1962年11月設立・2012年4月公益法人登記。岡崎金次郎は、香川県の小豆島の西隣にある

豊島に生まれ、明治26年東京に出て明治43年石材業及び建設業を興す。関東大震災の復興並びに鉄道建設工事に活躍し、著名なる土木建設工事を完成した。晩年豊島の開発に着眼し、私財を投じて広大なる地域に桜を植樹して観光事業に寄与し、財団法人岡崎育英会を創設。現在まで小豆郡出身者に奨学金貸与事業を行っている。

事業の概要

1．奨学金の貸与
　香川県小豆郡出身で、経済的理由により、就学が困難な者に学資金を貸与する
2．貸与金額
　大学生月額20,000、高校生月額15,000円
3．貸与の実施
　大学生4名、高校生1名に年間合計114万円を貸与する（新規採用1名）
4．償還
　償還予定人数5名、償還予定額50万円

行政庁	沖縄県
目的	7
類型	13

公財 オリオンビール奨学財団

沖縄県豊見城市字豊崎1−411　代表理事　嘉手苅義男

- 法人コード　　　A024385
- 会員数　　　　　0
- 寄付金収入　　　29,521千円
- 会費収入　　　　0
- 経常収支　　　　経常収益合計　83,062千円
- 　　　　　　　　経常費用合計　83,062千円
- 公益目的事業費　75,890千円
- 収益事業　　　　無
- 主な財産　　　　預金等　12,670千円
- 　　　　　　　　負債　1,120千円
- 正味財産額　　　12,425千円
- 常勤理事　　　　0
- 職員・給与　　　6名・4,094千円
- 賃借料　　　　　1,880千円
- 使用したデータ　令和3年度

法人の概要

2016年8月設立・2017年4月公益法人登記。オリオンビール創立60周年記念事業として設立。地域貢献に寄与する事業をコンセプトに、返済義務のない奨学金を給付する「奨学金事業」、児童等の学習支援を行う「教育支援事業」を実施するため、その他貧困問題の根底にある様々な課題の解決に寄与する事業の実施により、沖縄県の未来に繋がる人材育成を目的とする。

事業の概要

1．奨学金事業
　　応募者39名から11名を支給対象者に決定し、志望大学入学者5名に各60万円を給付。継続者と合わせ、総額2,280万円を給付
2．教育支援事業
　　各地域の「子どもの居場所」（NPO法人等が経済的に厳しい児童等に勉強を教え、食事を提供したりする施設）に学生ボランティア派遣を行う「一般社団法人大学コンソーシアム沖縄」へ500万円を寄附
3．シングルマザー活躍推進基盤構築事業

目的 7

行政庁	福島県
目的	7
類型	13

公財 開成会

福島県郡山市開成3−14−7　代表理事　石田宏壽

- 法人コード　　　A024784
- 会員数　　　　　0
- 寄付金収入　　　106千円
- 会費収入　　　　0
- 経常収支　　　　経常収益合計　660千円
- 　　　　　　　　経常費用合計　435千円
- 公益目的事業費　152千円
- 収益事業　　　　経常収益　554千円
- 　　　　　　　　経常費用　212千円
- 主な財産　　　　預金等　756千円
- 　　　　　　　　土地　7,759千円
- 　　　　　　　　負債　0
- 正味財産額　　　8,515千円
- 常勤理事　　　　0
- 職員・給与　　　0・0
- 賃借料　　　　　0
- 使用したデータ　令和3年度

法人の概要

1977年10月設立・2015年4月公益法人登記。郡山市立開成小学校の「開物成務」の精神を継承して、有為な人材を育成開発し、社会の進展に寄与することを目的として設立。開成小学校の事務局に所在し、学校・社会教育機関団体との連絡提携を密に行っている。

「開物成務」とは、明治時代の国策事業「安積開拓」で開成地区を中心として開拓した中條政恒の生涯の宿志であり、開成小学校では「人間が本来持っている力を発揮し、お互い協力し合って、いろいろな問題を解明し、物事を立派に完成させること」ととらえている。

事業の概要

（公益目的事業）
学校のクラブ活動及び青少年の自治活動に対する奨励及び助成
　　(1)　中学校体育連盟助成（85,500円）
　　(2)　小学校特設関係助成（50,400円）
（収益事業）
基本財産運用収入（地代）

行政庁	神奈川県
目的	2，7
類型	3，16

公財 神奈川県青少年交響楽団

神奈川県横浜市神奈川区上反町1－10－7　代表理事　府川勝

- 法人コード　　　A021944
- 会員数　　　　　0
- 寄付金収入　　　610千円
- 会費収入　　　　0
- 経常収支　　　　経常収益合計　888千円
　　　　　　　　　経常費用合計　811千円
- 公益目的事業費　735千円
- 収益事業　　　　無
- 主な財産　　　　預金等　10,626千円
　　　　　　　　　負債　　0
- 正味財産額　　　11,016千円
- 常勤理事　　　　4名
- 職員・給与　　　4名・0
- 賃借料　　　　　0
- 使用したデータ　令和3年度

法人の概要

1972年9月設立・2013年10月公益法人登記。神奈川県青少年交響楽団は、1957年2月に、横浜市立吉田中学校音楽室で誕生した。当時

の名称は、「朝日ジュニアオーケストラ横浜教室」であった。そして、創立以来練習を重ね、定期的に演奏会を開催して、音楽を愛する青少年を育てる活動を行っている。神奈川県内の青少年を対象としたオーケストラ活動の振興を図るとともに、音楽を通じて青少年の健全な育成に寄与することを目的とする。

事業の概要

1．定期演奏会事業
(1)　第206回定期演奏会
神奈川県立音楽堂
『そりすべり』
組曲『ペレアスとメリザンド』op.80
交響曲第1番ハ長調 op.21
2．オーケストラ講習会事業
毎週日曜日に39回開催
3．研修会事業（中止）

目的 7

行政庁	北海道
目的	7
類型	13

公財 釧路ロータリー嵯峨記念育英会

北海道釧路市錦町5－3　代表理事　石田博司

- 法人コード　　　A006614
- 会員数　　　　　0
- 寄付金収入　　　0
- 会費収入　　　　0
- 経常収支　　　　経常収益合計　1,460千円
　　　　　　　　　経常費用合計　1,460千円
- 公益目的事業費　1,334千円
- 収益事業　　　　無
- 主な財産　　　　預金等　3,981千円
　　　　　　　　　負債　　6千円
- 正味財産額　　　52,220千円
- 常勤理事　　　　0
- 職員・給与　　　0・0
- 賃借料　　　　　0
- 使用したデータ　令和3年度

法人の概要

1961年12月設立・2011年4月公益法人登記。釧路ロータリークラブ創立会員嵯峨晃が、社会公共への奉仕の念に燃える優秀な学生に対

し、学費の援助を行ってその就学を遂げさせるため1961年に財団法人嵯峨青少年育英会として設立したものである。その後1975年に釧路ロータリークラブがその事業を引き継ぎ、同クラブの青少年奉仕活動の柱として取り組み継続発展させている。

事業の概要

1．奨学金の給付
(1)　社会奉仕の信念に燃える優秀な学生であるが、経済的理由によって就学困難な者で、2021年4月に釧路市内の高等学校に入学予定の者を対象とする
(2)　採用人数
2021年度　継続6名　新規5名
(3)　給付額－月額1万円3年間
＊2022年度以降月額2万円に変更
(4)　給付総額
2021年度　給付総額132万円

公財 熊本県武道振興会

熊本県熊本市中央区水前寺5-23-2　代表理事　河津修司

行政庁	熊本県
目的	7, 9
類型	3, 4, 11, 17

- 法人コード　　A006041
- 会員数　　　　0
- 寄付金収入　　0
- 会費収入　　　0
- 経常収支　　　経常収益合計　37,609千円
　　　　　　　　経常費用合計　40,053千円
- 公益目的事業費　20,163千円
- 収益事業　　　無
- 主な財産　　　預金等　15,069千円
　　　　　　　　負債　9,505千円
- 正味財産額　　7,645千円
- 常勤理事　　　0
- 職員・給与　　5名・21,262千円
- 賃借料　　　　751千円
- 使用したデータ　令和3年度

法人の概要

1972年3月設立・2013年4月公益法人登記。熊本県内武道の振興に関する事業および児童・青少年の育成指導に関する事業を行い、熊本県民の福祉向上に寄与するために設立。

事業の概要

1．武道の普及奨励に必要な事業
　武道普及の推進を図るため講習会及び稽古会、教室活動並びに演武会を開催。また個人の稽古及び大会のため施設を貸与
　(1)　各武道講習会（研修会）
　熊本県地域社会少林寺拳法指導者研修会
　熊本の武道史講演会～戦後から令和へ～
　(2)　武道稽古会（剣道、柔道、なぎなた、空手等）
　(3)　施設の貸与（個人、武道団体、警察等）
2．青少年の育成指導に必要な事業
　青少年の健全育成を図るために教室事業等を開催。教室活動を通じて、たくましい心と豊かな人間性を育み、社会に貢献できる人間となるための人格形成を目的とする
　①　少年武道教室、②　書道教室
　③　幼少年武道1日体験教室

公財 クロサワ育成財団

東京都中央区築地6-25-10　代表理事　黒澤厚

行政庁	内閣府
目的	7, 19
類型	4, 13

- 法人コード　　A024766
- 会員数　　　　0
- 寄付金収入　　19,287千円
- 会費収入　　　0
- 経常収支　　　経常収益合計　19,287千円
　　　　　　　　経常費用合計　21,442千円
- 公益目的事業費　17,096千円
- 収益事業　　　無
- 主な財産　　　預金等　4,689千円
　　　　　　　　負債　191千円
- 正味財産額　　4,953千円
- 常勤理事　　　0
- 職員・給与　　1名・0
- 賃借料　　　　774千円
- 使用したデータ　令和3年度

法人の概要

2017年6月設立・2018年4月公益法人登記。日本初のタイプライターの専門店「黒沢商会」の創業者黒澤禎治郎は、奉公時代独学で英語を学び、単身渡米し、タイプライターの製造技術から建築の基本技術まで習得した。利益は独占せず、「社会に還元する」ことが日本の繁栄につながるという信念をもっていたが、その精神を現代に復活し、社会とその基である環境へ広く貢献するために本財団が誕生した。自分の夢を未来につなげるために努力を惜しまない若者に奨学金を支給して人材を育成し、また生活環境の整備と拡充のために復興事業を支援することを目的とする。

事業の概要

1．人材育成のための奨学金の支給
　北海道、東北地方の国公立・私立大学、短期大学、大学院に在籍し、経済的事情により修学が困難な者に年間36万円で、採用後正規の修業期間給付。12名採用、計42名に支給
2．地域復興支援事業
　被災地（伊達市）復興支援（コロナ禍で中止）

目的
7

行政庁	群馬県
目的	7
類型	18

公財 群馬県ボーイスカウト振興財団

群馬県前橋市荒牧町2-12　代表理事　奈良橋俊宏

- 法人コード　　A022134
- 会員数　　　　74名
- 寄付金収入　　0
- 会費収入　　　979千円
- 経常収支　　　経常収益合計　979千円
　　　　　　　　経常費用合計　1,996千円
- 公益目的事業費　1,308千円
- 収益事業　　　無
- 主な財産　　　預金等　20,342千円
　　　　　　　　負債　0
- 正味財産額　　22,244千円
- 常勤理事　　　1名
- 職員・給与　　1名・882千円
- 賃借料　　　　0
- 使用したデータ　令和3年度

法人の概要

1988年7月設立・2014年4月公益法人登記。群馬県におけるスカウト運動普及し、その運動を通じて青少年の優れた人格を形成し、か

つ国際友愛精神の増進を図り、青少年の健全育成に寄与することを目的とし、その目的を達成するため、日本ボーイスカウト群馬県連盟が行う事業に対して一括して資金面での助成支援事業を行う。

事業の概要

1. 指導者養成事業補助　30万円
  (1) ボーイスカウト講習会・WB研修所運営費補助－大泉町公民館14名、他
  (2) ウッドバッジ研修スカウトコース
2. 事業補助　30万円
  (1) ボーイスカウトフェスティバル(中止)
  (2) アフターフォーラム
  (3) 防災キャラバン
  (4) VS、RS広域活動支援－RCJ会議、他
3. 海外派遣事業支援
  (1) 日韓スカウト交歓計画（中止）
  (2) 台北346団40周年記念品お礼

目的 7

行政庁	愛知県
目的	7
類型	13

公財 県立西尾高等学校同窓会奨学財団

愛知県西尾市桜町奥新田2－2　代表理事　杉田明弘

- 法人コード　　A024103
- 会員数　　　　0
- 寄付金収入　　1,584千円
- 会費収入　　　0
- 経常収支　　　経常収益合計　1,584千円
　　　　　　　　経常費用合計　1,584千円
- 公益目的事業費　1,516千円
- 収益事業　　　無
- 主な財産　　　預金等　25,214千円
　　　　　　　　負債　0
- 正味財産額　　25,214千円
- 常勤理事　　　0
- 職員・給与　　1名・51千円
- 賃借料　　　　0
- 使用したデータ　令和3年度

法人の概要

2015年9月設立・2018年5月公益法人登記。2018年に創立100周年を迎え「モノづくりからヒトづくりへ」を基本構想に掲げる西尾高

校の教育活動を支援する財団。同高校在学生対象の「修学奨学金」及び同高校企画主催の海外研修生派遣事業参加に対する「海外研修生派遣奨学金」（県内高校の在学生等も対象）の支給による人材育成を目的とする。

事業の概要

1. 修学奨学金事業
  経済的理由で就学が困難な生徒対象に支給
  (1) 支給基準額　一人当たり月額20,000円
  (2) 支給方法　年3回、4カ月分ずつ支給
  (3) 支給
  5月2年生1人、3年生2人　24万円(80,000×3人)
  8月2年生1人、3年生2人　24万円(80,000×3人)
  12月2年生1人、3年生2人　24万円(80,000×3人)
  3月2年生1人、3年生2人　24万円(80,000×3人)

公財 古泉財団

新潟県新潟市江南区西町1−2−1　代表理事　古泉肇

行政庁	新潟県
目的	1，7
類型	13

- 法人コード　A024344
- 会員数　0
- 寄付金収入　13,306千円
- 会費収入　0
- 経常収支　経常収益合計　13,306千円
　　　　　　経常費用合計　13,765千円
- 公益目的事業費　10,071千円
- 収益事業　無
- 主な財産　預金等　6,850千円
　　　　　　負債　142千円
- 正味財産額　6,708千円
- 常勤理事　0
- 職員・給与　2名・600千円
- 賃借料　396千円
- 使用したデータ　令和3年度

法人の概要

2016年1月設立。2017年2月公益法人登記。代表者は亀田製菓株式会社の創業者の息子で、現在はエイケイグループ会長。日本の経済大国への成長には高い教育水準の役割は大きく、我が国の成長を維持発展させ豊かな社会を形成するためにも、引続き有能な人材を育成していく必要があると考え、新潟県内の大学生への学資の援助を実施している。

事業の概要

1．奨学金事業
(1) 2020年10月1日から2021年3月31日まで32名に対し奨学金を支給。当該期間に対応する支払奨学金は384万円（一人当たり月額2万円×6カ月×32名）
(2) 2021年4月1日から2021年9月30日まで44名（継続25名・新規19名）に対し、奨学金を支給した。当該期間に対応する支払奨学金は、528万円（一人当たり月額2万円×6カ月×44名）

なお現在指定校は、新潟大学、上越教育大学、長岡技術科学大学、他16校

公財 湖国協会

東京都武蔵野市西久保2−15−30　代表理事　山中隆太郎

行政庁	内閣府
目的	7
類型	18

- 法人コード　A017798
- 会員数　0
- 寄付金収入　20千円
- 会費収入　0
- 経常収支　経常収益合計　55,248千円
　　　　　　経常費用合計　51,192千円
- 公益目的事業費　50,903千円
- 収益事業　無
- 主な財産　預金等　50,154千円
　　　　　　土地　26,517千円
　　　　　　建物　543,111千円
　　　　　　負債　494,746千円
- 正味財産額　8,860千円
- 常勤理事　2名
- 職員・給与　1名・6,528千円
- 賃借料　0
- 使用したデータ　令和3年度

法人の概要

1960年4月設立・2012年4月公益法人登記。創設者は服部岩吉滋賀県知事。東京都及びその近郊の大学に在学し経済的に恵まれない滋賀県出身男女学生のために、出身学生に対する修学援助及び奨励の趣旨で県及び県出身財界人の寄付金で設立。以来半世紀にわたり滋賀県出身の青雲の志を持った1,500名以上の人材を広く各界に送り出す。寮での共同生活、寮祭などを通して人間関係の醸成や社会参画のための基礎的な力を会得させる。

事業の概要

1．寮生の人数
2021年度開始時 男子37名女子30名計67名、2022年度新入寮生 男子5名、女子8名計13名
2．募集活動
県内高校と全国滋賀県人会にパンフレットとチラシを郵送、県内・近隣府県主要進学校での募集ポスター掲示とパンフレット配布
3．寮生参加行事
入寮式（寮祭等の主要行事中止）

公財 志・建設技術人材育成財団

行政庁	兵庫県
目的	7
類型	13

兵庫県高砂市曽根町2257-1　代表理事　渡邊健一

- **法人コード**　A024972
- **会員数**　0
- **寄付金収入**　13,524千円
- **会費収入**　0
- **経常収支**　経常収益合計　13,524千円
　　　　　　　経常費用合計　15,526千円
- **公益目的事業費**　14,841千円
- **収益事業**　無
- **主な財産**　預金等　14,953千円
　　　　　　　負債　0
- **正味財産額**　15,163千円
- **常勤理事**　0
- **職員・給与**　0・0
- **賃借料**　0
- **使用したデータ**　令和3年度

法人の概要

2018年2月設立・2018年7月公益法人登記。
代表者は株式会社ソネック（東証スタンダード上場）取締役相談役。「建設系の学部・学科で学んだ知識を何らかの形で将来に役立ててほしい」との渡邊代表理事の思いから、未来の建設産業界を担っていく熱い「志」をもち、兵庫県内での活躍を目指す建設系学部で学ぶ大学生に対して奨学援助を行うことにより、人材を育成することを目的として設立。

事業の概要

1．奨学金給付
　奨学生と認定した大学生に年額50万円の奨学金の給付（大学在学中最大4年間、計200万円）。2021年度は6人を奨学生と認定
2．セミナー
　奨学生が参加して工事現場等施設の見学や講師を招聘しての講演を実施し、当財団奨学生の人間力及び技術知識向上を図るためにセミナーを実施。2021年度は2回実施
3．事業啓発
　奨学金制度周知のため、パンフレットを作成、県内国公私立全日制高校192校へ配付

目的 7

公財 駒形育英会

行政庁	栃木県
目的	7
類型	13

栃木県佐野市あくと町4201　代表理事　駒形忠晴

- **法人コード**　A024964
- **会員数**　0
- **寄付金収入**　0
- **会費収入**　0
- **経常収支**　経常収益合計　48千円
　　　　　　　経常費用合計　182千円
- **公益目的事業費**　129千円
- **収益事業**　無
- **主な財産**　預金等　26,619千円
　　　　　　　有価証券　1,800千円
　　　　　　　負債　0
- **正味財産額**　28,420千円
- **常勤理事**　0
- **職員・給与**　1名・0
- **賃借料**　0
- **使用したデータ**　令和元年度

法人の概要

1963年12月設立・2014年4月公益法人登記。
主として栃木県佐野市出身の学生で、経済的理由により修学困難な者に対する育英事業を行い、もって将来社会に貢献しうる有用な人材を育成することを目的とする。

事業の概要

1．学資金の給与
(1)　2017年度奨学生2名（高校生）
　計120,000円を支給
(2)　2019年度奨学生については、募集するも推薦なし
(3)　2020年度奨学生については、佐野市内の中学校・高校に連絡し、各学校の担当者に奨学制度の内容と趣旨を説明し奨学生の紹介を依頼するも、推薦はなかった

公財 サカタ財団

神奈川県横浜市都筑区仲町台2－7－1　代表理事　坂田宏

行政庁	内閣府
目的	7
類型	13

- **法人コード**　A025213
- **会員数**　　　0
- **寄付金収入**　25,000千円
- **会費収入**　　0
- **経常収支**　　経常収益合計　25,000千円
　　　　　　　　経常費用合計　24,730千円
- **公益目的事業費**　23,615千円
- **収益事業**　　無
- **主な財産**　　預金等　25,946千円
　　　　　　　　負債　222千円
- **正味財産額**　25,752千円
- **常勤理事**　　0
- **職員・給与**　1名・840千円
- **賃借料**　　　165千円
- **使用したデータ**　令和3年度

法人の概要

2019年5月設立・2020年2月公益法人登記。サカタのタネグループ創業家の一員である坂田宏が代表理事を務める財団で、奨学金助成事業を営む。人口増加・食糧問題などの社会課題の解決には、農園芸業や種苗業に新しい視点と行動力で取り組む若い人材が必須であるが、このような人材は国際的にも不足しているのが現状で、この問題を解決することも急務であり、人材問題解決のため学業優秀な学生（留学生を含む）または社会に資する有為な学生を奨学金授与の対象とする。

事業の概要

1．目的－社会的に有為な人材の育成支援
2．支給金額　月額70,000円
3．募集対象者
　(1) 大学2年生であり、学業優秀な者
　(2) 修士課程1年生に在籍する者他
4．支給期間
　(1) 2021年7月から学士課程修了月まで
　(2) 2021年7月から修士課程修了月まで
5．採用－応募者数88名（前年69名）、第3期奨学生10名採用、合計30名

公財 姉水会奨学財団

滋賀県長浜市宮部町2410　代表理事　大塚敬一郎

行政庁	滋賀県
目的	7
類型	13

- **法人コード**　A025289
- **会員数**　　　0
- **寄付金収入**　2,948千円
- **会費収入**　　0
- **経常収支**　　経常収益合計　2,948千円
　　　　　　　　経常費用合計　2,948千円
- **公益目的事業費**　1,553千円
- **収益事業**　　無
- **主な財産**　　預金等　35,583千円
　　　　　　　　負債　0
- **正味財産額**　35,583千円
- **常勤理事**　　0
- **職員・給与**　0・0
- **賃借料**　　　0
- **使用したデータ**　令和3年度

法人の概要

2019年12月設立・2020年6月公益法人登記。滋賀県立虎姫高等学校の同窓会である姉水会が、母校の創立100周年を記念すると同時に、母校が国際バカロレア（以下IB）認定校になったのを機に、IBディプロマプログラム（IBDP）の生徒の修学支援を主たる目的に設立した財団である。IBは現在世界158ヵ国、約5,000の大学への入学資格・成績証明書として認められており、日本では政府の再興戦略の中でIB認定校200校を目標にしているが、同校認定の時点ではまだ72校であった。

事業の概要

1．国際バカロレア奨学金
　虎姫高校の在学生でIBDPを履修する者に対し、資格取得試験の受験料や海外留学費用、タブレット端末等の授業で使用する教材費の給付（20万円以内）
2．修学奨学金
　経済的理由により修学困難な者に対し、学費、教材費、大学受験費用など修学資金の一部を給付（20万円以内）

目的 7

公財 自然の恵み財団

静岡県静岡市葵区伝馬町24-15　代表理事　神野建二

行政庁	内閣府
目的	7
類型	13

- 法人コード　　A024584
- 会員数　　　　0
- 寄付金収入　　8,400千円
- 会費収入　　　0
- 経常収支　　　経常収益合計　8,400千円
　　　　　　　　経常費用合計　8,183千円
- 公益目的事業費　7,420千円
- 収益事業　　　無
- 主な財産　　　預金等　3,657千円
　　　　　　　　負債　　0
- 正味財産額　　3,657千円
- 常勤理事　　　0
- 職員・給与　　2名・0
- 賃借料　　　　0
- 使用したデータ　令和3年度

法人の概要

2017年9月設立・2018年4月公益法人登記。食品、農水産物及び栄養学の分野を専攻する人材の育成を行うことにより、食品産業の発展に寄与するとともに、豊かな食生活及び国民の健康の増進に貢献することを目的として設立。財団の母体である東海澱粉㈱は、食品原材料を国内外から調達し食品加工業者へ販売を行っている食品総合卸売業者である。70周年を迎えたことを機に当財団を設立。

事業の概要

本法人は、人びとの実り豊かな食生活と、健やかな暮らしを願い、次代の食品産業界を担う人材育成に寄与している。
1．食品、農水産物及び栄養学の分野を専攻する学生に対する奨学金の給付
  (1) 応募資格－指定校制、年間5名程度
  ① 入学試験の成績が優秀か、または
  ② 出身高等学校の評定平均値3.5以上
  (2) 月額3万円を原則4年間（返済義務なし）
2．奨学金給付明細
　　継続10名新規5名　各36万円、計540万円

目的 7

公財 ジュニアゴルファー育成財団

東京都台東区東上野1-14-7　代表理事　石橋保彦

行政庁	内閣府
目的	7, 9
類型	13

- 法人コード　　A024292
- 会員数　　　　0
- 寄付金収入　　100,000千円
- 会費収入　　　0
- 経常収支　　　経常収益合計　100,000千円
　　　　　　　　経常費用合計　101,511千円
- 公益目的事業費　84,015千円
- 収益事業　　　無
- 主な財産　　　預金等　36,256千円
　　　　　　　　負債　　24,371千円
- 正味財産額　　11,884千円
- 常勤理事　　　1名
- 職員・給与　　2名・9,290千円
- 賃借料　　　　6,755千円
- 使用したデータ　令和3年度

法人の概要

2013年4月設立・2014年4月公益法人登記。ジュニアゴルファーの健全な育成を通してゴルフ人口の拡大に努め、我が国におけるゴルフ文化の浸透に寄与することを目的として設立。フェアプレーの精神を重んじるスポーツであるゴルフを広く普及させることにより、青少年がプレーを通して公平さと協調性を学び、自立心、自己責任、忍耐と決断の精神を養うことを目的として活動している。

事業の概要

1．団体助成
　　ジュニアゴルファーの育成を行う団体への助成金の支給
　　助成件数95件、助成総額43,886千円
2．個人助成
　　競技個人者への助成金の支給
　　助成件数259件、助成金総額16,310千円
3．用具助成
　　日本におけるゴルフ競技の普及のために、小・中・高校にゴルフ用具を寄贈した
　　助成件数37件、助成金総額7,540千円

行政庁	和歌山県
目的	7
類型	13

公財 新宮奨学会

和歌山県新宮市船町2－5－6　代表理事　植松浩

- 法人コード　　　A009031
- 会員数　　　　　0
- 寄付金収入　　　0
- 会費収入　　　　0
- 経常収支　　　　経常収益合計　300千円
　　　　　　　　　経常費用合計　320千円
- 公益目的事業費　300千円
- 収益事業　　　　無
- 主な財産　　　　預金等　21,898千円
　　　　　　　　　負債　　0
- 正味財産額　　　21,898千円
- 常勤理事　　　　1名
- 職員・給与　　　0・0
- 賃借料　　　　　0
- 使用したデータ　令和3年度

法人の概要

1968年7月設立・2011年2月公益法人登記。
経済的理由により修学が困難な者に対し、奨
学金を給付することを目的に設立された法人

である。和歌山県新宮市にある木材会社の
オーナーが、新宮市及びその周辺町村出身者
に対する学資金等の給与を目的に50年前に設
立し、現在まで続いている。

事業の概要

1．学資金の給与及び一時金の支給事業
　　2021年度は、高校生3名に対し、各10万円
　を給付した
2．学資金を受ける学生の補導事業

行政庁	大分県
目的	7
類型	18

公財 すみれ学級

大分県大分市大字中戸次4241－33　代表理事　藤井富生

- 法人コード　　　A024135
- 会員数　　　　　295名
- 寄付金収入　　　18,680千円
- 会費収入　　　　0
- 経常収支　　　　経常収益合計　26,737千円
　　　　　　　　　経常費用合計　28,647千円
- 公益目的事業費　21,888千円
- 収益事業　　　　無
- 主な財産　　　　預金等　4,949千円
　　　　　　　　　負債　2,452千円
- 正味財産額　　　3,560千円
- 常勤理事　　　　0
- 職員・給与　　　41名・16,865千円
- 賃借料　　　　　743千円
- 使用したデータ　令和3年度

法人の概要

2017年5月設立・2018年4月公益法人登記。
こどもにひもじい思いをさせない、教育格差
による貧困の世代間格差を断ち切るために、

無料で食事の提供と学習支援を行い、安心し
て過ごせる居場所として設立。様々な事情の
中で育つ地域のこどもたちが自らの可能性を
拡げ、自己実現ができるよう育成していくこ
とを目的とする。

事業の概要

小・中学生を対象に無料・予約不要で、食事
の提供と学習支援、居場所づくりを行うこど
も食堂を開催。利用する小学4年生以上の女
子児童に生理用品を無償配布。大分大学経済
学部と「授業における体験活動」の協定を結
び、大学生の実習の場として提供。大分市3
か所・別府市2か所・豊後大野市1か所で開
催。2021年度の開催日数延べ818日。参加児
童・生徒数5,173人。食事提供6,648食。コロ
ナ禍で活動を一時休止した際、食品の宅配や
フードパントリーを実施。

	行政庁	内閣府
公財 セディア財団	目的	3, 5, 6, 7
東京都中央区築地 5 − 6 − 10　代表理事　渡邊元	類型	2, 3, 4, 14, 15

- 法人コード　　　A023206
- 会員数　　　　　0
- 寄付金収入　　　40,588千円
- 会費収入　　　　0
- 経常収支　　　　経常収益合計　40,589千円
　　　　　　　　　経常費用合計　40,689千円
- 公益目的事業費　34,920千円
- 収益事業　　　　無
- 主な財産　　　　預金等　71,089千円
　　　　　　　　　負債　3千円
- 正味財産額　　　71,343千円
- 常勤理事　　　　0
- 職員・給与　　　0・0
- 賃借料　　　　　130千円
- 使用したデータ　令和3年度

法人の概要

2013年4月設立・2013年8月公益法人登記。自然環境の源である水の大切さから環境保護を学び、恵まれた大自然の中での自然体験、野外活動、農業体験及びスポーツを通じて健康で活力に満ちた心身とともに豊かな人間を育てることで、時代を担う青少年の育成、高齢者生涯現役の持続、障がい者の自立支援を図ることを目的とする。事務所は渡辺パイプ㈱内におかれている。

事業の概要

1．自然体験、野外活動及び農業体験事業
　青少年育成・高齢者生涯学習事業
　(1)　地球環境を考える田植え体験（小諸市他）
　(2)　棚田で稲刈り（小諸市菱野地区棚田）
2．スポーツ教室及び競技会の開催
　視覚障がい者スキー教室・ブラインドスキー大会支援（アサマ2000パーク）
3．水に関するかべ新聞コンテスト事業
　第7回セディア財団全国小学生「わたしたちのくらしと水」かべ新聞コンテスト2021
　応募総数5,784点、応募校数208校

	行政庁	内閣府
公財 ZEN CLUB	目的	7
愛知県名古屋市名東区一社 3 − 7　代表理事　浅野重昭	類型	13

- 法人コード　　　A024724
- 会員数　　　　　0
- 寄付金収入　　　0
- 会費収入　　　　0
- 経常収支　　　　経常収益合計　7,390千円
　　　　　　　　　経常費用合計　7,405千円
- 公益目的事業費　7,278千円
- 収益事業　　　　無
- 主な財産　　　　預金等　7,128千円
　　　　　　　　　負債　0
- 正味財産額　　　11,083千円
- 常勤理事　　　　0
- 職員・給与　　　0・0
- 賃借料　　　　　0
- 使用したデータ　令和3年度

法人の概要

2017年9月設立・2018年5月公益法人登記。実業家の麦島善光（不動産、建設、生活支援を行うZENホールディングスの創業者）が、日本から海外に留学する学生に対する奨学援助を行い、グローバル社会において各分野を牽引できる能力を備えたグローバル人材を育成するために設立した公益法人である。

事業の概要

1．海外留学予定者に対する奨学金給付事業
　(1)　応募資格は、日本全国の高校、大学、大学院に在籍し、海外へ留学予定の学生
　(2)　グローバル人材としての能力を身につけることに意欲的な学生
　(3)　給付金額は、月額10万円（オンライン留学の場合は月額5万円）で、留学期間の終了または給付総額が200万円に達した時点で給付終了とする
　(4)　2021年は、18名の応募があり、10名採用
2．2021年度の給付人数計12名、給付額計715万円

行政庁	内閣府
目的	3，7
類型	2, 3, 5, 13, 14, 18

公財 全国青少年教化協議会

東京都中央区築地 3－7－5　代表理事　服部秀世

- 法人コード　　　A018074
- 会員数　　　　　706名
- 寄付金収入　　　3,795千円
- 会費収入　　　　7,178千円
- 経常収支　　　　経常収益合計　76,339千円
　　　　　　　　　経常費用合計　76,337千円
- 公益目的事業費　65,679千円
- 収益事業　　　　無
- 主な財産　　　　預金等　15,556千円
　　　　　　　　　負債　4,302千円
- 正味財産額　　　23,937千円
- 常勤理事　　　　1名
- 職員・給与　　　4名・15,983千円
- 賃借料　　　　　4,112千円
- 使用したデータ　令和3年度

法人の概要

1963年6月設立・2013年12月公益法人登記。
代表者は、曹洞宗宗務総長。仏教教団60余宗
派と関連企業が協力し、青少年の豊かな生活
と未来を願い設立。2013年が創立50周年。子
どものころから仏教に親しみ、世の中の変転
に押し流されず、たくましい心をもつ人間に
育ってほしいと、諸事業展開。2008年に付属
機関「臨床仏教研究所」を立上げ、僧侶や仏
教者の役割を研究し活動者養成に取り組む。

事業の概要

1．仏教子ども会活動の推進のための成道会
　全国こども大会の開催（全国60会場で開催
　し、参加者は約10,000人、うち児童6,500人）
2．「ぴっぱら国際児童基金」の運営
　インドのスラムや路上で暮らす子ども、山
　岳部遊牧民の子ども等、経済的貧困で教育
　を受けることが出来ない子どもの里親とな
　り、また会員等の支援金を基に奨学金を支
　給。2021年度インド国内31名が里子となる
3．臨床仏教師養成プログラム
　専門的な知識や実践経験をもとに行動する
　臨床仏教師を養成するプログラムを実施

行政庁	内閣府
目的	7
類型	13

目的 7

公財 大黒天財団

岡山県倉敷市西中新田297－1　代表理事　大賀昭司

- 法人コード　　　A024655
- 会員数　　　　　0
- 寄付金収入　　　15,400千円
- 会費収入　　　　0
- 経常収支　　　　経常収益合計　24,100千円
　　　　　　　　　経常費用合計　21,679千円
- 公益目的事業費　20,096千円
- 収益事業　　　　無
- 主な財産　　　　預金等　5,638千円
　　　　　　　　　負債　3,000千円
- 正味財産額　　　1,559,638千円
- 常勤理事　　　　0
- 職員・給与　　　0・0
- 賃借料　　　　　0
- 使用したデータ　令和3年度

法人の概要

2015年2月設立、2016年10月公益法人登記。
本財団は、流通の科学大黒天物産株式会社の
創業者である大賀昭司が設立した。大黒天物
産は、流通革命により食を通して「人々の暮
らしを豊かにしたい」という念いのもとで経
営されているが、同物産の創業者大賀昭司は、
「21世紀の流通革命によって、人々のくらし
を豊かに変えていくこと」を志とする人材の
育成を目的に本奨学金財団を設立した。給付
型奨学金である。

事業の概要

1．学生及び生徒に対する奨学金の支給
　(1)　応募資格（3要件を満たす者）
　①　大学、短期大学、専門学校またはそれ
　に準じる学校（私塾）の正規課程在学者
　②　向学心に富み、学業優秀、品行方正
　③　学資の支弁が困難と認められる者
　(2)　給付額－月5万円、年60万円
　(3)　期間－1年間、但し継続を認める
　(4)　選考－書類選考と面接試験
　2021年度は、6名選考、前年までの選考者
　25名と合わせて31名に1,860万円給付

公財 動物環境・福祉協会Eva

東京都渋谷区鶯谷町15-10　代表理事　松山基栄

行政庁	内閣府
目的	7, 14
類型	3, 4, 14, 18

- 法人コード　　A024616
- 会員数　　　　701名
- 寄付金収入　　16,606千円
- 会費収入　　　13,602千円
- 経常収支　　　経常収益合計　42,772千円
　　　　　　　　経常費用合計　39,016千円
- 公益目的事業費　28,373千円
- 収益事業　　　経常収益　10,559千円
　　　　　　　　経常費用　7,036千円
- 主な財産　　　預金等　29,281千円
　　　　　　　　負債　2,520千円
- 正味財産額　　31,294千円
- 常勤理事　　　1名
- 職員・給与　　3名・11,235千円
- 賃借料　　　　2,574千円
- 使用したデータ　令和3年度

法人の概要

2014年2月設立・2015年3月公益法人登記。タレントの杉本彩（松山基栄）が理事長を務める動物愛護団体。動物の健康と命の尊厳を守るために、動物の幸せとは何かを動物の目線で考え、最善を尽くすよう努めることを理念とし、動物の環境と福祉の整備を図るとともに、動物愛護精神の啓発に関する事業を行うことにより、人々が動物の生命の尊厳を守り、人と動物が共生することのできる思いやりのある社会の実現に寄与することを目的とする。「ペット流通」「動物虐待」多頭飼育崩壊」など動物問題について啓発、ひどい動物虐待事案では刑事告発も行っている。

事業の概要

1. 講演会、講習会、相談会、セミナー開催
　京都動物愛護センター「飼う前に考えよう」
　兵庫県弁護士会「人と動物の共生を目指して」他多数
2. チャリティーイベント等各種催事の開催
3. 出版・広報活動
　youtube啓発動画Evaチャンネル等

目的 7

公財 長崎東同窓会奨学会

長崎県長崎市立山5-13-1　代表理事　波多野徹

行政庁	長崎県
目的	7
類型	13

- 法人コード　　A024374
- 会員数　　　　0
- 寄付金収入　　3,100千円
- 会費収入　　　0
- 経常収支　　　経常収益合計　3,100千円
　　　　　　　　経常費用合計　3,128千円
- 公益目的事業費　3,030千円
- 収益事業　　　無
- 主な財産　　　預金等　29,075千円
　　　　　　　　負債　919千円
- 正味財産額　　28,155千円
- 常勤理事　　　0
- 職員・給与　　0・0
- 賃借料　　　　114千円
- 使用したデータ　令和3年度

法人の概要

2016年7月設立・2017年4月公益法人登記。代表者は波多野アンドパートナーズ会計事務所代表社員。長崎東高は2018年創立70周年を迎え、母校のために大きな礎となる事業をすべきであるという気運の元に創設。同窓生を中心に寄附を募り、東高生の教育を支援する。東高生に関わる活動に助成金を交付する「未来人材育成基金」等の活動を行う。

事業の概要

1. 教育支援事業
　元国連・ユニセフ駐日代表で長崎大学溝田勉名誉教授を招聘し、英語スピーチコンテストの指導や、自然環境や平和に関するテーマを自ら掘り下げて探求する講座を支援
2. 欧州派遣代替事業の支援
　東京都美術館で開催中の「フェルメールと17世紀オランダ絵画展」の鑑賞の旅の支援
3. ハワイ大学とのオンライン平和探求支援
4. 募金活動
　6月の会報発行時に寄付金を募った結果、合計246人・法人476口の寄附があり、累計で978人、総額45,876千円の寄付を集めた

公財 中野区教育振興会

東京都中野区野方 1 −35− 3　代表理事　安藤文隆

行政庁	東京都
目的	1，2，7，9
類型	1，4，13，14，18

- 法人コード　　　A008538
- 会員数　　　　　189名
- 寄付金収入　　　2,797千円
- 会費収入　　　　1,313千円
- 経常収支　　　　経常収益合計　12,371千円
　　　　　　　　　経常費用合計　12,310千円
- 公益目的事業費　7,389千円
- 収益事業　　　　経常収益　5,422千円
　　　　　　　　　経常費用　4,252千円
- 主な財産　　　　預金等　2,864千円
　　　　　　　　　投資有価証券　20,086千円
　　　　　　　　　負債　48千円
- 正味財産額　　　23,394千円
- 常勤理事　　　　0
- 職員・給与　　　7 名・6,608千円
- 賃借料　　　　　0
- 使用したデータ　令和 3 年度

法人の概要

1966年 8 月設立・2013年 4 月公益法人登記。

中野区の教育の振興とその普及向上を図ることは区民の生活文化を向上発展させる基礎であるとの考えから、その目的達成のために区民の有志によって創設されたボランティア団体である。戦後の混乱期、児童・生徒の教科書や教師の参考図書さえも手に入らない中、中野の子供の教育に危機感を感じて起業家、教師、議員等が立ち上がって創設された。

事業の概要

1．高等学校の在籍生徒への奨学金給付事業
　　奨学生延343人に各月額11,000円を給付
　　公立高校の無償化にともない、授業料の他に
　　必要とされる経費も使途範囲に含むとした
2．学習及び研究奨励に対する給付事業
　　小・中学校の教育研究会に活動費一部助成
　　小教研10万円、中教研 7 万円
3．会報の発行　年 4 回各800部
4．史跡に関する生涯学習事業
　　区内の歴史文化資源めぐりを実施

公財 日本こども教育財団

宮城県仙台市青葉区国分町 1 − 6 −18　代表理事　秦慎太郎

行政庁	内閣府
目的	7
類型	3，4，13，14

- 法人コード　　　A024768
- 会員数　　　　　20名
- 寄付金収入　　　0
- 会費収入　　　　0
- 経常収支　　　　経常収益合計　0
　　　　　　　　　経常費用合計　0
- 公益目的事業費　0
- 収益事業　　　　無
- 主な財産　　　　預金等　3,031千円
　　　　　　　　　負債　31千円
- 正味財産額　　　3,000千円
- 常勤理事　　　　1 名
- 職員・給与　　　0 ・0
- 賃借料　　　　　0
- 使用したデータ　令和 2 年度

法人の概要

2013年 5 月設立・2016年 4 月公益法人登記。
世界の子ども達の教育・成長支援を目的として設立。何らかの経済的理由で将来性あるこ

ども達が教育の機会を失うことがないように、全国の人々と協力してこれらのこども達を支援している。具体的には、電力ファンディング・新聞ファンディング・クラウドファンディングなどのシステムを活用し、調達した資金を地方公共団体や各種ボランティア団体に寄付し、また本団体が自ら企画したプロジェクトを実行している。

事業の概要

1．経済的支柱を失ったこどもへの教育支援
　　学習意欲がありながら勉学手段に恵まれないこども達に対して教育支援を行い、また教育支援を行っている諸団体を支援する
2．一般のこども達に対する支援
　(1)　教育委員会などの後援を受けながら小学生英語弁論大会を開催
　(2)　大学など諸団体と協力してこども科学教室・ロボット教室などを開催
　※2020年度はコロナ禍のため事業なし

目的
7

行政庁	内閣府
目的	7
類型	3, 6, 18

公財 日本修学旅行協会

東京都中央区日本橋馬喰町1−1−2　代表理事　竹内秀一

- 法人コード　　　　A016695
- 会員数　　　　　　85名
- 寄付金収入　　　　30,000千円
- 会費収入　　　　　4,250千円
- 経常収支　　　　　経常収益合計　48,578千円
　　　　　　　　　　経常費用合計　48,930千円
- 公益目的事業費　　41,536千円
- 収益事業　　　　　無
- 主な財産　　　　　預金等　18,690千円
　　　　　　　　　　負債　2,235千円
- 正味財産額　　　　22,487千円
- 常勤理事　　　　　2名
- 職員・給与　　　　13名・17,621千円
- 賃借料　　　　　　5,272千円
- 使用したデータ　　令和3年度

法人概要

1952年12月設立・2013年4月公益法人登記。学習指導要領では、修学旅行などの「旅行・集団宿泊的行事」は、「平素と異なる生活環境にあって、見聞を広め、自然や文化などに親しむ」とともに、長時間仲間とともに過ごし、旅行先の人々と交流する、すなわち生徒が集団のなかで学び、社会と接することを通して学ぶ極めて貴重な時間とされている。本法人は、初等中等教育における教育活動としての旅行、集団・宿泊行事である修学旅行等が円滑かつ適正に実施されるよう図るとともに、海外からの青少年の訪日修学旅行等の受入などを通し国際理解並びに国際交流が一層進展をすることを図り、初等中等教育の一層の振興に寄与することを目的としている。

事業の概要

1. 全国中学・高校の国内修学旅行実態調査
2. 修学旅行研究発表会
　修学旅行研究校を委嘱し、研究発表会開催「コロナ禍の修学旅行〜複数回変更を経て」
3. 月刊誌「教育旅行」（デジタル版）
4. 修学旅行計画輸送の推進と調整業務

目的 7

行政庁	内閣府
目的	1, 7
類型	3, 14, 18

公財 日本進路指導協会

東京都千代田区神田錦町1−8−1　代表理事　田中壮一郎

- 法人コード　　　　A017000
- 会員数　　　　　　421名
- 寄付金収入　　　　0
- 会費収入　　　　　489千円
- 経常収支　　　　　経常収益合計　16,721千円
　　　　　　　　　　経常費用合計　16,240千円
- 公益目的事業費　　5,751千円
- 収益事業　　　　　無
- 主な財産　　　　　預金等　19,664千円
　　　　　　　　　　負債　6,964千円
- 正味財産額　　　　13,900千円
- 常勤理事　　　　　1名
- 職員・給与　　　　5名・4,068千円
- 賃借料　　　　　　2,860千円
- 使用したデータ　　令和3年度

法人の概要

1932年5月設立・2013年4月公益法人登記。1927年に青少年の職業指導の普及・発達を目的に、文部省の後援で創設された「大日本職業指導協会」が前身。「一人一人の社会的・職業的自立に向け、必要な基盤となる能力と態度を育てることを通して、キャリア教育の発達を促す」という理念のもと、進路指導・キャリア教育の普及・発展に務めている。

事業の概要

1. 進路指導に関する調査研究
　研究委託校の委嘱による調査研究
　(1) 茨城県久慈郡大子町立依上小学校
　(2) 東京都台東区御徒町台東中学校
2. 進路指導に関する研修会・講演会等開催
　(1) 第69回進路指導・キャリア教育研究協議会全大会の開催（誌上発表）、他
3. 協会賞・功績者表彰の授賞者の選定
4. 進路指導に関する関係諸団体との提携
5. 進路指導に関する資料の収集及び展示
6. 進路指導に関する図書、資料、雑誌出版「進路指導」第94巻2〜4号、95巻1号
7. 児童・生徒の進路選択等の指導・援助

行政庁	内閣府
目的	7, 9
類型	1,2,3,4,6,8,14,15

公財 日本フラッグフットボール協会

東京都世田谷区深沢 7-1-1　代表理事　岡出美則

- ▪法人コード　　　　A020453
- ▪会員数　　　　　　0
- ▪寄付金収入　　　　1,500千円
- ▪会費収入　　　　　0
- ▪経常収支　　　　　経常収益合計　13,615千円
- 　　　　　　　　　　経常費用合計　13,615千円
- ▪公益目的事業費　　13,223千円
- ▪収益事業　　　　　無
- ▪主な財産　　　　　預金等　8,311千円
- 　　　　　　　　　　負債　0
- ▪正味財産額　　　　9,176千円
- ▪常勤理事　　　　　0
- ▪職員・給与　　　　2名・0
- ▪賃借料　　　　　　171千円
- ▪使用したデータ　　令和3年度

法人の概要

2010年4月設立。2013年1月公益法人登記。教育として推進していた「全日本フラッグフットボール協会」と競技として運営してい

た「日本フラッグフットボール連盟」が統合して設立された。同競技の普及発展を通じて、幸福な未来つくりに関わることを目的とし、人々が個人の特質やライフスタイルに合わせた楽しみ方・参加の機会を体験できる環境を造るために活動している。同競技はアメリカンフットボールを起源とし、2020年度より小学校体育の新学習指導要領で採用。

事業の概要

1. 小学校教師向教材の配布
   フラッグフットボールの「スタートブック」をHPで公開、冊子4,010部1,000校に配布
2. 小学生向副読本「作戦ブック」作成寄贈
   14万部寄贈、500校フラッグ（用具）同梱
3. 国内競技大会の開催
   NFLフラッグフットボール選手権、フラッグフットボール日本選手権大会を日本アメリカンフットボール協会と共催で開催

行政庁	山形県
目的	1, 7
類型	14

公財 長谷川学事奨励基金

山形県山形市あかね丘 1-9-1　代表理事　石田修

- ▪法人コード　　　　A018992
- ▪会員数　　　　　　0
- ▪寄付金収入　　　　0
- ▪会費収入　　　　　0
- ▪経常収支　　　　　経常収益合計　1,049千円
- 　　　　　　　　　　経常費用合計　1,112千円
- ▪公益目的事業費　　966千円
- ▪収益事業　　　　　無
- ▪主な財産　　　　　預金等　6,447千円
- 　　　　　　　　　　負債　0
- ▪正味財産額　　　　25,735千円
- ▪常勤理事　　　　　0
- ▪職員・給与　　　　0・0
- ▪賃借料　　　　　　0
- ▪使用したデータ　　令和3年度

法人の概要

1960年9月設立・2013年3月公益法人登記。山形市立商業高等学校の教育振興を図り、学校発展に寄与することを目的とする。学業等

奨励金を付与する財団であるが、奨励対象が、山形市立商業高等学校に特定されている。

事業の概要

1. 山形市立商業高等学校の職員・生徒・卒業生を対象として教育振興の功績顕著な者に対する援助・ほう賞事業
   (1) ほう賞の授与
   ① 商業実務競技大会において全国・東北大会の上位入賞者-11名
   ② 運動競技において、全国・東北大会の上位入賞者-5名
   ③ 全生徒の模範となる行為をした者
   1級合格4種目以上の資格取得者-59名
   全生徒の模範となる行為をした者-卒業生1名
   ④ 顕著な業績をあげた指導者-6名

目的
7

公財 バンダイコレクション財団

行政庁	内閣府
目的	3, 7, 19
類型	10

東京都台東区駒形1-4-8　代表理事　富樫憲

- 法人コード　　　A023676
- 会員数　　　　　0
- 寄付金収入　　　5,000千円
- 会費収入　　　　0
- 経常収支　　　　経常収益合計　5,621千円
　　　　　　　　　経常費用合計　5,154千円
- 公益目的事業費　3,708千円
- 収益事業　　　　無
- 主な財産　　　　預金等　5,789千円
　　　　　　　　　負債　1,164千円
- 正味財産額　　　4,650千円
- 常勤理事　　　　0
- 職員・給与　　　1名・0
- 賃借料　　　　　59千円
- 使用したデータ　令和3年度

法人の概要

2013年4月設立、2015年4月公益法人登記。玩具の会社バンダイは、本社ビルとは別に、栃木県壬生町に「バンダイミュージアム」を

もち、日本、世界のおもちゃの収集・展示を行うとともに、世界でもトップレベルの質・量を誇るトーマス・エジソンの発明品を集めたコレクションを所蔵・展示している。本財団は、このコレクションの管理運営を行う。

玩具・発明品の収集・公開を通して、子どもたちの心身の健全な育成と豊かな発想の増進を図ることを目的とする。

事業の概要

1．「エジソンミュージアム」管理運営事業
　「エジソンコレクション」の中から300点の常設展示。発明品を通じエジソンの生涯と発明の偉大さ、不屈の精神の普及に努める
2．「エジソンコレクション」貸出事業(中止)
　発明品に触れる機会を増やし、啓発に努力
3．障がい児の福祉向上（コロナ禍で中止)
　障がい児のためのミュージアムへの無料招待（付き添い含）・ガイドツアー、来館できない障がい児のための「出張エジソン教室」

目的 7

公財 広島国泰寺高等学校鯉城同窓会奨学財団

行政庁	広島県
目的	7
類型	13

広島県広島市中区国泰寺町1-2-49　代表理事　細川匡

- 法人コード　　　A024817
- 会員数　　　　　0
- 寄付金収入　　　1,500千円
- 会費収入　　　　0
- 経常収支　　　　経常収益合計　1,502千円
　　　　　　　　　経常費用合計　1,710千円
- 公益目的事業費　1,501千円
- 収益事業　　　　無
- 主な財産　　　　預金等　16,969千円
　　　　　　　　　負債　0
- 正味財産額　　　16,969千円
- 常勤理事　　　　0
- 職員・給与　　　1名・0
- 賃借料　　　　　178千円
- 使用したデータ　令和3年度

法人の概要

2014年8月設立・2014年12月公益法人登記。広島県立広島国泰寺高等学校の卒業生（昭和29年卒）である松尾聡氏（カルビー創業家2

代目）が、私財を投じて、同校の在校生及び卒業生に奨学金を給付するために設立した公益法人である。グローバル社会が加速化し、その変化に対応できる能力を持つ人材が求められる中で、創設者は、母校広島国泰寺高校から「世界に羽ばたく人材を輩出したい」という思いで本財団を設立した。学業を極める研究や国際的に活動したいと願う者が、留学（長期・短期）や海外研修（長期）等に積極的に参加することを支援するものである。

事業の概要

2020年度にコロナ禍で学業の継続が困難となっている生徒が増加している現状に鑑み、寄付者の意向で「C型修学支援」を増設。募集は「募集要項」配布とHPで実施

(1) 応募ー留学希望者及び、留学中の者2名の応募があった
(2) 採用「A型留学」2名各50万円、計100万円

行政庁	福島県
目的	7, 9, 19
類型	3, 13

公財 福島県青少年教育振興会

福島県郡山市朝日 1 - 23 - 7 　代表理事　伊藤清郷

- 法人コード　　　A001376
- 会員数　　　　　0
- 寄付金収入　　　1,311千円
- 会費収入　　　　0
- 経常収支　　　　経常収益合計　1,314千円
　　　　　　　　　経常費用合計　1,309千円
- 公益目的事業費　1,186千円
- 収益事業　　　　無
- 主な財産　　　　預金等　27,953千円
　　　　　　　　　負債　0
- 正味財産額　　　27,953千円
- 常勤理事　　　　0
- 職員・給与　　　4名・0
- 賃借料　　　　　0
- 使用したデータ　令和2年度

法人の概要

1971年12月設立・2014年5月公益法人登記。
青少年がその重要な発育段階で、自然に接し、
風土を愛し親しむことによって情操を高める

ことができる環境を整備し、青少年の健全育成に寄与するという本会の活動趣旨に賛同した人からの寄付を集め、それを使って、青少年の健全育成のための県立・私立の教育施設の設置・運営及び郡山を中心に青少年育成活動を行う団体から公募して、特徴的・先駆的青少年事業に対し助成を行っている。

事業の概要

1. 助成事業
   (1) 青少年健全育成の教育施設設置助成
   郡山自然の家：UHF無線電話（300千円）
   郡山少年湖畔の村：テント2張（304千円）
   (2) 青少年活動育成に関する助成
   ① 青少年団体への運営費助成
   4団体へ運営助成160千円（各40千円）
   ② 特色ある青少年事業に対する助成
   7事業へ運営費助成280千円（各40千円）
2. 寄付金の募集
   寄付金収入1,311千円　事業実績1,108千円

行政庁	福岡県
目的	7, 9, 19
類型	18

公財 福翔奨学会

福岡県福岡市中央区大名 1 - 12 - 57 　代表理事　古賀清美

- 法人コード　　　A024575
- 会員数　　　　　0
- 寄付金収入　　　3,784千円
- 会費収入　　　　0
- 経常収支　　　　経常収益合計　3,784千円
　　　　　　　　　経常費用合計　3,561千円
- 公益目的事業費　2,389千円
- 収益事業　　　　無
- 主な財産　　　　預金等　9,370千円
　　　　　　　　　負債　0
- 正味財産額　　　9,370千円
- 常勤理事　　　　0
- 職員・給与　　　2名・0
- 賃借料　　　　　0
- 使用したデータ　令和3年度

法人の概要

2017年5月設立・2018年4月公益法人登記。
福翔高校の在校生に対する奨学金及び奨励金
等の支給に関する業務を行い、将来、国家、

社会のために役に立つ優秀な人材となるべく、その環境づくりに貢献し、青少年の健全な育成に寄与することとし、また市民への公益活動を通じて社会貢献を行うことを目的としている。元福岡市立福岡商業高等学校の卒業生が1952（昭和27）年に、戦争で荒廃した博多の町を復興し、経済の活性化を図るとともに、同窓生の活動拠点にするために設立した社団法人「福商会」（現在一般社団法人）が母体の公益法人。

事業の概要

1. 無償奨学金支給事業
   (1) 中牟田奨学会1人200千円
   (2) 福商会奨学金（学習活動）9人900千円
   (3) 福商会奨学金（部活動）9人900千円
2. 奨励金等支給事業
   子ども食堂への寄付（100千円）
3. 災害支援等の社会貢献事業

目的 7

行政庁	内閣府
目的	1, 7, 9
類型	13

公財 ふくわ

福岡県福岡市東区香椎駅前2-15-1　代表理事　別府謙次

- 法人コード　　　　A017407
- 会員数　　　　　　0
- 寄付金収入　　　　943千円
- 会費収入　　　　　0
- 経常収支　　　　　経常収益合計　943千円
　　　　　　　　　　経常費用合計　943千円
- 公益目的事業費　　703千円
- 収益事業　　　　　無
- 主な財産　　　　　預金等　3,949千円
　　　　　　　　　　奨学貸付金　7,782千円
　　　　　　　　　　負債　1千円
- 正味財産額　　　　11,729千円
- 常勤理事　　　　　0
- 職員・給与　　　　1名・600千円
- 賃借料　　　　　　0
- 使用したデータ　　令和3年度

法人の概要

2011年6月設立・2012年2月公益法人登記。
歯科衛生士・歯科技工士・歯科医師を目指す

者を対象とする奨学金制度及び外国人技能実習生（介護）の受け入れを通して、学業及び人物ともに優秀であって経済的な理由により就学の継続が困難な者を援助し、医療及び介護に従事する人材や開発途上国の人材の育成を図ることで、日本及びアジア諸国の医療と介護の発展に寄与することを目的とする。

事業の概要

1．学生に対する奨学金の貸与事業
　(1)　2名の応募に対し福岡で1名を採用
　(2)　次年度向け広報活動及び採用選考準備
　①　募集情報をホームページに掲載
　②　対象校16校（福岡県、茨城県）に奨学金制度の案内及びパンフレット等を配布
2．外国人技能実習生の受入れ事業
　外国人技能実習機構より監理団体許可取得した旨をホームページに掲載
3．社会福祉法人真養会から2名の技能実習生受入れ要望があったが、入国待機中

目的 7

行政庁	内閣府
目的	7
類型	18

公財 藤井財団

大阪府大阪市北区梅田1-1-3　代表理事　藤井勝典

- 法人コード　　　　A024938
- 会員数　　　　　　0
- 寄付金収入　　　　21,587千円
- 会費収入　　　　　0
- 経常収支　　　　　経常収益合計　21,587千円
　　　　　　　　　　経常費用合計　21,729千円
- 公益目的事業費　　12,137千円
- 収益事業　　　　　無
- 主な財産　　　　　預金等　3,189千円
　　　　　　　　　　負債　20,357千円
- 正味財産額　　　　9,745千円
- 常勤理事　　　　　1名
- 職員・給与　　　　0・8,700千円
- 賃借料　　　　　　3,316千円
- 使用したデータ　　令和3年度

法人の概要

2014年8月設立・2015年4月公益法人登記。
本財団は、株式会社CDG（マーケティング・コミュニケーションサービスの提供者・東京

証券取引所一部上場会社）の創業者である藤井勝典が拠出金を寄付して設立。幼少期に絵本や偉人伝に触れることは、子どもたちに夢をもたせるだけでなく、成人してからも本を読む習慣ができると考え、子どもに夢と希望を持たせるという目的を達成するため設立。

事業の概要

既にいくつかの絵本とアニメーションの作成が行われている。

1．絵本の寄贈事業
　児童又は青少年を対象とした偉人たちやリーダーたちを描いた絵本の制作
　既に制作した絵本3点について、希望のあった小学校への随時配布と認知拡大活動
2．アニメーションの寄贈事業
　青少年・児童を対象とした偉人たちやリーダーたちを描いたアニメーションの制作
　出版済み絵本3作品をベースにしたものを含む作品等のDVD版随時配布と認知拡大

行政庁	内閣府
目的	7
類型	13, 14, 18

公財 富士宮育英財団

東京都港区南青山5−10−6　代表理事　望月耕次

- **法人コード**　　A022575
- **会員数**　　　　0
- **寄付金収入**　　0
- **会費収入**　　　0
- **経常収支**　　　経常収益合計　48千円
　　　　　　　　　経常費用合計　215千円
- **公益目的事業費**　200千円
- **収益事業**　　　無
- **主な財産**　　　預金等　9,166千円
　　　　　　　　　負債　0
- **正味財産額**　　20,147千円
- **常勤理事**　　　1名
- **職員・給与**　　0・0
- **賃借料**　　　　36千円
- **使用したデータ**　令和3年度

法人の概要

1954年2月設立・2013年8月公益法人登記。創設者望月軍四郎は九曜社創業者。本財団は、故望月軍四郎の遺された育英の精神に則り、

学資の支弁が困難な高等学校並びに大学及び大学院に在学する学生を支援する奨学金助成事業及び静岡県立富士宮北高等学校に在学する学生の表彰や図書購入助成を通じて、将来社会に貢献しうる人材の育成が目的。

事業の概要

1．奨学金助成事業
　現在は、運用資金の増加は見込めない事情等もあり、新規貸与は募集を休止している
2．成績優秀な学生の表彰事業
　静岡県立富士宮北高等学校を卒業する学生の表彰事業であり、毎年卒業式の日に行われている。2名「富士宮育英財団望月賞」
3．図書購入助成事業
　図書購入助成は静岡県立富士宮北高等学校を対象としており、「望月文庫」図書購入助成として毎年2月頃に行っている。
「シェイクスピア全集」全33巻　筑摩書房、「火の鳥」全12巻　朝日新聞出版、他

行政庁	福岡県
目的	7, 9
類型	3, 11, 15

公財 婦人児童問題研究所

福岡県福岡市南区筑紫丘2−1−2　代表理事　武藤精二

- **法人コード**　　A023733
- **会員数**　　　　0
- **寄付金収入**　　0
- **会費収入**　　　67,597千円
- **経常収支**　　　経常収益合計　99,063千円
　　　　　　　　　経常費用合計　103,804千円
- **公益目的事業費**　73,122千円
- **収益事業**　　　経常収益　31,364千円
　　　　　　　　　経常費用　30,682千円
- **主な財産**　　　預金等　30,118千円
　　　　　　　　　負債　16,014千円
- **正味財産額**　　109,415千円
- **常勤理事**　　　1名
- **職員・給与**　　36名・52,626千円
- **賃借料**　　　　4,965千円
- **使用したデータ**　令和3年度

法人の概要

1950年7月設立・2014年4月公益法人登記。終戦後の動乱期に、婦人や児童を心身両面に

わたり援護するために設立された財団法人婦人児童問題研究所が前身。1975年に地域住民の幼児、児童、生徒、婦人を対象とする体育施設グリーンカレッジを設立し、1982年に体育館を新設し、青少年の健全な育成を目的とした体操教室・新体操教室を開設している。

事業の概要

1．体操・新体操事業
　幼児の発育発達を促すクラスから、オリンピック選手を育成する選手クラスまで指導
　(1)　体操教室・新体操教室
　(2)　体操・新体操合宿（中止）
　(3)　体操新体操演技発表会
2．スポーツ指導及び健康教室事業
　地域のスポーツ教室、中高年齢者健康教室
　(1)　こどもスポーツひろば290回　受講者3,015名
　(2)　アクロバット教室96回　受講者1,035名
　(3)　ストレッチ教室48回　受講者225名

公財 北海道自然体験学習財団

行政庁	北海道
目的	7
類型	4

北海道札幌市中央区南一条西4－16　代表理事　寺田一仁

- 法人コード　　A002249
- 会員数　　　　0
- 寄付金収入　　0
- 会費収入　　　0
- 経常収支　　　経常収益合計　2,751千円
　　　　　　　　経常費用合計　2,782千円
- 公益目的事業費　1,669千円
- 収益事業　　　無
- 主な財産　　　預金等　20,671千円
　　　　　　　　負債　0
- 正味財産額　　20,671千円
- 常勤理事　　　1名
- 職員・給与　　0・1,380千円
- 賃借料　　　　454千円
- 使用したデータ　令和3年度

法人の概要

1988年8月設立・2010年4月公益法人登記。子どもの時代に子どもらしい体験を重ねること、四季折々の変化を体で感じながら心を耕していくことは、人間が成長していく上で欠かせない財産となるという考えのもと、北海道の豊かな自然と文化を生かした自然体験学習の振興を図るために必要な事業を行い、もって児童・生徒の健全育成に寄与することを目的としていた。しかし、時代に変化とともに、変革の必要性を感じ、「子ども自然体験塾」を発展的に解消し、「子どもまちなか生き物塾」として新たにスタート、街中を流れる精進川流域をフィールドとするプログラムと、磯遊びを通して生命進化の神秘を探るプログラムおよび地質観察を通して札幌の成り立ちを探るプログラムを用意している。

事業の概要

1．子ども自然体験活動
　「子どもまちなか生き物塾」（4コース中止）
2．自然体験学習の普及に係る情報発信活動
　青山慎一先生の子ども世界の昆虫館

目的 7

公財 マリア財団

行政庁	内閣府
目的	1,7
類型	3,4,5,13

大阪府大阪市中央区安土町2－5－5　代表理事　松原英司

- 法人コード　　A023685
- 会員数　　　　0
- 寄付金収入　　4,705千円
- 会費収入　　　0
- 経常収支　　　経常収益合計　4,705千円
　　　　　　　　経常費用合計　5,270千円
- 公益目的事業費　4,739千円
- 収益事業　　　無
- 主な財産　　　預金等　27,262千円
　　　　　　　　負債　502千円
- 正味財産額　　26,759千円
- 常勤理事　　　0
- 職員・給与　　1名・4,800千円
- 賃借料　　　　396千円
- 使用したデータ　令和3年度

法人の概要

2012年12月設立、2014年4月公益法人登記。子どもたちの心身ともに健全な発育、豊かな人間性と才能開発を図るため、幼児・児童にかかわる教育・相談・助成を行い、わが国の幼児・児童教育の向上に寄与することを目的としている。

事業の概要

1．幼児・児童教育を支援する個人・団体に対する助成
　新しい視点をもつ独創的な児童教育実践の研究への助成－15名応募（交付なし）
2．幼児・児童の教育および健康に関する教室・講演会・セミナーの開催（コロナ禍で中止）、インターネットでの配信
3．幼児・児童教育、施設開設に関する相談・支援事業
（1）保育所に入所を希望する保護者へ、幼児・児童教育に関する適切な助言
（2）保育所設立に関する相談・支援事業
インターネットのみでの受付
Facebookでの解決策の情報発信

		行政庁	内閣府
公財 みずほ農場教育財団		目的	7
茨城県常陸大宮市小祝1535　代表理事　下山一郎		類型	13

- 法人コード　　A024636
- 会員数　　　　0
- 寄付金収入　　29,000千円
- 会費収入　　　0
- 経常収支　　　経常収益合計　35,001千円
　　　　　　　　経常費用合計　36,852千円
- 公益目的事業費　35,897千円
- 収益事業　　　無
- 主な財産　　　預金等　51,328千円
　　　　　　　　負債　25千円
- 正味財産額　　956,518千円
- 常勤理事　　　0
- 職員・給与　　1名・796千円
- 賃借料　　　　122千円
- 使用したデータ　令和3年度

法人の概要

2016年4月設立・2019年3月公益法人登記。学業および人物ともに優れているにもかかわらず、経済的理由によって就学が困難な子弟に対し、奨学援助を行うことにより、その教育機会の実現に寄与し、以て社会有用の人材を育成することを目的に設立された。現在は、母子家庭や父子家庭などの経済的その他の事情により、小学校、中学校で学習塾又は通信教育の費用の捻出が困難と認められた者、高等学校及び大学等での就学が困難であると認められた者に奨学金を給付している。

事業の概要

年収制限300万円以下（大学は400万円以下）
1．小中学校学習塾等の費用−年額180千円
　採用62（継続62）計124人総額22,410千円
2．高校・高専−年額180千円
　採用20（継続19）計39人総額7,020千円
3．短大・専門学校−年額360千円
　採用2（継続4）計6人総額1,620千円
4．大学−年額新360千円、旧600千円
　採用2（継続5旧1）計8人総額3,120千円
5．計−採用86継続91計177総額34,170千円

		行政庁	埼玉県
公財 武蔵奨学会		目的	7
埼玉県さいたま市大宮区桜木町1−7−5　代表理事　大谷義武		類型	13

- 法人コード　　A024532
- 会員数　　　　0
- 寄付金収入　　5,625千円
- 会費収入　　　0
- 経常収支　　　経常収益合計　5,625千円
　　　　　　　　経常費用合計　5,753千円
- 公益目的事業費　5,598千円
- 収益事業　　　無
- 主な財産　　　預金等　3,116千円
　　　　　　　　負債　0
- 正味財産額　　3,362千円
- 常勤理事　　　0
- 職員・給与　　3名・0
- 賃借料　　　　0
- 使用したデータ　令和2年度

法人の概要

2016年12月設立・2018年9月公益法人登記。武蔵コーポレーション株式会社代表取締役大谷義武によって設立された。同社はアパートやマンションといった収益用不動産による資産形成・資産保全のコンサルティングに特化した個人向け資産運用会社であり、2016年にはベストベンチャー100に選出されている。武蔵奨学会は、経済的に恵まれなくても学習意欲のある児童・生徒及び学生（小学3年生から高校まで）を持つ家庭に対し、返済義務のない奨学金の給付を行い、有用な人材の育成に寄与することを目的とする。財団ホームページで奨学生を募集している。

事業の概要

奨学金支給
(1)　2020年4月〜2021年3月
　高校生5名・中学生5名に各18万円、小学生5名に各12万円、総計240万円
(2)　2021年4月〜2022年3月
　高校生6名・中学生8名に各18万円、小学生2名に各12万円、総計276万円

目的 7

公財 村岡財団

静岡県掛川市梅橋337-1　代表理事　村岡義夫

行政庁	内閣府
目的	4，7
類型	13

- 法人コード　　　A023026
- 会員数　　　　　0
- 寄付金収入　　　928千円
- 会費収入　　　　0
- 経常収支　　　　経常収益合計　928千円
　　　　　　　　　経常費用合計　928千円
- 公益目的事業費　714千円
- 収益事業　　　　無
- 主な財産　　　　預金等　7,187千円
　　　　　　　　　負債　0
- 正味財産額　　　7,218千円
- 常勤理事　　　　0
- 職員・給与　　　1名・0
- 賃借料　　　　　0
- 使用したデータ　令和2年度

法人の概要

2012年5月設立・2013年12月公益法人登記。本法人は、青少年に対して様々な支援・助成を行うことによって社会に有用な人材を育成し、また高齢者福祉施設等へ様々な支援、助成を行うことで、青少年の健全な育成と高齢者の福祉増進に寄与することを目的とする。

事業の概要

1．各種イベント支援
　(1)　掛川市中高生対象の日展バスツアー、科学バスツアー（中止）
　(2)　掛川市童謡唱歌フェスティバル（中止）
2．老人保健施設の支援事業
　コンサート予定するも中止
3．国・地方公共団体への寄付
　中東遠総合医療センター（掛川市・袋井市共同の市民病院）へアルミ製車いす6台寄贈
4．奨学助成－2020年度奨学生1名54万円
　就学意欲はあるが経済的理由で就学困難な者を対象に、奨学金の無償給付を行う。寄付者から寄付対象者の就学校を指定することも可能として寄付の呼びかけを実施している。

目的 7

公財 モカ育志奨学基金

三重県四日市市富田2-8-19　代表理事　樋口智一

行政庁	三重県
目的	7
類型	13

- 法人コード　　　A023379
- 会員数　　　　　0
- 寄付金収入　　　2,930千円
- 会費収入　　　　0
- 経常収支　　　　経常収益合計　2,930千円
　　　　　　　　　経常費用合計　4,155千円
- 公益目的事業費　4,352千円
- 収益事業　　　　無
- 主な財産　　　　預金等　1,000千円
　　　　　　　　　投資有価証券　3,000千円
- 正味財産額　　　4,000千円
- 常勤理事　　　　0
- 職員・給与　　　1名・0
- 賃借料　　　　　0
- 使用したデータ　令和3年度

法人の概要

2013年5月設立・2015年4月公益法人登記。代表者はヤマダイ食品株式会社会長兼社長・株式会社モカフードジャパン会長。人物、学力共に優れた学生及び浪人生であって、経済的理由により中学校、高等学校（高等専門学校を含む）、専門学校、大学、学習塾（浪人生）での修学が困難である者に対して教育奨学金の助成・課題図書の配布を行い、日本の教育の振興を願い青少年の育成を通じた豊かな社会の形成に寄与することを目的に設立。

事業の概要

給付対象は全員県立四日市高校の在学生ら
1．2020年10月～2021年3月（各月各2万円）
　(1)　浪人生1名に6カ月分ずつ支給
　(2)　第5期生4名に6カ月分支給
　(3)　第6期生5名に6カ月分支給
　(4)　第7期生6名に6カ月分支給
2．2021年4月～2022年9月（各月額2万円）
　(1)　浪人生2名に6カ月分ずつ支給
　(2)　第6期生5名に6カ月分支給
　(3)　第7期生6名に6カ月分支給
　(4)　第8期生4名に6カ月分支給

行政庁	茨城県
目的	7
類型	13

公財 山新育英財団

茨城県水戸市千波町2292　代表理事　山口暢子

- **法人コード**　　A024774
- **会員数**　　　　0
- **寄付金収入**　　0
- **会費収入**　　　0
- **経常収支**　　　経常収益合計　58,738千円
　　　　　　　　　経常費用合計　30,966千円
- **公益目的事業費**　29,982千円
- **収益事業**　　　無
- **主な財産**　　　預金等　27,379千円
　　　　　　　　　負債　0
- **正味財産額**　　14,007,662千円
- **常勤理事**　　　0
- **職員・給与**　　2名・0
- **賃借料**　　　　831千円
- **使用したデータ**　令和3年度

法人の概要

2016年4月設立・2017年4月公益法人登記。代表者は株式会社山新（ホームセンター等を経営。2021年2月期売上605億）代表取締役社長。株式会社山新の礎を築いた山口健治（前会長）の財団設立の遺志を引き継いだ山口暢子（現社長）個人の寄付によって設立。

茨城県内の学校に在学する者のうち学業に優れ、心身健全ながらも経済的な理由により修学困難な学生に対して経済的援助をすることを目的とする。

事業の概要

2017年4月に第1期奨学生の募集受付を開始し、2021年の第5期奨学生まで高校62名、大学40名の計102名に奨学金を支給。2020年度第4期奨学生は合計30名（内訳：高校生20名、大学生10名）。2021年度第5期奨学生は合計30名（高校生20名、大学生10名）。

高校生月額20,000円、大学生30,000円、給与期間12カ月として、総額29,280,000円（内訳：高校生14,880,000円、大学生14,400,000円）を支給

行政庁	内閣府
目的	3, 6, 9, 14
類型	3, 6, 13

公社 アニマル・ドネーション

東京都港区南青山2-15-5　代表理事　峯岸衣里

- **法人コード**　　A024196
- **社員・会員**　　2名・25名
- **寄付金収入**　　79,409千円
- **会費収入**　　　726千円
- **経常収支**　　　経常収益合計　80,784千円
　　　　　　　　　経常費用合計　81,575千円
- **公益目的事業費**　73,714千円
- **収益事業**　　　無
- **主な財産**　　　預金等　20,402千円
　　　　　　　　　負債　632千円
- **正味財産額**　　19,770千円
- **常勤理事**　　　1名
- **職員・給与**　　0・0
- **賃借料**　　　　196千円
- **使用したデータ**　令和3年度

法人の概要

2010年7月設立・2015年8月公益法人登記。動物と人間が共生し、良きパートナーとして共に幸せな生活を送れる社会の創出を目的に設立。動物愛護のため「寄付したいけど、どこに寄付をしていいのか分からない」という優しい「キモチ」を「カタチ」にする動物専門寄付サイトより募金を集め活動している。

事業の概要

本法人は、「人」と「動物」の真の「共生」を目指し、3つの柱を軸に、寄付を通じ、人も動物も幸せな先進国家に向け活動している

1. 個人や企業からのオンライン寄付システムの提供
   ① 個人からの寄付支援事業
   ② 企業団体からの寄付支援事業
2. 動物関連団体への活動支援や情報共有、コンサルティング、勉強会運営、セミナー印刷物発行などの事業
3. 動物に関連する課題・問題はあくまで人の社会全体の一環であると捉え、人と動物が真に共存するために情報収集や学術研究、教育業務、啓発事業を実施

目的 7

目的 9

公社 石川県馬事振興協会

石川県金沢市八田町西1　代表理事　紐野義昭

行政庁	石川県
目的	3, 4, 9
類型	3, 4, 15

- 法人コード　　A006937
- 社員・会員　　84名・84名
- 寄付金収入　　4,023千円
- 会費収入　　　6,985千円
- 経常収支　　　経常収益合計　45,275千円
　　　　　　　　経常費用合計　48,372千円
- 公益目的事業費　40,538千円
- 収益事業　　　経常収益　9,465千円
　　　　　　　　経常費用　7,020千円
- 主な財産　　　預金等　5,262千円
　　　　　　　　負債　13,511千円
- 正味財産額　　−3,125千円
- 常勤理事　　　0
- 職員・給与　　5名・17,390千円
- 賃借料　　　　330千円
- 使用したデータ　令和3年度

法人の概要

1990年8月設立・2013年4月公益法人登記。石川県馬事公苑を管理・運営し乗馬普及と馬術の振興を図り、馬とのふれあいやホースセラピーを通して高齢者や障がいのある人への支援を目的に設立。安心して楽しめる乗馬の指導・普及活動、大会の開催、乗馬教室の実施及びホースセラピー事業等に従事。

事業の概要

1．乗馬の指導・普及活動
　(1)　乗馬レッスン（成人3,372・少年855人）
　(2)　乗馬体験（342人）
2．大会の開催
　第33回・34回・35回 KRC ホースショー、他
3．大会への参加
　第39回越前馬術大会、他
4．乗馬教室及び資格取得
　乗馬体験活動サポート研修　9名参加
5．ホースセラピー事業の拡充・展開
　(1)　石川県立錦城特別支援学校　馬の学習厩務作業・馬とのふれあい、乗馬体験
　(2)　県立いしかわ特別支援学校　乗馬体験

目的 9

公社 神奈川県馬術協会

神奈川県相模原市緑区鳥屋2253−1　代表理事　山口貴裕

行政庁	神奈川県
目的	9
類型	3, 4, 11, 15

- 法人コード　　A023592
- 社員・会員　　476名・476名
- 寄付金収入　　0
- 会費収入　　　5,178千円
- 経常収支　　　経常収益合計　28,509千円
　　　　　　　　経常費用合計　25,584千円
- 公益目的事業費　23,355千円
- 収益事業　　　経常収益　795千円
　　　　　　　　経常費用　129千円
- 主な財産　　　預金等　26,512千円
　　　　　　　　負債　15,286千円
- 正味財産額　　12,558千円
- 常勤理事　　　0
- 職員・給与　　1名・1,996千円
- 賃借料　　　　0
- 使用したデータ　令和2年度

法人の概要

1947年1月設立・2013年8月公益法人登記。神奈川県における馬術の普及・発展に努め、馬術を通じて県民の健康と動物愛護精神の涵養を図ることを目的として設立。神奈川県の津久井馬術競技場を管理運営するとともに、馬術競技会や乗馬教室・障がい者のための各種教室を開催し、健常者も障がい者も共生できる社会貢献を目指す。日本馬術界中央統括団体（公社）日本馬術連盟に加盟している。

事業の概要

（公益目的事業）
1．主催競技会の開催
　第65回神奈川県馬術大会2021等7件
2．強化練習の実施（選手強化練習3回）
3．普及事業
　(1)　騎乗資格試験　日本馬術連盟騎乗者資格B・C級試験を実施
　(2)　審判員等講習会（Web 講習17名）
　(3)　障がい者乗馬教室（中止）
（収益事業）
　馬術場の管理運営

公社 ギャンブル依存症問題を考える会

東京都中央区新川1-21-5　代表理事　田中紀子

行政庁	内閣府
目的	7, 9
類型	3, 5, 18

- 法人コード　A024871
- 社員・会員　25名・0
- 寄付金収入　9,271千円
- 会費収入　125千円
- 経常収支　経常収益合計　25,439千円
　　　　　　経常費用合計　27,476千円
- 公益目的事業費　25,016千円
- 収益事業　無
- 主な財産　現金等　2,098千円
　　　　　　負債　12,137千円
- 正味財産額　1,785千円
- 常勤理事　1名
- 職員・給与　3名・1,807千円
- 賃借料　1,396千円
- 使用したデータ　令和3年度

法人の概要

2014年4月設立・2018年3月公益法人登記。ギャンブル依存症当事者及びその家族らが集まる自助グループ等で活動していたが、これまでの活動とは別に積極的に社会へ発信していくために実名・顔出しを決意し、当事者・家族への支援はもちろんのこと、社会への啓発予防教育の推進、治療リソースの情報提供、国に対する政策提言や要望書の提出などを行っている。

事業の概要

1．ギャンブル依存症についての啓発事業
　(1)　Twitterドラマを企画・制作
　(2)　ファミリーダイナミックス（回復プログラム開催オンライン3回）
　(3)　市民セミナーを企画・開催、他
2．情報提供事業
　(1)　家族相談会を毎月開催、依存症問題を抱える家族へ情報提供（東京20回）
　(2)　ギャンブル依存症の電話相談対応
　(3)　治療回復施設入所のための当事者介入
3．予防教育事業
　依存症支援者向け教材動画制作

公社 群馬県珠算連盟

群馬県高崎市飯塚町字島裏1456　代表理事　松岡茂雄

行政庁	群馬県
目的	7, 9
類型	2, 3, 15, 18

- 法人コード　A023721
- 社員・会員　70名・70名
- 寄付金収入　0
- 会費収入　4,420千円
- 経常収支　経常収益合計　11,555千円
　　　　　　経常費用合計　12,013千円
- 公益目的事業費　10,077千円
- 収益事業　無
- 主な財産　預金等　1,137千円
　　　　　　負債　2,040千円
- 正味財産額　12,969千円
- 常勤理事　1名
- 職員・給与　3名・5,098千円
- 賃借料　225千円
- 使用したデータ　令和3年度

法人の概要

1953年4月設立・2013年7月公益法人登記。日本の伝統文化である珠算（そろばん）に関する調査研究と指導・助成を行い、群馬県内の学校における基礎教育及び社会教育に寄与し、珠算教育の普及、計数観念の確立、計数業務の能率増進への寄与を目的に設立。指導者講習会や珠算検定の実施、2019年度で67回を迎える群馬県珠算競技大会の開催等により、珠算学習の普及・啓発を目指している。

事業の概要

1．珠算指導者講習会の実施（年2回程度）
　(1)　「九九の話」、「そろばん日本一になるまで」
　(2)　全国珠算研究集会への参加（中止）
2．検定事業
　(1)　検定試験の実施（珠算検定試験、暗算検定試験、読上算）－6回、総受験者数5,861名
　(2)　刑務所・矯正施設収容者への珠算指導と検定受験料の助成
3．群馬県珠算競技大会の実施等
4．学校教育支援事業－珠算講師の派遣等

目的
9

公社 国際IC日本協会

東京都新宿区四谷4-28-20　代表理事　藤田幸久

行政庁	内閣府
目的	7, 9, 14, 19
類型	3, 4, 18

- 法人コード　　A017235
- 社員・会員　　123名・183名
- 寄付金収入　　348千円
- 会費収入　　　8,815千円
- 経常収支　　　経常収益合計　10,034千円
　　　　　　　　経常費用合計　12,425千円
- 公益目的事業費　6,309千円
- 収益事業　　　無
- 主な財産　　　預金等　35,956千円
　　　　　　　　負債　439千円
- 正味財産額　　35,990千円
- 常勤理事　　　0
- 職員・給与　　1名・2,067千円
- 賃借料　　　　2,399千円
- 使用したデータ　令和3年度

法人の概要

1984年8月設立・2012年8月公益法人登記。IC（Initiatives of Change）は、1938年にMoral Re-Armament（MRA）としてロンドンで発足した団体。一人ひとりが（良）心の声を聴き、良い方向に変わり、家庭・職場・学校・地域社会・国、ひいては民族や国と国との間にも良い変化をもたらそうという実践的活動を行う。発足以来、宗教、人種、民族の違いを超えて、世界中で信頼の架け橋を作ってきた。ICは国連の認定を受けたNGOで本会はその日本支部である。

事業の概要

1．国際会議による国の健全な発展及び世界平和に資するための事業
(1)　第43回IC国際フォーラム（2日間）オンライン、海外15ヶ国31名参加計240名「意識改革〜みんなで築こう信頼の架け橋」基調講演・特別講演で本会の活動理念・実績に関わる内容が披歴・再確認された
2．国際相互理解と友好促進の共同事業「日韓青少年（大学生）討論会」Web日中韓3ヶ国から60名（日本17名）参加

公社 全日本フルコンタクト空手道連盟

東京都港区東麻布1-25-5　代表理事　緑健児

庁	内閣府
目的	9
類型	3, 15, 18

目的 9

- 法人コード　　A024127
- 社員・会員　　207名・310名
- 寄付金収入　　0
- 会費収入　　　2,865千円
- 経常収支　　　経常収益合計　73,238千円
　　　　　　　　経常費用合計　74,323千円
- 公益目的事業費　72,388千円
- 収益事業　　　無
- 主な財産　　　預金等　23,010千円
　　　　　　　　負債　30,766千円
- 正味財産額　　2,081千円
- 常勤理事　　　0
- 職員・給与　　1名・0
- 賃借料　　　　0
- 使用したデータ　令和3年度

法人の概要

2013年3月設立・2015年7月公益法人登記。「フルコンタクト（直接打撃制）ルール」に則った「フルコンタクト空手」の普及・指導により、広く社会に対する健全な心身の発達と豊かな人間性の涵養に寄与し、また日本武道の精神を通じて、健全な青少年の育成を図ることを目的に設立。現在は226団体が加盟し、フルコンタクトルールによる空手のオリンピック種目化を目標に、普及・広報活動や競技会の開催、国際交流事業に従事する。

事業の概要

1．第6回全日本フルコンタクト空手道選手権大会の開催
2．都道府県連盟、市区町村連盟の創設と日本スーツ協会への加盟促進。2021年度は、新潟県・三重県・福岡県での大会開催
3．各国連盟（NF）設立の推進
　NF発展のための海外視察はコロナ禍で不可。メール通信にて、NFと国際競技連盟（IF）拡充に向けた情報交換
4．アンチ・ドーピング活動と教育啓発

公社 長野グライダー協会

長野県長野市若穂綿内8693-4　代表理事　加藤英夫

行政庁	長野県
目的	1, 7, 9, 11, 17
類型	3, 4, 5, 18

- 法人コード　　A013613
- 社員・会員　　109名・109名
- 寄付金収入　　0
- 会費収入　　　2,704千円
- 経常収支　　　経常収益合計　11,519千円
　　　　　　　　経常費用合計　11,039千円
- 公益目的事業費 7,722千円
- 収益事業　　　無
- 主な財産　　　預金等　13,903千円
　　　　　　　　負債　90千円
- 正味財産額　　17,992千円
- 常勤理事　　　0
- 職員・給与　　0・600千円
- 賃借料　　　　1,877千円
- 使用したデータ 令和3年度

法人の概要

1978年4月設立・2013年5月公益法人登記。千曲川河川敷にある滑空場を拠点に週末を中心に活動するグライダースポーツの愛好者団体で、グライダー操縦技術の訓練、体験搭乗、指導者の育成プログラムを通して航空スポーツに関する知識の普及と伝承を行い、良識ある社会人としての人格と体力の育成を図る。

事業の概要

1. 航空スポーツに関する訓練
   (1) 会員通常訓練
   (2) 山岳滑翔体験会
   (3) ナガノフライトサービスの運用
   (4) グライダー体験飛行
2. 航空スポーツに関する競技会・研究会
   国際記録会オンラインコンテストへの参加、競技会開催のための研究・勉強会
3. 航空スポーツに関する教育指導体制充実
   (1) 指導者の育成、教育証明取得の支援
   (2) 指定養成施設維持とライセンシー育成
4. 会誌発行・資料配布
   ツイッターの管理・更新

公社 日本滑空協会

東京都港区新橋1-18-1　代表理事　石川隆司

行政庁	内閣府
目的	7, 9, 11, 14
類型	2, 3, 4, 5, 6, 15, 18

- 法人コード　　A002078
- 社員・会員　　500名・500名
- 寄付金収入　　0
- 会費収入　　　6,538千円
- 経常収支　　　経常収益合計　10,760千円
　　　　　　　　経常費用合計　8,632千円
- 公益目的事業費 7,540千円
- 収益事業　　　無
- 主な財産　　　預金等　12,809千円
　　　　　　　　負債　386千円
- 正味財産額　　15,337千円
- 常勤理事　　　1名
- 職員・給与　　1名・1,410千円
- 賃借料　　　　1,486千円
- 使用したデータ 令和3年度

法人の概要

1971年4月設立・2012年8月公益法人登記。日本における滑空スポーツを統括し、代表する団体として、滑空スポーツの普及、振興ならびに安全を図る事業を行うことを目的に設立。当法人は、国際航空連盟(約100カ国加盟)の日本支社一般財団法人「日本航空協会」から、グライダーとモーターグライダーに関する国内統括団体として認定されている。

事業の概要

1. 滑空スポーツ統括普及に関する事業
   (1) 日本滑空協会は官公庁、航空界に対して滑空界代表として活動している
   (2) 国内滑空団体の会員、施設機材、活動の状況を調査
2. 滑空スポーツ愛好者育成に関する事業
   (1) 指定航空従事者養成施設
   (2) 日本滑空記章試験員・滑空機公式立会人講習会・滑空記章発行
   (3) 滑空スポーツ実技講習会と学科講習会
   日本スポーツ振興センター、スポーツ振興くじ助成金事業として実施。参加者367名
3. 滑空スポーツ競技会に関する事業

目的
9

行政庁	内閣府
目的	9
類型	3, 15, 18

公社 日本近代五種協会

東京都新宿区霞ヶ丘町4－2　代表理事　山崎勝洋

- 法人コード　　A017700
- 社員・会員　　8名・10名
- 寄付金収入　　0
- 会費収入　　　2,528千円
- 経常収支　　　経常収益合計　96,011千円
　　　　　　　　経常費用合計　88,027千円
- 公益目的事業費　66,567千円
- 収益事業　　　無
- 主な財産　　　預金等　62,333千円
- 正味財産額　　58,206千円
- 常勤理事　　　0
- 職員・給与　　3名・8,766千円
- 賃借料　　　　2,737千円
- 使用したデータ　令和3年度

法人の概要

2000年12月設立・2012年4月公益法人登記。我が国における近代五種競技を統括し、当該競技の普及及び振興を図ることを目的とする。近代五種は1912年の第5回ストックホルム大会から実施、射撃、フェンシング、水泳、馬術、ランニングの5種目を1人でこなし、順位を争う競技である。現在は、実弾を使う射撃から、レーザーピストルによる射撃に代わり、これとランニングが複合化して、800mのランニングと射撃を交互に4回ずつ行う「レーザーラン」として行われている。

事業の概要

1．近代五種に係る競技力の向上
　(1)　国際大会派遣
　　ワールドカップシリーズに選手団を派遣。ブルガリア大会、選手7名スタッフ8名、他
　(2)　国内強化合宿
　　①　JOC選手強化事業（ジュニア・ユース国内合宿選手6名スタッフ5名、他）
　　②　JRA助成事業（馬術強化合宿）
2．近代五種競技普及に関すること
　近代3種競技大会として立川大会開催
3．近代五種競技大会開催－第61回全国大会

目的 9

公社 日本グライダークラブ

群馬県邑楽郡板倉町除川1286－1　代表理事　稲垣政文

行政庁	内閣府
目的	1, 6, 7, 9, 11, 17
類型	3, 4, 5, 6, 7, 15, 18

- 法人コード　　A005982
- 社員・会員　　97名・147名
- 寄付金収入　　5,897千円
- 会費収入　　　6,270千円
- 経常収支　　　経常収益合計　34,362千円
　　　　　　　　経常費用合計　32,517千円
- 公益目的事業費　28,425千円
- 収益事業　　　経常収益　598千円
　　　　　　　　経常費用　　0
- 主な財産　　　預金等　30,954千円
　　　　　　　　土地　2,812千円
　　　　　　　　負債　14,700千円
- 正味財産額　　23,788千円
- 常勤理事　　　1名
- 職員・給与　　2名・436千円
- 賃借料　　　　817千円
- 使用したデータ　令和3年度

法人の概要

1970年8月設立・2012年1月公益法人登記。青少年をはじめ、大空に憧れを抱く者に対し、体験搭乗及び操作・整備技術などの指導・教育を通し、航空知識の普及とこれらの伝承を行うと共に国際交流を行い、グライダースポーツ文化の向上・振興を図り、日本グライダー界の発展に資することを目的とする。

事業の概要

1．（公1）グライダーの操縦・整備技術の研究・伝承と指導者の養成
　(1)　体験搭乗会を各週末・祭日主催、50日
　(2)　安全なグライダー操縦士の育成－パイロット養成（技能証明取得のための訓練）
　(3)　飛行技術の向上のため講習会
　(4)　グライダーの操縦技術、安全運航、事故防止対策に関する研究会、講演会
2．（公2）航空情報提供事業
　(1)　「飛行援助用航空局」板倉フライトサービスの運用
　(2)　緊急時の場外離着陸場提供、維持管理

公社 日本植物友の会

神奈川県川崎市麻生区上麻生 4 - 21 - 14　代表理事　大場秀章

行政庁	内閣府
目的	1, 9
類型	2, 3, 4, 6

- 法人コード　　A013448
- 社員・会員　　322名・323名
- 寄付金収入　　823千円
- 会費収入　　　2,446千円
- 経常収支　　　経常収益合計　6,266千円
　　　　　　　　経常費用合計　6,225千円
- 公益目的事業費　4,807千円
- 収益事業　　　無
- 主な財産　　　預金等　8,362千円
　　　　　　　　負債　981千円
- 正味財産額　　7,380千円
- 常勤理事　　　0
- 職員・給与　　11名・144千円
- 賃借料　　　　0
- 使用したデータ　令和3年度

法人の概要

1957年4月設立・2013年4月公益法人登記。植物に興味を持っている人を対象に設立された公益法人である。「植物から学ぶ」をモットーに、自然を通して「植物が生き残るための巧妙な知恵やしくみ」、「植物の種類の見分け方」、その他植物に関する様々なことを、多くの人に啓蒙するための会である。

事業の概要

1．植物知識の普及事業
2．植物観察会、花のサロン、写真展開催事業
（開催年度：2021年度）
　(1)　サロン（講演会）……10回282人
　(2)　日帰観察会・日曜…… 4 回102人
　(3)　平日観察会…………… 5 回139人
　(4)　バス利用観察会……… 2 回41人
　(5)　宿泊観察会…………… 1 回20人
　(6)　海外観察会…………… 0 回
　(7)　半日観察会…………… 3 回88人
3．植物文学及び植物美術の振興事業
4．機関紙「植物の友」及び研究資料刊行事業

公社 日本速記協会

東京都豊島区高田 3 - 10 - 11　代表理事　保坂正春

行政庁	内閣府
目的	2, 7, 9, 19
類型	2, 3, 5

- 法人コード　　A016221
- 社員・会員　　611名・611名
- 寄付金収入　　236千円
- 会費収入　　　7,314千円
- 経常収支　　　経常収益合計　13,732千円
　　　　　　　　経常費用合計　15,149千円
- 公益目的事業費　12,190千円
- 収益事業　　　無
- 主な財産　　　預金等　21,718千円
　　　　　　　　負債　107千円
- 正味財産額　　23,328千円
- 常勤理事　　　0
- 職員・給与　　 2 名・3,909千円
- 賃借料　　　　3,440千円
- 使用したデータ　令和3年度

法人の概要

1965年10月設立・2012年10月公益法人登記。速記技能検定（文科省後援）、みんなの速記推進活動などの事業を通し、速記の普及発達と利用分野の開発に努め、国民の書記能力を増進し記録事務の能率化を推進するとともに、速記技能者の技術水準及び社会的評価の向上のための事業を行い、公正で正確な発言記録作成技術の普及に努めることが目的。

事業の概要

1．検定事業
　速記技能検定の実施－コロナ禍で実施回数減、受験者76人（72人減）
2．「みんなの速記」推進活動
　(1)　速記教室・共練会を全国15会場で実施
　(2)　速記相談業務（学習場所相談等259件）
3．第72回全国議事記録議事運営事務研修会「新訂標準用字用例辞典について」等73人
4．会議録作成講座全 4 回の通信制講座開講
5．調査研究、広報、普及事業
　(1)　速記国際大会　　(2)　出版物の頒布
　(3)　速記の日記念イベント・速記交流会
6．広報事業－「日本の速記」編集発行

目的
9

公社 日本ダーツ協会

東京都足立区本木南町19－12　代表理事　萩尾純子

行政庁	内閣府
目的	7，9，19
類型	2，3，4，15，18

- 法人コード　　　A019743
- 社員・会員　　　16名・17名
- 寄付金収入　　　1,600千円
- 会費収入　　　　4,572千円
- 経常収支　　　　経常収益合計　10,986千円
　　　　　　　　　経常費用合計　11,262千円
- 公益目的事業費　8,598千円
- 収益事業　　　　無
- 主な財産　　　　預金等　3,140千円
　　　　　　　　　負債　10,032千円
- 正味財産額　　　369千円
- 常勤理事　　　　2名
- 職員・給与　　　2名・0
- 賃借料　　　　　1,488千円
- 使用したデータ　令和3年度

法人の概要

1989年8月設立・2014年4月公益法人登記。ダーツ競技の普及振興活動を行っているわが国唯一の公益法人で、生涯スポーツとしてのダーツ競技の普及・振興を図り、市民の心身の健全な育成に寄与することを目的とする。

事業の概要

1．各全国選手権大会
　30都府県、92大会、4,851名参加
2．国際競技大会
　日本ダーツ界を代表して選手を派遣(中止)
3．国際親善
　アジア地域のダーツ団体との国際交流を行い、海外のダーツ事情等の情報収集
4．競技規約の補足と見直し
　スティールダーツ（従前のダーツ）とソフトダーツ（デジタルダーツ）との融合を促進し、競技人口拡大と競技水準向上に努めた。融合促進のため競技規約の見直しの検討
5．講習会への指導者派遣
　「生涯スポーツ」2,990講座、他349講座

目的
9

公社 日本タートル協会

東京都中野区中央1－43－15　代表理事　平野貴史

行政庁	内閣府
目的	9
類型	3，5，15，18

- 法人コード　　　A022060
- 社員・会員　　　58名・58名
- 寄付金収入　　　0
- 会費収入　　　　3千円
- 経常収支　　　　経常収益合計　65千円
　　　　　　　　　経常費用合計　4,512千円
- 公益目的事業費　4,142千円
- 収益事業　　　　無
- 主な財産　　　　預金等　176千円
　　　　　　　　　負債　0
- 正味財産額　　　8,627千円
- 常勤理事　　　　1名
- 職員・給与　　　4名・779千円
- 賃借料　　　　　0
- 使用したデータ　令和3年度

法人の概要

1973年3月設立・2014年4月公益法人登記。本法人は、1968年にドイツで発足した国際高齢走者協会に触発され、1971年にわが国でも織田幹雄等が中高年の健康増進とスポーツ振興を目的として、「日本高齢走者協会」を設立した。後に社団法人「タートル協会」が設立され、中高齢者、障がい者の健康保持・増進を図るとともに、生きがいを高めるためのスポーツの普及促進を目的としている。1972年に第1回タートルマラソン全国大会を山中湖畔で開催し、以来2018年まで毎年全国大会を開催してきていた。

事業の概要

「第50回タートルマラソン国際大会兼第24回バリアフリータートルマラソン大会in足立」の開催は、コロナ禍のため開催中止となった。またタートル講習会、定例月次練習会、健康イベント等も参加者・指導者の健康と安全に鑑み、中止となった（2019年の台風、2020年及び2021年のコロナ禍のため大会の順延状態が続いている）。

庁	内閣府
目的	1，9
類型	3，6

公社 日本通信教育振興協会

東京都千代田区飯田橋 1 － 7 － 10　代表理事　浅井亮太

- 法人コード　　　　A017741
- 社員・会員　　　　4 名・16名
- 寄付金収入　　　　1,051千円
- 会費収入　　　　　2,740千円
- 経常収支　　　　　経常収益合計　9,344千円
　　　　　　　　　　経常費用合計　10,100千円
- 公益目的事業費　　7,062千円
- 収益事業　　　　　無
- 主な財産　　　　　預金等　12,274千円
　　　　　　　　　　負債　375千円
- 正味財産額　　　　12,776千円
- 常勤理事　　　　　0
- 職員・給与　　　　3 名・5,020千円
- 賃借料　　　　　　2,178千円
- 使用したデータ　令和 3 年度

法人の概要

1995年 4 月設立・2013年 4 月公益法人登記。
文部省（当時）の教育改革の一環として生涯
学習局（当時）が筆頭局として設置され、本

格的な生涯学習社会の到来を告げる年である
1988年の11月、本会の前身である「日本通信
教育振興協会」が発足。民間社会通信教育の
健全な発展向上を図るため教育内容の質的向
上と事業の適正な運営の確保を推進する等の
事業を実施し、我が国における生涯学習の振
興に寄与することが主な目的。

事業の概要

1．生涯学習奨励講座の認定事業
　安心と信頼の通信講座であることの認定
　登録期間満了 9 講座更新
2．優良受験指導講座認定事業
　国家資格・公的資格等の取得または検定の
　合格を目標とした通信教育であることの認
　定
3．セミナー事業（中止）
4．学習指導員資格認定事業
　学習指導員講習を修了して認定試験に合格
　した学習指導員75名認定登録、計2,410名

行政庁	内閣府
目的	2，7，9，15
類型	1，2，3，15，18

公社 日本綱引連盟

東京都新宿区霞ヶ丘町 4 － 2　代表理事　石井良之

- 法人コード　　　　A015054
- 社員・会員　　　　63名・818名
- 寄付金収入　　　　4,611千円
- 会費収入　　　　　4,440千円
- 経常収支　　　　　経常収益合計　20,246千円
　　　　　　　　　　経常費用合計　13,363千円
- 公益目的事業費　　9,759千円
- 収益事業　　　　　無
- 主な財産　　　　　預金等　18,831千円
　　　　　　　　　　負債　2,622千円
- 正味財産額　　　　18,276千円
- 常勤理事　　　　　0
- 職員・給与　　　　1 名・3,283千円
- 賃借料　　　　　　305千円
- 使用したデータ　令和 3 年度

法人の概要

1989年 3 月設立・2013年 4 月公益法人登記。
日本における綱引競技を統轄し、広く一般市
民に対して綱引の普及及び振興を図り、もっ

て国民の体力の向上と心身の健全な発達に寄
与することが目的。日本を代表して、国際綱
引連盟、アジア綱引連盟に加盟している。

事業の概要

1．国内外競技会開催－国体、全日本綱引選
　手権大会等（コロナ禍で中止）
2．選手強化－競技者必携を作成し、競技を
　理解させ、選手強化を図る
3．ジュニアユース発掘・指導者育成－ジュ
　ニアユース大会開催、選手の発掘（中止）
4．新規公認審判員認定－新規 A 審判員育
　成と AA 審判員へのスキルアップ（中止）
5．中央研修会の開催
　東京会場－審判員、競技者29名参加
　兵庫会場－審判員、競技者38名参加
6．アンチ・ドーピング教育
　中央研修会で、配布資料とスライドで学ぶ
7．伝統文化継承活動－綱引の普及啓発活動
　「日本における綱引の足跡」の発行

目的
9

日本フィットネス協会

公社

東京都中央区日本橋横山町3−1　代表理事　勝川史憲

行政庁	内閣府
目的	9
類型	2, 3, 5, 6, 13

- 法人コード　　A017748
- 社員・会員　　55名・2,186名
- 寄付金収入　　0
- 会費収入　　　23,477千円
- 経常収支　　　経常収益合計　85,061千円
　　　　　　　　経常費用合計　89,647千円
- 公益目的事業費　66,254千円
- 収益事業　　　経常収益　12,793千円
　　　　　　　　経常費用　7,990千円
- 主な財産　　　預金等　27,628千円
　　　　　　　　負債　　45,663千円
- 正味財産額　　−16千円
- 常勤理事　　　0
- 職員・給与　　6名・24,300千円
- 賃借料　　　　7,110千円
- 使用したデータ　令和3年度

法人の概要

1987年9月設立。2012年4月公益法人登記。
本法人は、フィットネス・ダンス、フィット

ネス・ウォーキング、フィットネス・アクア
エクササイズなどの実践を通して、身体活動
量を増やして健康を改善させるフィットネス
についての科学的な知識の普及及び専門指導
者の育成を図り、全ての国民の健康増進に寄
与することを目的とする。

事業の概要

（公益事業）
1．フィットネスに関する調査・研究事業及
　びその助成事業
　　プログラム、指導法、カリキュラムの開発、
　助成・顕彰
2．フィットネスの普及啓発のための情報誌
　発行及び講習会の開催事業
3．フィットネスに関する国際交流事業
（収益事業）
1．フィットネスに関する専門指導者の養成
　及び資格の認定事業
2．物品販売事業（書籍等）

日本ペタンク・ブール連盟

公社

東京都新宿区霞ヶ丘町4−2　代表理事　碓井進

行政庁	内閣府
目的	7, 9
類型	2, 13, 14, 15, 18

目的
9

- 法人コード　　A011233
- 社員・会員　　51名・4,601名
- 寄付金収入　　32千円
- 会費収入　　　4,987千円
- 経常収支　　　経常収益合計　14,981千円
　　　　　　　　経常費用合計　17,304千円
- 公益目的事業費　13,094千円
- 収益事業　　　無
- 主な財産　　　預金等　16,122千円
　　　　　　　　負債　　7,329千円
- 正味財産額　　10,900千円
- 常勤理事　　　1名
- 職員・給与　　3名・2,756千円
- 賃借料　　　　2,059千円
- 使用したデータ　令和3年度

法人の概要

2010年10月設立・2011年6月公益法人登記。
本法人は、わが国におけるペタンク（スポー
ルブールを含む）を統括し、これを代表する

団体として、ペタンクの普及講習会や日本ペ
タンク選手権大会の開催等の事業を行うこと
により、単純なルールと奥深い技術性を兼ね
備えた競技スポーツ及び生涯スポーツとして
のペタンクの普及振興を図り、もって国民の
心身の健全な発達と社会交流の増進に寄与す
ることを目的として設立。

事業の概要

1．ペタンク競技会会運営事業
　(1)　第9回日本ティール選手権大会
　(2)　第5回日本学生ペタンク選手権大会
　(3)　第10回JPBFカップ近畿ブロック大会
2．ペタンク普及事業
　(1)　ペタンク特任指導員講習会の開催
　　静岡地区58名清水区47名山形市24名、他
3．ペタンクに関する機関紙、競技規則、解
　説書等の発行事業
4．国際競技会への日本代表チーム派遣事業
　2021年スポールブール女子世界選手権

行政庁	内閣府
目的	2, 3, 4, 7, 9, 15, 18
類型	4, 10, 15, 18

公社 日本ボウリング場協会

東京都品川区南品川 2 − 2 − 10　代表理事　中里則彦

- 法人コード　　A010903
- 社員・会員　　248名・255名
- 寄付金収入　　0
- 会費収入　　　31,016千円
- 経常収支　　　経常収益合計　32,755千円
　　　　　　　　経常費用合計　36,701千円
- 公益目的事業費　21,220千円
- 収益事業　　　無
- 主な財産　　　預金等　22,654千円
　　　　　　　　負債　446千円
- 正味財産額　　30,030千円
- 常勤理事　　　1 名
- 職員・給与　　2 名・3,408千円
- 賃借料　　　　0
- 使用したデータ　令和 3 年度

法人の概要

1973年 6 月設立・2012年 4 月公益法人登記。青少年、高齢者、障害者をはじめ、広範な国民を対象にボウリングの競技会、教室を主催し、様々な広報活動を行うなど、国民がボウリングを通してスポーツへの参加意識を高めることにより、国民の心身の健全な発展に寄与することを目的とする。全国のボウリング場の70% の加盟を目指している。

事業の概要

1．ボウリングを通して、スポーツへの参加意識を高める事業
　(1)　第54回BPAJ全国ボウリング競技大会
2．日本ボウリング資料館の設置・運営事業
3．児童の健全育成事業
　(1)　ジュニアボウリング教室の主催、他
4．福祉活動事業
　(1)　宮様チャリティーボウリング大会
　(2)　メタボリックシンドローム対策推進
5．高齢福祉活動事業
　ボウリングによる高齢者運動能力向上、他

行政庁	内閣府
目的	9
類型	2, 3, 4, 6, 15, 18

公社 日本ボブスレー・リュージュ・スケルトン連盟

東京都新宿区霞ヶ丘町 4 − 2　代表理事　北野貴裕

- 法人コード　　A024625
- 社員・会員　　5 名・5 名
- 寄付金収入　　14,405千円
- 会費収入　　　4,800千円
- 経常収支　　　経常収益合計　136,497千円
　　　　　　　　経常費用合計　131,223千円
- 公益目的事業費　119,513千円
- 収益事業　　　無
- 主な財産　　　預金等　26,909千円
　　　　　　　　未収入金　2,311千円
　　　　　　　　負債　6,920千円
- 正味財産額　　25,874千円
- 常勤理事　　　0
- 職員・給与　　6 名・19,736千円
- 賃借料　　　　16,212千円
- 使用したデータ　令和 3 年度

法人の概要

2012年 2 月設立・2015年10月公益法人登記。日本国内のボブスレー、リュージュ、スケルトンの各競技を統括し、代表する団体として、競技を通してスポーツを振興し、スポーツ精神の普及を図ることを目的として設立。体験会や大会の開催による普及振興事業、競技者強化と指導者養成事業等を行っている。

事業の概要

1．競技普及振興活動
　(1)　小中学生対象のそり競技体験会
　(2)　新人選手の発掘と育成合宿
　(3)　ボブスレー・スケルトン全日本プッシュ選手権大会の開催
　(4)　審判資格者の育成
2．競技者強化と指導者養成活動
　(1)　国内強化合宿の実施（JOC 競技力向上助成事業）
　(2)　海外遠征・国際レース参戦
　(3)　指導者の養成
　(4)　選手教育・医科学サポート・研究支援、インテグリティ教育

目的
9

公社 北海道スカイスポーツ協会

北海道札幌市中央区大通西4−1 代表理事 堰八義博

行政庁	北海道
目的	9, 19
類型	3, 4, 9, 15, 18

- 法人コード　　A002624
- 社員・会員　　92名・92名
- 寄付金収入　　2,000千円
- 会費収入　　　3,980千円
- 経常収支　　　経常収益合計　6,050千円
　　　　　　　　経常費用合計　4,706千円
- 公益目的事業費　2,893千円
- 収益事業　　　無
- 主な財産　　　預金等　31,019千円
　　　　　　　　負債　3千円
- 正味財産額　　31,015千円
- 常勤理事　　　1名
- 職員・給与　　2名・1,109千円
- 賃借料　　　　93千円
- 使用したデータ　令和3年度

法人の概要

1990年4月設立・2012年4月公益法人登記。北海道の優れた自然を生かしたスカイスポーツの振興を通して観光資源及び産業の開発、文化の振興、生活の向上、健康・体力の増進などの地域振興に貢献することが目的。

事業の概要

1．イベント交流活動事業
(1)　「2021北海道スカイスポーツフェア in 余市」の開催－コロナ禍で中止
(2)　スカイスポーツ競技会の支援（中止）
①　第20回 HOSPA 杯争奪スケールアクロ競技会、②　「第16回 HOSPA CAP in 島牧」
2．啓発普及活動
(1)　広報誌「あえる」第63号の発行
(2)　体験会の開催
パラグライダー無料体験（ぴっぷスキー場）
3．安全講習会等の開催・支援
(1)　マイクロライトプレーン講習会共催
「近年の事故発生の解説と事故防止のための機体整備法などについて」、他
(2)　ハング・パラグライダー講習会共催
緊急パラシュート使用目的・使用判断基準

公社 宮城県航空協会

宮城県角田市平貫字江合13−2 代表理事 齋藤岳志

行政庁	宮城県
目的	3, 7, 9, 11, 17
類型	2, 3, 4, 7, 11

目的 9

- 法人コード　　A002055
- 社員・会員　　75名・79名
- 寄付金収入　　930千円
- 会費収入　　　2,766千円
- 経常収支　　　経常収益合計　12,471千円
　　　　　　　　経常費用合計　8,789千円
- 公益目的事業費　8,064千円
- 収益事業　　　無
- 主な財産　　　預金等　24,931千円
　　　　　　　　負債　232千円
- 正味財産額　　38,136千円
- 常勤理事　　　0
- 職員・給与　　0・0
- 賃借料　　　　60千円
- 使用したデータ　令和3年度

法人の概要

1994年3月設立・2013年4月公益法人登記。航空機の操縦訓練とその関連事業を通じ、広く宮城県民に航空に関する知識、技術ならびに航空スポーツの普及を図ること、また航空機離着陸場と関連施設を災害発生時の救援航空機離着場として提供し、県民の人命財産を守ることを目的として活動している。活動拠点は阿武隈川河川敷内の角田滑空場で、使用機材はグライダーを曳航する飛行機1機、グライダー複座練習機2機、グライダー単座機3機、子供用初級グライダー1機、動力付きグライダー1機である。

事業の概要

1．航空機の操縦訓練とその関連事業
グライダーによる練習会
①　宮城県航空協会
角田滑空場：93日、延べ参加者：937人
②　東北大学航空部
角田滑空場：53日、延べ参加者：620人
2．体験飛行等による航空機知識の普及
(1)　子供グライダー教室2回実施
参加者　子供16名保護者17名スタッフ2名

行政庁	内閣府
目的	7, 9
類型	3, 14

公財 忍郷友会

埼玉県行田市行田 5 - 10　代表理事　松平忠昌

- 法人コード　　A023540
- 会員数　　　　208名
- 寄付金収入　　1,000千円
- 会費収入　　　2,185千円
- 経常収支　　　経常収益合計　4,154千円
　　　　　　　　経常費用合計　4,489千円
- 公益目的事業費　3,627千円
- 収益事業　　　無
- 主な財産　　　預金等　2,501千円
　　　　　　　　投資者有価証券　5,821千円
　　　　　　　　負債　40千円
- 正味財産額　　8,282千円
- 常勤理事　　　0
- 職員・給与　　1 名・718千円
- 賃借料　　　　379千円
- 使用したデータ　令和 3 年度

法人の概要

1938年12月設立・2014年 4 月公益法人登記。
忍藩(現在の埼玉県行田市に藩庁をおいた藩)

の藩士たちを中心として、忍藩に縁故のある人々の親睦を深め、個人の知恵の涵養をめざす目的で創立された。集会や講演会を通して会員同士の交流等を行い、「確かな知識とともに高い倫理観と品性を備えた人」を究極の人間像として、後継者の育成と郷土の文化発展に意を尽くしながら、社会教育と学校教育の支援事業を行っている。

事業の概要

1. 進脩塾事業
　(1) 定例講座
　中国古典を題材（名文・名言・卓言の講義）
　(2) 市民公開講座等
　藩校教育を現代に活す－第 6 回朗唱まつり
　(3) 忍藩こども素読教室
　論語、漢詩・大学その他の素読学習
　寺子屋編、藩校編（湯島聖堂監修）
2. 少年の主張大会支援
　第36回「浮き城のまち行田少年の主張大会」

行政庁	岡山県
目的	7, 9
類型	4, 6, 7, 10

公財 倉敷天文台

岡山県倉敷市中央 2 - 19 - 10　代表理事　原浩之

- 法人コード　　A007287
- 会員数　　　　0
- 寄付金収入　　4,072千円
- 会費収入　　　0
- 経常収支　　　経常収益合計　4,486千円
　　　　　　　　経常費用合計　4,231千円
- 公益目的事業費　4,064千円
- 収益事業　　　無
- 主な財産　　　預金等　1,529千円
　　　　　　　　建物　29,750千円
　　　　　　　　負債　3,900千円
- 正味財産額　　33,084千円
- 常勤理事　　　0
- 職員・給与　　2 名・0
- 賃借料　　　　0
- 使用したデータ　令和 3 年度

法人の概要

1952年 3 月設立・2013年 4 月公益法人登記。
倉敷天文台は、当時倉敷紡績の専務原澄治の

出資で、大正15年（1926年）11月、当時としてはわが国最大級の口径32cm反射望遠鏡を設置し、全国初の民間天文台として誕生した。当時の天文台は全て官立で、一般の天文愛好家は利用できなかったので、誰でも観望できるようにと無料開放された施設であった。彗星12個・新星11個を発見し、「天体発見王」とも呼ばれたアマチュア天文家本田實は、戦前ここで天文台員を務め、戦後財団法人設立後天文台主事を務めた。天文台設置趣旨が示すように、本法人の目的は、天体の観測・研究を通じて、一般の人を対象とする天文科学全般の教育・普及活動に貢献することである。

事業の概要

1. 天体観望会等の実施
　10月　幼稚園・保育園の観望会　100名
　11月　95周年誕生会と観望　40名、他
2. 原澄治、本田實記念館－来館者30名
3. 夜間観望－15名

目的
9

行政庁	群馬県
目的	9
類型	3

公財 ぐんまYMCA

群馬県前橋市国領町1-4-1　代表理事　村上祐介

- 法人コード　　A022300
- 会員数　　　　78名
- 寄付金収入　　3,444千円
- 会費収入　　　2,324千円
- 経常収支　　　経常収益合計　67,574千円
　　　　　　　　経常費用合計　58,471千円
- 公益目的事業費　54,834千円
- 収益事業　　　無
- 主な財産　　　預金等　36,906千円
　　　　　　　　負債　28,205千円
- 正味財産額　　41,540千円
- 常勤理事　　　1名
- 職員・給与　　13名・28,235千円
- 賃借料　　　　2,256千円
- 使用したデータ　令和3年度

法人の概要

1975年1月設立・2014年4月公益法人登記。キリスト教精神に基づき、青少年等の心身の健全な成長を図るとともに、奉仕の精神を養い、民主的社会の発展と世界の平和に寄与することを目的とする。この目的のため、青少年を中心に、人々の全人的な成長を図る社会教育と支え合う地域支援活動を通して、地域社会の健全な発展に寄与する活動を行う。

事業の概要

1．健全な青少年育成のためプログラム実施
　(1)　安全な環境の提供
　　子どもたちの安全のため施設・用具の点検
　(2)　環境教育への取り組み
　　野外活動を通じて自然の大切さ等を学ぶ
2．家族支援プログラム
　(1)　YMCAアフタースクール「CoCon（こ
　　こん）」
　　前橋市委託事業（放課後留守家庭児童クラブ）として、共働き家庭へのサポート
　(2)　放課後デイサービス「カラフル」において、障害児に対する運動プログラム等を実施

行政庁	内閣府
目的	7, 9
類型	3, 13

公財 国際スポーツ文化財団

東京都渋谷区道玄坂1-15-3　代表理事　平野岳史

- 法人コード　　A024142
- 会員数　　　　0
- 寄付金収入　　1,650千円
- 会費収入　　　0
- 経常収支　　　経常収益合計　1,650千円
　　　　　　　　経常費用合計　1,652千円
- 公益目的事業費　1,365千円
- 収益事業　　　無
- 主な財産　　　預金等　5,897千円
　　　　　　　　負債0
- 正味財産額　　5,897千円
- 常勤理事　　　0
- 職員・給与　　2名・0
- 賃借料　　　　0
- 使用したデータ　令和3年度

法人の概要

2016年2月設立・2016年10月公益法人登記。スポーツの普及と振興を通じて国民の心身の健全な発達と豊かな人間性の涵養に寄与することを目的とし、株式会社フルキャストホールディングス創業者の平野岳史を代表理事として設立。スポーツの普及と振興を図るため、著名なアスリート等を講師としたスポーツに関する講演会の無料開催や、スポーツ関連活動への助成支援を行っている。

事業の概要

1．スポーツに関する講演会の開催
　スポーツに関する講演会を広く一般市民を対象に開催することで、スポーツの意義や魅力を伝えることを目的としたが、コロナ禍で中止
2．スポーツ関連活動への助成
　アスリート、指導者、審判員、競技会等の主催者、スポーツ科学の研究者等の活動を対象として助成を行う。2021年度はアスリート4名、3団体に対し、総額100万円の助成を行った

行政庁	内閣府
目的	9，15
類型	13，18

公財 境港うなばら水産奨学会

鳥取県境港市昭和町9－33　代表理事　岩田祐二

- 法人コード　　A007765
- 会員数　　　　0
- 寄付金収入　　353千円
- 会費収入　　　0
- 経常収支　　　経常収益合計　2,385千円
　　　　　　　　経常費用合計　2,385千円
- 公益目的事業費　2,042千円
- 収益事業　　　無
- 主な財産　　　預金等　3,905千円
　　　　　　　　株式　26,315千円
　　　　　　　　負債　185千円
- 正味財産額　　30,059千円
- 常勤理事　　　0
- 職員・給与　　1名・1,161千円
- 賃借料　　　　0
- 使用したデータ　令和3年度

法人の概要

1985年12月設立・2012年4月公益法人登記。
本法人は、水産教育を受けようとする者及び

水産業従事者の増加を図る事業等を行い、水産教育の振興並びに地域水産業の健全な発展に寄与することを目的とする。またこの他、外国人技能実習生の管理団体に関する事業等を行い、地域並びに国際的な人材を育成することを通じ、地域産業の健全な発展、開発途上地域等への技能移転による国際協力に寄与することを目的としている。

事業の概要

1．水産教育にかかる奨学金の授与
　境港総合技術高等学校
　月額1万円　2名新規採用
　3年生含め6名　支給総額58万円
2．水産教育振興に関する事業
3．外国人技能実習生の適正な実施に係る監査・指導
4．外国人技能実習入国講習・技能実習計画の作成指導等の実習生受入に関する業務

庁	内閣府
目的	1，9
類型	13

公財 佐藤定雄国際奨学財団

神奈川県横浜市港北区新横浜2－13－6　代表理事　佐藤定雄

- 法人コード　　A024096
- 会員数　　　　0
- 寄付金収入　　20,773千円
- 会費収入　　　0
- 経常収支　　　経常収益合計　20,773千円
　　　　　　　　経常費用合計　20,773千円
- 公益目的事業費　16,965千円
- 収益事業　　　無
- 主な財産　　　預金等　10,521千円
　　　　　　　　負債　199千円
- 正味財産額　　419,387千円
- 常勤理事　　　0
- 職員・給与　　2名・2,400千円
- 賃借料　　　　2,170千円
- 使用したデータ　令和3年度

法人の概要

2016年7月設立・2017年12月公益法人登記。
代表者はイリソ電子工業（コネクタの製造、開発及び販売。東証プライム上場）創業者・

取締役会長。創立50周年を記念して当財団を設立。経済的な困難を抱えつつも、勉学やスポーツに励んでいる若者に対し、奨学金を給付することで、イリソの経営理念の、『人の心を尊重し、社会貢献に努める』を個人として具現化し、これからの技術革新を支え、またグローバル化する世界で活躍できる人材の育成に努める。

事業の概要

1．2019年度の奨学生
　1名の奨学生（復学）月額3万円を支給
2．2020年度の奨学生
　15名の奨学生に対し、月額3万円支給
3．2021年度の奨学生
　15名の奨学生に対し、月額3万円支給
4．運動部所属の大学生に対する奨学金給付
　2020年度より運動部に所属する大学生に奨学金を支給している。人数は、2020年度、2021年度の奨学生の数に含まれている

目的
9

公財 紫雲奨学会

香川県高松市松島町1-18-54　代表理事　中筋政人

行政庁	香川県
目的	2，7，9
類型	13，18

- 法人コード　　　A019611
- 会員数　　　　　0
- 寄付金収入　　　1,553千円
- 会費収入　　　　0
- 経常収支　　　　経常収益合計　2,552千円
　　　　　　　　　経常費用合計　3,169千円
- 公益目的事業費　3,108千円
- 収益事業　　　　無
- 主な財産　　　　預金等　2,092千円
　　　　　　　　　負債　0
- 正味財産額　　　158,292千円
- 常勤理事　　　　0
- 職員・給与　　　0・0
- 賃借料　　　　　0
- 使用したデータ　令和3年度

法人の概要

1974年3月設立・2013年4月公益法人登記。香川県立高松商業高等学校の同窓会である「紫雲会」が、同校創立60周年（1961年）の記念事業として発足させた奨学制度が本会の母体である。その後、1974年に財団法人となり、また同窓生の尽力により多額の寄付が寄せられ、財団は飛躍的に充実した助成と振興事業を実施できるようになった。当初、学術優秀、品行方正でありながら、修学困難な学生に対する奨学援助を中心に事業を行っていたが、財団の充実とともに、スポーツの振興及び文化・芸術の振興をも行うようになり、またグローバル化の進展とともに、国際理解教育の振興助成も検討中である。

事業の概要

1．奨学金の給付事業
　(1)　奨学生　各学年3名（計9名）
　　　月額1人10千円、総額1,080千円
2．生徒の課外活動に関する助成事業
　(1)　全国大会出場助成　281人1,405千円
　(2)　課外活動用マイクロバスへ助成500千円

公財 重田教育財団

東京都港区虎ノ門3-18-6　代表理事　重田康光

行政庁	内閣府
目的	3，7，9
類型	13

- 法人コード　　　A024334
- 会員数　　　　　0
- 寄付金収入　　　137,877千円
- 会費収入　　　　0
- 経常収支　　　　経常収益合計　137,877千円
　　　　　　　　　経常費用合計　130,000千円
- 公益目的事業費　126,390千円
- 収益事業　　　　無
- 主な財産　　　　預金等　13,962千円
　　　　　　　　　負債　381千円
- 正味財産額　　　13,581千円
- 常勤理事　　　　0
- 職員・給与　　　2名・0
- 賃借料　　　　　0
- 使用したデータ　令和3年度

法人の概要

2017年5月設立・2017年10月公益法人登記。代表者は株式会社光通信（事業内容はインターネット回線・電力・宅配水・保険。東証一部上場。）創業者・代表取締役会長。本財団は、誠実な心を持って学に志し、鋭い洞察をもって世界に羽ばたき、大きな夢に挑戦し続ける精神を持った若者を応援し、そしていつか我々の支援した者が同じように成功を収め、同じ境遇の若者を支援することになり本財団の意思が続くことを願って設立された。

事業の概要

1．日本人留学生に対する奨学金の給付
　海外の大学又は大学院へ留学する日本人留学生を対象として、奨学金を給付。本年度採用の奨学生は5名。給付金額は月額200千円。給付期間は2年間。本年度の奨学金の支給総額は22,800千円
2．日本人母子世帯への養育援助金の給付
　東京23区在住の6歳以下の子を持つ日本人母子世帯を対象として、1,001名に養育援助金を交付した。総援助金額100,100千円

行政庁	香川県
目的	9
類型	3, 13, 14, 15, 18

公財 志度町体育振興会

香川県さぬき市寒川町石田東甲425　代表理事　石原新造

- 法人コード　　A021691
- 会員数　　　　0
- 寄付金収入　　0
- 会費収入　　　1,000千円
- 経常収支　　　経常収益合計　4,176千円
　　　　　　　　経常費用合計　4,180千円
- 公益目的事業費　2,845千円
- 収益事業　　　経常収益　972千円
　　　　　　　　経常費用　900千円
- 主な財産　　　預金等　22,482千円
　　　　　　　　負債　0
- 正味財産額　　22,482千円
- 常勤理事　　　0
- 職員・給与　　1名・0
- 賃借料　　　　146千円
- 使用したデータ　令和3年度

法人の概要

1993年4月設立・2013年4月公益法人登記。地域住民皆体育の精神に則り、スポーツを普及奨励し、スポーツ精神を養うとともに、全ての住民が生涯体育・生涯スポーツを実践できるよう諸条件の整備に務め、住民の健全な心身の発達に寄与することを目的とする。

　地域住民にスポーツ活動の機会を提供できるようにするために、スポーツ団体育成事業・青少年スポーツ育成事業・健康づくり及びスポーツ普及事業の事業を展開する。

事業の概要

1．野球大会
　(1)　志度地区春季軟式野球大会（春のナイターリーグ）
　(2)　志度地区夏季軟式野球大会
　(3)　第43回志度軟式野球大会（秋のナイターリーグ）
2．ナイターソフトボール大会
3．オープンテニス大会
4．6人制バレーボール大会（中止）
5．ソフトボール審判講習会

行政庁	兵庫県
目的	9
類型	3

公財 修武館

兵庫県伊丹市西台3-2-11　代表理事　木村恭子

- 法人コード　　A006103
- 会員数　　　　0
- 寄付金収入　　770千円
- 会費収入　　　9,531千円
- 経常収支　　　経常収益合計　13,464千円
　　　　　　　　経常費用合計　22,063千円
- 公益目的事業費　13,687千円
- 収益事業　　　無
- 主な財産　　　預金等　1,154千円
　　　　　　　　負債　1,556千円
- 正味財産額　　34,926千円
- 常勤理事　　　2名
- 職員・給与　　3名・7,240千円
- 賃借料　　　　2,179千円
- 使用したデータ　令和3年度

法人の概要

1942年10月設立・2011年4月公益法人登記。修武館は、伊丹の地が1661（寛文元）年近衛家領となり、小西家が代々町宿老の地位を保ち、自衛の必要上1786（天明6）年に剣道を始めたのがその起こり。1940（昭和15）年に財団法人化、1943年第11代小西業茂は「修武館武道摘要」を記し、日本古来の伝統文化である剣道・薙刀・居合道の基本を守り、「礼に始まり礼に終わる」武道の礼法を重んじる現在も継承されている指導理念を示した。

事業の概要

1．剣道の部
　(1)　「就学前武道教育の実践」の継続と「修武館剣道練成会」の充実
　(2)　稽古日－毎週月・水・金曜日に幼年部、少年部各1時間、成年部1時間30分稽古
2．なぎなたの部
　(1)　「薙刀練成会」充実
　(2)　稽古日－少年部薙刀教室毎週土曜日、成年部毎週木曜日、天道流毎週火曜日
3．居合道－毎週月・木曜日

目的

9

行政庁	山口県
目的	1, 9
類型	3, 4, 6, 10, 13

公財 松風会

山口県山口市大手町 2 - 18　代表理事　松本芳之

- 法人コード　　A009480
- 会員数　　　　0
- 寄付金収入　　0
- 会費収入　　　0
- 経常収支　　　経常収益合計　3,982千円
　　　　　　　　経常費用合計　4,472千円
- 公益目的事業費　2,947千円
- 収益事業　　　無
- 主な財産　　　預金等　1,979千円
　　　　　　　　投資有価証券　87,777千円
　　　　　　　　負債　127千円
- 正味財産額　　89,629千円
- 常勤理事　　　0
- 職員・給与　　1名・2,016千円
- 賃借料　　　　347千円
- 使用したデータ　令和3年度

法人の概要

1974年8月設立・2012年4月公益法人登記。
明治維新の先駆者で、「安政の大獄」で処刑

された吉田松陰を崇敬し、松陰精神の普及振興を図り、これを現代に生かすことを目的に設立された。松陰殉死百年を前に、「松陰先生百年祭記念事業推進会」が発足、同会の中核事業として松陰精神に肖る教育施設「松風寮」が建設され、山口県教育会が本寮を主宰した。その後21年にわたり山口大学男子学生600余名が入寮し、松陰精神の継承者として巣立っていった。その間、松風寮は、財団法人松風会として山口県教育会から独立し、寮の閉鎖後は、事務所を移し、様々な松陰精神継承活動を行っている。

事業の概要

1．研究研修
　(1) 第14回松陰研修塾基礎コース（延期）
　(2) 第10回松陰先生に親しむ会（中止）
　(3) 吉田松陰撰集輪読会（毎月第2土曜日）
2．調査研究・情報発信「松門」第43号発行
3．研究助成－萩松朋会へ30千円の助成

行政庁	長野県
目的	1, 6, 9, 19
類型	3, 5, 6, 18

公財 身体教育医学研究所

長野県東御市布下 6 - 1　代表理事　田丸基廣

目的 9

- 法人コード　　A008662
- 会員数　　　　0
- 寄付金収入　　10,503千円
- 会費収入　　　0
- 経常収支　　　経常収益合計　67,473千円
　　　　　　　　経常費用合計　72,045千円
- 公益目的事業費　70,052千円
- 収益事業　　　無
- 主な財産　　　預金等　6,914千円
　　　　　　　　負債　5,832千円
- 正味財産額　　60,476千円
- 常勤理事　　　1名
- 職員・給与　　10名・22,600千円
- 賃借料　　　　259千円
- 使用したデータ　令和3年度

法人の概要

2009年2月設立・2011年3月公益法人登記。
身体に関わる様々な事象について、従来の保健・医療・福祉・介護・教育・スポーツ等の

諸分野を総合させた調査研究・分析評価・教育啓発活動を行い、「体を育む」ことを通した全ての人々の健康づくりと公共政策作りに寄与することを目的としている。

事業の概要

1．身体教育医学に関する研究（外部資金）
　(1) 「with コロナ時代に高齢者が繋がり続ける活動を発展させるハイブリッド型支援法の確立」（日本財団）
　(2) 「誰もが身近でスポーツに親しめる環境整備のさらなる発展に向けた人材育成」（長野県地域元気づくり支援金）、他3件
2．調査研究事業、健康づくり事業等の受託
　(1) 一般社団法人とうみ湯の丸高原スポーツコミッション「モニタリング調査業務」
　(2) 日本水泳連盟「高地トレーニングプール運営支援委員会関連業務」、他
3．健康づくりに関する相談及び指導(99件)
　里山探検活動「ニコニコ」親子自然体験

行政庁	東京都
目的	9
類型	10, 18

公財 第五福竜丸平和協会

東京都江東区南砂 5 - 8 - 13　代表理事　奥山修平

- 法人コード　　　　A001287
- 会員数　　　　　　342名
- 寄付金収入　　　　493千円
- 会費収入　　　　　1,690千円
- 経常収支　　　　　経常収益合計　32,838千円
　　　　　　　　　　経常費用合計　32,746千円
- 公益目的事業費　　28,814千円
- 収益事業　　　　　無
- 主な財産　　　　　預金等　28,756千円
　　　　　　　　　　負債　9,914千円
- 正味財産額　　　　24,355千円
- 常勤理事　　　　　0
- 職員・給与　　　　4 名・18,049千円
- 賃借料　　　　　　208千円
- 使用したデータ　　令和 3 年度

法人の概要

1973年11月設立・2009年11月公益法人登記。
第五福竜丸は、1954年ビキニ環礁でアメリカ
軍により行われた水爆実験で被爆した木造マ
グロ漁船で、焼津港に帰港後被爆を巡り大騒
ぎとなった。その後1967年に廃船となり、ゴ
ミ廃棄場夢の島に放置されていたが、第五福
竜丸の保存運動が起き、船体の維持管理と保
存施設実現のため本法人が設置された。都が
夢の島公園を造成する中で、1876年 6 月都立
第五福竜丸展示館が開館、本法人は、展示館
の管理運営を都からの受託事業として行い、
船体の管理、原水爆問題に関する展示・普及・
教育・研究活動を実施してきている。

事業の概要

1．展示事業
　総開館日数は308日。来館者数31,329人、
　240団体、一般来館者26,223人
2．企画展－「被ばくの島マーシャルのサン
　ゴと人と海と」
3．第五福竜丸・ビキニ事件、世界の核被害
　を伝える取組－映画「西から昇った太陽」

行政庁	鳥取県
目的	9
類型	13

公財 竹歳敏夫奨学育英会

鳥取県東伯郡北栄町由良宿423－1　代表理事　松本昭夫

- 法人コード　　　　A018873
- 会員数　　　　　　0
- 寄付金収入　　　　120千円
- 会費収入　　　　　0
- 経常収支　　　　　経常収益合計　120千円
　　　　　　　　　　経常費用合計　120千円
- 公益目的事業費　　120千円
- 収益事業　　　　　無
- 主な財産　　　　　預金等　10,130千円
　　　　　　　　　　負債　0
- 正味財産額　　　　10,131千円
- 常勤理事　　　　　0
- 職員・給与　　　　2 名・0
- 賃借料　　　　　　0
- 使用したデータ　　令和 3 年度

法人の概要

1969年12月設立・2013年 4 月公益法人登記。
竹歳敏夫は、明治23年に鳥取県由良宿（現北
栄町）に生まれ、山口高等商業学校（現山口
大学）に学び、三井物産等の重役を勤め、昭
和42年に死亡したが、同氏は国の育英奨学資
金の援助を受けて学業を継続できたことから、
生前向学心の切なる青少年の進学への資金援
助を考えていた。同氏の没後、その遺志実現
のため、子磐彦が、1,000万円を旧大栄町に
寄付して、本公益法人が設立された。

事業の概要（2021年度）

1．奨学金給付事業 （本年度は 1 名に給付）
　北栄町出身者で、工業高等専門学校、大学、
　大学院に就学する者又は向学心が旺盛で成
　績優秀でありながら家庭事情等により勉学
　の継続が困難な者に12万円を給付する
2．短期留学費支援事業
　北栄町在住、高等学校、特別支援学校高等
　部、高等専門学校 1 ～ 3 学年在籍者で、民
　間団体等主催の語学留学を目的とした海外
　派遣プログラム参加が決定している者に、
　経費の 2 分の 1 （上限30万円）を給付する

目的
9

公財　足ル知ル生活

岐阜県羽島市正木町須賀字中畑1765−1　代表理事　牛田彰

行政庁	岐阜県
目的	9
類型	3, 4, 13

- 法人コード　　　A024977
- 会員数　　　　　0
- 寄付金収入　　　8,634千円
- 会費収入　　　　0
- 経常収支　　　　経常収益合計　8,652千円
　　　　　　　　　経常費用合計　8,597千円
- 公益目的事業費　6,247千円
- 収益事業　　　　無
- 主な財産　　　　預金等　37,473千円
　　　　　　　　　負債　233千円
- 正味財産額　　　37,239千円
- 常勤理事　　　　0
- 職員・給与　　　2名・900千円
- 賃借料　　　　　0
- 使用したデータ　令和3年度

法人の概要

2013年12月設立・2019年4月公益法人登記。有機農業者及び支援団体への支援を通じて、有機農業の振興を行うとともに、伝統的な食文化や食習慣に関する講演・体験学習を通じて、国民が生きていることに感謝するという「足るを知る」生活を理解することによる心豊かな生活の実現への寄与を目的とする。

事業の概要

1. 有機農業就農助成事業（岐阜県内就農者）
　個人−20名（計4,800千円）
　法人−1団体（計400千円）
2. 体験教室事業
　年間を通じた完結型の計画に基づき、例えば播種−草取り−収穫−調理といった体験を通じて伝統的で安全な栽培方法を理解するとともに、生命を頂く実感を体験させることを計画するも、コロナ禍のため、「米の種まき及び椎茸の菌打ち」のみ実施
3. 食文化・食習慣についての講演会（中止）
　伝統的食文化・習慣に習った食品の選び方、栽培方法や機能を理解した食べ方を学ぶ

公財　藤樹書院

滋賀県高島市安曇川町上小川211　代表理事　渕田豊朗

行政庁	滋賀県
目的	9, 14
類型	3, 18

目的 9

- 法人コード　　　A014865
- 会員数　　　　　0
- 寄付金収入　　　87千円
- 会費収入　　　　0
- 経常収支　　　　経常収益合計　4,883千円
　　　　　　　　　経常費用合計　4,803千円
- 公益目的事業費　4,472千円
- 収益事業　　　　経常収益　621千円
　　　　　　　　　経常費用　246千円
- 主な財産　　　　預金等　3,880千円
　　　　　　　　　負債　0
- 正味財産額　　　16,187千円
- 常勤理事　　　　0
- 職員・給与　　　0・0
- 賃借料　　　　　0
- 使用したデータ　令和3年度

法人の概要

1922年11月設立・2012年4月公益法人登記。当法人は、近江聖人中江藤樹先生の遺徳を千歳に崇うし民徳の磨励文教の興隆に資することを目的として設立。藤樹書院は、1648年「近江聖人」と呼ばれ、また、「日本陽明学の祖」といわれる中江藤樹の在世中に落成を見た門人たちの学舎であり、1916年3月8日付で国の史跡に指定されている。

事業の概要

（公益事業）
2021年度の祭典はコロナで関係者のみ
1. 史跡「藤樹書院」の保存
　書院境内の「藤」の育成及び剪定
　書院境内生垣の刈り込み及び樹木剪定
2. 藤樹先生の祭典の執行
　(1) 常省祭
　(2) 儒式祭典
　(3) 鏡開き、講書始め式
3. 藤樹書院講座及び講演会の開催
（収益事業）
藤樹書院関係図書等の頒布

行政庁	内閣府
目的	7, 9
類型	3, 13

公財 日本教育文化財団

東京都港区西麻布 1－14－1　代表理事　増田裕介

- 法人コード　　A024071
- 会員数　　　　0
- 寄付金収入　　10,682千円
- 会費収入　　　0
- 経常収支　　　経常収益合計　10,682千円
　　　　　　　　経常費用合計　10,463千円
- 公益目的事業費　10,323千円
- 収益事業　　　無
- 主な財産　　　預金等　5,224千円
　　　　　　　　負債　272千円
- 正味財産額　　4,952千円
- 常勤理事　　　1 名
- 職員・給与　　1 名・0
- 賃借料　　　　0
- 使用したデータ　令和 3 年度

法人の概要

2016年12月設立・2017年 4 月公益法人登記。大学生に対する育英奨学金の給付を行うとともに、教育に関する講演会の開催をし、優れた人材の育成と教育の振興に寄与することを目的として設立。

事業の概要

1．大学生に対する育英奨学金の給付
　学業優秀・品行方正であるにもかかわらず、経済的な理由で学費の支弁が困難な大学生に対する返還義務のない育英奨学金の給付。2021年度は10名の奨学生を採用した
2．教育に関する講演会の開催
　教育に関する講演会を広く一般市民に向けて開催することで、多くの人々に教育の考え方や知識について学ぶ機会を提供。講師には教育分野の有識者・学識経験者を公募・推薦により選定し、専門知識に基づいた良質な講演内容を実現する。参加料無料（本年度はコロナ禍により中止）

行政庁	内閣府
目的	1,2,5,7,9,15,19
類型	1,2,3,4,5,6,13,14,15

公財 日本航空教育協会

山梨県甲斐市宇津谷445　代表理事　梅澤忠弘

- 法人コード　　A006197
- 会員数　　　　30名
- 寄付金収入　　0
- 会費収入　　　0
- 経常収支　　　経常収益合計　20,635千円
　　　　　　　　経常費用合計　16,699千円
- 公益目的事業費　9,593千円
- 収益事業　　　経常収益　3,543千円
　　　　　　　　経常費用　4,275千円
- 主な財産　　　預金等　26,161千円
　　　　　　　　負債　15,813千円
- 正味財産額　　10,687千円
- 常勤理事　　　1 名
- 職員・給与　　5 名・9,274千円
- 賃借料　　　　121千円
- 使用したデータ　令和 3 年度

法人の概要

1975年12月設立・2012年 4 月公益法人登記。「航空・宇宙」への関心は、より良い時代の一つの礎になるという願いで、子供達が「航空・科学」の分野への夢を膨らませて航空・宇宙分野の体験学習や航空関連知識を学ぶ環境を設け、航空業界などの社会で活躍できる人達と共に学び、考え、行動できる人材を育成し、航空業界への夢を応援する事業を実施。

事業の概要

1．航空事業
　航空関連知識・技術取得と職業意識の啓蒙
2．資格取得及び講習会事業
　日本航空学園の協力により、「JAAドローンパイロットスクール」を組織し、同学園の施設設備を利用して操縦訓練等を行っている。
　ライセンス更新自家用149名、新規取得94人
3．航空検定—第17回
　日本航空高校石川 2 級157名、日本航空大学校石川 1 級149名 2 級265名 3 級10名、他

目的
9

公財 日本スポーツ仲裁機構

東京都新宿区霞ケ丘町4-2　代表理事　山本和彦

行政庁	内閣府
目的	9
類型	18

- 法人コード　　A018774
- 会員数　　　　5名
- 寄付金収入　　500千円
- 会費収入　　　15,000千円
- 経常収支　　　経常収益合計　37,881千円
　　　　　　　　経常費用合計　38,580千円
- 公益目的事業費　34,307千円
- 収益事業　　　無
- 主な財産　　　預金等　38,530千円
　　　　　　　　負債　29,802千円
- 正味財産額　　13,768千円
- 常勤理事　　　0
- 職員・給与　　2名・9,709千円
- 賃借料　　　　5,611千円
- 使用したデータ　令和3年度

法人の概要

2009年4月設立・2013年4月公益法人登記。スポーツ法の透明性を高め、国民のスポーツに対する理解と信頼を醸成し、個々の競技者と競技団体等との間の紛争の仲裁又は調停による解決を通じて、スポーツの健全な振興を図ることを目的とする。

事業の概要

1．仲裁・調停等業務及び事前相談への対応
2．スポーツ仲裁自動応諾条項の採択状況公表
　　2021年度末採択済132団体採択率76.7%
3．スポーツ仲裁シンポジウム
　　「東京大会・北京大会関連紛争の実務について」をZoomウェビナーモードで開催
4．理解増進活動事業
　　スポーツ仲裁法研究会を4回開催、他
5．スポーツ庁委託事業
　　(1)　スポーツ団体のガバナンス強化の推進
　　(2)　スポーツにおける暴力への対応に関しての調査研究
6．東京オリンピック・パラリンピック競技大会におけるプロボノサービス実施

公財 ノエビアグリーン財団

東京都中央区銀座7-6-15　代表理事　赤川正志

行政庁	内閣府
目的	7, 9, 16
類型	3, 4, 13, 18

目的 9

- 法人コード　　A023984
- 会員数　　　　0
- 寄付金収入　　106,667千円
- 会費収入　　　0
- 経常収支　　　経常収益合計　106,669千円
　　　　　　　　経常費用合計　106,669千円
- 公益目的事業費　101,200千円
- 収益事業　　　無
- 主な財産　　　預金等　79,159千円
　　　　　　　　負債　0
- 正味財産額　　2,085,220千円
- 常勤理事　　　1名
- 職員・給与　　5名・6,609千円
- 賃借料　　　　644千円
- 使用したデータ　令和2年度

法人の概要

2013年3月設立・2013年12月公益法人登記。ノエビアグループは、自然の恵みをいかした独自の化粧品や衣料品、食品などを通して、美と健康の創造に取り組んでいるが、その美しい自然環境を守る環境保全活動や、未来を担い、大きな夢を抱く子どもたちを応援したいという思いから本財団を設立した。地球環境の保全及びスポーツの普及と発展並びに未来を担う児童青少年の育成を通じ、豊かな社会の形成に寄与することを目的とする。

事業の概要

1．児童、青少年の健全育成支援事業
　　日本を代表するジュニアスポーツ選手の育成、心身ともに健全な青少年の育成への寄与を目的とする。総応募数268件、79件（団体42件、個人37件）に8,209万円を助成
　　(1)　一般社団法人コンパスナビ　150万円
　　(2)　近藤薫（17歳競泳パラスポ）200万円
　　(3)　太田捺（13歳近代五種）200万円、他
2．環境事業－自然体験を通じ、自然環境の保全と改善について学ぶ（山海空各教室）海の教室－横浜ベイサイドマリーナ、他

公財 兵庫県馬術連盟

兵庫県神戸市北区しあわせの村1-4　代表理事　今村秀樹

行政庁	兵庫県
目的	9
類型	3, 15, 18

- 法人コード　　A024369
- 会員数　　　　423名
- 寄付金収入　　370千円
- 会費収入　　　2,398千円
- 経常収支　　　経常収益合計　59,998千円
　　　　　　　　経常費用合計　62,769千円
- 公益目的事業費　59,924千円
- 収益事業　　　無
- 主な財産　　　預金等　19,143千円
　　　　　　　　負債　11,657千円
- 正味財産額　　16,086千円
- 常勤理事　　　0
- 職員・給与　　1名・2,177千円
- 賃借料　　　　13,313千円
- 使用したデータ　令和3年度

法人の概要

2012年4月設立・2014年4月公益法人登記。
兵庫県の馬術愛好家相互の連携を図り、馬術
の普及、技術の向上、馬の改良を行い、会員

の健康増進とスポーツ精神を育成することを
目的として設立。現在は大学馬術部、高等学
校馬術部を含めた32団体が所属し、競技会の
開催、生涯スポーツとして楽しめる乗馬・馬
術のための環境整備、障がい者の競技会参加
の促進、選手・指導者や大会運営スタッフの
養成等の活動を行っている。

事業の概要

1．主催競技会の開催
　(1)　第48回近畿馬術大会（中止）
　(2)　第48回近畿馬術大会障害飛越競技会
　(3)　第46回兵庫県親善馬術大会馬場馬術競
　　　技会－104頭・118人・288鞍
2．講習会事業－近畿地区審判・指導者講習
3．国体関係事業
　　近畿ブロック大会6月大阪、本国体中止
4．選手強化・育成事業（兵庫体育協会補助）
　(1)　国体選手強化事業
　(2)　スーパージュニア育成塾

公財 舩井幸雄記念館

静岡県熱海市西山町19-32　代表理事　佐野浩一

行政庁	静岡県
目的	9
類型	3, 10, 13, 18

- 法人コード　　A024721
- 会員数　　　　103名
- 寄付金収入　　4,611千円
- 会費収入　　　2,680千円
- 経常収支　　　経常収益合計　20,742千円
　　　　　　　　経常費用合計　18,131千円
- 公益目的事業費　14,908千円
- 収益事業　　　経常収益　44千円
　　　　　　　　経常費用　0
- 主な財産　　　預金等　12,174千円
　　　　　　　　有価証券　574,340千円
　　　　　　　　負債　3,029千円
- 正味財産額　　623,374千円
- 常勤理事　　　1名
- 職員・給与　　4名・1,568千円
- 賃借料　　　　300千円
- 使用したデータ　令和3年度

法人の概要

2016年1月設立・2018年4月公益法人登記。

経営コンサルタントとして有名な舩井幸雄が
晩年を過ごした熱海の山中の「総桐」の住居
を記念館として開放し、舩井の功績をたたえ、
その理念、哲学、生き方、人間学を末永く後
世に伝え、その考え方を生涯にわたって学習
してもらうことを目的とする。

事業の概要

1．舩井幸雄記念館の管理運営
2．舩井幸雄の所有物、書籍及び残存資料の
　　展示、保存及び管理
3．講演会の企画「すべては必要必然最善」
4．「世のため、人のため」に社会貢献活動
　　を行う団体へ助成（10団体350万円）
　(1)　「一般社団法人Find」
　　　Alternative School運営団体の講演費40万円
　(2)　「NPO法人YUNOどんぐりの会」
　　　自然環境保全団体の苗木等80万円
　(3)　「熱海ブルーノ・ダウト連盟」
　　　「タウト塾＠熱海」開催費30万円

目的 9

北海道生涯学習協会

行政庁	北海道
目的	9
類型	3, 18

北海道札幌市中央区北二条西7-1　代表理事　宇田川洋

- 法人コード　　A005635
- 会員数　　　　0
- 寄付金収入　　200千円
- 会費収入　　　1,438千円
- 経常収支　　　経常収益合計　29,101千円
- 　　　　　　　経常費用合計　28,522千円
- 公益目的事業費　23,554千円
- 収益事業　　　無
- 主な財産　　　預金等　5,644千円
- 　　　　　　　投資有価証券　20,000千円
- 　　　　　　　負債　799千円
- 正味財産額　　26,933千円
- 常勤理事　　　1名
- 職員・給与　　6名・19,909千円
- 賃借料　　　　690千円
- 使用したデータ　令和3年度

法人の概要

1977年6月設立・2013年4月公益法人登記。人々が人間らしく生きていくために、人生の各時期に直面する問題及び生涯にわたる問題を考えることを通して、自己の充実・啓発や生活向上を図る自発的な意思による学習活動を支援するため、個人・家庭・学校・地域・団体・企業・行政等との連携を図り道民の生涯教育に必要な事業を行うことを目的とする。

事業の概要

1. 生きがいづくり生涯学習促進事業
   講演会等　全道5会場計97人参加
2. 「ほっかいどう学」かでる講座（9回）
3. 学習成果実践事業
   道内で学習活動をしている道民カレッジボランティアが講座を立案企画（4会場）
4. ほっかいどう生涯学習ネットワークカレッジ（道民カレッジ）事業
   (1) 大学インターネット講座（配信）
   　2講座 視聴者各876人、5,558人
   (2) 地域活動インターネット講座（配信）
   　2講座 視聴者各555人、2,805人

松江体育協会

行政庁	島根県
目的	9
類型	3, 13, 14, 18

島根県松江市学園南1-21-1　代表理事　上定昭仁

- 法人コード　　A022516
- 会員数　　　　0
- 寄付金収入　　0
- 会費収入　　　2,521千円
- 経常収支　　　経常収益合計　10,231千円
- 　　　　　　　経常費用合計　10,460千円
- 公益目的事業費　9,880千円
- 収益事業　　　無
- 主な財産　　　預金等　26,923千円
- 　　　　　　　負債　3,069千円
- 正味財産額　　23,854千円
- 常勤理事　　　0
- 職員・給与　　1名・2,098千円
- 賃借料　　　　637千円
- 使用したデータ　令和3年度

法人の概要

1979年7月設立・2013年4月公益法人登記。本法人は、大正13年5月1日に「広く体育・スポーツの振興に関する事業を行い、もって住民の体力向上に寄与する」ことを目的に設立された。2024年には100周年を迎えることになり、この目的は現在も受け継がれている。そして、110周年に向けて、更なるスポーツの普及・発展と競技力の向上を目指すとともに、多様化する市民のニーズに対応する生涯スポーツ社会の実現を目指し、活力ある豊かな街づくりに貢献することも目的としている。

事業の概要

1. 加盟団体育成助成事業
   加盟28団体に補助金を配布し、それぞれの団体の事業を通してスポーツの普及・育成を図り、また組織の基盤強化に努めた
2. スポーツ振興基金事業
   17団体が選手強化及び指導者育成を目的とする補助金対象事業を実施した
3. 全国大会出場奨励事業
   全国規模の大会出場14件に対し、大会出場経費を補助して激励した

公財 **りそな未来財団**	行政庁	内閣府
	目的	5, 7, 9, 19
東京都江東区木場1－5－25　代表理事　南昌宏	類型	4, 5, 13

- 法人コード　　　A024530
- 会員数　　　　　0
- 寄付金収入　　　38,950千円
- 会費収入　　　　0
- 経常収支　　　　経常収益合計　38,950千円
　　　　　　　　　経常費用合計　40,648千円
- 公益目的事業費　31,090千円
- 収益事業　　　　無
- 主な財産　　　　預金等　82,572千円
　　　　　　　　　負債　172千円
- 正味財産額　　　84,512千円
- 常勤理事　　　　0
- 職員・給与　　　2名・7,115千円
- 賃借料　　　　　1,730千円
- 使用したデータ　令和3年度

法人の概要

2015年11月設立・2018年4月法人登記。りそなグループへの公的資金完済を機に、社会への感謝の意を示すため設立された。次世代を担う人材の育成及び地域社会の発展への貢献を目的とする。

事業の概要

1．りそな未来奨学金
　　本財団の指定する高等学校の1年次に在学するひとり親世帯または両親がいない世帯の生徒で、学費の支弁が困難と認められる生徒
　(1)　給付額・期間－月額15千円、3年間
　(2)　採用実績－3年生32名、2年生37名、1年生52名計121人、総額2,523万円支給
2．ひとり親世帯のキャリア支援
　(1)　対象－① 本法人指定の都府県在住で、② 中学2年生以下の子を扶養するひとり親世帯で、③ 現在働いている又は1年以内に働いた経験があり、④ 児童扶養手当を受給している者
　(2)　支援内容－① 就労アドバイザーによる継続的個別相談、② 資格取得のための費用支援（1世帯上限30万円）

公社 **愛媛県防犯協会連合会**	行政庁	愛媛県
	目的	10
愛媛県松山市若草町7－1　代表理事　河野忠康	類型	1,3,5,6,8,14,18

- 法人コード　　　A013422
- 社員・会員　　　15名・137名
- 寄付金収入　　　0
- 会費収入　　　　9,731千円
- 経常収支　　　　経常収益合計　37,987千円
　　　　　　　　　経常費用合計　35,165千円
- 公益目的事業費　31,318千円
- 収益事業　　　　無
- 主な財産　　　　預金等　21,347千円
　　　　　　　　　負債　6,485千円
- 正味財産額　　　20,226千円
- 常勤理事　　　　1名
- 職員・給与　　　3名・12,106千円
- 賃借料　　　　　695千円
- 使用したデータ　令和3年度

法人の概要

1986年2月設立・2013年4月公益法人登記。警察及び防犯団体と緊密な連携を図り、効果的な防犯活動を推進するとともに、県民の防犯思想の高揚に努め、もって犯罪や非行のない明るく住みよい地域社会の実現に寄与することを目的としている。

事業の概要

1．防犯意識の普及及び高揚
　(1)　広報誌「防犯愛媛」の発行（35,000部）
　(2)　啓発用チラシや啓発グッズの配布
　(3)　振り込め詐欺等犯罪被害防止活動
　　　ホームページの活用とチラシの配布
2．犯罪予防及び検挙に対する協力援助
　(1)　自主防犯団体支援センター業務
3．少年の非行防止・健全育成への協力援助
　(1)　非行防止チラシの配布
　(2)　薬物乱用パンフレットの配布、他
4．暴力排除活動の協力支援
5．犯罪被害者等への協力支援
6．風俗環境浄化対策の推進
7．自転車防犯登録
　　年間約45,800件の防犯登録申請等を処理

目的
9

目的
10

公社 すこやか街づくり推進協議会

福岡県福岡市博多区博多駅前 4 − 8 − 16　代表理事　中村崇修

行政庁	福岡県
目的	1, 7, 10
類型	3, 6, 18

- 法人コード　　　A024440
- 社員・会員　　　2名・2名
- 寄付金収入　　　3,083千円
- 会費収入　　　　0
- 経常収支　　　　経常収益合計　3,083千円
　　　　　　　　　経常費用合計　3,411千円
- 公益目的事業費　168千円
- 収益事業　　　　無
- 主な財産　　　　預金等　297千円
　　　　　　　　　負債　0
- 正味財産額　　　297千円
- 常勤理事　　　　0
- 職員・給与　　　2名・0
- 賃借料　　　　　0
- 使用したデータ　令和3年度

法人の概要

2012年12月設立・2018年4月公益法人登記。
死因究明手法の研究を中心とした法医学及び
関連領域の学術研究調査、研究成果等の公開、
情報提供及び資格認定等を行い、法医学の教
育及び知識の普及を図ることにより、法医学
の振興、基本的人権の擁護並びに社会の安全
及び福祉の向上に寄与することを目的として
設立。法医学の発展をテーマに、死因究明シ
ステムである Ai（オートプシー・イメージン
グ：死亡時画像診断）に関する基礎知識を
福岡県民に周知・普及させることを中心に事
業活動を行っている。

事業の概要

1. 自閉症に関するオンラインセミナーの開
　催
　　3回開催。初回無償、2回目以降は有償
2. 防犯思想の普及
　(1) 地域活動（健康講座）コロナ禍で8回
　　中止、3回実施。
　(2) パンフレットによる Ai の周知

公財 日本防犯安全振興財団

東京都港区新橋 2 − 20 − 15　代表理事　山田芳樹

行政庁	内閣府
目的	7, 10, 19
類型	3, 6

- 法人コード　　　A019159
- 会員数　　　　　0
- 寄付金収入　　　1,671千円
- 会費収入　　　　0
- 経常収支　　　　経常収益合計　1,671千円
　　　　　　　　　経常費用合計　1,752千円
- 公益目的事業費　1,047千円
- 収益事業　　　　無
- 主な財産　　　　預金等　3,176千円
　　　　　　　　　負債　0
- 正味財産額　　　3,176千円
- 常勤理事　　　　0
- 職員・給与　　　0・0
- 賃借料　　　　　519千円
- 使用したデータ　令和3年度

法人の概要

2012年2月設立・2012年8月公益法人登記。
防犯・安全に関する知識・思想の普及・啓蒙
を図ることにより、社会の防犯環境づくりに
貢献し、犯罪のない安全で安心な国民生活の
実現に寄与するために設立された公益法人で
ある。

事業の概要

1. セミナー・講演の開催
　(1) セミナーの新企画
　　防犯体験セミナーに代わる PR 映像「自分
　　の身は自分で守る護身術」の制作（ホーム
　　ページ、You Tube に掲載）
　(2) 新しい事業構築
　① 映像学習配信日本一「株式会社コドモ
　　ン」との提携
　　PR 映像を活用した防犯セミナーを実施予
　　定
　② 未来の子どもたちに向けた支援
　　農業体験や防犯講座の体験教室活動支援
2. 防犯環境づくりのための調査・研究
3. 防犯にかかわる情報の収集と提供

行政庁	愛知県
目的	11
類型	3, 6, 18

公社 愛知県火薬類保安協会

愛知県名古屋市中村区名駅 4 − 4 − 38　代表理事　鶴田欣也

- 法人コード　　　　A011385
- 社員・会員　　　　222名・222名
- 寄付金収入　　　　0
- 会費収入　　　　　5,971千円
- 経常収支　　　　　経常収益合計　27,073千円
　　　　　　　　　　経常費用合計　26,937千円
- 公益目的事業費　　15,872千円
- 収益事業　　　　　経常収益　4,038千円
　　　　　　　　　　経常費用　5,084千円
- 主な財産　　　　　預金等　16,148千円
　　　　　　　　　　負債　9,237千円
- 正味財産額　　　　7,959千円
- 常勤理事　　　　　1名
- 職員・給与　　　　2名・10,687千円
- 賃借料　　　　　　1,733千円
- 使用したデータ　　令和3年度

法人の概要

1985年8月設立・2012年4月公益法人登記。
愛知県において、火薬類の保安に関する教育、

指導等の事業実施により、自主的な保安体制の確立を推進し、火薬類による災害を防止し、公共の安全確保への寄与を目的とする。

事業の概要

1．保安手帳制度に基づく講習（806名）
　① 再教育講習 ② 保安教育講習会（保安手帳所持者）③ 保安教育講習会（従事者手帳所持者、交付希望者）（自宅学習方式で実施）
2．協会独自の講習会
　火薬類取扱保安責任者養成講習会（知事試験受験準備講習会）
3．技術委員・パトロール隊員合同研修会
4．火薬類取締法に基づく保安責任者知事試験
　受験者357名甲種合格率71.9%、乙種61.9%丙種100.0%（全国平均を上回る）
5．機関誌「火薬保安」の発行
6．パトロール巡回指導事業ー県内の火薬消費場所、貯蔵施設を巡回し盗難防止

行政庁	内閣府
目的	11, 17
類型	3, 18

公社 福島原発行動隊

東京都千代田区神田淡路町 1 − 21 − 7　代表理事　安藤博

- 法人コード　　　　A017155
- 社員・会員　　　　10名・0
- 寄付金収入　　　　1,247千円
- 会費収入　　　　　500千円
- 経常収支　　　　　経常収益合計　1,747千円
　　　　　　　　　　経常費用合計　1,747千円
- 公益目的事業費　　1,397千円
- 収益事業　　　　　無
- 主な財産　　　　　預金等 7,945千円　負債 0
- 正味財産額　　　　8,001千円
- 常勤理事　　　　　0
- 職員・給与　　　　0・62千円
- 賃借料　　　　　　254千円
- 使用したデータ　　令和3年度

法人の概要

2011年7月設立・2012年4月公益法人登記。
本法人は、福島第一原発事故の収束作業に当たる若い世代の放射能被曝を軽減するため、比較的被曝の害の少ない退役技術者・技能者

を中心とする高齢者が、長年培った経験と能力を活用し、現場におもむいて行動することを目的とする「福島原発暴発阻止行動プロジェクト」として発足した。行動隊は自発的参加者によって構成され、その組織原理は自由な諸個人の結合である。したがって、各人の思想、信条、あるいは心情は問わない。原発の是非も同じである。

事業の概要

1．環境放射線等モニタリング事業
2．福島復興支援事業
　(1) 川内村がワイン製造に着手し、行動隊の支援事業として、各種作業に従事した
　(2) 帰宅困難区域内の住宅保全等の作業
3．研修事業
　(1) 国会議員会館での院内集会の開催
「福島復興策、廃炉事業の進展に関わる各党の方針・判断を聞く」集会（オンライン）
　(2) 廃炉作業の展望等の毎月報告

目的
11

公社 琉球水難救済会

沖縄県那覇市泊3−1−6　代表理事　玉城亮

行政庁	沖縄県
目的	3, 8, 11
類型	3, 14, 18

- 法人コード　　A008613
- 社員・会員　　178名・178名
- 寄付金収入　　4,483千円
- 会費収入　　　14,000千円
- 経常収支　　　経常収益合計　22,343千円
　　　　　　　　経常費用合計　20,248千円
- 公益目的事業費　14,981千円
- 収益事業　　　経常収益　3,000千円
　　　　　　　　経常費用　1,808千円
- 主な財産　　　預金等　15,534千円
　　　　　　　　負債　　55,193千円
- 正味財産額　　16,350千円
- 常勤理事　　　1名
- 職員・給与　　1名・3,024千円
- 賃借料　　　　706千円
- 使用したデータ　令和3年度

法人の概要

1957年3月設立・2012年4月公益法人登記。水難に遭遇した人命、船舶及び積荷その他の財産を救済し、地震・津波等災害発生時にも救援活動を行い、海上産業の発展と海上交通の安全確保への寄与を目的に設立。沿岸地域等で救助活動を行う民間ボランティア団体。

事業の概要

（公益事業）
1．水難救済に関する事業
　(1)　救助出動報奨事業
　　出動報奨金は928,000円
　　救助船出動報奨金306,250円
　(2)　救難体制整備事業
　(4)　海難救助表彰事業
　(5)　救難所事業−当会救難所は81箇所（漁協系41、レジャー系40）、救助員4,308名
2．災害発生時の救援事業
　災害被害者用被服の整備と分置
3．青い羽募金2021年度4,483,163円
（収益事業）
　家屋賃貸収入・賃貸契約は年間300万円

公社 難民起業サポートファンド

東京都千代田区西神田2−5−2　代表理事　吉山昌

行政庁	内閣府
目的	3, 5, 12, 20
類型	3, 5, 12

- 法人コード　　A011061
- 社員・会員　　10名・10名
- 寄付金収入　　302千円
- 会費収入　　　30千円
- 経常収支　　　経常収益合計　332千円
　　　　　　　　経常費用合計　488千円
- 公益目的事業費　298千円
- 収益事業　　　無
- 主な財産　　　預金等　1,965千円
　　　　　　　　負債　　5千円
- 正味財産額　　3,523千円
- 常勤理事　　　0
- 職員・給与　　2名・59千円
- 賃借料　　　　201千円
- 使用したデータ　令和3年度

目的 11

目的 12

法人の概要

2010年9月設立・2012年3月公益法人登記。代表者は認定NPO法人難民支援協会理事・ディレクター兼事務局長。日本で事業を立ち上げようとしている、またはすでに経営している難民＝難民起業家に対し、事業面のサポートを提供し、その中で直面する金融へのアクセスの難しさや日本市場の情報のギャップ等に対し、融資を含む経営支援を提供。

事業の概要

1．経営支援
　(1)　融資済みの難民起業家
　経営面で困難に直面している難民起業家者に対して、引き続き既存の支援先への経営支援を行った（合計4名）。これらの支援においては、会計・税務面での支援をプロボノの税理士事務所とともに実施している
2．融　資
　新規融資はなし
3．国際機関との協働
　起業を志す難民を集め、コンテストや支援を行う企画について、他機関との協働を検討中

庁	内閣府
目的	3, 10, 12, 14
類型	3, 5, 18

目的 **13**

公社 日本駆け込み寺
東京都新宿区歌舞伎町 2−42−3　代表理事　天野将典

- **法人コード**　A019860
- **社員・会員**　3 名・86 名
- **寄付金収入**　14,361千円
- **会費収入**　1,078千円
- **経常収支**　経常収益合計　19,722千円
　　　　　　経常費用合計　19,661千円
- **公益目的事業費**　15,659千円
- **収益事業**　経常収益　3,302千円
　　　　　　経常費用　2,001千円
- **主な財産**　預金等　5,556千円
　　　　　　負債　271千円
- **正味財産額**　8,140千円
- **常勤理事**　2 名
- **職員・給与**　4 名・1,936千円
- **賃借料**　3,960千円
- **使用したデータ**　令和 3 年度

法人の概要
2011年 7 月設立・2012年11月公益法人登記。
創設者玄秀盛が献血の際、白血病を引き起こ

すウイルス保菌者であることが判明したのを
機に、世のために全てを捧げ、2002年 5 月 N
PO法人 日本ソーシャル・マイノリティ協
会（「新宿救護センター」・「歌舞伎町駆け込
み寺」）を設立。全国各地から相談が多く、
全国繁華街で直接面談活動をすべく、2011年
7 月日本財団の協力で本会を設立した。

事業の概要
1．相談者の問題改善につながる提案・支援
　(1)　対面・電話・手紙及びスカイプ、E メー
　　ル、相談業務−相談受付体制の多様化を図
　　ることで、遠隔地のため来訪が困難な方や、
　　耳の不自由な方等の相談にも対応が可能。
　　また若者の相談に対応するため、SNS を
　　活用した相談を実施
　(2)　相談員の育成−ボランティア相談員研修
　(3)　無料法律相談（毎月 1 回）
2．刑務所出所者の再犯防止と自立支援
　　就労や自立支援・援助、行政への橋渡実施

行政庁	内閣府
目的	12, 13
類型	3, 6

公社 自由人権協会
東京都港区愛宕 1−6−7　代表理事　喜田村洋一

- **法人コード**　A006459
- **社員・会員**　383名・383名
- **寄付金収入**　2,045千円
- **会費収入**　4,092千円
- **経常収支**　経常収益合計　6,147千円
　　　　　　経常費用合計　6,567千円
- **公益目的事業費**　5,965千円
- **収益事業**　無
- **主な財産**　預金等　6,910千円
　　　　　　負債　184千円
- **正味財産額**　26,785千円
- **常勤理事**　0
- **職員・給与**　1 名・3,138千円
- **賃借料**　963千円
- **使用したデータ**　令和 3 年度

法人の概要
1951年 1 月設立・2013年 4 月公益法人登記。
自由人権協会は、人権擁護を唯一の目的とし
て設立された NGO である。憲法が、自由と

人権は国民の不断の努力によって保持されな
ければならないと定めているのを受け、その
実現を目指す様々な市民が参加している。活
動の指針は、あらゆる人びとの自由と人権を
擁護する立場を貫き、政治的社会的に見解の
対立する問題についても、人権擁護という観
点を基準に取り組んでいる。社会の中で自分
の権利主張が適切にできない人々の自由が脅
かされるときは、全ての人々の自由が脅かさ
れるとの信念を共有する党派を超えた組織と
して、日本の礎となることを目指す。

事業の概要
1．協会支援事業（ 5 件）
　(1)　新型コロナ専門家会議情報公開訴訟
　(2)　査証発給拒否国家賠償請求事件、他
2．対外的活動
　(1)　声明・意見書・提言・立法活動
　　デジタル関連法案についての声明発表
　(2)　講演会「労働組合と団体行動権」他

目的 **12**

目的 13

公社 日本ジャーナリスト協会

東京都渋谷区道玄坂 1 − 22 − 7　代表理事　苫米地英人

行政庁	内閣府
目的	13
類型	3, 14, 18

- 法人コード　　A020700
- 社員・会員　　22名・43名
- 寄付金収入　　2,514千円
- 会費収入　　　479千円
- 経常収支　　　経常収益合計　2,993千円
　　　　　　　　経常費用合計　12,554千円
- 公益目的事業費　11,937千円
- 収益事業　　　無
- 主な財産　　　預金等　2,718千円
　　　　　　　　負債　4,648千円
- 正味財産額　　−1,430千円
- 常勤理事　　　0
- 職員・給与　　2名・217千円
- 賃借料　　　　1,716千円
- 使用したデータ　令和2年度

法人の概要

2011年12月設立・2012年10月公益法人登記。国民の知る権利に応えるべく一切の予断、偏見や特定の信条、利益によらずに報道する本来のジャーナリストの活動の支援を目的とする。また、国民の知る権利の擁護を唱え、主にフリーのジャーナリストの取材の機会の多様化に取り組んできた。

事業の概要

1．記者会見事業
　新型コロナウィルスのためいくつかの会見が延期・中止、3回の記者会見を実施
　衆院議員秋元真利「東日本大震災、福島第一原子力発電所事故から10年を振り返る」
2．公開討論会等−「官庁記者会見解放に向けてのシンポジウム」、「ジャーナリストと権力」
3．公的機関への申し入れ−防衛省、自民党本部へ、開かれた記者会見の要望書
4．表彰活動
　ジャーナリストとして顕著な業績を上げた個人・団体、作品などを表彰する「日本ジャーナリスト協会賞」の授与（第10回は延期）

公社 マスコミ世論研究所

東京都北区滝野川 6 − 82 − 2　代表理事　山口久美子

庁	内閣府
目的	13, 18
類型	3, 6, 10, 18

- 法人コード　　A011838
- 社員・会員　　16名・237名
- 寄付金収入　　1,468千円
- 会費収入　　　377千円
- 経常収支　　　経常収益合計　1,897千円
　　　　　　　　経常費用合計　1,897千円
- 公益目的事業費　1,658千円
- 収益事業　　　無
- 主な財産　　　預金等　840千円
　　　　　　　　負債　0
- 正味財産額　　975千円
- 常勤理事　　　1名
- 職員・給与　　1名・172千円
- 賃借料　　　　636千円
- 使用したデータ　令和3年度

法人の概要

1970年12月設立・2014年4月公益法人登記。「高度情報社会の民主主義は、大衆の日常の声の積み重ねから発せられる。権力と拮抗する厚みを持った"世論"の存在によって保たれる」という上田哲初代理事長の理念に基づいて設立。世論資料の収集・調査、諸分野での正しい情報の普及、正しい世論の形成に努め、政治、経済等の発展への寄与が目的。

事業の概要

1．草の実アカデミー
　時事問題について、マスコミ・当事者視点による情報の普及と世論の健全な形成の促進
（1）講演会・セミナー開催（年8回）
　「河合塾雇止め無効の中労委命令」、他7回
2．戦場体験放映保存の会
（1）戦場体験証言、書類や手記等の収集
（2）戦場体験資料の公開、継承（戦場体験資料館）
①　戦場体験資料館・電子版
　ウェブ上映会と呼応した特設ページの作成
②　戦場体験者と出会える茶話会の開催
　ライブ証言会　22名証言、400名強が参加

	行政庁	青森県
	目的	13
	類型	18

目的 13

公財 青森県護国神社奉賛会

青森県青森市中央 3 - 20 - 30　代表理事　山崎力

- 法人コード　　　　A001288
- 会員数　　　　　　2,930名
- 寄付金収入　　　　1,414千円
- 会費収入　　　　　791千円
- 経常収支　　　　　経常収益合計　2,216千円
　　　　　　　　　　経常費用合計　3,002千円
- 公益目的事業費　　2,364千円
- 収益事業　　　　　無
- 主な財産　　　　　預金等　5,419千円
　　　　　　　　　　負債　0
- 正味財産額　　　　6,432千円
- 常勤理事　　　　　0
- 職員・給与　　　　1名・0
- 賃借料　　　　　　0
- 使用したデータ　　令和3年度

法人の概要

1971年2月設立・2011年4月公益法人登記。大東亜戦争を含めた戦争による青森県出身戦没者の慰霊・顕彰のために、これらの戦没者を奉斎する青森県護国神社の運営に対する奉賛を行う公益法人である。

事業の概要

1．祭典の奉賛
　(1)　青森県護国神社例大祭（第73回）
　(2)　青森県護国神社永代神楽祭
　(3)　青森県護国神社「弘前城雪灯籠まつり」補助参加（中止）
　(4)　青森県護国神社春分祭
2．青森県護国神社の維持運営支援
　(1)　青森県護国神社の「県民護持の神社への再生」プログラムの実施
神社宮司の常駐による各種ご祈祷の実施、神社会計体系の確立等神社運営の改革・革新への協力
　(2)　神社の維持運営費の支援
神社経常費に係る奉賛金200万円の納入

	行政庁	内閣府
	目的	1，2，13
	類型	3，6，14，18

公財 国際宗教研究所

東京都中野区白鷺 2 - 48 - 13　代表理事　島薗進

- 法人コード　　　　A004658
- 会員数　　　　　　104名
- 寄付金収入　　　　500千円
- 会費収入　　　　　17,909千円
- 経常収支　　　　　経常収益合計　18,767千円
　　　　　　　　　　経常費用合計　17,405千円
- 公益目的事業費　　15,231千円
- 収益事業　　　　　無
- 主な財産　　　　　預金等　18,971千円
　　　　　　　　　　負債　2,035千円
- 正味財産額　　　　17,331千円
- 常勤理事　　　　　0
- 職員・給与　　　　14名・8,791千円
- 賃借料　　　　　　1,112千円
- 使用したデータ　　令和3年度

法人の概要

1954年5月設立・2013年4月公益法人登記。国内外の宗教の研究・その振興、宗教情報の収集・分析、また、それらの成果を広く紹介することで、宗教相互の理解を深め、ひいては人類文化の向上を目的として設立。

事業の概要

1．宗教情報リサーチセンターの運営：新聞や雑誌の宗教関連記事、教団情報・教団刊行物等現代宗教に関する情報収集分析
　(1)　ホームページ公開情報の更新、他
2．公開講座の開催：年1回参加費無料で開催。現代社会の諸問題をテーマとして、宗教と社会のより良いあり方を議論する場を提供
「コロナ禍を見据える宗教者の視座」他
3．刊行物の発行・紹介
　(1)　『現代宗教』の編集・刊行
　(2)　『ラーク便り―日本と世界の宗教ニュースを読み解く』発行（4回）
4．研究所賞の授与－激励賞：宮沢安紀『日英の自然葬法に関する宗教社会学的比較研究』

目的 13

目的 14

公財 日本宗教連盟

東京都港区芝公園 4 - 7 - 4　代表理事　田中恆清

行政庁	内閣府
目的	2, 13
類型	3, 6, 18

- 法人コード　　A017845
- 会員数　　　　0
- 寄付金収入　　230千円
- 会費収入　　　0
- 経常収支　　　経常収益合計　10,094千円
　　　　　　　　経常費用合計　8,765千円
- 公益目的事業費　6,200千円
- 収益事業　　　無
- 主な財産　　　預金等　25,228千円
　　　　　　　　負債　6,612千円
- 正味財産額　　18,616千円
- 常勤理事　　　0
- 職員・給与　　6 名・3,553千円
- 賃借料　　　　0
- 使用したデータ　令和 3 年度

法人の概要

1944年 9 月設立・2012年 4 月公益法人登記。宗教界の連合組織として、神道・仏教・キリスト教・新宗教等の垣根を越えて、信教の自由の尊重と擁護のもと、宗教文化を広く社会に振興・普及することで、道義に基づく豊かな社会の形成に寄与するとともに、もって世界平和の確立に貢献する活動を展開する。

事業の概要

1．調査研究
　(1)　信教の自由の尊重と擁護並びに宗教文化の振興に関する調査研究の実施
　①　宗教法人実務研修会における講議のための調査研究
　②　宗教法人の事業活動に関する調査研究
　(2)　宗教文化を振興するための宗教法人実務研修会等の推進
　(3)　宗教文化を振興するための協賛団体との連絡・協議・調査研究の実施
2．講座・セミナー
　宗教文化・信教の自由に関するシンポジウム及び講演等の開催企画
　「第 6 回宗教法人の公益性セミナー」

公社 熊本善意銀行

熊本県熊本市中央区世安 1 - 5 - 1　代表理事　伊豆英一

行政庁	熊本県
目的	14
類型	13, 18

- 法人コード　　A001182
- 社員・会員　　94名・94名
- 寄付金収入　　6,159千円
- 会費収入　　　16,350千円
- 経常収支　　　経常収益合計　22,509千円
　　　　　　　　経常費用合計　23,472千円
- 公益目的事業費　20,732千円
- 収益事業　　　無
- 主な財産　　　預金等　20,648千円
　　　　　　　　負債　85千円
- 正味財産額　　20,728千円
- 常勤理事　　　2 名
- 職員・給与　　1 名・6,648千円
- 賃借料　　　　1,110千円
- 使用したデータ　令和 3 年度

法人の概要

1993年 3 月設立・2012年 4 月公益法人登記。熊本日日新聞社が提唱した「みんなで社会を明るくする運動」の一環として1963年に創立。会長は熊本日日新聞社名誉会長の伊豆英一。善意に基づいて寄付された金銭・物品及びボランティア活動を取りまとめ、県内の児童・ひとり親家庭・高齢者・障がい者など社会福祉のために払い出す、「善意の架け橋」としての地域に根差した活動を行っている。

事業の概要

1．金銭助成
　(1)　障がい者福祉助成（助成17件）
　「発達障害と居場所を考えるカフェ」
　「生の芸術 Art Brut 展覧会」、他
　(2)　児童福祉助成（助成12件）
　「非行少年の改善更生・社会復帰のため」
　「親と子のレクリエーション」
　「県内の子ども食堂の食材購入」
　(3)　災害見舞金－火災見舞20件
　(4)　各種団体の助成（助成12件）
　「ホームレス、生活困窮者の自立支援」他
2．物品助成－百歳到達者へ記念品贈呈

	行政庁	内閣府
公社 しなの中小法人サポートセンター	目的	14
長野県長野市篠ノ井布施高田1233　代表理事　中村隆敏	類型	3，5

目的 14

- **法人コード**　　A009956
- **社員・会員**　　2名・6名
- **寄付金収入**　　120千円
- **会費収入**　　434千円
- **経常収支**　　経常収益合計　554千円
　　　　　　　　経常費用合計　570千円
- **公益目的事業費**　293千円
- **収益事業**　　無
- **主な財産**　　預金等　105千円
　　　　　　　　負債　0
- **正味財産額**　　165千円
- **常勤理事**　　0
- **職員・給与**　　0・0
- **賃借料**　　360千円
- **使用したデータ**　令和3年度

法人の概要

2010年8月設立・2011年12月公益法人登記。
本法人は、公益法人、NPOなどの非営利公
益組織が公益活動を円滑に行えるよう支援す
ることにより、当該組織が、社会の中で有益
な存在として発展することに寄与することを
目的とする。

事業の概要

1．特例民法法人の移行手続のサポート
2．特例民法法人、公益法人、NPO法人の
　　運営等に関する支援、研修会及び無料相
　　談会の開催（会場では行わず）
3．個別訪問、電話・メール相談
　　来所個別相談3回、電話メール相談月1件
4．一般社団法人、一般財団法人、NPO法
　　人の設立サポート
5．公益認定手続のサポート
6．NPO法人等組織変更に伴う手続サポート
7．公益法人、NPO法人をサポートする専
　　門家を育成するための研修会等の開催
　　研修会「公益移行認定」
　　研修会「寄附控除申請実務」
8．周知活動－ホームページの管理運用

	行政庁	福岡県
公社 福岡国際ミズの会	目的	14，15
福岡県福岡市城南区別府5－7－1　代表理事　德本穣	類型	3，13，18

- **法人コード**　　A015934
- **社員・会員**　　23名・42名
- **寄付金収入**　　0
- **会費収入**　　1,388千円
- **経常収支**　　経常収益合計　1,388千円
　　　　　　　　経常費用合計　1,269千円
- **公益目的事業費**　911千円
- **収益事業**　　無
- **主な財産**　　預金等　21,740千円
　　　　　　　　負債　0
- **正味財産額**　　21,740千円
- **常勤理事**　　0
- **職員・給与**　　0・0
- **賃借料**　　590千円
- **使用したデータ**　令和3年度

法人の概要

1992年4月設立・2014年4月公益法人登記。
男女共同参画社会の実現や、国際社会に貢献
できる人材育成を目指す事業を行っている国
連広報局のNGOに加盟する公益社団法人。
加盟以降は、人材育成の一環として、大学生
や大学院生を公募により選考し、原則として
毎年ニューヨーク市の国連本部等で開催され
る国連NGO年次総会等へ派遣し、シンポジ
ウムで派遣報告が行われている。本会のよう
な比較的小規模な団体の国連NGOへの加盟
は、たいへん珍しいことである。

事業の概要

1．国連NGO年次総会・世界各地の国連諸
　　機関開催の会議への派遣
　　2021年度の国連NGO年次総会は開催さ
　　れなかったので、派遣は中止となった
2．「福岡国際ミズ・シンポジウム」（オンラ
　　イン配信と会場にて開催）
　　「持続可能な社会の実現に向けて～気候モ
　　デルが描く将来の気候変動」竹村俊彦
3．会報誌（年1回）の発行

公財 在日コリアン支援会

京都府京都市中京区壬生仙念町14　代表理事　鄭致元

行政庁	京都府
目的	14
類型	13

目的 14

- 法人コード　　A007469
- 会員数　　　　0
- 寄付金収入　　9,820千円
- 会費収入　　　0
- 経常収支　　　経常収益合計　9,820千円
　　　　　　　　経常費用合計　9,564千円
- 公益目的事業費　9,360千円
- 収益事業　　　無
- 主な財産　　　預金等　3,265千円
　　　　　　　　負債　0
- 正味財産額　　3,265千円
- 常勤理事　　　0
- 職員・給与　　1名・0
- 賃借料　　　　0
- 使用したデータ　平成28年度

法人の概要

2010年4月設立・2011年3月公益法人登記。京都在住または京都出身で朝鮮・韓国の言葉と文化を学ぶ子どもたちのアイデンティティの確立と国際性豊かな人材教育を支援することにより、日本と朝鮮半島の相互理解の促進と多文化共生社会実現への寄与が目的。

事業の概要（2021年度）

1．在日コリアン学生等への奨学金給付事業
　京都府内在住、府出身の在日コリアン学生、在日コリアン問題に関心を有する者を対象に、実施されている。2021年度募集要項では、大学生3名月額2万円年額24万円、高校生10名月額1万円年額12万円給付予定
2．国際交流事業
　在日コリアン学生が参加する国際交流事業に対して助成を行う。特に日本と朝鮮半島の相互理解を深める交流事業を支援する
3．教育支援事業
　在日コリアン学生に対する教育支援及び民族学校などの運営費をはじめ教育研究、施設設備の充実を支援する

公財 たかおか女性アカデミー

富山県高岡市本丸町7-1　代表理事　串田幹夫

行政庁	富山県
目的	2, 14, 19
類型	3, 4, 9, 17, 18

- 法人コード　　A001789
- 会員数　　　　0
- 寄付金収入　　10千円
- 会費収入　　　0
- 経常収支　　　経常収益合計　4,758千円
　　　　　　　　経常費用合計　4,751千円
- 公益目的事業費　4,632千円
- 収益事業　　　経常収益　243千円
　　　　　　　　経常費用　95千円
- 主な財産　　　預金等　4,408千円
　　　　　　　　負債　354千円
- 正味財産額　　4,065千円
- 常勤理事　　　0
- 職員・給与　　2名・2,016千円
- 賃借料　　　　498千円
- 使用したデータ　令和3年度

法人の概要

1968年2月設立・2011年4月公益法人登記。1967年㈶高岡市婦人生活研究所として発足。高岡市内在住及び市内で勤務する女性に対し、生活に関する調査研究と生活合理化の普及・援助、生活と文化の向上、教育の振興への寄与を目的として活動する。2005年7月から高岡市ファミリー・サポート・センターの運営を市から受託し、地域ぐるみで子育てを応援している。2011年より公益財団として新たな一歩を踏み出し、地域の絆づくりに視点を置いた生涯学習活動を行っている。

事業の概要

1．りあんセミナー（公益目的事業1）
　子育て支援をテーマに、核家族・少子化現象の中で広い視野で活動している
　講演『高岡型子育てサポート』
　角田悠紀高岡市長
2．高岡市ファミリー・サポート・センターに関わる事業（公益目的事業2）
　(1) 会員登録・援助活動受付・周知活動
　(2) 研修講座・フォローアップ講座

行政庁	内閣府
目的	14
類型	18

公財 東京コミュニティー財団

東京都千代田区麹町1－4　代表理事　市村浩一郎

- 法人コード　　A001094
- 会員数　　　　0
- 寄付金収入　　129,645千円
- 会費収入　　　0
- 経常収支　　　経常収益合計　129,645千円
　　　　　　　　経常費用合計　129,143千円
- 公益目的事業費　128,070千円
- 収益事業　　　無
- 主な財産　　　預金等　7,288千円
　　　　　　　　負債　　2千円
- 正味財産額　　9,186千円
- 常勤理事　　　0
- 職員・給与　　1名・0
- 賃借料　　　　309千円
- 使用したデータ　令和2年度

法人の概要

2008年12月設立・2009年6月公益法人登記。本財団は、様々な社会的課題に取組むNPOとその活動を支援したいと考える人(寄付者)をつなぐプラットホームとして、冠基金やテーマ別基金を通し、寄付者の想いと寄付をNPOに届け、NPOの感謝と活動報告を寄付者に届ける。クラウドファンディングも活用。

事業の概要

1．資金の獲得と助成事業

(1) ファンドクリエーション基金：法人55万円－10件の非営利事業に50万円助成

(2) あおぞら基金：個人より100万円－6件の非営利事業に対して約90万円の助成

(3) 新型コロナウイルス感染症拡大防止活動基金：個人・法人より1,795万円－20件の非営利事業に計4,252万円助成

(4) 新型コロナウイルス感染症いのちとこころを守るSOS基金：個人・法人より8,179万円－34件の非営利事業に計77,769万円助成

(5) ピーステック・プロジェクト基金：個人・法人より59万円－1件43万円助成

公財 北海道女性協会

北海道札幌市中央区北二条西7－1　代表理事　笹谷春美

行政庁	北海道
目的	12, 14
類型	3, 5, 6, 8, 18

- 法人コード　　A012841
- 会員数　　　　0
- 寄付金収入　　0
- 会費収入　　　0
- 経常収支　　　経常収益合計　44,595千円
　　　　　　　　経常費用合計　44,623千円
- 公益目的事業費　44,102千円
- 収益事業　　　無
- 主な財産　　　預金等　6,989千円
　　　　　　　　負債　2,334千円
- 正味財産額　　6,241千円
- 常勤理事　　　1名
- 職員・給与　　5名・22,944千円
- 賃借料　　　　1,041千円
- 使用したデータ　令和3年度

法人の概要

1972年11月設立・2012年4月公益法人登記。全ての人々が多様な価値観を有する中で、個性や能力を発揮することにより、ゆとりある暮らしづくりや様々な分野への社会参加が促進されるよう男女平等参画を推進するとともに、北海道において女性の生活、文化と福祉の向上を図り、女性団体相互の連携につとめ、もって地域の発展に寄与することが目的。本法人は、北海道から指定管理者の指定を受け、「女性プラザ」の管理運営も行っている。

事業の概要

1．男女平等参画促進事業

(1) えるのす連続講座～女性大学
1期は中止、2期は10講座参加総数551人「葬送とグリーフケア」、他9件

2．えるのす参画講演会
『子どもの生きる力と大人の社会力～老若男女で楽しく子育て～』(美唄市)、他4カ所、参加総数283人

3．男女平等参画関係法律相談
配偶者暴力やセクハラなど男女平等参画に関する法律相談のニーズに対応、道内6カ所

公財 みらいRITA

東京都港区白金台 3 −19− 6 　代表理事　薗田綾子

行政庁	内閣府
目的	3, 9, 14, 19
類型	13

目的 14

目的 15

- 法人コード　　A024080
- 会員数　　　　0
- 寄付金収入　　15,396千円
- 会費収入　　　0
- 経常収支　　　経常収益合計　15,396千円
　　　　　　　　経常費用合計　15,396千円
- 公益目的事業費　14,710千円
- 収益事業　　　無
- 主な財産　　　預金等　15,440千円
　　　　　　　　負債　29千円
- 正味財産額　　15,410千円
- 常勤理事　　　0
- 職員・給与　　1 名・534千円
- 賃借料　　　　0
- 使用したデータ　令和 3 年度

法人の概要

2017年 2 月設立・2019年 9 月公益法人登記。次世代の子どもたちに笑顔を沢山届ける活動、未来につながる事業を応援することで、

SDGs が提唱する未来社会の実現を目指す。未来につながる事業を公募で発掘し、助成金によりサポートを行い、ボランティア活動に熱心なプロボノを募集し、各プロジェクトに必要なアドバイスを行うことで、助成先の事業が、持続可能な未来の実現に向けて着実に成長し、国境を越えて大きく広がることを目指す。名称は「利他（RITA）」に由来。

事業の概要

メインテーマは、SDGs ゴール 4 「すべての人々に包括的かつ公平で質の高い教育を」、ゴール 5 「ジェンダーの平等を達成し、すべての女性と女児のエンパワーメントを図る」とし、SDGs のエッセンスを組込んだゲーム制作のアイデアを公募、5 団体への助成決定
① 　一般社団法人ソーシャルギルド　② 　特定非営利活動法人古民家巣立ち　③ 　一般法人アソボロジー　④ 　任意団体カルテット　⑤ 　NPO 法人 SoELa

公社 国際経済交流協会

東京都港区芝 3 − 6 − 9 　代表理事　鈴木丈真

行政庁	内閣府
目的	15, 18, 19, 20
類型	3, 5, 18

- 法人コード　　A015078
- 社員・会員　　43名・78名
- 寄付金収入　　4,049千円
- 会費収入　　　7,130千円
- 経常収支　　　経常収益合計　81,134千円
　　　　　　　　経常費用合計　80,883千円
- 公益目的事業費　73,223千円
- 収益事業　　　経常収益　9,777千円
　　　　　　　　経常費用　3,319千円
- 主な財産　　　預金等　2,041千円
　　　　　　　　負債　9,850千円
- 正味財産額　　1,403千円
- 常勤理事　　　2 名
- 職員・給与　　12名・29,016千円
- 賃借料　　　　5,280千円
- 使用したデータ　令和 3 年度

法人の概要

2010年 5 月設立・2012年10月公益法人登記。世界の経済を支える技術や人材を擁する中小

企業等の国内外における社会経済活動に関する情報提供、指導、助言を行うことにより、日本経済の活性化に寄与し、国際的経済交流の拡大を促進する目的で設立。人的、知的、組織的な交流を通じた国際的な相互理解と経済交流の拡大促進に関する事業を行っている。

事業の概要

1 ．経営相談と海外進出支援
　会員・非会員の無料相談受付
2 ．一般教養講習
　広報誌「ワールドナビ」vol.35～37の発行
3 ．専門的課題についての研究会の実施
　先端医療懇話会（第15回11名、16回12名）
4 ．外国人技能実習生受入事業
　ベトナム人技能実習生受入企業23社
（収益事業）
1 ．コンサルタント事業（ 3 法人から受託）
2 ． 1 号特定技能外国人支援事業（ベトナム 4 名）

公社 国際人材交流協会

神奈川県相模原市南区相模大野7-24-15　代理事　足立幸隆

行政庁	内閣府
目的	15
類型	3, 4, 5

- **法人コード**　　A024702
- **社員・会員**　　2名・2名
- **寄付金収入**　　0
- **会費収入**　　　300千円
- **経常収支**　　　経常収益合計　37,985千円
- 　　　　　　　　経常費用合計　38,091千円
- **公益目的事業費**　32,400千円
- **収益事業**　　　経常収益　5,736千円
- 　　　　　　　　経常費用　5,541千円
- **主な財産**　　　預金等　24,848千円
- 　　　　　　　　負債　　25,033千円
- **正味財産額**　　563千円
- **常勤理事**　　　1名
- **職員・給与**　　4名・11,970千円
- **賃借料**　　　　2,086千円
- **使用したデータ**　令和3年度

法人の概要

2014年3月設立・2015年10月公益法人登記。各企業の要望に応えるべく、開発途上国から

その国の送り出し機関の協力を得て、外国人技能実習生を日本に招く監理業務を行う団体である。企業の必要とする人材の情報を把握して実習生を紹介し、他方で、実習生の技能・技術の習得その習熟を支援し、また技能実習生の必要な保護を行い、国際協力の推進を図ることを目的に設立し、活動している。

目的 15

事業の概要

（公益目的事業）
1. 技能実習生の受入・監理を行う事業
   ① 技能実習計画認定申請等
   技能実習生管理人数　4団体142人
   ② 技能実習を通じた人材育成
   ③ 技能実習生とのスポーツ交流
   ④ 実習実施機関に対する相談助言
   ⑤ 無料職業紹介
（収益事業）
   ① 共済保険代理業
   ② 登録支援機関事業

公社 三宝莚国際交流協会

京都府京都市左京区修学院開根坊町18　代表理事　栢木寛照

庁	京都府
目的	7, 15
類型	18

- **法人コード**　　A020373
- **社員・会員**　　38名・38名
- **寄付金収入**　　3,972千円
- **会費収入**　　　0
- **経常収支**　　　経常収益合計　4,165千円
- 　　　　　　　　経常費用合計　4,059千円
- **公益目的事業費**　3,254千円
- **収益事業**　　　無
- **主な財産**　　　預金等　12,094千円
- 　　　　　　　　負債　0
- **正味財産額**　　12,094千円
- **常勤理事**　　　0
- **職員・給与**　　0・0
- **賃借料**　　　　0
- **使用したデータ**　令和元年度

法人の概要

1992年4月設立・2013年11月公益法人登記。比叡山の開祖・伝教大師（最澄上人）の祈願である人材育成を実践しようと活動を始める。

その中でも特に、青少年育成を中心に宗教活動を行っている。海外への青少年使節団の派遣及び海外からの青少年使節団の招待を通じ、諸外国と京都府内の青少年の国際交流を図る。

事業の概要

1. 第41回青少年サイパン島文化交流使節団派遣事業
   (1) 青少年10名（男子2名・女子8名）一般引率者8名。2019年7月26日〜8月1日
   (2) サイパンの一般家庭でのホームステイ
2. 第46回新年講演会事業（2020年1月）
   比叡山延暦寺根本中堂　栢木寛照師講話
3. 第37回サイパン島青少年訪日団招待事業
   (1) 参加 青少年10名（男子5名・女子5名）引率者4名（サイパン市長代理含む）
   (2) 長野市立城山小生徒家庭ホームステイ

公社 セカンドハンド

香川県高松市観光通1－1－18　代表理事　大津佳裕

行政庁	内閣府
目的	15
類型	3, 4, 5, 8, 18

- 法人コード　　A002599
- 社員・会員　　11名・60名
- 寄付金収入　　4,571千円
- 会費収入　　　688千円
- 経常収支　　　経常収益合計　17,052千円
　　　　　　　　経常費用合計　22,188千円
- 公益目的事業費　19,936千円
- 収益事業　　　無
- 主な財産　　　預金等　4,495千円
　　　　　　　　商品　2,738千円
　　　　　　　　土地建物　16,966千円
　　　　　　　　負債　5,273千円
- 正味財産額　　21,590千円
- 常勤理事　　　0
- 職員・給与　　3名・7,358千円
- 賃借料　　　　4,128千円
- 使用したデータ　令和3年度

法人の概要

2008年12月設立・2010年4月公益法人登記。

教育・医療・自立支援等の国際協力活動とともに、国内におけるリユースシステムの確立普及のための事業を通じて、国際理解、人材育成、地球環境保全のための教育啓発に寄与することを目的に設立。寄付とチャリティーショップでの収益金を資金源に、カンボジア等での教育支援や貧困家庭等の自立支援等を実施。チャリティーショップへの品物の提供・買い物等を通じて、市民が国際協力に参加する仕組。

事業の概要

1．支援プロジェクト
(1) 教育支援　小学校建設支援
(2) 奨学金支援　14名に約40万円を支援
(3) 女性の自立支援とフェアトレード事業
(4) フォスターペアレント制度
24名の里親が25人の子どもを支援
(5) 貧困家庭の自立支援－約33万円を支援
(6) 新型コロナ緊急支援－約70万円を支援

公社 中央日韓協会

東京都中央区新富1－6－8　代表理事　木村勉

行政庁	内閣府
目的	2, 12, 15
類型	3

- 法人コード　　A010013
- 社員・会員　　46名・46名
- 寄付金収入　　0
- 会費収入　　　325千円
- 経常収支　　　経常収益合計　325千円
　　　　　　　　経常費用合計　255千円
- 公益目的事業費　151千円
- 収益事業　　　無
- 主な財産　　　預金等　208千円
　　　　　　　　負債　60千円
- 正味財産額　　148千円
- 常勤理事　　　0
- 職員・給与　　1名・0
- 賃借料　　　　0
- 使用したデータ　令和3年度

法人の概要

1948年4月設立・2012年4月公益法人登記。本法人の歴史は、1926年に設立された「中央朝鮮協会」にさかのぼる。その後終戦直後に

設立された引揚者世話会及び朝鮮事業者会と本会の三者が、1948年に合同して社団法人同和協会が誕生し、1952年7月社団法人日韓協会へと改組した。日韓文化交流を通じて、両国の親善を図ることを目的に諸事業を展開している。また人種、性別その他の事由による不当な差別・偏見の防止及び根絶も事業目的としている。

事業の概要

1．日韓文化講座の開講（中止）
2．日韓経済・文化交流シンポジウム・韓国研修旅行の開催（中止）
3．広報活動　会報「友邦」の発行
第627号を発行。会報の充実を図り、韓国との交流を図るために、韓国の3名の理事からの投稿を掲載した
4．諸団体との交流
東京都戦没者追悼式、全国戦没者追悼式はコロナ禍で招待なし

公社 日・豪・ニュージーランド協会

東京都港区虎ノ門3-7-5　代表理事　上田秀明

行政庁	内閣府
目的	2，3，9，15
類型	3，4，5，17，18

- 法人コード　　A011643
- 社員・会員　　64名・144名
- 寄付金収入　　0
- 会費収入　　　972千円
- 経常収支　　　経常収益合計　1,256千円
　　　　　　　　経常費用合計　1,635千円
- 公益目的事業費　1,113千円
- 収益事業　　　無
- 主な財産　　　預金等　1,294千円
　　　　　　　　負債　273千円
- 正味財産額　　1,184千円
- 常勤理事　　　1名
- 職員・給与　　1名・0
- 賃借料　　　　600千円
- 使用したデータ　令和3年度

法人の概要

1986年10月設立・2012年4月公益法人登記。
1928年「日濠協会」として設立以来、日本と
オーストラリア、ニュージーランド両国との

外交関係、貿易関係や文化関係に携わる各界
の人士を会員として様々な活動を行ってきた。
21世紀に入り、日本と両国との関係は、経済
貿易のみならず、文化、教育、スポーツ、観
光関係など広範な分野で一層発展している。
2018年協会設立90周年を迎えた。

目的 15

事業の概要

1．国際交流事業（経済活動に関する情報収
　　集・調査・研究を通じた経済交流の促進）
　(1)　「小林弘裕前NZ大使オンライン講演」
　(2)　「全国日豪協会連合会役員会」オンラ
　　　イン
2．文化・芸術・スポーツの相互理解促進
　(1)　「ニュージーランド・トロフィー」観戦
　(2)　講演「妖怪天国ニッポン！」オンライン
3．「JANZ新年会」オンライン開催
4．「オーストラリア大使杯ゴルフ大会」
5．「ニュージーランド大使杯ゴルフ大会」

公社 日本イスラエル親善協会

東京都国立市谷保6046-2　代表理事　大野功統

行政庁	内閣府
目的	15
類型	2，4，18

- 法人コード　　A011156
- 社員・会員　　632名・667名
- 寄付金収入　　1,764千円
- 会費収入　　　3,169千円
- 経常収支　　　経常収益合計　5,526千円
　　　　　　　　経常費用合計　5,543千円
- 公益目的事業費　4,401千円
- 収益事業　　　無
- 主な財産　　　預金等　3,886千円
　　　　　　　　負債　0
- 正味財産額　　3,886千円
- 常勤理事　　　0
- 職員・給与　　1名・2,427千円
- 賃借料　　　　0
- 使用したデータ　令和3年度

法人の概要

1966年7月設立・2012年4月公益法人登記。
近年イスラエルへの関心は、文化・芸術の分
野やビジネスの分野で高まり、両国政府間で

緊密な連携関係構築が進んでいるが、日本イ
スラエル親善協会（JIFA）は、半世紀にわたり、
日本におけるイスラエル理解の促進と、両国
の友好・親善を図る活動を行っている。

事業の概要

友情と相互理解を促進し、文化的、芸術的、
社会的交流増進のため、次の事業を実施。
1．文化・芸術、学術紹介及び交流事業
　(1)　「イスラエルをめぐる中東情勢」
　　　オンライン講演会　29名参加
　(2)　「日本とイスラエルの家庭」
　　　オンライン講演会　28名参加
　(3)　「Security Fence and Israeli Security Chal-
　　　lenges」オンライン講演会20名参加
　　　以上のほか3件のオンライン講演会
2．能力検定・資格付与事業
　「イスラエル・ユダヤ文化検定」中止
3．広報誌「イスラエル」発行
　隔月定期発行（年6回）

公社 日本ブルネイ友好協会

東京都港区海岸 1 - 5 -20　代表理事　橋本義和

行政庁	内閣府
目的	15
類型	3,4,5,6,9,14,18

目的 15

- 法人コード　　A013344
- 社員・会員　　19名・19名
- 寄付金収入　　0
- 会費収入　　　6,000千円
- 経常収支　　　経常収益合計　6,000千円
　　　　　　　　経常費用合計　5,819千円
- 公益目的事業費　3,879千円
- 収益事業　　　無
- 主な財産　　　預金等　12,197千円
　　　　　　　　負債　5,472千円
- 正味財産額　　8,870千円
- 常勤理事　　　1名
- 職員・給与　　1名・0
- 賃借料　　　　0
- 使用したデータ　令和3年度

法人の概要

1985年3月設立・2013年4月公益法人登記。ブルネイの産業の振興、農林漁業の育成等の諸政策の遂行にあたっては、まず人材育成のための教育の充実をはじめ、諸々の社会経済基盤の整備拡充から着手する必要があり、アジアの先進国日本に援助・協力の期待を強く寄せている。そのため、今後日本とブルネイとの交流をますます活発化し、それらを円滑かつ効率良く運営・実施するために設立。

事業の概要

1．情報活動
  (1)　在ブルネイ日本大使館、三菱商事㈱ブルネイ駐在事務所等を通じた情報交換
  (2)　在日ブルネイ大使館との情報交換
2．組織の充実及び各種団体との連携
  (1)　外務省他関係諸官庁及び両国大使館との連携
  (2)　在ブルネイブルネイ日本友好協会（BJFA）との連携
3．交流活動
  (1)　両国学生とのオンライン交流会の実施
  (2)　ブルネイ大学に日本語教材の寄附

公財 鹿児島市国際交流財団

鹿児島県鹿児島市加治屋町19-18　代表理事　小倉洋一

行政庁	鹿児島県
目的	15
類型	3,4,5,6,8,9

- 法人コード　　A024535
- 会員数　　　　796名
- 寄付金収入　　0
- 会費収入　　　1,048千円
- 経常収支　　　経常収益合計　71,437千円
　　　　　　　　経常費用合計　67,797千円
- 公益目的事業費　56,665千円
- 収益事業　　　経常収益　112千円
　　　　　　　　経常費用　34千円
- 主な財産　　　預金等　24,303千円
　　　　　　　　負債　12,534千円
- 正味財産額　　13,002千円
- 常勤理事　　　1名
- 職員・給与　　15名・35,035千円
- 賃借料　　　　1,301千円
- 使用したデータ　令和3年度

法人の概要

2014年4月設立・2015年4月公益法人登記。本法人は、市民主体の幅広い国際交流活動を促進することにより、市民の国際理解を深め国際協力意識の高揚を図るとともに、地域の多文化共生を推進し、国際都市鹿児島の発展に寄与することを目的とする。任意団体であった「鹿児島市国際交流市民の会」が前身。

事業の概要

1．国際交流の推進
  (1)　市民と在住外国人との交流促進事業
　　　ハーティーパーティー136名（外国人53名）
  (2)　国際交流人材の育成事業
　　　ボランティア勉強会、他
2．国際理解の推進
  (1)　市民の国際理解促進事業
　　　アフリカ系文化紹介講座全3回（88名）
　　　韓国語講座（初級）全6回11～25名、他
  (2)　異文化紹介イベント（中止）
  (3)　和室活用事業
　　　ゆかた・生け花教室　30名、茶道体験　11名
  (4)　在住外国人支援事業－日本語支援18名

公財 国際医療財団

東京都大田区大森北1−10−14　代表理事　瀬島俊介

行政庁	内閣府
目的	6, 15
類型	3, 5, 18

- 法人コード　　　A003343
- 会員数　　　　　0
- 寄付金収入　　　6,592千円
- 会費収入　　　　0
- 経常収支　　　　経常収益合計　7,599千円
　　　　　　　　　経常費用合計　7,599千円
- 公益目的事業費　5,609千円
- 収益事業　　　　無
- 主な財産　　　　預金等　4,456千円
　　　　　　　　　負債　15千円
- 正味財産額　　　4,441千円
- 常勤理事　　　　0
- 職員・給与　　　1名・2,400千円
- 賃借料　　　　　240千円
- 使用したデータ　令和3年度

法人の概要

2009年1月設立・2010年4月公益法人登記。1992年のNGO「アジアの口腔がん医療を支える会」を開設し、NPO法人「アジア対口

腔がん協会」を経て設立。医療に関する高度技術開発に秀でた志高い人材を育成し、アジア、欧米との交流により、日本とアジア各地域の医療の高度化への寄与を目的とし、アジアに多発する口腔がん医療技術の向上及びその予防事業を継続的に推進している。

事業の概要

1. 志高い歯科医師、医師、学生の育成事業
　国際歯科医療安全機構と共同で、COVID-19拡大防止策を検討すべく、学会等に協力を呼びかけて研究開発を進めた。学術大会等で研究開発の結果を発表・紹介・討議を行った
2. 高度口腔医療の技術移転事業
　(1) 中国海南省との陽子線治療、BNCTの技術移伝および医療交流（調査にて終了）
　(2) ドイツエッセン市と郡山市との国際交流に基づく医療連携
3. 愛情卒煙キャンペーン事業
　禁煙と口腔がんの関係性について講演、他

目的 15

公財 世界こども財団

神奈川県中郡大磯町国府本郷1805−2　代表理事　土屋恵三郎

行政庁	内閣府
目的	3, 6, 7, 15, 19
類型	4, 5, 18

- 法人コード　　　A023754
- 会員数　　　　　417名
- 寄付金収入　　　23,731千円
- 会費収入　　　　9,510千円
- 経常収支　　　　経常収益合計　38,842千円
　　　　　　　　　経常費用合計　38,351千円
- 公益目的事業費　32,997千円
- 収益事業　　　　無
- 主な財産　　　　預金等　11,112千円
　　　　　　　　　負債　24,475千円
- 正味財産額　　　10,814千円
- 常勤理事　　　　1名
- 職員・給与　　　9名・14,955千円
- 賃借料　　　　　0
- 使用したデータ　令和3年度

法人の概要

2010年7月設立・2015年5月公益法人登記。教育・医療等の面での環境に恵まれない国内外の青少年を支援し、あるべき共生社会の人

材として自立できるようその健全な育成に寄与することを目的として設立。星槎グループ（幼稚園、中学・高校・大学まで経営する学校法人）創設者の宮澤保夫が設立。

事業の概要

1. 東日本大震災支援−南相馬市の要請で被災地の子どもへのカウンセリングを継続
2. Unicefエリトリアとの協働による現地学校とコミュニティ支援（コロナで休止）
3. ブータンで開校予定のスポーツスクールへの運営支援−開校延期で継続協議
4. ブータン留学生受入−星槎大学1名（陸上短距離）星槎道都大学2名（柔道）
5. ミャンマー留学生受入−2019年より空手競技で高校留学生の受入開始。2021年度継続3名、新規高校生2名は入国延期、通信教育のレポートにより来日準備中
6. 日本国内の災害被害者への支援−熊本県人吉市復興支援、沖縄県首里城再建支援

公財 多度津町国際交流協会

香川県仲多度郡多度津町栄町 3 - 3 - 95　代表理事　丸尾幸雄

行政庁	香川県
目的	15
類型	13, 18

目的 15

- 法人コード　　A022110
- 会員数　　　　0
- 寄付金収入　　0
- 会費収入　　　0
- 経常収支　　　経常収益合計　1千円
　　　　　　　　経常費用合計　33千円
- 公益目的事業費　32千円
- 収益事業　　　無
- 主な財産　　　預金等　19,085千円
　　　　　　　　負債　0
- 正味財産額　　19,085千円
- 常勤理事　　　1名
- 職員・給与　　0・0
- 賃借料　　　　0
- 使用したデータ　令和3年度

法人の概要

2002年11月設立・2013年4月公益法人登記。国際交流に関する事業を行い、多度津町民の国際交流についての理解と関心を高め、世界

の人々との交流を支援することを目的として設立された団体である。現代表理事は多度津町長であり、所在地は町役場の住所と同じ。

事業の概要

1．多文化共生推進のための講演会の開催
　　コロナ禍で中止
2．町内の各種団体が行う国際交流・国際協力活動への助成
　　多度津町周辺に居住する外国人にボランティアで日本語教室を開催し、多度津町の国際化に貢献している「たどつ日本語交流の会」（通称「たにこ」）の1年間の活動に対して助成を実施した
3．国際化推進広報啓発事業（中止）
4．公共団体が行う海外派遣事業への参加助成並びに他自治体が開催する国際交流イベントへの参加
本年度は他の自治体等が開催する国際交流事業への参加はなし

公財 中村哲也記念財団

東京都板橋区小豆沢 2 - 12 - 7　代表理事　中村哲也

行政庁	内閣府
目的	1, 6, 15
類型	3, 13, 18

- 法人コード　　A024878
- 会員数　　　　0
- 寄付金収入　　680,963千円
- 会費収入　　　0
- 経常収支　　　経常収益合計　680,964千円
　　　　　　　　経常費用合計　681,782千円
- 公益目的事業費　681,323千円
- 収益事業　　　無
- 主な財産　　　預金等　35,101千円
　　　　　　　　負債　1,334千円
- 正味財産額　　33,779千円
- 常勤理事　　　0
- 職員・給与　　8名・0
- 賃借料　　　　0
- 使用したデータ　令和3年度

法人の概要

2018年3月設立・2019年7月公益法人登記。近年の人口増加、特に開発途上国の人口が急増しており、貧困やインフラだけではなく、

医療・教育についても課題が山積している。世界的な医療課題を解決するためには、一時的なモノやカネの支援に頼るだけでなく、その国で医療を担う人材を育成することが重要である。また近年の医療技術の進歩は目覚ましく、たゆまぬ努力が必要であるが、多くの研究助成金は期限付きであり、研究費は十分にあるわけではない。当財団は、日本・世界医療の発展への寄与を目的に、国際的な医療人材の育成、先進医療の研究開発を支援する。

事業の概要

1．留学支援事業
　(1)　日本人の海外留学支援　1名60万円
　(2)　外国人の日本留学支援　対象者なし
　(3)　外国人看護師候補生への支援
　NPO法人国際看護師育英会7,135万円助成
　(4)　オックスフォード大学のInstitute of Development and Regenerative Medicine（発達再生医学研究）へ£4,000,000支援

公財 日印協会

東京都千代田区麹町 1 − 6　代表理事　齋木昭隆

行政庁	内閣府
目的	15
類型	3, 6, 18

- 法人コード　　　A005367
- 会員数　　　　　471名
- 寄付金収入　　　405千円
- 会費収入　　　　21,469千円
- 経常収支　　　　経常収益合計　22,141千円
　　　　　　　　　経常費用合計　23,146千円
- 公益目的事業費　19,107千円
- 収益事業　　　　無
- 主な財産　　　　預金等　19,177千円
　　　　　　　　　負債　404千円
- 正味財産額　　　23,526千円
- 常勤理事　　　　2名
- 職員・給与　　　3名・7,500千円
- 賃借料　　　　　2,900千円
- 使用したデータ　令和3年度

法人の概要

1939年5月設立・2010年11月公益法人登記。大隈重信、長岡護美、渋沢栄一によって、日印両国民の親善を図る目的で1903年に創立。

日印貿易の発展への貢献や経済関係の緊密化への協力、インドの重要な政・財界人の来日の度に歓迎と懇談の会合を催すなど、あらゆる分野で交流活動を続けてきた。現在は、インドおよび日印関係についての情報収集・分析・評価を行い、機関誌やWeb季刊誌で情報を一般に公開するほか、インド要人の歓迎会や講演会、各種文化行事の開催・後援、青少年交流の促進・支援等を実施。

事業の概要

1. 機関誌「月刊インド」の発行
　インドの内政、外交、日印関係に関する主要な出来事を、外務省・在インド日本大使館の協力も得てまとめている
2. Web季刊誌「現代インド・フォーラム」
　年4回インドの政治・外交・経済論文掲載
3. インド関係催し物への参加・後援
　オンラインによるセミナーやイベント
4. 現地視察・調査事業（実施せず）

目的 15

公財 日本国際育成支援機構

大阪府堺市堺区中瓦町 1 − 1 − 21　代表理事　森田節子

行政庁	内閣府
目的	7, 15
類型	3, 18

- 法人コード　　　A024577
- 会員数　　　　　24名
- 寄付金収入　　　1,800千円
- 会費収入　　　　210千円
- 経常収支　　　　経常収益合計　10,236千円
　　　　　　　　　経常費用合計　9,505千円
- 公益目的事業費　8,342千円
- 収益事業　　　　無
- 主な財産　　　　預金等　4,878千円
　　　　　　　　　負債　1,000千円
- 正味財産額　　　3,878千円
- 常勤理事　　　　1名
- 職員・給与　　　3名・2,668千円
- 賃借料　　　　　1,800千円
- 使用したデータ　令和3年度

法人の概要

2014年4月設立、2016年6月公益法人登記
日本、アジア諸国並びに開発途上国において「児童の権利に関する条約」を規範として、

児童の支援・救済・福祉増進に寄与するため国際理解の向上、国際協力の実施を促進し、さらに、これらの国々の経済、産業等の各分野の発展・振興のため、人材育成事業等、企業の経営支援及び海外進出支援事業、雇用創出支援事業等を行い、発展途上国の各分野の発展を図るために設立された公益法人である。

事業の概要

1. 開発途上国における児童支援事業
　国内で不要となっている文房具等の寄贈品を集め現地の子どもに寄贈し、字を書き、絵を描いてもらい、作品の展示会を行う
2. 開発途上国への農業技術支援・普及事業
　日本の農業技術を伝授し、農業交流に伴う国際交流を推進(モンゴル国)。コロナ禍で、リモートによる農地確認・実施協議
3. 開発途上国からの技能実習生の受け入れ
　コロナ禍で受け入れ延期。帰国できない実習生を特定技能在留承認に切り替えて支援

	行政庁	内閣府
	目的	15, 18, 19
	類型	3, 6, 13, 14, 18

公財 日本国際交流センター

東京都港区赤坂 1 - 1 - 12　代表理事　狩野功

目的 15

- 法人コード　　　A010781
- 会員数　　　　　61名
- 寄付金収入　　　336,204千円
- 会費収入　　　　45,310千円
- 経常収支　　　　経常収益合計 668,390千円
　　　　　　　　　経常費用合計 668,426千円
- 公益目的事業費　639,106千円
- 収益事業　　　　無
- 主な財産　　　　預金等　338,021千円
　　　　　　　　　負債　　346,400千円
- 正味財産額　　　28,104千円
- 常勤理事　　　　4 名
- 職員・給与　　　25名・78,118千円
- 賃借料　　　　　12,172千円
- 使用したデータ　令和 3 年度

法人の概要

1973年10月設立・2011年 3 月公益法人登記。
本法人は、半世紀にわたり「民間外交のパイオニア」として、非営利・非政府の立場で、ひろく政治、社会、文化問題について、日本と諸外国との相互理解を促進するための各種の国際文化事業を行っており、世界平和と国際協力の発展に寄与することを目的とする。

事業の概要

1．対外関係強化と地球的課題への貢献
　(1)　政治・安全保障政策対話・研究・交流
　①　「民主主義の未来－私たちの役割、日本の役割」研究プロジェクト
　②　日本の民主主義の再評価プロジェクト
　第 1 回「日本の民主主義の現状」他 2 回
　(2)　三極委員会（延期）
　三極委員会アジア太平洋委員会地域会合
　「世界の勢力図の変化」等
　(3)　日英21世紀委員会第38回合同会議、他
2．対外関係をめぐる人材育成
　(1)　日本の対外関係のレビューと再構築
　第14JCIE 田中塾「世界情勢と日本の戦略」
3．人間の安全保障や地球的課題へ国際貢献

	行政庁	内閣府
	目的	1, 7, 14, 15
	類型	2, 3, 4, 6, 14, 18

公財 日本国際連合協会

東京都中央区京橋 3 - 12 - 4　代表理事　千玄室

- 法人コード　　　A009384
- 会員数　　　　　183名
- 寄付金収入　　　18,480千円
- 会費収入　　　　8,465千円
- 経常収支　　　　経常収益合計 77,624千円
　　　　　　　　　経常費用合計 75,896千円
- 公益目的事業費　72,336千円
- 収益事業　　　　無
- 主な財産　　　　預金等　30,152千円
　　　　　　　　　負債　　14,198千円
- 正味財産額　　　20,030千円
- 常勤理事　　　　0
- 職員・給与　　　6 名・22,330千円
- 賃借料　　　　　5,280千円
- 使用したデータ　令和 3 年度

法人の概要

1948年 2 月設立・2011年12月公益法人登記。
民間の立場から国民の間に国連に対する理解と協力を増進し、世界の平和と人類の福祉向上に寄与することを目的として設立された。

事業の概要

1．国際連合公用語英語検定試験
　(1)　国連英検（ 2 回）
　受験者数1,931名、合格464名
　特 A 級受験者数653名
　(2)　国連英検ジュニアテスト（ 2 回実施）
　総受験者9,212名、参加教室624
2．国連ジャーナルの発行
　国連の思想の普及と国際情報の提供
　(1)　国連ジャーナル2021年秋号2,500部
　(2)　国連ジャーナル2022年春号2,500部
3．国連思想普及事業
　(1)　第61回国際理解・国際協力のための全国中学生作文コンテスト
　応募総数2,184編（26都道府県）
　(2)　第68回国際理解・国際協力のための高校生の主張コンクール（作文形式）
　応募総数432名、本選参加人数25名

行政庁	内閣府
目的	2, 15
類型	3, 6, 18

公財 日本・パキスタン協会

東京都杉並区高円寺北 2 −29−14　代表理事　今泉濳

- 法人コード　　A021565
- 会員数　　　　99名
- 寄付金収入　　0
- 会費収入　　　6,888千円
- 経常収支　　　経常収益合計　6,933千円
　　　　　　　　経常費用合計　6,173千円
- 公益目的事業費　4,884千円
- 収益事業　　　無
- 主な財産　　　預金等　7,791千円
　　　　　　　　負債　1,748千円
- 正味財産額　　6,640千円
- 常勤理事　　　1名
- 職員・給与　　1名・1,020千円
- 賃借料　　　　912千円
- 使用したデータ　令和 3 年度

法人の概要

1960年 6 月設立・2013年 4 月公益法人登記。
独立直後のパキスタンの通商使節団来日を機
に、日本の経済界として民間部門の日パ交流

機関を設立するため、元日本銀行総裁一万田
尚登を初代会長として1947年に創立。日本と
パキスタンにおいて両国の友好親善に関する
事業を行い、両国間の相互理解を促進するこ
とを目的として、経済関係だけでなく文化や
人的交流にも力を入れ、両国民の理解の増進
と友好親善関係の深化を図っている。

事業の概要

1 ．機関紙の発行
(1) 電子版の会報『パーキスターン』を発
行（2021年度は計 4 回）
(2) タイムリーな話題掲載臨時号発行 2 回
2 ．シンポジウム、セミナー、講座等の開催
(1) 「宝石の国パキスタン」日大文理学部
(2) パキスタン進出企業情報交換（延期）
3 ．情報提供
(1) 外務省やパキスタン大使館その他から
の入手情報の提供
(2) e-mail でのパキスタン関連の情報提供

行政庁	内閣府
目的	7, 15
類型	4, 5, 10

公財 母と学生の会

東京都東村山市富士見町 1 − 7 − 2　代表理事　中山眞理子

- 法人コード　　A001720
- 会員数　　　　129名
- 寄付金収入　　57千円
- 会費収入　　　228千円
- 経常収支　　　経常収益合計　10,744千円
　　　　　　　　経常費用合計　8,741千円
- 公益目的事業費　8,169千円
- 収益事業　　　無
- 主な財産　　　預金等　8,346千円
　　　　　　　　建物　4,428千円
　　　　　　　　負債　0
- 正味財産額　　23,059千円
- 常勤理事　　　1名
- 職員・給与　　1名・1,813千円
- 賃借料　　　　1,918千円
- 使用したデータ　令和 2 年度

法人の概要

1942年 6 月設立・2010年10月公益法人登記。
設立以降、戦争苛烈化にともない、宿舎を焼

かれた学生に居所の斡旋、被服の繕い、出陣
学徒の世話行うとともに、帰国できなかった
中国、フィリピンなどの留日学生のため身体
の安全、食糧の確保に尽力。1947年世田谷区
にあった元陸軍被服庫を改造、学生寮「時習
学舎」として30名の復員学徒30名を収容。
1953年インドネシア留学生数十名の来日を機
に留学生の部の事業再開。1971年東村山市富
士見町に新築の「時習学舎」に移転。2019年
日本財団助成金を受け改修工事を実施。

事業の概要

1 ．学生寮（留学生会館を含む）設置・運営
日本人 3 名外国人32名在寮
2 ．在日留学生を含む内外の青少年の健全育
成、支援、指導及び生活相談
3 ．在日留学生と内外の青少年及び一般日本
人との交流促進
多くの交流行事がコロナ流行のため中止。
文楽教室だけ実施。15名参加

公財 美術文化振興協会

東京都杉並区西荻南4−12−4　代表理事　大津英敏

行政庁	内閣府
目的	2，15
類型	3，10，14

- 法人コード　　　A023684
- 会員数　　　　　0
- 寄付金収入　　　0
- 会費収入　　　　0
- 経常収支　　　　経常収益合計　597千円
　　　　　　　　　経常費用合計　4,275千円
- 公益目的事業費　4,068千円
- 収益事業　　　　無
- 主な財産　　　　預金等　10,093千円
　　　　　　　　　負債　122千円
- 正味財産額　　　9,973千円
- 常勤理事　　　　0
- 職員・給与　　　0・720千円
- 賃借料　　　　　120千円
- 使用したデータ　令和3年度

法人の概要

1981年3月設立、2014年4月公益法人登記。美術文化交流の促進、日本文化の伝統を基盤とした創作活動の奨励と共に、諸外国との芸術作品の交流を図り、日本の美術文化の向上と発展への寄与が目的。「人びとの心と心の交流こそこれからのアジア外交の核心である」とする1977年福田総理のマニラ演説に触発され、ASEAN諸国との人間、文化、芸術の交流を通じての関係強化を目指している。

事業の概要

1．美術文化に関する国際交流事業
　(1)　ジャパニーズ・アート・プログラム
　ライデン大学への派遣は延期
　(2)　日本アセアン文化交流事業
　Queen Sirikit Institute（タイ）との工芸作品・技術を通じての文化交流（延期）
2．美術文化に関する展覧会の開催
　「第2回JAPA天心賞」受賞者選考
　受賞者内田あぐり
　第2回JAPA天心賞受賞記念展
　日本橋三越本店美術特選画廊（2022年3月）

公社 青森県緑化推進委員会

青森県青森市松原1−16−25　代表理事　本間家大

行政庁	青森県
目的	16
類型	18

- 法人コード　　　A013555
- 社員・会員　　　86名・132名
- 寄付金収入　　　1,205千円
- 会費収入　　　　3,565千円
- 経常収支　　　　経常収益合計　32,463千円
　　　　　　　　　経常費用合計　32,836千円
- 公益目的事業費　30,081千円
- 収益事業　　　　無
- 主な財産　　　　預金等　10,222千円
　　　　　　　　　負債　1,003千円
- 正味財産額　　　10,383千円
- 常勤理事　　　　1名
- 職員・給与　　　3名・6,300千円
- 賃借料　　　　　264千円
- 使用したデータ　令和3年度

法人の概要

1991年4月設立・2012年1月公益法人登記。森林の整備及び環境緑化の推進並びにこれらに係る国際協力の推進を図り、もって潤いと安らぎに満ちた緑あふれる県土づくり及び国際貢献に寄与することを目的とする。

事業の概要

1．緑化啓発促進事業
　(1)　県民普及啓発事業
　① フォレストフェスタ2021 in 梵珠山(中止)、② 緑化普及啓発PR活動（ポスター配布）、③ 木と森と人とのふれあい体験教室（木工体験4地区9カ所565名参加）、④ 美しい森林づくり推進県民運動、⑤「森の教室どんぐりくんと森の仲間たち」オンライン開催
　(2)　緑化整備促進事業
　① 森林整備活動、② 学校林整備活用推進
2．緑の募金事業
　(1)　「緑の募金」運動（実績25,063,209円）
　(2)　緑化推進事業
　① 県土緑化事業−2地区13カ所91本、② 緑の少年団育成強化−「緑の少年団グリージャンボリー」開催3地区6カ所280名参加

公社 観音崎自然博物館

神奈川県横須賀市鴨居4-1120　代表理事　堤清

行政庁	神奈川県
目的	9, 16
類型	3, 4, 6, 10

- 法人コード　　　A013927
- 社員・会員　　　163名・441名
- 寄付金収入　　　10千円
- 会費収入　　　　1,568千円
- 経常収支　　　　経常収益合計　38,064千円
　　　　　　　　　経常費用合計　34,369千円
- 公益目的事業費　20,113千円
- 収益事業　　　　経常収益　14,464千円
　　　　　　　　　経常費用　11,013千円
- 主な財産　　　　預金等　21,825千円
　　　　　　　　　負債　2,367千円
- 正味財産額　　　25,333千円
- 常勤理事　　　　3名
- 職員・給与　　　21名・18,334千円
- 賃借料　　　　　0
- 使用したデータ　令和3年度

法人の概要

1979年6月・2012年4月公益法人登記。
本法人は、神奈川県立観音崎公園の公園施設として博物館を設置し、同公園内及び周辺の自然環境を活かした博物館活動を展開し、自然環境の保全及び自然環境と生物との関わりに関する一般的知識の理解と普及を図り、環境保全や教育文化の発展への寄与が目的。

事業の概要

1．生物多様性に配慮した動植物管理や増殖事業など専門性の高い事業
　(1)　希少生物増殖事業
　　当館設備を用いて希少生物保全、増殖活動
　　①　観音崎公園の希少動植物と生息地保全
　　②　ミヤコタナゴの保全増殖活動
　　③　フチトリゲンゴロウの系統保存
　(2)　国際交流研究事業
　　日本・中国・韓国のタナゴ類の類縁性研究
　(3)　観音崎周辺等生物調査事業
2．普及するための自然体験・自然保全事業
　(1)　博物館展示事業「東京湾集水域の自然」
　(2)　自然観察会などの体験学習事業他

目的 16

公社 湖南工業団地協会

滋賀県湖南市西峰町1　代表理事　奥村伸一

行政庁	滋賀県
目的	6, 16, 19
類型	1, 4, 6

- 法人コード　　　A009860
- 社員・会員　　　64名・64名
- 寄付金収入　　　0
- 会費収入　　　　11,928千円
- 経常収支　　　　経常収益合計　38,754千円
　　　　　　　　　経常費用合計　37,991千円
- 公益目的事業費　29,919千円
- 収益事業　　　　経常収益　6,869千円
　　　　　　　　　経常費用　4,625千円
- 主な財産　　　　預金等　30,782千円
　　　　　　　　　負債　3,801千円
- 正味財産額　　　32,167千円
- 常勤理事　　　　0
- 職員・給与　　　5名・21,549千円
- 賃借料　　　　　0
- 使用したデータ　令和3年度

法人の概要

1975年3月設立・2013年4月公益法人登記。
湖南工業団地は、1968年に日本住宅公団の造成により誕生した。働く社員・企業・地域社会の安全で豊かな発展を目指して、1968年に「進出企業連絡会」が誕生し、これが本協会へと繋がった。本協会は、地域の環境保全活動や企業同士が共同して安全衛生を確認しあう活動を続けることで、自律した持続可能なエコシステム（生態系）を育ててきている。

事業の概要

1．工業排水の共同自主管理
　「排水管理センター」を併設し、団地内全操業企業の工場排水の定期的な水質検査を義務付け、共同監視体制を敷いている
2．地域との環境保全活動
　事業所の環境保全について情報交換・講習・研修等を実施、レベルアップに努めている。広域活動にも、地域団体と共同して活動
3．共同安全衛生活動
　工業団地の年度安全衛生基本方針を設定し、相互安全パトロール等を実施

行政庁	滋賀県
目的	16
類型	3, 5, 6, 18

公社 滋賀県環境保全協会

滋賀県大津市打出浜 2 - 1　代表理事　仁連孝昭

- 法人コード　　A001785
- 社員・会員　　357名・365名
- 寄付金収入　　0
- 会費収入　　　15,161千円
- 経常収支　　　経常収益合計　17,938千円
　　　　　　　　経常費用合計　19,202千円
- 公益目的事業費　11,802千円
- 収益事業　　　経常収益　140千円
　　　　　　　　経常費用　2,109千円
- 主な財産　　　預金等　4,098千円
　　　　　　　　負債　　69千円
- 正味財産額　　7,403千円
- 常勤理事　　　1名
- 職員・給与　　2名・6,912千円
- 賃借料　　　　1,555千円
- 使用したデータ　令和3年度

法人の概要

1984年12月設立・2010年4月公益法人登記。
滋賀県内における環境に関する技術の進歩向上、知識の普及、民間の自主的な環境保全への取組の推進を図り、快適な生活環境の確保を目的に設立。社会全体の環境意識の向上のため、産業界、大学、市民、行政との横断的な活動にも積極的に取り組んでいる。

事業の概要

1．セミナー・講習会・研修会事業
　(1)　法・条例を学ぶ講習会（6講座 Web）
　(2)　地域別環境保全研修会（7地区 Web）
2．産学連携学習・研究事業
　(1)　公害防止管理者（水質関係）資格試験
　　　「受験対策講座」公害総論等5講座 Web
　(2)　滋賀県による研修会
　　　マザーレイクゴールズ（MLGs）について
　(3)　滋賀県との意見交換会
3．情報発信事業
　(1)　広報誌「碧い湖」発行、環境情報普及
　(2)　ITを活用した環境情報の発信

行政庁	宮城県
目的	2, 7, 15, 16
類型	3, 5

公社 仙台ユネスコ協会

宮城県仙台市青葉区国分町 3 - 1 - 1　代表理事　見上一幸

- 法人コード　　A024152
- 社員・会員　　280名・280名
- 寄付金収入　　265千円
- 会費収入　　　2,578千円
- 経常収支　　　経常収益合計　4,490千円
　　　　　　　　経常費用合計　5,345千円
- 公益目的事業費　4,631千円
- 収益事業　　　無
- 主な財産　　　預金等　5,899千円
　　　　　　　　負債　　0
- 正味財産額　　5,999千円
- 常勤理事　　　1名
- 職員・給与　　1名・517千円
- 賃借料　　　　1,098千円
- 使用したデータ　令和3年度

法人の概要

1957年5月設立・2014年4月公益法人登記。
国際連合教育科学文化機関（ユネスコ）の理念に共鳴した仙台市民により、ユネスコ憲章の精神に則り、「戦争のない平和な世界」を願う民間ユネスコ運動を推進する団体として世界ではじめて仙台で創設された。普及広報活動、青少年活動及び世界遺産・地域遺産活動等を実施し、宮城県においてユネスコ精神に基づく平和構築を推進する人々の支援及び能力の開発を行う事業。

事業の概要

（公益事業の例）
1．民間ユネスコ運動の日行事の実施
2．ユネスコカレッジの開催（オンライン）
3．ESD/SDGsに係る講座の開設
4．キリバス民間ユネスコ協会設立支援準備
　プロジェクト
5．子ども絵画展の実施（表彰式は中止）
6．世界寺子屋運動への協力
7．他ユネスコ協会との連携

公社 とやま緑化推進機構

富山県富山市舟橋北町4-19　代表理事　庵栄伸

行政庁	富山県
目的	7，16
類型	3,4,8,9,13,14,18

- 法人コード　　　A013506
- 社員・会員　　　58名・109名
- 寄付金収入　　　14,721千円
- 会費収入　　　　2,175千円
- 経常収支　　　　経常収益合計　25,825千円
　　　　　　　　　経常費用合計　25,825千円
- 公益目的事業費　23,808千円
- 収益事業　　　　無
- 主な財産　　　　預金等　14,014千円
　　　　　　　　　負債　5,020千円
- 正味財産額　　　9,043千円
- 常勤理事　　　　1名
- 職員・給与　　　1名・8,780千円
- 賃借料　　　　　760千円
- 使用したデータ　令和3年度

法人の概要

1996年8月設立・2013年1月公益法人登記。緑の募金活動や、次世代を担う青少年の自然環境への理解を深める森林環境教育等を通し

て、森林の整備及び緑化を推進し、水と緑に恵まれた県土の保全、心豊かな県民生活の実現に寄与することを目的とする。

事業の概要

1．緑化祭事業
　「とやま森の祭典2021」開催、500人
2．花とみどりの少年団活動推進事業
　(1)　森林環境教育の副読本配布と講師派遣
　(2)　地域活動の支援
　(3)　花とみどりの少年団連絡協議会へ助成
3．森づくり・緑化活動支援事業
　(1)　森林・木材等普及啓発事業
　(2)　森林整備活動支援事業（下刈、間伐等）
　(3)　学校環境緑化整備事業
4．緑の募金活動推進事業
　募金実績：13,866千円（対前年比103％）
5．緑の募金緑化推進事業
　(1)　地域緑化活動推進　(2)　緑化木配布事業
6．緑化普及啓発事業－各種コンクール実施

目的 16

公社 にいがた緑の百年物語緑化推進委員会

新潟県新潟市中央区新光町7-2　代表理事　平山征夫

行政庁	新潟県
目的	16
類型	3，8，13，18

- 法人コード　　　A003156
- 社員・会員　　　555名・982名
- 寄付金収入　　　0
- 会費収入　　　　9,778千円
- 経常収支　　　　経常収益合計　72,294千円
　　　　　　　　　経常費用合計　72,294千円
- 公益目的事業費　67,404千円
- 収益事業　　　　無
- 主な財産　　　　預金等　39,498千円
　　　　　　　　　負債　2,186千円
- 正味財産額　　　38,287千円
- 常勤理事　　　　1名
- 職員・給与　　　4名・8,016千円
- 賃借料　　　　　3,423千円
- 使用したデータ　令和3年度

法人の概要

1995年12月設立・2011年11月公益法人登記。「21世紀の百年をかけて、県民が主体となって、木を植え、緑を守り育て22世紀の県民に

『緑の遺産』を引き継ぐための運動」が始まったのを機に、この運動の準備会と緑の募金の「新潟県緑化推進委員会」とが合体して、2000年12月に「(社)にいがた緑の百年物語緑化推進委員会」が発足。緑豊かな新潟の創造と地球環境の保全への寄与が目的。

事業の概要

1．県民運動の普及啓発
　(1)　情報の発信（会報タイトルの代替わり）
　会報誌「森林を守る、森林を活かす」
　第19号春期イベント情報発行　80件
　第20号秋期イベント情報発行　83件
　(2)　座談会「ふたつのみどりがめざす未来」
　(3)　BSNテレビ特別番組－「にいがた『緑』の百年物語～20年間の歩み、そして未来へ」30分
2．緑の遺産森づくり植樹活動の開催
　(1)　卒寿の森づくり植樹活動
　(2)　日本曹達グループの森づくり

公社 日本シェアリングネイチャー協会

東京都新宿区四谷4-13-17　代表理事　日置光久

行政庁	内閣府
目的	7, 9, 16
類型	2, 3, 4, 18

- 法人コード　　A004115
- 社員・会員　　47名・7,623名
- 寄付金収入　　1,166千円
- 会費収入　　　27,910千円
- 経常収支　　　経常収益合計　79,351千円
  　　　　　　　経常費用合計　80,547千円
- 公益目的事業費　74,822千円
- 収益事業　　　無
- 主な財産　　　預金等　42,472千円
  　　　　　　　負債　12,597千円
- 正味財産額　　46,857千円
- 常勤理事　　　1名
- 職員・給与　　10名・31,008千円
- 賃借料　　　　3,450千円
- 使用したデータ　令和3年度

法人の概要

1997年8月設立・2013年4月公益法人登記。1979年にジョゼフ・コーネルが "Sharing Nature with Children" で述べた「直接的な自然体験を通して自分を自然の一部ととらえ、生きることのよろこびと自然から得た感動を共有することによって、自らの行動を内側から変化させ、心豊かな生活を送る」という生き方に、本会は共感し、人が自然を尊重し共生していく社会の実現を目指している。

事業の概要

1．活動普及のための体験会と情報提供
　(1)　全国一斉シェアリングネイチャーの日
　(2)　全国ネイチャーゲーム研究大会
　コーネル氏登壇、参加者165名、録画98名
　(3)　「珍樹ハンター」（昭和記念公園）
　(4)　『シェアリングネイチャーライフ』発行
2．指導者養成
　(1)　指導員養成
　①　日本協会リーダー養成講座3回27名
　(2)　指導員研究
　アドバンスセミナー－子どもの感性を育むシェアリングネイチャーの世界全4回21名

公社 平成令終会

新潟県長岡市表町3-1-8　代表理事　大原興人

行政庁	新潟県
目的	9, 16
類型	4, 6, 18

- 法人コード　　A002999
- 社員・会員　　600名・600名
- 寄付金収入　　5,329千円
- 会費収入　　　1,571千円
- 経常収支　　　経常収益合計　25,590千円
  　　　　　　　経常費用合計　30,251千円
- 公益目的事業費　29,291千円
- 収益事業　　　経常収益　385千円
  　　　　　　　経常費用　279千円
- 主な財産　　　預金等　3,516千円
  　　建物　6,864千円　負債　21,483千円
- 正味財産額　　－5,263千円
- 常勤理事　　　1名
- 職員・給与　　3名・14,266千円
- 賃借料　　　　440千円
- 使用したデータ　令和3年度

法人の概要

1996年2月設立・2014年4月公益法人登記。長岡市において、雪国里山の樹木、山野草等の保護育成、その啓発活動等に関する事業を行い、ふるさと越後の植生の保存及び継承を図り、もって日本海側の地域の自然環境の保全に寄与するために設立された。

事業の概要

1．「雪国植物園」造成・植栽事業
　2025年春「一応の完工式典」へ植栽事業
　(1)　間伐、低灌木除伐、ヒコ刈り、草刈り
　(2)　新潟に自生していないもの、標高500m以上のものは植えない、外来種、園芸品種排除
　(3)　群れる美しさの追求
　3千本ヤマザクラ群、3万株のヤマツツジ、2千株のエゾアジサイ、3万株の雪椿、他
　(4)　新潟自生の5種類のサクラ3千本植栽
　ヤマザクラ、カスミザクラ、オオヤマザクラ、エドヒガン、オクチョウジザクラ
2．雪国植物園営業関係
　入園者数の増加－22,734人（114%）

行政庁	静岡県
目的	16
類型	4，6，18

公財 柿田川みどりのトラスト

静岡県駿東郡清水町伏見766　代表理事　漆畑信昭

- 法人コード　　A005147
- 会員数　　　　309名
- 寄付金収入　　445千円
- 会費収入　　　424千円
- 経常収支　　　経常収益合計　1,151千円
　　　　　　　　経常費用合計　1,151千円
- 公益目的事業費　1,025千円
- 収益事業　　　無
- 主な財産　　　預金等　128,685千円
　　　　　　　　負債　0
- 正味財産額　　204,613千円
- 常勤理事　　　0
- 職員・給与　　0・0
- 賃借料　　　　150千円
- 使用したデータ　令和3年度

法人の概要

1991年3月設立・2010年11月公益法人登記。静岡県駿東郡清水町にある柿田川湧水群及び流域の自然環境をより良好な状態で後世に引き継ぐため、その自然環境の保全、活用及び改善に資する事業を行うことを目的とする。1985年に環境庁（現環境省）の「名水百選」に「柿田川湧水群」が選定され有名になったことで、不動産業者が河畔林を切り倒す宅地開発を始めたので、それ以上の自然破壊を阻止すべく1988年にナショナルトラスト運動を開始したのが、本財団設立の契機となった。

事業の概要

1．トラスト事業
(1)　土地の買収、借上げ
　　借上げ905㎡(継続)　既買収地5496㎡
2．環境保全事業
　(1)　種の保存活動
　①　ミシマバイカモの保存（外来種除去）、他
　(2)　柿田橋周辺の環境美化保全活動
3．調査研究及び情報収集
　柿田川の水質調査、動植物調査

目的 16

行政庁	京都府
目的	16，19
類型	3，11，16，17，18

公財 木津川市緑と文化・スポーツ振興事業団

京都府木津川市木津宮ノ内92　代表理事　木村浩三

- 法人コード　　A021615
- 会員数　　　　0
- 寄付金収入　　0
- 会費収入　　　0
- 経常収支　　　経常収益合計　44,646千円
　　　　　　　　経常費用合計　45,729千円
- 公益目的事業費　38,318千円
- 収益事業　　　経常収益　6,470千円
　　　　　　　　経常費用　6,289千円
- 主な財産　　　預金等　25,759千円
　　　　　　　　負債　6,029千円
- 正味財産額　　20,040千円
- 常勤理事　　　0
- 職員・給与　　16名・18,316千円
- 賃借料　　　　761千円
- 使用したデータ　令和3年度

法人の概要

1993年12月設立・2013年4月公益法人登記。公園緑地整備等による緑地保全を推進し、緑化思想の普及啓発及び文化とスポーツの振興を図ることにより、木津川市における都市緑化の推進及び市民の体力を増進し、もって地域住民の快適な生活環境づくりに寄与することを目的とする。2007年に木津町、山城町、加茂町が合併して木津市が誕生したが、本法人は、1993年に山城町の全額出資により、「財団法人山城町公園緑化協会」として設置されたが、合併の際木津川市に引き継がれた。

事業の概要

1．緑化推進・文化活動による地域振興事業
　(1)　緑化推進事業−「日曜日寄せ植え教室」
　(2)　文化活動を通じた地域振興事業
　管理施設である中央交流会館、西部交流会館、山城支所別館において有料文化教室計32教室を開講、延べ6,082人が受講
2．スポーツ活動を通じた地域振興事業
　木津川市内施設や管理施設での有料スポーツ交流教室計11教室、延べ3,303人が受講

公財 木場潟公園協会

石川県小松市三谷町ら之部58　代表理事　田中誠一

行政庁	石川県
目的	16, 19
類型	4, 5, 8, 18

- 法人コード　　A019925
- 会員数　　　　0
- 寄付金収入　　0
- 会費収入　　　982千円
- 経常収支　　　経常収益合計　68,784千円
　　　　　　　　経常費用合計　68,701千円
- 公益目的事業費　61,265千円
- 収益事業　　　経常収益　8,790千円
　　　　　　　　経常費用　5,186千円
- 主な財産　　　預金等　13,634千円
　　　　　　　　負債　　7,818千円
- 正味財産額　　11,172千円
- 常勤理事　　　1名
- 職員・給与　　5名・24,758千円
- 賃借料　　　　144千円
- 使用したデータ　令和3年度

法人の概要

1985年2月設立・2013年4月公益法人登記。木場潟公園は、白山山系を源流に育まれた肥沃な加賀平野の中心部の小松市にあり、1982年10月に開園した。木場潟は、約5,300年前に海がせき止められて原形が出来上がった海跡湖で、木場潟公園は潟の姿をそのまま残している石川県唯一の水郷公園である。本法人は、木場潟公園地区の優れた自然景観の保全並びに同公園施設の適切な管理運営を行い、広く県民の利用を図ることを目的とする。

事業の概要

1．木場潟における自然環境の保全と美化に関する事業－水生植物の保全と環境学習
2．石川県の委託に係る木場潟公園内の施設の管理運営に関する事業
　　見晴らし台地の展望デッキ貼り替え工事他
4．公園の利用促進と地域住民の福祉増進
　　公園利用者数752,299人（2,348人増）
5．公園利用に関する普及及び啓蒙
6．収益事業
　　木場潟流し舟、貸ボート、貸自転車、他

公財 さいたま緑のトラスト協会

埼玉県さいたま市浦和区高砂3-12-9　代表理事　太田猛彦

行政庁	埼玉県
目的	16
類型	3, 4, 8, 14, 18

- 法人コード　　A007451
- 会員数　　　　0
- 寄付金収入　　593千円
- 会費収入　　　4,284千円
- 経常収支　　　経常収益合計　32,464千円
　　　　　　　　経常費用合計　33,624千円
- 公益目的事業費　31,790千円
- 収益事業　　　無
- 主な財産　　　預金等　14,253千円
　　　　　　　　負債　　131千円
- 正味財産額　　23,122千円
- 常勤理事　　　0
- 職員・給与　　3名・7,397千円
- 賃借料　　　　0
- 使用したデータ　令和3年度

法人の概要

1984年8月設立・2012年4月公益法人登記。さいたま緑のトラスト運動は、イギリスのナショナルトラスト運動に範をとり、さいたまトラスト協会が受託者となり、県民から広く寄付を募り、それを資金として土地や建物を取得し、または受託者として土地や建物の寄贈や遺贈を受け、埼玉の優れた自然や貴重な歴史的環境を県民共有の財産として末永く保全していこうとする運動である。また取得された土地や建物は、ボランティアを中心に、下草刈り、間伐を行い、トラスト保全地（雑木林や沼地）の保全管理を行っている。現在県内14カ所72.3haが保有されている。

事業の概要

1．緑のトラスト運動　普及啓発活動
　（1）自然に親しむ会－6カ所134名参加
　（2）写真・動画コンクール
2．緑のトラスト保全地－保全管理運営事業
　（1）保全管理・巡視活動（下草刈り、間伐）
　（2）美化・一斉清掃作業の実施
　（3）保全地及び施設の管理（枯損木の伐採）
3．さいたま緑のトラスト基金募金活動事業

公財 Save Earth Foundation

東京都大田区羽田1－1－3　代表理事　渡邉美樹

行政庁	内閣府
目的	16
類型	2,3,4,5,6,7,14,18

- 法人コード　　A010312
- 会員数　　　　1,850名
- 寄付金収入　　969千円
- 会費収入　　　6,965千円
- 経常収支　　　経常収益合計　51,528千円
- 　　　　　　　経常費用合計　51,528千円
- 公益目的事業費　47,282千円
- 収益事業　　　無
- 主な財産　　　預金等　28,773千円
- 　　　　　　　負債　10,527千円
- 正味財産額　　31,007千円
- 常勤理事　　　0
- 職員・給与　　2名・5,853千円
- 賃借料　　　　10,132千円
- 使用したデータ　令和3年度

法人の概要

1965年4月設立・2012年4月公益法人登記。本会は、2014年に、現行名称に改称し、「美しい地球を未来の子どもたちに残すため、限りある自然資源を有効利用し、持続可能な循環型社会づくりに貢献すること」を事業目的とする。①会員企業である食品関連事業者と食品資源を地域循環資源とする仕組みを構築する資源循環事業、②森林の再生・保全・活用により、自然の恵み豊かな社会を構築する森林再生事業を活動の二つの柱とする。ワタミ株式会社社長渡邉美樹が代表理事。

事業の概要

1．資源循環事業
　(1)　廃棄物の適正処理の普及啓発活動
　排出事業者やリサイクラーと共に食品ロスの削減と食品循環を学ぶ場としてゼロエミッション研究会の開催
　(2)　資源管理適正化支援－"SEF-Net"普及等
2．森林再生事業
　荒廃した民有林や公有林の再生、生物多様性の保全活動

目的 16

公財 地球友の会

東京都中央区東日本橋2－17－6　代表理事　宮内実千代

行政庁	内閣府
目的	16
類型	10, 16

- 法人コード　　A007109
- 会員数　　　　0
- 寄付金収入　　2,390千円
- 会費収入　　　0
- 経常収支　　　経常収益合計　2,390千円
- 　　　　　　　経常費用合計　2,596千円
- 公益目的事業費　1,899千円
- 収益事業　　　無
- 主な財産　　　預金等　3,017千円
- 　　　　　　　負債　0
- 正味財産額　　3,017千円
- 常勤理事　　　2名
- 職員・給与　　3名・0
- 賃借料　　　　0
- 使用したデータ　令和3年度

法人の概要

2010年2月設定・2011年2月公益法人登記。俳優の宮内淳(本名宮内博史)(初代代表理事)が、私財300万円を投じて設立した法人。宮内淳は、テレビ番組の取材で、世界80カ国以上をめぐり、秘境といわれる地球本来の姿をもつ土地を訪れ、そこに住む人々とふれあい、日本に戻った時は都会の生活を送るを、長年繰り返すうちに、人間の豊かな生活とは何か、幸せな生活とは何か、の答えを見つけ、その実践としてこの公益法人を設立した。

事業の概要

1．環境イベントの開催事業
　「UNEP (国連環境計画) 地球環境情報展」4カ所の常設会場 ① 埼玉県環境科学国際センター ② ひょうご環境体験館 ③ エコパルなごや ④ エコハウス138。単発会場 ① イオンレイクタウン ② 道後温泉 ③ 愛媛県庁
2．地球人としての人間教育事業
　(1)　人間教育セミナー
　(2)　和の日実行委員会の開催
3．UNEP統合報告書「Making Peace with Nature」の日本語翻訳版の編集

公財 中央温泉研究所

東京都北区滝野川 3 −56− 9　代表理事　長島秀行

行政庁	内閣府
目的	4, 6, 11, 16
類型	1, 3, 5, 6, 7

- 法人コード　　A012079
- 会員数　　　　19名
- 寄付金収入　　0
- 会費収入　　　492千円
- 経常収支　　　経常収益合計　82,962千円
　　　　　　　　経常費用合計　84,918千円
- 公益目的事業費　50,098千円
- 収益事業　　　経常収益　32,465千円
　　　　　　　　経常費用　30,764千円
- 主な財産　　　預金等　54,014千円
　　　　　　　　負債　　66,910千円
- 正味財産額　　4,196千円
- 常勤理事　　　1 名
- 職員・給与　　9 名・34,286千円
- 賃借料　　　　8,679千円
- 使用したデータ　令和 3 年度

法人の概要

1956年 5 月設立・2012年 4 月公益法人登記。
当法人は、温泉並びに鉱泉（以下「温」と

いう。）について、科学的調査研究を行い、
温泉資源の保護と適正な利用及び温泉の採取
等に伴う災害の防止並びに国民福祉に資する
とともに、温泉資源の重要性に関する啓発を
行い、もって自然環境の保護並びに地球環境
の保全に寄与することを目的として設立。

事業の概要

（公益事業）
1 ．温泉に関する化学的、地質学的研究調査
2 ．温泉資源の探査・適正調査、指導
3 ．温泉の分析検査、分析法等
　(1)　鉱泉分析指針による温泉分析　22件
　(2)　温泉附随ガス分析　　　　　　16件
4 ．温泉保護・適正利用に関する研修会・成
　果発表等
　(1)　中央温泉研究所所報「ゆけむり第 4 号」
（収益事業）
1 ．温泉現況等調査
2 ．温泉利用設備設計・監理

公財 TOSみどり森・守財団

大分県大分市大字勢家字春日浦843−25　代表理事　池邉強

行政庁	大分県
目的	16
類型	4, 13, 14, 18

- 法人コード　　A003725
- 会員数　　　　0
- 寄付金収入　　4,325千円
- 会費収入　　　0
- 経常収支　　　経常収益合計　4,325千円
　　　　　　　　経常費用合計　5,610千円
- 公益目的事業費　4,454千円
- 収益事業　　　無
- 主な財産　　　預金等　28,385千円
　　　　　　　　負債　　0
- 正味財産額　　28,742千円
- 常勤理事　　　2 名
- 職員・給与　　1 名・1,325千円
- 賃借料　　　　0
- 使用したデータ　令和 3 年度

法人の概要

2006年 4 月設立・2012年 4 月公益法人登記。
森が海を育て、川の源となり、人間の営みと
大きく関わっていることに加え、自然の生態

系への影響が大きいことから、現代人が享受
しているすばらしい森林環境を後世の人々に
残さなければならないとの認識のもと、大分
県において「森林、河川、海を守り、育てる」
事業に取り組むことを目的に、テレビ大分
（TOS）が設立した財団である。

事業の概要

1 ．「第15回山と海の交流事業」
　中津市立三郷小学校及び杵築市立豊洋小学
　校交流会、磯の観察、清掃ボランティア
2 ．「第13回大分市に苗木を贈呈」
　大分市の要望でブルーベリー、オリーブ、
　クチナシ、ハナミズキ等 6 種類600本寄贈
3 ．植樹事業
　(1)　由布市挾間町鬼瀬高長谷山
　神代曙サクラ30本、事業費687,500円
　(2)　由布市挾間町下筒口妙音山を守る会へ
　ミツマタ1,000本他、事業費471,900円

公財 花と緑の銀行

富山県富山市婦中町上轡田42　代表理事　横田美香

行政庁	富山県
目的	1, 7, 9, 16
類型	3, 4, 5, 6, 10, 18

- 法人コード　　A013101
- 会員数　　　　0
- 寄付金収入　　0
- 会費収入　　　0
- 経常収支　　　経常収益合計　512,637千円
　　　　　　　　経常費用合計　511,353千円
- 公益目的事業費　498,042千円
- 収益事業　　　無
- 主な財産　　　預金等　107,958千円
　　　　　　　　負債　200,675千円
- 正味財産額　　29,128千円
- 常勤理事　　　1名
- 職員・給与　　39名・157,180千円
- 賃借料　　　　2,657千円
- 使用したデータ　令和3年度

法人の概要

1973年5月設立・2012年4月公益法人登記。「花と緑の銀行」は、富山県の"花と緑の県づくり"を進める推進母体として設立。「銀行」には、本店・支店・地方銀行がある。それぞれの地方銀行（小学校単位）には頭取（まとめ役）・グリーンキーパー（指導者）がいて、地方の緑化に尽力。

事業の概要

花と緑の銀行事業3つの柱
1．花と緑をはぐくむ事業
　(1)　花と緑の地域づくり事業
　①　花の種苗配布、②緑化木配布
　(2)　地域の緑づくり推進事業
　公共施設等の敷地に樹木の植栽
　(3)　地域の花づくり推進事業
　①　花壇造成事業、②　土壌改良事業
　(4)　学校緑化促進事業－チューリップの学級づくり
2．花と緑にふれあう事業（普及啓発事業）
　(1)　花と緑の各種コンクール
　(2)　「花とみどり・ふれあいフェア」等
3．花と緑を進める事業（指導者養成事業）

目的
16

公財 ポエック里海財団

広島県福山市田尻町56-10　代表理事　来山哲二

行政庁	広島県
目的	2, 16, 19
類型	3, 4, 11, 13, 17, 18

- 法人コード　　A020001
- 会員数　　　　0
- 寄付金収入　　4,300千円
- 会費収入　　　0
- 経常収支　　　経常収益合計　4,300千円
　　　　　　　　経常費用合計　4,667千円
- 公益目的事業費　4,379千円
- 収益事業　　　無
- 主な財産　　　預金等　4,071千円
　　　　　　　　負債　376千円
- 正味財産額　　4,283千円
- 常勤理事　　　2名
- 職員・給与　　0・0
- 賃借料　　　　0
- 使用したデータ　令和2年度

法人の概要

2011年12月設立・2014年4月公益法人登記。広島県三原市にある小佐木島の自然と共生する誇りある文化と歴史を新たに再生するプロジェクト（小鷺島ビオアイル計画）の活動を発端として、瀬戸内海の里海の再生及び保護を目指す活動を実施する事業体として設立。持続可能な経済の実現にむけて、自然環境、歴史、文化の保護に貢献するとともに、瀬戸内海の里海文化への理解と関心を芸術的観点から醸成し、環境再生の研究への助成と人材育成を行うことで社会に貢献する。

事業の概要

1．離島再生事業（小鷺島ビオアイル計画）
　(1)　植樹活動・清掃活動
　小佐木島の桜並木再生植樹・清掃ボランティア（参加ボランティア94名）、植樹は桜の苗25本・杏子の苗5本
　(2)　古民家改修－アートギャラリーとして管理する古民家の一部改修工事
2．里海の環境を保護する人材育成事業
3．財団設立10周年史の制作

	行政庁	埼玉県
	目的	16, 17
	類型	3, 4, 18

公財 武蔵野江戸農法基金

埼玉県所沢市大字下富340　代表理事　横山進

- 法人コード　　A024974
- 会員数　　　　0
- 寄付金収入　　166千円
- 会費収入　　　0
- 経常収支　　　経常収益合計　185千円
　　　　　　　　経常費用合計　185千円
- 公益目的事業費　182千円
- 収益事業　　　無
- 主な財産　　　預金等　13,440千円
　　　　　　　　負債　　0
- 正味財産額　　219,960千円
- 常勤理事　　　1名
- 職員・給与　　1名・0
- 賃借料　　　　0
- 使用したデータ　令和3年度

法人の概要

2017年8月設立・2018年6月公益法人登記。埼玉県三富地区の武蔵野の面影を残す、まとまった雑木林（平地林）を、ナショナル・トラストの

手法により取得する活動を行いつつ、江戸時代以来の「落ち葉堆肥による循環型農法（江戸農法）」で維持・保全することにより、地域の健全な発展に寄与することを目的とする。

事業の概要

1. ナショナル・トラスト事業（土地取得）
　武蔵野地域の自然環境の保護及び整備にとって核心的役割を担っている「三富地域」とその周辺の雑木林を緑地として維持できるように土地取得交渉をすすめた結果、本年度も土地を買増し合計4.5ヘクタールとなった
2. 雑木林保全管理事業
　(1) 雑木林及び無償借用地（合計4.9ヘクタール）について保全管理事業を実施キクイムシの被害木の伐採
　(2) 新規取得地は地表面の整備事業（枯損木の伐採、根株の堀出等）
3. 環境教育事業－「千人落ち葉掃き」

	行政庁	内閣府
	目的	17
	類型	13, 18

公財 緑進協会

福岡県福岡市博多区博多駅東1－1－33　代表理事　福田高志

- 法人コード　　A023365
- 会員数　　　　0
- 寄付金収入　　4,320千円
- 会費収入　　　0
- 経常収支　　　経常収益合計　34,920千円
　　　　　　　　経常費用合計　34,046千円
- 公益目的事業費　32,783千円
- 収益事業　　　無
- 主な財産　　　預金等　1,840千円
　　　　　　　　負債　140千円
- 正味財産額　　4,152千円
- 常勤理事　　　3名
- 職員・給与　　1名・1,224千円
- 賃借料　　　　441千円
- 使用したデータ　令和3年度

法人の概要

1991年1月設立・2017年2月公益法人登記。「豊かな緑が人類を救う」を信条に、生命の根源である緑の保全と緑化推進活動を行うた

めに設立された。我々人類の歴史は緑との共存の歴史でもあり、豊かな森が豊かな水を育み、その水が、また、生きとし生ける全ての生物を育んでいるという考え方に立つ。

事業の概要

1. 桜の寄贈事業
　県内外の自治体に桜の苗木植樹希望の有無についてアンケート調査を行い、申請があった自治体に桜を寄贈（7カ所に計119本）した
　(1) グリーンヒルまどか（福岡）植栽50本
　(2) NPO 十勝・桜の山プロジェクト 植栽50本
2. 桜の苗木管理事業
　植栽後の経過観察として調査及び調査依頼を行った（9カ所）
3. 財団が所有管理する山林の維持管理・整備事業－保安林等4カ所
4. 緑化推進－HPで桜の苗木植栽者募集

公財 国策研究会

東京都中央区日本橋 1 −17− 4　代表理事　土居征夫

行政庁	内閣府
目的	18
類型	3, 6

- 法人コード　　A014875
- 会員数　　　　289名
- 寄付金収入　　8,000千円
- 会費収入　　　29,265千円
- 経常収支　　　経常収益合計　45,139千円
　　　　　　　　経常費用合計　46,681千円
- 公益目的事業費　37,698千円
- 収益事業　　　無
- 主な財産　　　預金等　63,225千円
　　　　　　　　負債　56,983千円
- 正味財産額　　7,251千円
- 常勤理事　　　1名
- 職員・給与　　4名・19,221千円
- 賃借料　　　　2,962千円
- 使用したデータ　令和 3 年度

法人の概要

1957年 2 月設立・2013年 4 月公益法人登記。民主主義の原則にしたがい、いかなる政党及び団体にも所属しない自主独立の立場におい

て、全国各界の有志と提携し、世界各国に知己を求めて連絡を図りつつ、内外の重要諸政策に関する総合的調査研究を行い、会員相互の親睦と協力のもとに公明適正なる政治・経済上の国民的指導方針の確立に努めることを目的として設立。法人設立以前の戦前・戦中から多くの調査報告書や政策提言書を作成し、機関誌「新国策」の時局講話には「語りつぐ現代史」との評価が寄せられている。

事業の概要

1．官・公・私各種調査研究機関・団体との連絡協力
2．諸外国における調査研究団体と連絡提携
3．研究会・懇親会の開催
　各界の講師を招いた会員懇親会（計21回）
　細川昌彦−経済安全保障問題の現状と課題
4．出版活動
　機関誌「新国策」の刊行（令和 4 年 3 月号をもって通巻1801号）

目的 18

公財 政治資金センター

大阪府大阪市平野区喜連 2 − 1 −21　代表理事　佐藤哲也

庁	大阪府
目的	18
類型	3, 6

- 法人コード　　A024177
- 会員数　　　　0
- 寄付金収入　　0
- 会費収入　　　0
- 経常収支　　　経常収益合計　2,374千円
　　　　　　　　経常費用合計　3,586千円
- 公益目的事業費　3,575千円
- 収益事業　　　無
- 主な財産　　　預金等　6,931千円
　　　　　　　　負債　18千円
- 正味財産額　　8,493千円
- 常勤理事　　　0
- 職員・給与　　0・0
- 賃借料　　　　289千円
- 使用したデータ　令和 3 年度

法人の概要

2016年 6 月設立・2016年12月公益法人登記。政治家の政治資金の収支報告書は「公表」されているが、政治家が多くの政治団体をもち、

また収支決算書の公表先も異なるので、個々の政治家の政治資金の全体像をつかむのは極めて困難である。その状況の中でアメリカの非営利団体の活動に学び、設立された本政治資金センターは全国に散在する国会議員の全ての政治団体の収支報告書を収集し、このデータに国民がアクセスして監視し、政治資金の透明性を確保することを目的とする。

事業の概要

1．国会議員の収支報告書の公表等
　全国に散在する政治資金収支報告書を収集し、国会議員別に WEB 上に公開することで、有権者の判断の資料を提供することを基本的な事業としている。現在作業は、株式会社アンド・デイに委託している
2．HP の改善に向けた作業
　当法人の存在意義は HP で収支報告書を公開することにあり、アップロード作業を効率化し、ブラッシュアップを継続している

行政庁	内閣府
目的	18
類型	3，6，18

公財 日本国防協会

東京都新宿区住吉町10－8　代表理事　岡部俊哉

- 法人コード　　　A003014
- 会員数　　　　　208名
- 寄付金収入　　　253千円
- 会費収入　　　　2,440千円
- 経常収支　　　　経常収益合計　6,350千円
　　　　　　　　　経常費用合計　8,154千円
- 公益目的事業費　4,892千円
- 収益事業　　　　経常収益　150千円
　　　　　　　　　経常費用　408千円
- 主な財産　　　　預金等　8,750千円
　　　　　　　　　負債　1,180千円
- 正味財産額　　　7,615千円
- 常勤理事　　　　0
- 職員・給与　　　2名・1,020千円
- 賃借料　　　　　1,638千円
- 使用したデータ　令和3年度

法人の概要

1971年9月設立・2010年7月公益法人登記。美しい日本を愛し、日本国に誇りを持ち、自らの国は自らの手で守る日本人としての気概を持つという理念の下、内外の国防に対する政治、経済、社会等の情勢を明らかにし、わが国の防衛のあり方を探究するとともに国防思想の普及に努め、わが国の平和と独立に寄与することを目的に活動。

事業の概要

1．国防思想の普及啓発：国防問題の研究
　(1)　調査研究委員会による調査研究(中止)
　(2)　国防問題講演会の開催（7回実施）
　「令和3年度防衛白書説明会」
　「コロナ後の国際社会における日本の対応」
　「日本の安全保障と今後の課題」
　(3)　機関誌「日本の國防」の発刊（3回）
2．自衛隊施設等研修・見学事業
　富士総合火力演習、靖国神社参拝、自衛隊観閲式及び自衛隊音楽まつりの見学
　国防問題に関する資質を涵養し、国防思想の普及を目指したが、コロナ禍で軒並み中止

目的 18

目的 19

行政庁	愛知県
目的	3，19，21
類型	3，5，6，18

公社 愛知共同住宅協会

愛知県名古屋市中区橘1－26－18　代表理事　梅村忠直

- 法人コード　　　A010431
- 社員・会員　　　386名・386名
- 寄付金収入　　　0
- 会費収入　　　　394千円
- 経常収支　　　　経常収益合計　4,632千円
　　　　　　　　　経常費用合計　3,552千円
- 公益目的事業費　3,121千円
- 収益事業　　　　無
- 主な財産　　　　預金等　833千円
　　　　　　　　　負債　219千円
- 正味財産額　　　3,083千円
- 常勤理事　　　　0
- 職員・給与　　　2名・2,849千円
- 賃借料　　　　　54千円
- 使用したデータ　令和3年度

法人の概要

1977年8月設立・2013年4月公益法人登記。生活保護受給者、ホームレス、高齢者、障害者、外国人、被災者など住宅困難者に対し、良質な賃貸住宅を供給する居住支援とともに、住宅供給者に対し、入居者への暮らし支援を推奨する活動を行っている。

事業の概要

1．見守り大家さん事業
　賃貸住宅経営者等に、入居後も入居者への生活支援を推奨し、入居者の再路上化の防止、地域生活への復帰・定着を図る事業
2．住宅困難者賃貸住宅相談・住宅確保事業
　住宅困難者の民間賃貸住宅への入居支援。入居希望者の状況や希望する生活スタイルに応じて、入居に至るまでの助言を行う
3．災害時における緊急入居住宅確保事業
　激甚災害などの被災者への緊急入居住宅確保を支援する
　(1)　東日本大震災・原発事故被災者への支援
　(2)　東海地震向け緊急住宅確保体制の準備

行政庁	広島県
目的	19
類型	13

公社 アクティブベースくれ

広島県呉市本通2－2－15　代表理事　向井淳滋

- 法人コード　　A005025
- 社員・会員　　6名・6名
- 寄付金収入　　5,500千円
- 会費収入　　　0
- 経常収支　　　経常収益合計　5,500千円
　　　　　　　　経常費用合計　5,092千円
- 公益目的事業費　4,924千円
- 収益事業　　　無
- 主な財産　　　預金等　501千円
　　　　　　　　負債　0
- 正味財産額　　501千円
- 常勤理事　　　0
- 職員・給与　　6名・0
- 賃借料　　　　0
- 使用したデータ　令和3年度

法人の概要

2009年9月設立・2010年4月公益法人登記。鉄鋼・造船等重工業を中心にものづくり産業の工業都市として発展してきた呉市は、少子高齢化の進展や事業所の減少により、地域経済や雇用は大きな影響を受けている。本法人は、呉市と周辺地域の活性化に寄与する事業及び社会的・文化的な活動で地域活性化・振興に寄与する事業の支援を目的に設立。

事業の概要

1. 地域経済の活性化、地域振興に役立つ事業を計画または実施している中小企業、個人事業者に対して、事業の新規性、地域経済に与える影響、実現可能性、計画の妥当性等を選考基準に、助成金を交付。助成額は、事業・活動資金の2分の1で、最高250万円、年間総額500万円
2. 応募者ごとに5名以上の選考委員が審査を行い、書類審査、プレゼンテーション審査を経て助成対象先を決定
3. 経済、技術などの専門の機関から5名以上で選考委員会を構成し、審査
4. 応募26件・助成8件、総額4,500千円

行政庁	三重県
目的	19
類型	3, 5, 6, 13

公社 伊勢志摩観光コンベンション機構

三重県伊勢市二見町茶屋111－1　代表理事　中村欣一郎

- 法人コード　　A011556
- 社員・会員　　210名・210名
- 寄付金収入　　5,136千円
- 会費収入　　　7,120千円
- 経常収支　　　経常収益合計　113,198千円
　　　　　　　　経常費用合計　108,487千円
- 公益目的事業費　94,803千円
- 収益事業　　　無
- 主な財産　　　預金等　64,519千円
　　　　　　　　負債　49,282千円
- 正味財産額　　36,779千円
- 常勤理事　　　1名
- 職員・給与　　13名・18,241千円
- 賃借料　　　　2,247千円
- 使用したデータ　令和3年度

法人の概要

2006年4月設立・2012年4月公益法人登記。伊勢市、鳥羽市、志摩市、玉城町、度会町及び南伊勢町（以下「伊勢志摩地域」という）を中心とした地域における観光及びコンベンションの振興に関する事業を行い、地域経済の活性化と観光振興を図ることを目的に、市町村、県、商工会議所、商工会、交通機関等が共同して設立した法人である。現在の代表理事は、伊勢市長が就任している。

事業の概要

1. 伊勢志摩観光魅力の向上
　「神宮」「食」「伊勢志摩国立公園」「海女」の4つの活用
2. 効果的な伊勢志摩の発信
　公式ホームページ大規模改修事業
　「美し国伊勢志摩」の情報更新、他
3. インバウンドの取り組み強化
　多言語パンフレットの充実、他
4. 来訪機会の創出
　(1) 教育旅行の誘致
　(2) 映画の撮影等の誘致
　(3) クルーズ船の誘致、他

目的
19

	行政庁	内閣府
	目的	1, 16, 18, 19
	類型	1, 5

公社 大阪技術振興協会

大阪府大阪市西区靱本町 1 - 8 - 4　代表理事　吉田邦晃

- **法人コード**　　A008483
- **社員・会員**　　190名・190名
- **寄付金収入**　　71千円
- **会費収入**　　2,241千円
- **経常収支**　　経常収益合計　40,252千円
　　　　　　　　経常費用合計　44,151千円
- **公益目的事業費**　33,768千円
- **収益事業**　　経常収益　10,837千円
　　　　　　　　経常費用　9,184千円
- **主な財産**　　預金等　21,283千円
　　　　　　　　負債　15,291千円
- **正味財産額**　　12,801千円
- **常勤理事**　　1名
- **職員・給与**　　3名・4,974千円
- **賃借料**　　3,547千円
- **使用したデータ**　令和3年度

法人の概要

1965年4月設立・2012年12月公益法人登記。
日本全国に向けて、科学技術に関する技術支

援を行う高度な専門知識を持つ技術士集団として発足。様々な技術的問題を解決に導くことで社会に広く深く貢献する責務を担う。

事業の概要

1．公共工事の技術支援（工事監査・検査等の工事技術調査業務）
　　工事技術調査及び発注者支援により地方自治体公共事業の適正な執行のための技術支援。コロナ禍で事業量は大幅減少。
2．環境保全施設の技術支援
　　地方自治体の要請により、廃棄物処理施設、し尿処理施設、斎場施設の定期点検・補修工事等の見積審査業務－9公共団体15件
3．一般市民への環境防災等の普及支援
4．技術士資質向上のための研鑽支援
5．省エネルギー等支援事業
　　補助金申請に関する中小事業者等への相談と技術指導・支援－技術指導・支援成約なし

目的 19

	行政庁	大阪府
	目的	19, 20, 22
	類型	3, 14, 18

公社 大阪広告協会

大阪府大阪市西区江戸堀 1 - 3 - 3　代表理事　山田邦雄

- **法人コード**　　A004067
- **社員・会員**　　452名・463名
- **寄付金収入**　　0
- **会費収入**　　25,712千円
- **経常収支**　　経常収益合計　26,122千円
　　　　　　　　経常費用合計　24,540千円
- **公益目的事業費**　17,335千円
- **収益事業**　　無
- **主な財産**　　預金等　20,019千円
　　　　　　　　負債　157千円
- **正味財産額**　　21,497千円
- **常勤理事**　　1名
- **職員・給与**　　3名・3,980千円
- **賃借料**　　1,650千円
- **使用したデータ**　令和3年度

法人の概要

1963年8月設立・2012年6月公益法人登記。
広告主（広告を依頼する者）、広告媒体社（広告を掲載・放送する者）、広告会社、制作会

社（広告を制作する者）等が共同して、関係諸機関・団体と連携し、広告に関する情報提供や人材の育成、顕彰活動等を通して、企業と消費者の社会的責任の促進、広告の信頼性の向上、生活者に不可欠な生活情報の提供、地域経済の活性化等を内容とする広告の社会的使命の推進を目的とする。

事業の概要

1．講演会、研究発表会、シンポジウム開催
　　(1) 『大阪広告協会に阪大 / 石黒研究室がやってきた！』大阪広告協会セミナー
2．学生支援事業
　　関西学生広告連盟総会への講師派遣
3．第4回 HaHaHa Osaka Creativity Awards
　　短尺動画：9作品、ラジオ音声：5作品
　　長尺動画：6作品（20作品がファイナリスト）
4．第65回大阪広告協会賞
5．第55回やってみなはれ佐治敬三賞

公社 神奈川台場地域活性化推進協会

行政庁	神奈川県
目的	1, 17, 19
類型	3, 6, 18

神奈川県横浜市神奈川区泉町15－5－200　代表理事　山本博士

- 法人コード　　A009119
- 社員・会員　　18名・25名
- 寄付金収入　　100千円
- 会費収入　　　772千円
- 経常収支　　　経常収益合計　910千円
　　　　　　　　経常費用合計　1,397千円
- 公益目的事業費　230千円
- 収益事業　　　無
- 主な財産　　　預金等　261千円
　　　　　　　　負債　　10千円
- 正味財産額　　860千円
- 常勤理事　　　0
- 職員・給与　　0・0
- 賃借料　　　　180千円
- 使用したデータ　令和3年度

法人の概要

2004年4月設立。2013年4月公益法人登記。横浜市神奈川区の臨海部のうち、神奈川台場跡を中心とし、旧神奈川宿、瑞穂埠頭を含む

「神奈川台場地域」の保存と、都市的機能の整備の充実や観光資源の開発推進を目的として設立。1992年設立の「神奈川台場を守る会」を前身とし、84の法人・個人会員により結成された。地域の再生をスローガンにまちづくり事業を行っている。

事業の概要

1. 神奈川台場地域の歴史的遺産の保存・復元と整備の推進－埋蔵文化財としての保全、保存及び史跡公園化への推進等
2. 神奈川台場地域の都市的機能の整備及び観光資源としての啓発普及事業の推進
   (1) 神奈川区民まつりへの参加（中止）
   (2) 開港5都市景観街づくり会議（中止）
   (3) ブックレット「神奈川台場物語」の配布及び活用
3. 瑞穂埠頭の返還促進と再開発案の提言

公社 金沢こころの電話

行政庁	石川県
目的	19
類型	2, 3, 5

石川県金沢市本多町3－1－10　代表理事　村田進

- 法人コード　　A014428
- 社員・会員　　178名・178名
- 寄付金収入　　71千円
- 会費収入　　　2,616千円
- 経常収支　　　経常収益合計　5,021千円
　　　　　　　　経常費用合計　4,188千円
- 公益目的事業費　3,618千円
- 収益事業　　　無
- 主な財産　　　預金等　9,645千円
　　　　　　　　負債　　0
- 正味財産額　　10,124千円
- 常勤理事　　　1名
- 職員・給与　　3名・1,462千円
- 賃借料　　　　22千円
- 使用したデータ　令和3年度

法人の概要

1987年3月設立・2012年4月公益法人登記。1974年の中学生や高校生の自殺の多発を契機に、若者の心を受け止めたいと考え、自殺予

防のため発足した。ボランティア活動による電話カウンセリングを通じ、青少年や高齢者の悩みの解決を援助する活動を行っている。

事業の概要

1. 電話相談事業
   (1) 金沢こころの電話－相談件数5,436件
   (2) シルバーこころの電話－相談件数261件
2. 相談員の養成
   講義や電話実習を含む1年間の養成講座を実施し、相談員を認定－第46期認定者10名
3. 相談員の研修
   (1) 全体研修（2021年度4回実施）
   ① 「県内の自殺防止の取組と現状」31名
   ② 「電話相談できる自殺予防」28名参加
   ③ 「ゲートキーパー養成講座」26名参加
   ④ 「自殺念慮のある事例」17名参加
   (2) 会員曜日別研修の実施
4. 広報誌及び会誌の発行等

公社 蒲生育英会

鹿児島県姶良市蒲生町上久徳2401　代表理事　國生卓

行政庁	鹿児島県
目的	7, 19
類型	13, 18

- 法人コード　　A024386
- 社員・会員　　4名・0
- 寄付金収入　　7,064千円
- 会費収入　　　0
- 経常収支　　　経常収益合計　7,064千円
　　　　　　　　経常費用合計　1,213千円
- 公益目的事業費　650千円
- 収益事業　　　経常収益　0
　　　　　　　　経常費用　460千円
- 主な財産　　　預金等　3,837千円
　　　　　　　　出資金　2,245千円
　　　　　　　　負債　23千円
- 正味財産額　　7,552千円
- 常勤理事　　　0
- 職員・給与　　0・0
- 賃借料　　　　0
- 使用したデータ　平成30年度

法人の概要

2016年11月設立・2018年10月公益法人登記。

奨学金の貸与、学校教育施設への助成、伝統文化芸能活動への助成を行い、姶良市蒲生地区出身者又は同地区に居住する青少年の健全な育成に寄与し、地域社会の形成・発展に貢献することを目的とする。その目的を達成するために保有山林などの保全活動を行う。

事業の概要

(公益事業)

1．奨学金の貸与事業
　　2018年度は貸与の応募者はなかった
2．姶良市蒲生地区の教育及び伝統文化芸能の振興に関する事業
　　姶良市蒲生地区の教育及び伝統文化芸能の振興に関する事業として、児童・生徒が通う学校に施設整備費等を助成する。2018年度実績は蒲生小学校へ19万円を助成
3．伝統的な蒲生郷土芸能無形民俗文化財保存活動への助成－2018年度の実績はなし

目的 19

公社 岐阜新聞岐阜放送社会事業団

岐阜県岐阜市今小町10　代表理事　矢島薫

行政庁	岐阜県
目的	19
類型	13, 18

- 法人コード　　A004922
- 社員・会員　　23名・0
- 寄付金収入　　6,896千円
- 会費収入　　　0
- 経常収支　　　経常収益合計　6,896千円
　　　　　　　　経常費用合計　7,204千円
- 公益目的事業費　6,955千円
- 収益事業　　　無
- 主な財産　　　預金等　3,508千円
　　　　　　　　負債　1,134千円
- 正味財産額　　2,374千円
- 常勤理事　　　0
- 職員・給与　　0・0
- 賃借料　　　　0
- 使用したデータ　令和3年度

法人の概要

1952年5月設立・2013年4月公益法人登記。岐阜県民とともに、ふるさと岐阜を愛する活動、街づくりに向けた住民活動、文化保存事業を岐阜新聞社・岐阜放送とともに展開。

事業の概要

1．特別支援学校2校へ学校備品を寄贈
　　(1)　岐阜希望が丘特別支援学校
　　　　感覚運動遊具、ベッドテーブル等
　　(2)　飛騨特別支援学校高山日赤分校
　　　　車いすから昇降時に使用する訓練台等
2．岐阜放送の福祉番組『チャリティースペシャル2022』に協賛
　　県内全市町村に『温度探知機能付き自動式ハンドスプレー』計42台を寄贈
3．選定事業者に対する助成金の交付
　　県内の社会福祉施設25団体へ助成金413万円を交付
4．歳末助け合い義援金
　　例年12月に実施する義援金で、2021年度は87件・総額269万5017円となった
5．広報活動

公社 競走馬育成協会

東京都港区新橋 4 - 5 - 4　代表理事　大平俊明

行政庁	内閣府
目的	5, 15, 19, 22
類型	3, 5, 6, 8, 13

- 法人コード　　A014672
- 社員・会員　　187名・195名
- 寄付金収入　　0
- 会費収入　　5,958千円
- 経常収支　　経常収益合計　150,855千円
　　　　　　　経常費用合計　149,018千円
- 公益目的事業費　96,000千円
- 収益事業　　無
- 主な財産　　預金等　71,501千円
　　　　　　　負債　43,130千円
- 正味財産額　　28,676千円
- 常勤理事　　1名
- 職員・給与　　3名・12,914千円
- 賃借料　　2,928千円
- 使用したデータ　令和3年度

法人の概要

1959年11月設立・2013年1月公益法人登記。競走馬の育成調教及び飼養管理等の育成調教技術の改善向上を通し、丈夫で強い馬づくりや育成調教技術者の養成及び育成調教牧場への就労支援を図り、馬の健全な成長と地域の健全な発展に寄与することを目的とする。

事業の概要

1．軽種馬育成調教技術の普及・啓発・指導
　(1)　東北・九州地区講習会実施（他中止）
　(2)　競走馬育成調教技術表彰式
　　　表彰対象557競走のうち会員育成馬の優勝は353競走
2．軽種馬育成調教に係る人材・養成支援
　(1)　生産育成調教牧場へ就業者参入促進事業
　①　「夏休み牧場で働こう体験会」再開
　②　Web就業相談会
　(2)　担い手育成事業－修学奨励金交付
3．軽種馬育成調教に係る競争力向上支援
　(1)　セリ市場の振興
　(2)　育成調教施設の整備に関する助成事業

公社 京都府物産協会

京都府京都市下京区四条通室町東入函谷鉾町78　代表理事　角田潤哉

行政庁	京都府
目的	1, 19
類型	3, 8, 9, 13, 18

目的 19

- 法人コード　　A007824
- 社員・会員　　156名・156名
- 寄付金収入　　0
- 会費収入　　7,488千円
- 経常収支　　経常収益合計　56,175千円
　　　　　　　経常費用合計　46,297千円
- 公益目的事業費　30,054千円
- 収益事業　　経常収益　20,329千円
　　　　　　　経常費用　8,793千円
- 主な財産　　預金等　48,441千円
　　　　　　　負債　27,936千円
- 正味財産額　　44,862千円
- 常勤理事　　0
- 職員・給与　　6名・19,664千円
- 賃借料　　4,502千円
- 使用したデータ　令和2年度

法人の概要

1970年12月設立・2012年9月公益法人登記。京都の伝統文化・芸術を広く世の中に紹介していくことで、京都の物産振興発展と観光誘致に寄与すること、京都府内中小企業の伝統産業製品、雑貨製品、食料品等を主要市場へ宣伝及び紹介すること、これらの活動を通して障害者・高齢者福祉の増進などに寄与することを目的とする。

事業の概要

1．京都展開催事業
　開催内容
　①　伝統文化・芸能の披露（中止）
　②　講演会ならびに体験教室（中止）
　③　京都府観光PRコーナーの設置
2．観光誘致イベントへの協力事業
　①　「もうひとつの京都」観光PR、他
3．府内産業製品振興事業
　京の味めぐり・技くらべ展
4．京都観光案内地図発行事業
5．福祉事業
　介護老人福祉施設への慰問（中止）

京のふるさと産品協会

行政庁	京都府
目的	19, 21, 22
類型	1, 2, 5, 6, 18

京都府京都市南区東九条西山王町1　代表理事　安原健史

- 法人コード　　A001660
- 社員・会員　　45名・49名
- 寄付金収入　　0
- 会費収入　　　21,152千円
- 経常収支　　　経常収益合計 97,392千円
　　　　　　　　経常費用合計 101,398千円
- 公益目的事業費 93,627千円
- 収益事業　　　無
- 主な財産　　　預金等　225,961千円
　　　　　　　　負債　216,182千円
- 正味財産額　　11,656千円
- 常勤理事　　　2名
- 職員・給与　　7名・22,828千円
- 賃借料　　　　3,315千円
- 使用したデータ　令和3年度

法人の概要

1972年7月設立・2012年4月公益法人登記。高品質で生産履歴や製造工程の明らかな安心・安全な府内産農林水産物やその加工品の

ブランド推進を行うとともに、農産物の価格安定を図ることにより、農産物の安定生産と府民に対する食料の安定供給体制を確立し、府内の地域経済の振興と府民の豊かな消費生活の確保に寄与することを目的とする。本法人は、京都府、府内26市町村、府内5 JA、JA京都中央会、全農京都府本部、5流通加工関係団体、6農林水産関係団体の組織である。

事業の概要

1．京都産農林水産物のブランド認証による、市場や消費者へのPR
　ブランド認証品目：31品目（内加工品2）
　ブランド指定産地：113産地
2．「ニューノーマルの生活様式」のPR
　SNS、店頭でのレシピ配布等でPR強化
3．流通、料理店関係者に向けて、情報発信
　オンライン・対面の両方で情報発信
4．オンラインを活用し京野菜ファンの獲得
　あじわい館で「オンライン料理教室」等

目的 19

埼玉デザイン協議会

行政庁	埼玉県
目的	3, 7, 19
類型	3, 4, 5, 9, 18

埼玉県川口市上青木3-12-18　代表理事　竹田良雄

- 法人コード　　A015731
- 社員・会員　　68名・72名
- 寄付金収入　　240千円
- 会費収入　　　1,222千円
- 経常収支　　　経常収益合計 7,266千円
　　　　　　　　経常費用合計 7,312千円
- 公益目的事業費 5,458千円
- 収益事業　　　経常収益　628千円
　　　　　　　　経常費用　628千円
- 主な財産　　　預金等　1,214千円
　　　　　　　　負債　703千円
- 正味財産額　　900千円
- 常勤理事　　　0
- 職員・給与　　4名・1,260千円
- 賃借料　　　　356千円
- 使用したデータ　令和3年度

法人の概要

1996年7月設立・2012年4月公益法人登記。デザインの教育、支援及び振興に関する事業

を行うことにより、埼玉県の産業・福祉・文化の活性化を図り、豊かな生活環境の形成に寄与することを目的に設立された。デザインを広義に捉えるソーシャルデザインの実現を目指す。青少年育成委員会・福祉支援委員会・地域活性委員会・情報交流委員会の4つの組織が主に事業を展開。児童・青少年の健全な育成、授産施設等での障がい者の支援、福祉増進、地域社会の健全な発展が目的。

事業の概要

1．児童又は青少年の健全な育成
　体験型ワークショップ事業（一部中止）
2．障がい者の支援及び福祉の増進
　(1)　授産施設等への各種デザイン支援事業
　(2)　アンテナショップ（サデコショップ）
　事業
3．地域社会の健全な発展
　(1)　地域社会への各種デザイン支援事業
　(2)　情報発信事業

行政庁	新潟県
目的	19
類型	3, 5, 18

公社 上越国際交流協会

新潟県上越市大字土橋1914-3　代表理事　清水信博

- 法人コード　　　A018191
- 社員・会員　　　39名・306名
- 寄付金収入　　　0
- 会費収入　　　　889千円
- 経常収支　　　　経常収益合計　16,418千円
　　　　　　　　　経常費用合計　15,794千円
- 公益目的事業費　13,780千円
- 収益事業　　　　経常収益　2,039千円
　　　　　　　　　経常費用　1,497千円
- 主な財産　　　　預金等　3,890千円
　　　　　　　　　負債　1,429千円
- 正味財産額　　　4,274千円
- 常勤理事　　　　0
- 職員・給与　　　4名・7,706千円
- 賃借料　　　　　0
- 使用したデータ　令和3年度

法人の概要

2008年4月設立・2013年4月公益法人登記。
市民が主体となり、多文化共生と国際理解及

び海外都市との友好親善を深めるため、産業・
文化・スポーツ・教育・学術等幅広い分野で、
多文化共生社会を積極的に推進し、国際相互
理解の促進、青少年の健全な育成及び地域社
会の健全な発展に寄与することが目的。

事業の概要

1. グローバルな意識の醸成
(1) 語学（英会話）講座の開設
(2) 学校教育との連携―日本語習得が十分
ではない子どもへの教科・日本語指導
(3) 国際交流事業
しゃべり場（英語・ドイツ語）
2. 市民活動の活性―お花見交流会等(中止)
3. 上越市委託事業
(1) 国際交流センターの管理運営
(2) 外国人相談事業(外国人相談窓口開設)
(3) 国際化推進事業
① 生活日本語教室
② 日本語ボランティア養成講座

行政庁	宮城県
目的	2, 19
類型	17

公社 定禅寺ストリートジャズフェスティバル協会

宮城県仙台市青葉区国分町3-8-3　代表理事　武藤政寿

- 法人コード　　　A020174
- 社員・会員　　　30名・31名
- 寄付金収入　　　1,473千円
- 会費収入　　　　0
- 経常収支　　　　経常収益合計　21,303千円
　　　　　　　　　経常費用合計　18,519千円
- 公益目的事業費　10,492千円
- 収益事業　　　　経常収益　8,452千円
　　　　　　　　　経常費用　6,480千円
- 主な財産　　　　預金等　12,534千円
　　　　　　　　　負債　19,558千円
- 正味財産額　　　18,468千円
- 常勤理事　　　　0
- 職員・給与　　　3名・3,222千円
- 賃借料　　　　　1,751千円
- 使用したデータ　令和3年度

法人の概要

2012年1月設立・2015年3月公益法人登記。
「定禅寺ストリートジャズフェスティバル in

仙台」を開催し、国内外の観客及び演奏者を
迎えることにより、音楽や表現活動の喜びを
分かち合い、まちづくり推進、音楽を中心と
した芸術及び文化の振興及び子どもの健全育
成に資することを目的として設立。同フェス
ティバルは市民ボランティアが中心となって
企画・運営を行う音楽祭で、定禅寺通りをは
じめとした仙台の街の各所をステージとして
年1回開催されている。

事業の概要

（公益目的事業）
定禅寺ストリートジャズフェスティバル
例年の参加者数は2日間で5,000人超。2021
年度はコロナ禍で開催を断念し、代替事業と
して、オンライン企画のみを実施し、後日バ
ンドのオンライン動画を配信した。
（収益事業）
1. グッズ販売収益
2. 事業協賛収益

目的 19

公社 スポーツ健康産業団体連合会

東京都新宿区四谷２−４−１　代表理事　斎藤敏一

行政庁	内閣府
目的	9, 19
類型	14

- 法人コード　　A013823
- 社員・会員　　21名・21名
- 寄付金収入　　0
- 会費収入　　5,280千円
- 経常収支　　経常収益合計　7,351千円
　　　　　　　経常費用合計　11,076千円
- 公益目的事業費　9,387千円
- 収益事業　　無
- 主な財産　　預金等　7,654千円
　　　　　　　負債　3,502千円
- 正味財産額　　5,152千円
- 常勤理事　　1名
- 職員・給与　　2名・3,760千円
- 賃借料　　2,011千円
- 使用したデータ　令和３年度

法人の概要

1988年４月設立・2012年４月公益法人登記。将来の発展が期待されるスポーツ健康産業において、経営上の諸課題、規制の緩和、税制金融上の問題等といった種々の課題を克服し、スポーツ健康産業の地位の向上と発展を図るべく幅広く活動をしている。

事業の概要

1．シンポジウムの開催
　第27回シンポジウム
　「アウトドアスポーツの勧め−健康増進と新しいスポーツへの挑戦−」
2．情報交換会
　「健康経営とは何か」−人を資本とする新たな企業経営−
3．スポーツ振興賞
　第９回大賞「とびしま海道７つの島、100kmを走る旅」
4．健康づくり・セミナー分科会
　スポーツビジネスに関する日本最大級のスポーツ健康産業展示会であるSPORTEC2021への特別協力を実施
5．機関誌「JSHIF」の発行（年１回）

目的 19

公社 田中育英会

新潟県上越市大字土橋1928　代表理事　四ツ倉宏幸

行政庁	新潟県
目的	1, 19
類型	13

- 法人コード　　A024447
- 社員・会員　　18名・18名
- 寄付金収入　　11,300千円
- 会費収入　　1,600千円
- 経常収支　　経常収益合計　19,206千円
　　　　　　　経常費用合計　19,453千円
- 公益目的事業費　18,645千円
- 収益事業　　無
- 主な財産　　預金等　464千円
　　　　　　　株式 37,575千円　負債 59千円
- 正味財産額　　38,925千円
- 常勤理事　　0
- 職員・給与　　0・310千円
- 賃借料　　100千円
- 使用したデータ　令和３年度

法人の概要

2016年11月設立・2017年９月公益法人登記。当法人は、① 高齢化社会を支える看護・介護等の学校に通う学生の支援、② 自然災害から人の暮らしを守り、良質な生活空間を実現し、社会・経済活動を支える基盤をつくる土木技術を学ぶ学校に通う学生の支援、③ 新潟県の土木技術向上のため、土木技術系高等学校の教育現場の充実のための最先端機器の取得又は技術研修会に要する費用の支援及び若手技術者の育成に寄与するために設立。

事業の概要

1．看護、介護等の学校に通う学生を支援するため返還を求めない奨学金を支給する
2．土木技術を学ぶ学校に通う学生を支援するため、返還を求めない奨学金を支給
3．奨学金の支給
　年額240,000円・奨学生69人
4．新潟県の土木技術系高等学校が最先端機器の取得又は技術研修会等への参加に要する費用及び若手技術者の育成費用の支援−３高等学校へ機器取得費用等190万円支援

公社 千葉県情報サービス産業協会

千葉県千葉市美浜区中瀬2−6−1　代表理事　宮城和彦

行政庁	千葉県
目的	1，5，14，19
類型	3，4，18

- 法人コード　　　A001955
- 社員・会員　　　95名・121名
- 寄付金収入　　　0
- 会費収入　　　　10,330千円
- 経常収支　　　　経常収益合計　43,258千円
　　　　　　　　　経常費用合計　41,745千円
- 公益目的事業費　25,709千円
- 収益事業　　　　無
- 主な財産　　　　預金等　33,843千円
　　　　　　　　　負債　10,340千円
- 正味財産額　　　29,255千円
- 常勤理事　　　　0
- 職員・給与　　　3名・9,351千円
- 賃借料　　　　　3,036千円
- 使用したデータ　令和3年度

法人の概要

2001年4月設立・2013年4月公益法人登記。
千葉県において、情報化に関する調査、研究、
研修及び広報活動等の事業を実施し、県民が

情報サービスの恵沢を広く享受できる環境づ
くりや情報サービス産業の健全な発展を図る
こと等により、高度情報通信ネットワーク社
会の形成を推進して地域経済の発展及び公共
福祉の増進に寄与することを目的とする。

事業の概要

1．情報サービスに関する調査研究事業
　(1)　全国地域情報産業団体連合会総会参加
　(2)　千葉県内大学による卒業論文発表会
2．情報化に関する普及啓発及び促進事業
　(1)　情報システムの普及推進支援事業
　①　ちばIT利活用フォーラム
　②　千葉県内中小企業交流会（IT化支援）
　「ITの展示会」「講演会」
　(2)　情報システム活用啓蒙推進事業
3．情報サービスの人材育成・確保事業
　(1)　CHISA実践型新人研修等
4．情報サービス産業経営基盤確立整備事業

公社 東京屋外広告協会

東京都千代田区丸の内3−2−2　代表理事　大久保秀夫

行政庁	東京都
目的	19
類型	1，3，6，14

目的 19

- 法人コード　　　A005458
- 社員・会員　　　126名・126名
- 寄付金収入　　　0
- 会費収入　　　　9,350千円
- 経常収支　　　　経常収益合計　12,525千円
　　　　　　　　　経常費用合計　13,084千円
- 公益目的事業費　9,712千円
- 収益事業　　　　無
- 主な財産　　　　預金等　5,102千円
　　　　　　　　　負債　707千円
- 正味財産額　　　4,897千円
- 常勤理事　　　　1名
- 職員・給与　　　2名・1,680千円
- 賃借料　　　　　2,348千円
- 使用したデータ　令和3年度

法人の概要

1961年2月設立・2011年4月公益法人登記。
戦後荒廃した首都東京を美しい街にするため
に、東京都と東京商工会議所が一緒になって

設立した。以来、「屋外広告物法」並びに「東
京都屋外広告物条例」等を遵守しながら、東
京の「美観風致の維持と危害防止」を図るた
め社会論理の基礎に立ち、都市の美観と公共
の福祉に寄与することを目指し、様々な課題
に取組む。ネオン・看板広告・柱類広告・交
通広告等広告業に係わる企業・団体が集まっ
て首都東京の風致・美観の維持向上と業界の
健全な発展を図るための公益団体。

事業の概要

1．第12回東京屋外広告コンクール受賞作品
　の掲示−JR東京駅アートロード
2．屋外広告に関する情報の収集及び提供
3．車体利用広告デザイン審査事業（251件）
4．屋外広告に関するセミナー
　「味覚ディスプレイの技術開発」（56人参加）
5．違反広告物の東京都・市・区との共同除
　去

公社 富山県善意銀行

行政庁	富山県
目的	3, 4, 6, 7, 19
類型	8, 9, 14, 18

富山県富山市桜橋通り1−18　代表理事　河合隆

- 法人コード　　A011324
- 社員・会員　　884名・884名
- 寄付金収入　　11,655千円
- 会費収入　　　6,927千円
- 経常収支　　　経常収益合計　19,563千円
　　　　　　　　経常費用合計　18,522千円
- 公益目的事業費　15,380千円
- 収益事業　　　無
- 主な財産　　　預金等　13,015千円
　　　　　　　　負債　1,477千円
- 正味財産額　　12,645千円
- 常勤理事　　　1名
- 職員・給与　　2名・3,975千円
- 賃借料　　　　1,350千円
- 使用したデータ　令和3年度

法人の概要

1967年4月設立・2012年4月公益法人登記。善意銀行は技術、労力、金品の預託を受け、助けを必要とする人とボランティアとの間を

とりもつ制度。社会奉仕と相互扶助の精神に基づいて、提供される全ての善意を結集し、これを社会福祉のために活用して、温かくて明るい社会の建設に寄与することが目的。

事業の概要

1．みんなで育てる親切・善行活動
　親切運動の推進としてベルマーク集め、挨拶運動、あったか言葉の募集など活動具体化を検討、活動内容を決定。児童会・生徒会等のリーダーシップのもと実施
2．みんなで支える福祉活動
　(1) 障害者団体への支援・激励−各団体の実施するイベント、スポーツ大会の開催費補助
　(2) 難病者支援−富山県厚生部と連携、難病等とたたかう富山県出身者への見舞品の贈呈
　(3) 老人福祉施設利用者への激励
　老人福祉施設等趣味の作品合同展は中止

目的 19

公社 奈良まちづくりセンター

行政庁	奈良県
目的	1, 2, 9, 15, 17, 19
類型	3, 4, 5, 6, 11, 18

奈良県奈良市中新屋町2−1　代表理事　藤野正文

- 法人コード　　A013907
- 社員・会員　　79名・97名
- 寄付金収入　　908千円
- 会費収入　　　1,148千円
- 経常収支　　　経常収益合計　4,311千円
　　　　　　　　経常費用合計　5,734千円
- 公益目的事業費　3,883千円
- 収益事業　　　無
- 主な財産　　　預金等　805千円
　　　　　　　　建物　536千円
　　　　　　　　負債　82千円
- 正味財産額　　3,481千円
- 常勤理事　　　0
- 職員・給与　　2名・1,185千円
- 賃借料　　　　1,456千円
- 使用したデータ　令和3年度

法人の概要

1984年7月設立・2014年4月公益法人登記。市民による自主・自立のまちづくりを進めて

いくための市民活動団体。歴史的町並みや市街地の保存や街づくりに関わる調査研究、実践・推進活動、講演会研修等による情報発信、国内・国外のまちづくり団体との連携・交流・支援を通じて、「日本のこころのふるさと」にふさわしい奈良づくりをめざす。

事業の概要

1．大和の風景・景観を守り育てる運動
　大和の景観保全に関する認識の啓蒙啓発
　(1) 奈良公園周辺、近代・近現代建築巡り
　(2) 建築・まちづくり情報発信展
2．ラーニング・コミュニティ構想事業
　子供や学生の学びの場としての「奈良町キャンパス」を創りあげる構想
3．調査研究事業
　文化庁「令和3年度文化資源活用事業費補助金」により、「大和文化遺産活性化事業」を計5件実施

行政庁	内閣府
目的	3, 10, 11, 15, 19
類型	2, 5, 6, 14, 15

公社 日本シェパード犬登録協会

東京都文京区本郷3−37−15　代表理事　山口正

- 法人コード　　A016047
- 社員・会員　　584名・594名
- 寄付金収入　　2,180千円
- 会費収入　　　7,051千円
- 経常収支　　　経常収益合計　27,058千円
　　　　　　　　経常費用合計　29,687千円
- 公益目的事業費　16,156千円
- 収益事業　　　経常収益　13,282千円
　　　　　　　　経常費用　11,647千円
- 主な財産　　　預金等　7,640千円
　　　　　　　　負債　8,766千円
- 正味財産額　　3,292千円
- 常勤理事　　　0
- 職員・給与　　2名・4,006千円
- 賃借料　　　　2,328千円
- 使用したデータ　令和3年度

法人の概要

1948年11月設立・2012年9月公益法人登記。
日本において、シェパード犬の血統登録、血統書の発行を行っている団体である。シェパード犬の展覧会及び訓練競技会の開催、公認訓練士の養成指導、資格証発行などの事業を通じて、優秀なシェパード犬及び他の犬種の作出、育成、改良繁殖の活動を行っている。

事業の概要

1．シェパード犬の血統登録・血統書の発行・
　繁殖犬籍簿・種犬選定犬籍登録の事業
2．シェパード犬の展覧会・訓練競技会
　　年齢、牡牝等別に、シェパード犬の稟性、
　　知的能力、訓練度、従順度を競う大会を開催。
　(1)　日本訓練ジーガー競技会（47頭出場）
　(2)　日本ジーガー展（57頭出陳）、他
3．訓練試験−服従訓育試験、種族訓練試験
　　等階程に分けてシェパード犬の稟性と知
　　的能力、社会的、家庭犬としての有能な
　　訓練・教育、将来実際の使役に役立つ基
　　礎の修得、実際の使役に耐える本質と技
　　能の有無を審査。

目的 19

公社 Knots

兵庫県神戸市中央区伊藤町110−2　代表理事　冨永佳与子

行政庁	内閣府
目的	1, 3, 4, 6, 7, 9, 14, 16, 19
類型	3, 4, 5, 6, 9, 13, 14, 15, 18

- 法人コード　　A007829
- 社員・会員　　24名・24名
- 寄付金収入　　67千円
- 会費収入　　　6千円
- 経常収支　　　経常収益合計　24,085千円
　　　　　　　　経常費用合計　23,932千円
- 公益目的事業費　23,741千円
- 収益事業　　　無
- 主な財産　　　預金等　1,851千円
　　　　　　　　負債　7,223千円
- 正味財産額　　1,685千円
- 常勤理事　　　1名
- 職員・給与　　2名・7,897千円
- 賃借料　　　　755千円
- 使用したデータ　令和3年度

法人の概要

2010年1月設立・2010年11月公益法人登記。
神戸淡路大震災の際に、被災動物の救護活動を行い、人と動物の共生には専門的情報も必要とするとし、動物・市民・専門家等を繋ぐ「結び目」としての前身のKnotsの活動が誕生した。その後、「りぶ・らぶ・あにまるず」を合い言葉に、伴侶動物、野生動物、衣食住で利用する産業動物をも視野に入れ、人と動物のより良い共生の推進を図る活動を実施。

事業の概要

1．全ての生き物のケアを考える国際会議
　　全ての動物の「いのち」に対する責任を
　　考えて人及び動物が共生できる社会を目
　　指し、情報交換・発信を行う。2年に1
　　回を予定。コロナ禍のため中止。
2．神戸市動物愛護フェスティバル
3．野生動物有効活用推進事業
　　捕獲される有害鳥獣の有効活用の情報提供、
　　犬用おやつの開発・製造・販売。障がい者
　　や農業被害を受ける主婦らとの協力。本年
　　度は播州鹿を使用した犬用おやつを販売
4．コンサルティング、相談業務の実施

行政庁	兵庫県
目的	19
類型	1,3,5,6,8,13,14,18

公社 ひょうご観光本部

兵庫県神戸市中央区下山手通 5 − 10 − 1　代表理事　髙士薫

- 法人コード　　A008348
- 社員・会員　　229名・294名
- 寄付金収入　　0
- 会費収入　　　20,714千円
- 経常収支　　　経常収益合計　487,192千円
　　　　　　　　経常費用合計　485,487千円
- 公益目的事業費　462,269千円
- 収益事業　　　経常収益　646千円
　　　　　　　　経常費用　780千円
- 主な財産　　　預金等　71,364千円
　　　　　　　　負債　110,167千円
- 正味財産額　　34,357千円
- 常勤理事　　　2名
- 職員・給与　　24名・58,931千円
- 賃借料　　　　3,794千円
- 使用したデータ　令和 3 年度

法人の概要

1952年 2 月設立・2012年 4 月公益法人登記。
兵庫の魅力を内外の旅行者に体感してもらう

ことを目指すとともに、兵庫県内における国内外の人々による質の高いツーリズム活動の振興と持続的な発展を図り、地域の活性化に寄与することを目的としている。

事業の概要

1．受入環境の整備促進
　(1)　観光客受入基盤の整備
　［新］観光業の再生・活性化に向けた産学官連携
　［拡］着地型観光ガイドの育成等
　(2)　観光地アクセスの整備
2．観光産業の振興
　(1)　業者と取組むニューツーリズムの創出
　(2)　観光土産品の審査・推奨
3．プロモーションの強化
　(1)　戦略・継続的なプロモーション
　①　日本人旅行者向けプロモーション
　②　訪日外国人旅行者向けプロモーション
　(2)　広域ゲートウェイへのアプローチ

目的 19

行政庁	内閣府
目的	19
類型	3, 6, 8, 18

公社 北海道倶楽部

東京都千代田区永田町 2 − 17 − 17　代表理事　川村隆

- 法人コード　　A018891
- 社員・会員　　264名・492名
- 寄付金収入　　2,702千円
- 会費収入　　　7,095千円
- 経常収支　　　経常収益合計　10,906千円
　　　　　　　　経常費用合計　10,977千円
- 公益目的事業費　7,736千円
- 収益事業　　　無
- 主な財産　　　預金等　5,884千円
　　　　　　　　負債　1,172千円
- 正味財産額　　5,500千円
- 常勤理事　　　1名
- 職員・給与　　3名・5,931千円
- 賃借料　　　　130千円
- 使用したデータ　令和 3 年度

法人の概要

1966年11月設立・2014年 1 月公益法人登記。
北海道及び北海道内の市町村の健全な発展に寄与することを目的として設立。当倶楽部は、

昭和 2 年新渡戸稲造博士ら（教育者・思想家・農業経済学・農学の研究者）北海道に縁を持つ首都圏在住者を中心に北海道の開発と発展を目的に創立された任意団体が前身。

事業の概要

1．広報誌「北海道 NOW」の発行
　第754号から第764号発行・配布、HP 掲載
　北海道が主催・共催・後援する事業の掲載
2．Web 版「北海道の市と町と村をご紹介」
　十勝総合振興局・上川総合振興局管内の合計22市町村
3．北方領土返還推進運動
　(1)　令和 3 年北方領土返還要求全国大会
　(2)　ブラウンリボンバッジ−309個配布
　(3)　千島桜バッジ−76個配布
4．北海道新幹線早期の実現
　「新幹線」バッジの実費配布
5．キャンペーン推進のための調査研究事業
　講演会「新型コロナウィルスと公益社団法人」

行政庁	大阪府
目的	3, 4, 8, 14, 19, 21
類型	3, 18

公社 民間総合調停センター

大阪府大阪市北区西天満 1 – 12 – 5 　代表理事　吉野孝義

- 法人コード　　A002171
- 社員・会員　　6 名・0
- 寄付金収入　　0
- 会費収入　　　18,350千円
- 経常収支　　　経常収益合計　21,582千円
　　　　　　　　経常費用合計　23,360千円
- 公益目的事業費　20,872千円
- 収益事業　　　無
- 主な財産　　　預金等　26,174千円
　　　　　　　　負債　2,278千円
- 正味財産額　　25,764千円
- 常勤理事　　　0
- 職員・給与　　2 名・0
- 賃借料　　　　550千円
- 使用したデータ　令和 3 年度

法人の概要

2009年 1 月設立・2009年 9 月公益法人登記。
裁判外紛争解決手続の利用促進に関する法律
に基づく裁判外紛争解決機関として、専門性

を持った士業団体を中心に、国、地方公共団
体、経済団体等の各種団体が参画し、運営及
び手続を協働して行い、市民にとって裁判と
並ぶ魅力的で利用しやすい裁判外紛争解決手
続を提供し、もって市民の権利利益の適切な
実現に資することを目的とする。

事業の概要

1 ．裁判外紛争解決事業
　(1)　和解あっせん事件104件、仲裁事件 0
　件計104件を受理し、継続事件47件を含む
　127件が終結
　(2)　終結事件の内訳
　成立46件、応諾されたものの不成立48件、
　不応諾で終結33件
2 ．各種紛争についての調査・研究・分析
　(1)　ADR 協会に理事、運営委員等を派遣
　(2)　和解あっせん人等候補者研修
　コロナで、研修風景を録画、配信
　「士業におけるテレワークのすすめ」他

目的 19

行政庁	山口県
目的	19
類型	3, 4, 14, 18

公社 山口県動物保護管理協会

山口県山口市陶3207　代表理事　藤原宜義

- 法人コード　　A016785
- 社員・会員　　27名・27名
- 寄付金収入　　10千円
- 会費収入　　　1,000千円
- 経常収支　　　経常収益合計　15,900千円
　　　　　　　　経常費用合計　15,185千円
- 公益目的事業費　11,767千円
- 収益事業　　　無
- 主な財産　　　預金等　3,073千円
　　　　　　　　負債　2,705千円
- 正味財産額　　1,914千円
- 常勤理事　　　0
- 職員・給与　　9 名・11,420千円
- 賃借料　　　　300千円
- 使用したデータ　令和 3 年度

法人の概要

1997年 9 月設立・2013年 4 月公益法人登記。
広く県民への動物愛護思想の高揚に努めると
ともに、動物保護及び管理に関し必要な知識

及び技術の普及を図り、人と動物の共存する
豊かな潤いのある環境づくりに寄与し、地域
社会の健全な発展を図ることを目的とする。

事業の概要

1 ．動物愛護普及啓発事業
　(1)　動物愛護に関する絵画コンクール
　(2)　動物愛護功労者の表彰
　(3)　物故動物の御霊供養（慰霊）祭（中止）
2 ．適正飼養推進事業、リーフレット等作成
　配布、適正飼養促進
3 ．県の動物愛護センター業務の受託事業
　(1)　来館者への施設案内や展示設備の利用
　説明、動物しつけ方・ふれあい体験等対応
　業務
　(2)　譲渡会、しつけ方教室及び学校・幼稚
　園等を訪問実施する移動ふれあい会対応業
　務
　(3)　収容動物の飼養管理、施設清掃維持
　(4)　収容動物の処分業務

行政庁	愛知県
目的	19
類型	13, 18

公財 あいちコミュニティ財団

愛知県名古屋市中村区本陣通 5 - 6 - 1　代表理事　佐藤真琴

- 法人コード　　　A024879
- 会員数　　　　　25名
- 寄付金収入　　　3,537千円
- 会費収入　　　　176千円
- 経常収支　　　　経常収益合計　3,839千円
　　　　　　　　　経常費用合計　4,964千円
- 公益目的事業費　4,152千円
- 収益事業　　　　無
- 主な財産　　　　預金等　8,679千円
　　　　　　　　　負債　3,207千円
- 正味財産額　　　6,049千円
- 常勤理事　　　　0
- 職員・給与　　　2名・0
- 賃借料　　　　　198千円
- 使用したデータ　令和3年度

法人の概要

2013年4月設立・2014年4月公益法人登記。愛知県内の地域課題を「見える化」し、その解決に挑むNPOの活動に必要な資金等（基金）を募集して支援を仲介することで、地域資源の循環を促進し、NPOの組織基盤を強化することを目的として設立。暮らしづらさや生きづらさを抱えた当事者が解決をあきらめてしまうのではなく、解決策の担い手になれる社会を次世代に遺すことを目指す。

事業の概要

2021年度はコロナ禍でほとんど実施できず。
1. 市民公益活動団体等への仲介・提供のため、資金等の資源を募集・確保する事業
(1) 団体の事業計画を公開、賛同者を募る
(2) 「あいち・なごや・つながる基金」への寄付の受入れ－寄付総額37千円
2. 市民公益活動団体等への助成事業
(1) 「あいち、なごや、つながる基金」等での団体への助成
(2) 企業等寄付による基金設置(カンムリ)「あいち子どもの暮らしサポート助成金」として3団体へ助成

目的 19

行政庁	大阪府
目的	4, 5, 7, 9, 15, 19
類型	3, 4, 5, 16, 18

公財 INCLUSIONJAPAN

大阪府吹田市佐竹台 1 - 2 - 1　代表理事　河原俊亨

- 法人コード　　　A014378
- 会員数　　　　　0
- 寄付金収入　　　0
- 会費収入　　　　0
- 経常収支　　　　経常収益合計　21,357千円
　　　　　　　　　経常費用合計　25,807千円
- 公益目的事業費　17,584千円
- 収益事業　　　　経常収益　12,994千円
　　　　　　　　　経常費用　4,221千円
- 主な財産　　　　預金等　1,560千円
　　　　　　　　　負債　20,686千円
- 正味財産額　　　16,515千円
- 常勤理事　　　　1名
- 職員・給与　　　4名・7,079千円
- 賃借料　　　　　958千円
- 使用したデータ　令和3年度

法人の概要

1969年6月設立・2014年4月公益法人登記。元理事長笹邊幸雄が、私財を投じて設立した法人。千里ニュータウンにおける民間のコミュニティセンターの先駆者として、地域の高齢者の生きがい促進に貢献してきた好日荘を運営。高齢者や子育ての他、外国人の活動支援にも範囲を拡げ、グローバルでサスティナブルな社会の実現を目指し活動を継続。

事業の概要

1. 講演会の実施（オンライン）
2. 寺子屋形式により、児童・保護者、同席の他家族・スタッフ等多世代間の交流活動及び国際交流を通じて、乳幼児・児童等の健全な育成を図る
(1) 『個別指導によるピアノ・ボイスレッスン』
(2) 『書道教室』毎週火・土曜日登録26人
(3) 『助産婦さんと一緒に楽しむベビービクスレッスン』全9回　総参加46組
(4) 『絵本読み聞かせ講座体験会』4回26人

行政庁	神奈川県
目的	19
類型	3, 4, 6, 9, 10, 11

公財 雨岳文庫

神奈川県伊勢原市上粕屋862－1　代表理事　野﨑昭雄

- **法人コード**　　A022862
- **会員数**　　　　0
- **寄付金収入**　　5,714千円
- **会費収入**　　　0千円
- **経常収支**　　　経常収益合計　6,097千円
　　　　　　　　　経常費用合計　6,097千円
- **公益目的事業費** 4,489千円
- **収益事業**　　　無
- **主な財産**　　　預金等　3,000千円
　　土地　90,309千円　建物　1,321千円
　　文書資料群　2,589千円　負債　0
- **正味財産額**　　97,219千円
- **常勤理事**　　　1名
- **職員・給与**　　0・0
- **賃借料**　　　　0
- **使用したデータ**　令和3年度

法人の概要

2012年9月設立・2015年11月公益法人登記。
山口家から寄附された国の登録有形文化財で
ある山口家住宅主屋・離れとその附属家屋や
歴史文書類（山口家文書）、家具・什器、民具・
農具、並びに山口家住宅の敷地をはじめとす
る雨岳文庫一帯の自然環境の保全・管理、調
査・研究、公開・活用を行うことを通して、
これらを広く社会へ還元し元気で健全な街づ
くりに資するための活動を行う。
雨岳文庫とは、神奈川県伊勢原市上粕屋にあ
る山口家住宅と関連施設およびその敷地、
2万点近くに及ぶ歴史資料等の総称であり、
「雨岳」とは、山口家8代目当主山口左七郎
の雅号で、大山（雨降山）のこと。

事業の概要

1．山口家住宅と関連施設及び敷地、歴史資
　料、家具・什器、民具・農具等の保存・
　管理、調査研究及び資料の公開事業
2．雨岳文庫所蔵資料や郷土の歴史等に関す
　る講演会・研究会・学習会の開催及び研
　究成果の公開・発表事業

目的 19

行政庁	愛媛県
目的	19
類型	3, 4, 5, 6, 9

公財 愛媛民芸館

愛媛県西条市明屋敷238－8　代表理事　真鍋和年

- **法人コード**　　A017954
- **会員数**　　　　16名
- **寄付金収入**　　3,221千円
- **会費収入**　　　1,167千円
- **経常収支**　　　経常収益合計　24,504千円
　　　　　　　　　経常費用合計　24,077千円
- **公益目的事業費** 22,578千円
- **収益事業**　　　無
- **主な財産**　　　預金等　13,735千円
　　　　　　　　　負債　2,619千円
- **正味財産額**　　24,789千円
- **常勤理事**　　　1名
- **職員・給与**　　2名・13,513千円
- **賃借料**　　　　0
- **使用したデータ**　令和3年度

法人の概要

1966年10月設立・2013年4月公益法人登記。
日本民藝協会長大原總一郎の提唱に地元が応
え、四国の民藝の拠点として、旧西条藩陣屋
跡地に設立された民芸館である。柳宗悦は、
日常使われているものの中に美を発見し、こ
れら手作りのものを「民藝」と呼んだが、本
館は、座敷や床の間ではなく、普段の暮らし
の中で使われるお茶碗やお箸などの手仕事で
作られる工芸品を中心に収集・展示している。

事業の概要

1．民衆工芸の普及及び振興に関する事業
　(1)　展示会
　①　常設展示－所蔵する民芸品の展示
　②　企画展示－九州の焼きもの展、Tomo
　の服、倉敷の手仕事展等
　③　恒例展示（年末・年始の時節展示）
　寅の干支展と正月飾り展、雛人形と郷土玩
　具展
　(2)　講演会（民藝に関する知識の深化）
　「吹きガラスの話」他
　(3)　実技指導（民藝作家による実演実技）
　①　倉敷いかご　②　民藝物づくり教室

	行政庁	内閣府
	目的	2, 3, 5, 7, 9, 19
	類型	3, 4, 13

公財 お金をまわそう基金

東京都千代田区一番町29-2　代表理事　澤上篤人

- **法人コード**　A024704
- **会員数**　0
- **寄付金収入**　36,789千円
- **会費収入**　0
- **経常収支**　経常収益合計　47,086千円
　　　　　　経常費用合計　47,125千円
- **公益目的事業費**　41,055千円
- **収益事業**　無
- **主な財産**　預金等　68,720千円
　　　　　　負債　6,663千円
- **正味財産額**　63,355千円
- **常勤理事**　1名
- **職員・給与**　5名・19,564千円
- **賃借料**　1,200千円
- **使用したデータ**　令和3年度

法人の概要

2015年1月設立・2016年10月公益法人登記。
個人や法人に対し、現在のところ①子ども支援、②地域社会支援、③スポーツ支援、④文

化伝統技術支援の4分野から指定をして寄付を募り、各分野で基金を設立し、そこから個別の事業に助成を行うという仕組みの募金活動である。また個別の事業を指定して寄付を行うこともできる。助成先団体は公募。

事業の概要

1．助成事業
　(1)　助成先団体公募のための募集要項・助成申請書の作成
　(2)　助成選考委員会の開催
　(3)　ファンドレイジングおよび広報活動
　　寄付者数は、延べ1,337名、総額4,556万円
　①　インターネットによる情報発信
　②　ファンドレイジングに関する伴走支援
2．寄付や助成先を知るためのセミナー事業
　「京劇の様式美〜中国伝統劇への誘い〜」
　日本京劇振興協会、他
3．助成先団体の体験活動事業

目的 19

	行政庁	神奈川県
	目的	19
	類型	3, 5, 13, 18

公財 かながわ生き活き市民基金

神奈川県横浜市港北区新横浜2-2-15　代表理事　荻原妙子

- **法人コード**　A023278
- **会員数**　232名
- **寄付金収入**　24,226千円
- **会費収入**　763千円
- **経常収支**　経常収益合計　27,684千円
　　　　　　経常費用合計　26,899千円
- **公益目的事業費**　24,819千円
- **収益事業**　無
- **主な財産**　預金等　47,790千円
　　　　　　負債　12,190千円
- **正味財産額**　35,843千円
- **常勤理事**　0
- **職員・給与**　2名・0
- **賃借料**　1,543千円
- **使用したデータ**　令和3年度

法人の概要

2013年4月設立・2013年7月公益法人登記。
社会や地域の課題解決や活性化などの活動を推進する団体等とそうした活動を支援したい

人々とを繋ぎ、人々の自発的な意思やお金、労力、知恵などの社会的諸資源を活用する事業を行うことで、市民活動の社会的基盤の充実を図り、地域の公益を支える仕組みを構築し、市民による生き活きとした持続可能な地域社会の実現に寄与することを目的とする。

事業の概要

1．寄付の造成
　(1)　福祉たすけあい基金(生活クラブ組合)
　年間寄付金12,881,800円
　(2)　福祉たすけあい基金（一般寄付、助成団体）　合計　616,000円＋24,200円
　(3)　子どもの貧困に立ち向かう市民活動応援基金への寄付　合計　2,720,000円
　(4)　財団運営費への寄付　合計　2,563,469円
　(5)　賛助会費（個人＋団体）計763,000円
　(6)　子ども・地域食堂応援助成　200万円
　(7)　ソーシャルインクルーシブ　800万円
2．研修・セミナー事業

金沢コンベンションビューロー

公財　石川県金沢市尾山町 9 – 13　代表理事　安宅建樹

行政庁	石川県
目的	19
類型	5、6、12、18

- 法人コード　　　A015703
- 会員数　　　　　352名
- 寄付金収入　　　0
- 会費収入　　　　5,175千円
- 経常収支　　　　経常収益合計　64,787千円
　　　　　　　　　経常費用合計　64,604千円
- 公益目的事業費　48,584千円
- 収益事業　　　　無
- 主な財産　　　　預金等　26,424千円
　　　　　　　　　負債　7,863千円
- 正味財産額　　　24,845千円
- 常勤理事　　　　1名
- 職員・給与　　　9名・27,194千円
- 賃借料　　　　　5,690千円
- 使用したデータ　令和3年度

法人の概要

1985年5月設立・2014年4月公益法人登記。
石川県及び金沢市の有する文化的・社会的・経済的優位性を生かし、コンベンション（各種大会・学会・見本市など）を積極的に企画・誘致・支援することにより、地域経済の活性化と文化の向上に寄与することを目的とする。

事業の概要

1．コンベンション誘致事業
　(1)　誘致活動事業
　①　県内外誘致活動―県内大学に要請42件
　②　学会・大会・会議開催支援オンライン説明会、参加者54名（大学・地元関係者）
　③　コンベンション誘致情報交換会（5県）
　(2)　情報提供事業
　　　『コンベンション・スケジュール』
　　　『コンベンション・ニュース金沢』
2．コンベンション開催支援事業（補助金）
3．MICE推進事業－MICE誘致展開事業
4．コンベンション都市推進事業
5．コンベンション活性化推進事業
　　着地型観光情報提供事業
　　「コンベンションナビ金澤美食」作成

かわさき市民しきん

公財　神奈川県川崎市中原区新城 5 – 2 – 13　代表理事　廣岡希美

行政庁	神奈川県
目的	19
類型	3、5、6、13

- 法人コード　　　A024091
- 会員数　　　　　37名
- 寄付金収入　　　5,927千円
- 会費収入　　　　340千円
- 経常収支　　　　経常収益合計　8,970千円
　　　　　　　　　経常費用合計　8,951千円
- 公益目的事業費　8,843千円
- 収益事業　　　　無
- 主な財産　　　　預金等　5,806千円
　　　　　　　　　負債　319千円
- 正味財産額　　　6,713千円
- 常勤理事　　　　1名
- 職員・給与　　　1名・897千円
- 賃借料　　　　　162千円
- 使用したデータ　令和3年度

法人の概要

2015年5月設立・2018年3月公益法人登記。
「市民による市民のための寄付で、新しいお金の流れをつくります」をモットーに、川崎市を、誰もが暮らしやすく、人や命にやさしい地域にするために、市民や企業からの志のある寄付を募り、社会の課題解決や、地域の活性化などの公益活動を応援する活動を行うために設立された公益法人である。

事業の概要

1．「事業支援 しきんあとおし」事業
　　川崎市で今必要とされている事業を募集し、事業毎に寄付金を集めそれを助成する事業
2．「意思実現資金 いしずえ」事業
　　特定目的のための資金を預かり、その目的のために活動するNPO等に助成する事業
3．「課題設定資金 たくわえ」事業
　　川崎市が抱える課題や地域の活性化を目指すテーマを設定して寄付を集め、そのテーマで活動するNPO等を助成する事業
4．寄附文化創造に向けたセミナー等開催事業
5．その他調査研究、相談、支援事業

目的 19

京都地域創造基金

公財

京都府京都市伏見区深草越後屋敷町40−1　代表理事　新川達郎

行政庁	京都府
目的	19
類型	13, 14, 18

- 法人コード　　　A003144
- 会員数　　　　　0
- 寄付金収入　　　106,275千円
- 会費収入　　　　0
- 経常収支　　　　経常収益合計　124,929千円
　　　　　　　　　経常費用合計　127,495千円
- 公益目的事業費　125,244千円
- 収益事業　　　　無
- 主な財産　　　　預金等　11,317千円
　　　　　　　　　負債　2,783千円
- 正味財産額　　　10,007千円
- 常勤理事　　　　1名
- 職員・給与　　　4名・14,953千円
- 賃借料　　　　　616千円
- 使用したデータ　令和3年度

法人の概要

2009年3月設立・2009年8月公益法人登記。社会の課題解決や地域の活性化などの公益活動を支援したい人々と、公益活動を推進する団体等の双方の想いを具現し、資源の仲介を行い、社会を構成する全ての主体が公益を支える仕組みを構築することにより、持続可能で豊かな地域社会の創造と発展に資することを目的とする。

事業の概要

1．助成に関するプログラム
　　以下の3プログラムに総額9,965万円助成
　(1)　テーマ提案型プログラムに50万円
　(2)　事業指定助成プログラムに6,428万円
　(3)　研究応援プロジェクトに3,481万円
2．ファンドレイジング・チャリティ
　　事業指定助成プログラム6,507万円、テーマ提案型プログラム329万円、運営寄付500万円等74,803,473円、1,103件の寄付
3．拡げる：他地域支援
　　コミュニティ財団の設立・事務局支援
4．他機関との連携

目的 19

京都YMCA

公財

京都府京都市中京区三条通柳馬場東入中之町2　代表理事　石若義雄

行政庁	京都府
目的	3, 7, 9, 15, 19
類型	3, 4, 8, 11, 18

- 法人コード　　　A007639
- 会員数　　　　　853名
- 寄付金収入　　　11,310千円
- 会費収入　　　　11,542千円
- 経常収支　　　　経常収益合計　353,523千円
　　　　　　　　　経常費用合計　354,772千円
- 公益目的事業費　341,335千円
- 収益事業　　　　経常収益　2,951千円
　　　　　　　　　経常費用　1,126千円
- 主な財産　　　　預金等　108,175千円
　　　　　　　　　建物・土地　329,585千円
　　　　　　　　　負債　550,502千円
- 正味財産額　　　22,484千円
- 常勤理事　　　　1名
- 職員・給与　　　42名・192,693千円
- 賃借料　　　　　2,405千円
- 使用したデータ　令和2年度

法人の概要

1907年9月設立・2011年10月公益法人登記。キリスト教精神に基づき、青少年をはじめ人々の心身と人格の健全な向上を図り、奉仕の精神を養うに資する事業を行い、世界の平和と福祉社会の実現に寄与することが目的。

事業の概要

コロナ禍で多くの事業や行事が中止。
1．こどもから大人までの健全な心身の発展を促進するウエルネス事業
　(1)　日常プログラム事業登録者数1,549名
　　　スイミング、サッカー、成人ウエルネス等
　(2)　夏期プログラム　413名
　　　キャンプ（122名）水泳等講習会（291名）
　(3)　冬期・春期プログラム676名
　　　スキー（133名）、スイミング（76人）等
2．ボランティアによる地域社会へ貢献活動
　(1)　コロナ禍の視覚障がい者の現状と支援について啓発する動画作成・配信
3．子育て支援事業としての保育園
　　開園3年目園児数86名（10名増）

行政庁	内閣府
目的	2, 3, 7, 9, 15, 19
類型	14, 18

公財 キワニス日本財団

東京都千代田区内神田 2 - 3 - 2　代表理事　棚澤青路

- 法人コード　　A003798
- 会員数　　　　2,013名
- 寄付金収入　　6,752千円
- 会費収入　　　0
- 経常収支　　　経常収益合計　13,562千円
　　　　　　　　経常費用合計　12,589千円
- 公益目的事業費　10,718千円
- 収益事業　　　無
- 主な財産　　　預金等　12,055千円
　　　　　　　　負債　4千円
- 正味財産額　　38,112千円
- 常勤理事　　　0
- 職員・給与　　0・0
- 賃借料　　　　0
- 使用したデータ　令和3年度

法人の概要

2009年1月設立・2010年3月公益法人登記。キワニスクラブは、ライオンズクラブ、ロータリークラブに並ぶ世界三大奉仕団体の一つ

で、デトロイトが発祥の地。キワニスは米国先住民の言葉で「みんな一緒に集まろう」に由来する。本財団は、社会奉仕の理念のもと、日本地区35クラブが行っている社会福祉活動、青少年への奉仕活動、良き地域社会の形成のための活動、自然災害援助活動への資金援助を目的に設立された。

事業の概要

1．国内公益的事業助成
　　各地のクラブが行う20事業に対し総計2,982千円の助成を決定した。
　(1) 名古屋クラブ「児童養護施設への玩具、運動器具の寄贈」300千円
　(2) 長崎クラブ「メリッタ KID'S SASEBO の建設」300千円、他
2．文化芸術の表彰事業
　　日本キワニス文化賞－薩摩川内市東郷に伝わる「文弥節人形浄瑠璃」700千円

行政庁	内閣府
目的	19
類型	3

目的 19

公財 国民工業振興会

東京都品川区東品川 4 - 9 - 26　代表理事　井上裕之

- 法人コード　　A019201
- 会員数　　　　3名
- 寄付金収入　　0
- 会費収入　　　27,196千円
- 経常収支　　　経常収益合計　27,526千円
　　　　　　　　経常費用合計　27,552千円
- 公益目的事業費　22,049千円
- 収益事業　　　経常収益　330千円
　　　　　　　　経常費用　242千円
- 主な財産　　　預金等　10,416千円
　　　　　　　　負債　0
- 正味財産額　　10,537千円
- 常勤理事　　　0
- 職員・給与　　2名・10,566千円
- 賃借料　　　　66千円
- 使用したデータ　令和3年度

法人の概要

1947年5月設立・2013年4月公益法人登記。戦後荒廃したわが国工業の再興を願い、中小

企業の育成と技術開発の振興を図る目的で設立された。爾後継続して中小企業・小規模企業の技術振興に努め、また海外技術の導入に努めてきた。公益事業は、内外の学識経験者、研究者、技術者による公開講演会の開催を中心に運営が行われている。

事業の概要

1．新素材・新技術研究会
　　各種生産技術、新素材、新開発技術、中小企業・小規模企業の経営に役立つ国・都県市レベルの施策、委託費・補助金・助成金に関する情報の提供を行っている
2．環境・安全・品質マネージメント研究会
　　企業経営に必須の環境保全、安全確保及びISO環境・品質管理に関するテーマを扱う
3．情報技術・マルチメディア研究会
　　最新の情報関連技術に関する講演会を開催し、中小企業・小規模企業のIT関連技術習得・向上に寄与することを目的としている

公財 互助会

愛媛県上浮穴郡久万高原町菅生2-1326-1　代表理事　井部健太郎

行政庁	愛媛県
目的	4, 7, 9, 19
類型	18

- 法人コード　A019619
- 会員数　　　0
- 寄付金収入　0
- 会費収入　　0
- 経常収支　　経常収益合計　222千円
　　　　　　　経常費用合計　202千円
- 公益目的事業費　196千円
- 収益事業　　無
- 主な財産　　預金等　9,277千円
　　　　　　　有価証券　20,009千円
　　　　　　　負債　0
- 正味財産額　29,286千円
- 常勤理事　　0
- 職員・給与　0・0
- 賃借料　　　0
- 使用したデータ　令和3年度

法人の概要

1925年8月設立・2013年4月公益法人登記。
愛媛県上浮穴郡高原町菅生地区の地域社会の
健全な発展に寄与するため、地域の福祉の増進や環境整備に関する事業を行う。

事業の概要

1．高齢者の福祉の増進を目的とする事業
　　米寿該当者に記念品贈呈7名
　　白寿の該当者なし
2．児童又は青少年の健全な育成を目的とする事業
　　久万小学校入学生に記念品贈呈6名
3．犯罪防止又は治安維持を目的とする事業
4．地域社会の健全な発展を目的とする事業
5．地域の環境整備を目的とする事業

目的 19

公財 小丸交通財団

広島県福山市東深津町4-20-1　代表理事　小丸成洋

行政庁	内閣府
目的	2, 7, 10, 11, 19
類型	4, 14

- 法人コード　A024622
- 会員数　　　31名
- 寄付金収入　30,000千円
- 会費収入　　6,750千円
- 経常収支　　経常収益合計　37,003千円
　　　　　　　経常費用合計　39,490千円
- 公益目的事業費　29,564千円
- 収益事業　　無
- 主な財産　　預金等　12,760千円
　　　　　　　負債　1,565千円
- 正味財産額　35,739千円
- 常勤理事　　0
- 職員・給与　1名・3,924千円
- 賃借料　　　1,320千円
- 使用したデータ　令和3年度

法人の概要

2013年9月設立・2015年7月公益法人登記。
道路における危険を防止し、交通の安全と円滑を図り、交通弱者が安全・安心して生活できる地域社会を実現することにより、交通死亡事故の抑止に貢献することを目的とする。
本法人の代表理事小丸成洋は、福山通運株式会社代表取締役社長である。

事業の概要

1．交通安全の普及啓発活動
　(1)　交通安全街頭キャンペーン等広報活動
　①　各季交通安全運動への参加
　　春の全国交通安全運動開会式への参加等
　②　各種行事への参加
　　全国交通安全運動　旗振り（春・秋）等
　(2)　教育活動の推進
　①　全国の小学校を中心とした交通安全教室等
2．交通円滑化等支援事業
　　夜間時の危険性を周知する広報活動
3．交通安全用品等の普及促進事業
　　交通安全教本「育て学ぼう　安全のこころ」
　　寄贈　笠岡市350冊、府中市300冊

行政庁	三重県
目的	19
類型	5, 11, 13, 18

公財 ささえあいのまち創造基金

三重県四日市市諏訪栄町3-4　代表理事　岩崎共典

- 法人コード　　A023176
- 会員数　　　　0
- 寄付金収入　　2,848千円
- 会費収入　　　0
- 経常収支　　　経常収益合計　26,217千円
　　　　　　　　経常費用合計　26,090千円
- 公益目的事業費　26,024千円
- 収益事業　　　無
- 主な財産　　　預金等　13,608千円
　　　　　　　　負債　4,040千円
- 正味財産額　　10,240千円
- 常勤理事　　　1名
- 職員・給与　　10名・11,906千円
- 賃借料　　　　0
- 使用したデータ　令和3年度

法人の概要

2012年12月設立・2014年2月公益法人登記。四日市市を中心とした近隣地域の民間団体が自発的に行う「社会の課題解決」や「地域の

活性化」等の公益活動を、全ての人が「資金・人材・物品」等の提供によって支える仕組みを構築することを通じて、「持続可能なまちづくり」と「相互の支え合う文化の創造」に資する事業を行うために設立された公益法人である。

事業の概要

1. ささえあい基金の配分（224万円の寄附）
   (1) 大入道クラス（プレゼン有）120万円
   子ども子育て・教育研究所30万円
   四日市ウミガメ保存会30万円、他4団体
   (2) 小入道クラス（書類審査のみ）80万円
   楽しくエコ生活すすめ隊5万円、他18団体
2. 人財ポケット
   専門性のあるNPO等にボランティア依頼
3. ものバンク（なやプラザ事業として実施）
   (1) リユースパソコン配布事業
   (2) なやプラザフードドライブの実施
4. 「四日市市なやプラザ」の運営受託

行政庁	高知県
目的	19
類型	18

公財 三一会

高知県高知市駅前町4-15　代表理事　西山昌男

- 法人コード　　A023243
- 会員数　　　　0
- 寄付金収入　　1,200千円
- 会費収入　　　0
- 経常収支　　　経常収益合計　2,276千円
　　　　　　　　経常費用合計　2,214千円
- 公益目的事業費　1,990千円
- 収益事業　　　無
- 主な財産　　　預金等　1,556千円
　　　　　　　　株式　22,883千円
　　　　　　　　負債　0
- 正味財産額　　24,440千円
- 常勤理事　　　0
- 職員・給与　　0・0
- 賃借料　　　　132千円
- 使用したデータ　令和3年度

法人の概要

1967年5月設立・2014年4月公益法人登記。高知県における学術文化及び社会福祉の増進

並びにキリスト教の振興に寄与することを目的とする。西山合名会社（現株式会社西山合名）は、西山亀吉、横田亀太郎がキリスト教の精神を経営理念として大正6年に設立したもので、以来高知、徳島、愛媛その他にまたがり約39社を統括する企業として発展してきた。西山と横田は、社会事業を行う財団法人の設立が多年の念願であり、会社の基盤をなす西山家、横田家、高瀬家の長年にわたる事業上の協力の実態をキリスト教における三位一体の神にちなみ、名称を三一会とした。

事業の概要

以下の事業の他4件に合計199万円寄付

1.	高知保護観察協会	20万円
2.	高知スポーツ振興財団	10万円
3.	桂浜花街道委託管理費	10万円
4.	SON・高知	20万円
5.	ACT	20万円
6.	障害福祉課一任（電気製品寄付）	100万円

目的 **19**

266

公財 人材育成ゆふいん財団

大分県由布市由布院町湯平268　代表理事　清水嘉彦

行政庁	大分県
目的	19
類型	3, 4, 5, 6, 8, 13, 14

- **法人コード**　A001460
- **会員数**　464名
- **寄付金収入**　2,907千円
- **会費収入**　0
- **経常収支**　経常収益合計　3,129千円
　　　　　　　経常費用合計　3,129千円
- **公益目的事業費**　927千円
- **収益事業**　無
- **主な財産**　預金等　23,058千円
　　　　　　　負債　143千円
- **正味財産額**　23,469千円
- **常勤理事**　0
- **職員・給与**　2名・1,944千円
- **賃借料**　135千円
- **使用したデータ**　令和3年度

法人の概要

1991年3月設立・2009年11月公益法人登記。
本法人は、われわれの社会が未来に向けてい
つまでも平和で豊かな社会であり続けるため

には、お互いの暮らしや地域との関わりあい
を深めていくことが大切であると考え、その
ような社会の実現に向けて「人」を育む環境
を整えることが役割であるとする。

事業の概要

1．市民の0歳から100歳までの学びを奨励、
援助する事業
(1)　国際交流における人材育成、環境学習・
環境保全活動の人材育成
(2)　人材育成の組織・環境の調査研究
2．市民の実践活動の促進を援助する活動
(1)　まちづくり活動の相談・中間支援
①　駅前の緑化整備計画推進のための協議
②　「湯布院100年の森」講演会の後援出席
(2)　まちづくりの情報・ネットワーク支援
在住外国人支援ネットワークづくりのため
多文化共生セミナー開催（県民クラブ14名）
(3)　街づくり助成－ゆふいん子供音楽祭

目的 19

公財 ソフトピアジャパン

岐阜県大垣市加賀野4-1-7　代表理事　松島桂樹

行政庁	岐阜県
目的	19, 20
類型	3, 5, 18

- **法人コード**　A017153
- **会員数**　0
- **寄付金収入**　0
- **会費収入**　0
- **経常収支**　経常収益合計　267,839千円
　　　　　　　経常費用合計　272,389千円
- **公益目的事業費**　261,818千円
- **収益事業**　経常収益　605千円
　　　　　　　経常費用　595千円
- **主な財産**　預金等　73,700千円
　　　　　　　負債　94,437千円
- **正味財産額**　7,275千円
- **常勤理事**　1名
- **職員・給与**　26名・123,681千円
- **賃借料**　7,984千円
- **使用したデータ**　令和3年度

法人の概要

1994年3月設立・2013年4月公益法人登記。
岐阜県の情報産業の高度化、産業の情報化及

び地域の情報化を推進し、岐阜県民の豊かな
くらしを実現する情報化社会の形成に寄与す
るための事業を行う目的で設立された。

事業の概要

1．中小企業の情報化・競争力を支援する産
業高度化事業
(1)　スマート生産性向上推進事業
中小企業のIoTやロボット、AI等による
生産性の向上に取り組むため、経験豊富な
人材やAI等に知見を有する人材を製造現
場に派遣する事業
(2)　スマートワーク支援事業
情報提供・普及促進、ワークショップ
(3)　スマートワークIoT実践導入支援事業
2．産業人材を育成・供給する人材育成事業
3．デジタル技術活用の新事業支援創出事業
（収益事業）
1．WEB広告・特許権等活用事業10千円
2．ぎふIT協議会事務処理受託事業596千円

行政庁	内閣府
目的	19
類型	3, 5, 6, 13, 14

公財 地域創造基金さなぶり

宮城県仙台市青葉区大町1−2−23　代表理事　大滝精一

- 法人コード　　A016356
- 会員数　　　　0
- 寄付金収入　　204,186千円
- 会費収入　　　0
- 経常収支　　　経常収益合計 217,554千円
　　　　　　　　経常費用合計 214,702千円
- 公益目的事業費 214,144千円
- 収益事業　　　無
- 主な財産　　　預金等　44,017千円
　　　　　　　　負債　1,823千円
- 正味財産額　　42,339千円
- 常勤理事　　　1名
- 職員・給与　　3名・11,474千円
- 賃借料　　　　700千円
- 使用したデータ　令和3年度

法人の概要

2011年6月設立。2014年7月公益法人登記。地域で多様な課題に取組むための資源をつくり、東北の復興と地域活性化を支えるための

東北発コミュニティ財団。総額約17億円の資金を調達し、累計約16億円の支援を実施。資金に込められた想いを地域で多様な課題に取組む担い手につなげることで、資金拠出者の意思が伝わり、課題解決の力となることで東北の新たなチャレンジを支えるのが目的。

事業の概要

1．休眠預金事業−コロナ対応緊急支援助成
　資金分配団体として、「コロナ禍で影響を受けている個人」を支援している非営利組織への資金助成。2021年8月で完了。
2．47都道府県『新型コロナ対策』地元基金
　全国コミュニティ財団協会と連携して実施
　寄付金：個人・法人328件20,575万円
　助成実施：NPO法人等を対象1,126万円
　助成実施：医療機関を対象17,636万円
3．ふくしまっこ・つながるこども食堂応援

行政庁	千葉県
目的	19
類型	13, 14, 18

公財 ちばのWA地域づくり基金

千葉県千葉市中央区春日1−20−15　篠原ビル301　代表理事　牧野昌子

- 法人コード　　A020973
- 会員数　　　　0
- 寄付金収入　　4,331千円
- 会費収入　　　0
- 経常収支　　　経常収益合計 123,636千円
　　　　　　　　経常費用合計 121,434千円
- 公益目的事業費 121,221千円
- 収益事業　　　無
- 主な財産　　　預金等　57,070千円
　　　　　　　　負債　1,054千円
- 正味財産額　　56,723千円
- 常勤理事　　　1名
- 職員・給与　　2名・7,211千円
- 賃借料　　　　720千円
- 使用したデータ　令和3年度

法人の概要

2012年5月設立・2013年4月公益法人登記。「あなたの意思ある寄付を有効に地域活動に届けます」をモットーに、社会の課題解決や

地域の活性化などの公益活動を支援したい人々と、公益活動を推進する団体等の双方の想いを具現し、公益活動に必要な資金等の資源の募集と分配を行い、社会を構成する全ての主体が公益を支える仕組みを構築することにより、持続可能で豊かな地域社会の創造と発展に資することを目的に設立された。

事業の概要

1．助成事業
　(1)　事業指定助成プログラム
　(2)　テーマ・地域型基金
　①　子どもの今と未来を支える基金
　②　まつど子育てささえあい基金
　③　2019千葉県台風・豪雨災害支援基金
　(3)　冠基金プログラム
2．資源仲介事業
　　公益活動を支援したい人の各種資源（人材、物品、情報等）を市民公益活動団体に仲介。
3．情報共有の場づくり事業

目的
19

行政庁	広島県
目的	19
類型	13

公財 ツネイシ財団

広島県福山市沼隈町大字常石1083　代表理事　伏見泰治

- 法人コード　A024633
- 会員数　0
- 寄付金収入　3,096千円
- 会費収入　0
- 経常収支　経常収益合計　3,096千円
　　　　　　経常費用合計　4,759千円
- 公益目的事業費　3,096千円
- 収益事業　無
- 主な財産　預金等　20,133千円
　　　　　　負債　805千円
- 正味財産額　19,327千円
- 常勤理事　0
- 職員・給与　5名・0
- 賃借料　0
- 使用したデータ　令和3年度

法人の概要

2017年9月設立・2017年11月法益法人討議。本財団は、広島県内における様々な分野の社会活動への助成を通じて、地域の活性化と豊かな市民生活の実現に寄与することを目的とする。創設者である常石グループ（海運・造船業）は、創業以来地域社会と一体となった社会貢献活動に取り組み、市民・行政・企業が協働したまちづくに寄与している。

事業の概要

広島県内で行われる以下の諸事業を支援。
1．助成事業
(1)　子どもの健全育成3件31.7万円747名
居場所づくり・学習支援・フードバンク他
(2)　地域活性化　3件16万円　受益者809名
里山がっこうプロジェクト、他
(3)　グローバル社会活動　1件5万円327名
第10回東アジア音楽祭2021in ヒロシマ
(4)　ダイバーシティ活動1件5万円　57名
発達障がいに関する保護者会・学習会
2．主催事業
広島交響楽団　福山定期演奏会（中止）
3．助成金額—対象経費の80%、上限50万円

目的 19

公財 長野県みらい基金

長野県長野市大字南長野字幅下692-2　代表理事　髙橋潤

行政庁	長野県
目的	19
類型	3,5,6, 11, 13, 14

- 法人コード　A024942
- 会員数　0
- 寄付金収入　18,842千円
- 会費収入　0
- 経常収支　経常収益合計　190,952千円
　　　　　　経常費用合計　192,785千円
- 公益目的事業費　191,151千円
- 収益事業　無
- 主な財産　預金等　156,907千円
　　　　　　負債　3,144千円
- 正味財産額　154,439千円
- 常勤理事　1名
- 職員・給与　5名・17,414千円
- 賃借料　825千円
- 使用したデータ　令和3年度

法人の概要

2018年10月設立・2018年12月公益法人設立。長野県は、NPOなど公共的活動団体を支援する寄附募集の仕組みづくりを行い、その運営組織として設立されたのが、本法人である。『長野県みらいベース』というサイトを運用し、寄付者は、非営利組織の存在や活動を知り、非営利組織は、活動を宣伝、寄付により活動の継続性と安定性を得ることになる。

事業の概要

サイトでは、3つの寄付募集事業プログラムを紹介、オンラインで寄付の申込をする。
1．事業指定助成プログラム
　サイトでは、様々な事業活動が紹介され、そこから選択して寄付をする
2．団体指定助成プログラム
　公共的活動の実績がある団体・NPO等の活動を指定して寄付をする
3．地域・分野指定助成プログラム
　県内の4広域（北信、東信、中信、南信）、22の活動分野から指定して寄附をする
寄付者の名を残す冠寄付、定期的なマンスリー寄付、遺贈寄付もある

公財 日本陶磁器意匠センター

愛知県名古屋市東区代官町39−18　代表理事　池田洋幸

行政庁	内閣府
目的	19
類型	3，6，18

- 法人コード　A015478
- 会員数　　　20名
- 寄付金収入　 3千円
- 会費収入　　899千円
- 経常収支　　経常収益合計　3,373千円
　　　　　　　経常費用合計　3,748千円
- 公益目的事業費　3,150千円
- 収益事業　　無
- 主な財産　　預金等　18,257千円
　　　　　　　負債　 9,593千円
- 正味財産額　18,193千円
- 常勤理事　　 1名
- 職員・給与　 2名・1,858千円
- 賃借料　　　 0
- 使用したデータ　令和3年度

法人の概要

1956年7月設立・2013年4月公益法人登記。戦後陶磁器の民間貿易は急速に回復したが、輸出陶磁器の中には欧米の模倣品もあり、当該国から再三の厳しい抗議が寄せられたことから、模倣紛議に対処し、意匠の改善・開発を助成する意匠専門機関として設立。創設60年余になる意匠保全制度であるが、保全登録件数は10数万件にのぼる。

事業の概要

1．保全登録事業（綿密な先行意匠調査をもとに、登録の可否を決定する）
　　2021年度は意匠の新規保全登録5件、裏印の新規保全登録は3件。保全登録更新は、意匠では、満了282件に対し更新249件、裏印では、満了21件に対し更新16件で、2022年3月現在の保全登録有効点数は278件
2．陶磁器意匠の予備登録（審査なしで、申請者・意匠・申請日付を本財団で確認し、「先使用の証拠」とする。4年目以降は3年の予備登録満了前に意匠審査の申請をする必要）－2021年度予備登録件数2件
3．意匠や商標等に関する相談

公財 にんにくネットワーク

青森県三戸郡田子町大字田子字天神堂向22−9　代表理事　山本晴美

行政庁	青森県
目的	19
類型	18

目的 19

- 法人コード　A010611
- 会員数　　　0
- 寄付金収入　0
- 会費収入　　0
- 経常収支　　経常収益合計　93,303千円
　　　　　　　経常費用合計　93,255千円
- 公益目的事業費　66,761千円
- 収益事業　　経常収益　26,332千円
　　　　　　　経常費用　22,852千円
- 主な財産　　預金等　26,206千円
　　　　　　　負債　 3,614千円
- 正味財産額　28,994千円
- 常勤理事　　0
- 職員・給与　 8名・42,915千円
- 賃借料　　　2,480千円
- 使用したデータ　令和3年度

法人の概要

1994年3月設立・2012年4月公益法人登記。地域に密着した情報の発信、収集、保存等の事業を行い、田子町の地域情報化を推進し、文化及び産業の健全な育成・発展、生活の質及び住民の福祉向上を目的とする。

事業の概要

1．ケーブルテレビ事業
　(1)　田子町ケーブルテレビジョン指定管理者として、ケーブルテレビの活用事業
　①　自主放送
　ニュース番組「WAKU²たいむ」と特別番組「みんなの広場」、文字放送「告知放送」を放送
　②　同時再放送
　青森県内及びアンテナで受信可能な岩手県内の地上デジタル放送と、110度BS・CS放送の同時再放送を行った
　(2)　映像による歴史的資料・アーカイブ化
　青森県無形民俗文化財「田子化神楽」
2．タプコピアンプラザの施設・管理事業
　町立図書館・会議室・文化ホール管理運営

	公財

野々市市情報文化振興財団

石川県野々市市本町5−4−1　代表理事　山口良

行政庁	石川県
目的	1，2，19
類型	3,4,5,6,9,11,14,16,17,18

- 法人コード　　A006821
- 会員数　　　　0
- 寄付金収入　　0
- 会費収入　　　0
- 経常収支　　　経常収益合計　106,740千円
　　　　　　　　経常費用合計　106,740千円
- 公益目的事業費　74,854千円
- 収益事業　　　経常収益　35,083千円
　　　　　　　　経常費用　28,166千円
- 主な財産　　　預金等　41,088千円
　　　　　　　　負債　12,434千円
- 正味財産額　　30,000千円
- 常勤理事　　　0
- 職員・給与　　14名・35,393千円
- 賃借料　　　　728千円
- 使用したデータ　令和3年度

法人の概要

2004年6月設立・2012年4月公益法人登記。IT社会の急速な進展とともに、社会生活の

あらゆる面でIT化が進む一方で、情報端末を使うことができない住民も増加し、デジタルデバイドが生じている。本財団は、市の「文化会館フォルテ」の管理運営の責任を負う中で、住民に対してマルチメディア環境を利用した情報交換、交流活動、創作活動を支援しつつ、質の高い芸術や音楽鑑賞等に触れる機会の拡充を図り、自主的な芸術文化活動を行う場を提供することを目的としている。

事業の概要

1．情報通信技術の活用推進及び市民の教養向上と相互交流の促進に関する事業
　(1)　カメリア紹介・交流サロン利用促進パソコンITなんでも相談窓口
　(2)　カメリアパソコン教室
2．芸術文化の振興に関する事業
　(1)　BIG APPLE in NONOICHI 2021（第27回）－ジャズイベント（事業費308万円）
　(2)　フォルテコンサート（事業費96万円）

目的 19

	公財

ハートスクエア善通寺

香川県善通寺市金蔵寺町398−6　代表理事　山口剛

行政庁	香川県
目的	6，9，19
類型	3，4，11，15

- 法人コード　　A011251
- 会員数　　　　0
- 寄付金収入　　2,000千円
- 会費収入　　　0
- 経常収支　　　経常収益合計　80,111千円
　　　　　　　　経常費用合計　80,805千円
- 公益目的事業費　71,150千円
- 収益事業　　　経常収益　11,615千円
　　　　　　　　経常費用　7,847千円
- 主な財産　　　預金等　26,950千円
　　　　　　　　負債　14,041千円
- 正味財産額　　13,657千円
- 常勤理事　　　1名
- 職員・給与　　6名・21,185千円
- 賃借料　　　　1,418千円
- 使用したデータ　令和3年度

法人の概要

1996年3月設立・2012年4月公益法人登記。市営の諸施設を管理運営し、市民の健康づく

り、道路交通の円滑化及び駅前景観の保全等、住みよい街づくりへの貢献を目的とする。

事業の概要

主要事業は、以下の施設の管理運営である。
1．スポーツ事業（以下4施設他2管理）
　(1)　善通寺市民体育館
　利用人数70,998人、利用料金16,843千円
　(2)　善通寺市民プール（営業中止）
　(3)　鉢伏ふれあい公園グランド
　利用人数23,155人、利用料金1,775千円
　(4)　善通寺市営テニス場
　利用人数10,907人、利用料金1,760千円
2．公園事業（鉢伏ふれあい公園）
　利用人数2,194人、利用料金116千円
3．自転車駐車場
　定期559台、普通16,466台　利用料金4,132千円
4．駐車場事業（収益事業）
　定期2,197台、利用料金8,927千円

行政庁	福岡県
目的	19
類型	14, 18

公財 芳賀文化財団

福岡県北九州市八幡東区大蔵３－２－１　代表理事　芳賀晟壽

- 法人コード　　　A003421
- 会員数　　　　　0
- 寄付金収入　　　0
- 会費収入　　　　0
- 経常収支　　　　経常収益合計　5,286千円
　　　　　　　　　経常費用合計　5,360千円
- 公益目的事業費　4,222千円
- 収益事業　　　　無
- 主な財産　　　　預金等　34,325千円
　　　　　　　　　負債　0
- 正味財産額　　　80,377千円
- 常勤理事　　　　0
- 職員・給与　　　0・0
- 賃借料　　　　　0
- 使用したデータ　令和３年度

法人の概要

1958年５月設立・2011年８月公益法人登記。創立者芳賀善広は、「戦後日本の復興には教育・文化の振興が何よりも大切であり不可欠

だ」と考え本財団を設立した。豊かな賑わいの地域社会づくりに寄与することを目的とし、北九州市内の教育・文化・スポーツの振興及び地域社会の振興・活性化に資する必要な事業を行うことを目的とする。現理事長は善広の息子。

事業の概要

1．教育活動助成－16件175万円
　(1)　北九州文化連盟　10万円
　(2)　ヤングサンタ実行委員会　20万円、他
2．スポーツ活動助成－２件20万円
　(1)　日本スポーツ皿回し連盟　10万円、他
3．地域振興活動等助成－７件65万円
　(1)　聞き書きボランティア「平野塾」10万円
　(2)　小倉城竹あかり実行委員　10万円、他
4．ボランティア活動顕彰助成　４件40万円
　(1)　よみきかせ「てぶくろ」　10万円
　(2)　傾聴ボランティア　りすの会　10万円
　助成総額　29件、300万円

行政庁	千葉県
目的	7, 9, 19
類型	3, 4, 5, 13, 18

目的 19

公財 花と緑の農芸財団

千葉県山武郡芝山町芝山410　代表理事　井上幸彦

- 法人コード　　　A010438
- 会員数　　　　　464名
- 寄付金収入　　　12,656千円
- 会費収入　　　　1,408千円
- 経常収支　　　　経常収益合計　30,674千円
　　　　　　　　　経常費用合計　37,202千円
- 公益目的事業費　33,272千円
- 収益事業　　　　経常収益　2,036千円
　　　　　　　　　経常費用　1,721千円
- 主な財産　　　　預金等　33,405千円
　　　　　　　　　負債　43,987千円
- 正味財産額　　　30,473千円
- 常勤理事　　　　1名
- 職員・給与　　　3名・11,012千円
- 賃借料　　　　　20千円
- 使用したデータ　令和３年度

法人の概要

1986年３月設立・2012年10月公益法人登記。人々の心に愛と平和をもたらす農芸を啓蒙し、

普及・振興することを目的に、長嶋茂雄（読売巨人軍終身名誉監督）の呼びかけに賛同した人々の協力により千葉県に誕生した。

事業の概要

1．花の輪事業－小学校に花の苗を寄贈し、児童の手による花壇等への植え込み、その生育を委ねること、また住民の参加により街並を花で飾ることを目的とする
　(1)　第31回花の輪運動「育てよう、花と緑、校庭に」－当選300校に贈呈
2．環境教育事業－子供たちが農業体験や自然の環境に触れることより、農業や自然環境に興味を示してもらうことが目的。高齢者指導による田植・稲刈体験（中止）
3．花の生活環境事業－花や緑を通して、地域の健全な発展、住民の心身の健全な発達と豊かな人間性の涵養を目的とし、公共施設に花や緑の植栽や鑑賞を提案実施。成田市役所通り、成田市保健福祉館、他

行政庁	滋賀県
目的	19
類型	6, 13, 18

公財 東近江三方よし基金

滋賀県東近江市八日市本町 9 － 19　代表理事　池永肇恵

- 法人コード　　　A024037
- 会員数　　　　　0
- 寄付金収入　　　2,302千円
- 会費収入　　　　0
- 経常収支　　　　経常収益合計 147,778千円
　　　　　　　　　経常費用合計 143,615千円
- 公益目的事業費　143,475千円
- 収益事業　　　　無
- 主な財産　　　　預金等　57,941千円
　　　　　　　　　負債　7,756千円
- 正味財産額　　　66,770千円
- 常勤理事　　　　0
- 職員・給与　　　3 名・13,934千円
- 賃借料　　　　　1,036千円
- 使用したデータ　令和 3 年度

法人の概要

2017年 6 月設立・2018年 7 月公益法人登記。代表者は元滋賀県副知事。地域の資源を最大限活用し、これからのまちづくりに取り組む

ためには、市民が「お互いさま」の心を持って連携・協力する必要がある。当財団は、一人ひとりの思いがこもった「志のあるお金」を、次世代の育成活動、交流の場づくり、若者が働きたいと思う仕事づくりなど、社会的に意義のある活動に生かすために設立。

事業の概要

1. 調査研究事業
   (1) 川ガキ育成プログラム作成と体制構築
   資金調達100万円（出資者27名）償還済
2. 東近江森と人をつなぐあかね基金助成
   森林保全や資源活用等のための寄助成事業
   東近江トレイル実行委員会、他 5 団体
   採択総額210万円
3. 休眠預金活用
   (1) 新型コロナ対応緊急支援助成〈第 1 弾〉
   一般社団法人がもう夢工房－東近江ワンペアレントサポートプロジェクト、他 3 団体、採択総額5,000万円

目的 19

公財 ふじのくに未来財団

静岡県静岡市駿河区八幡 1 － 2 － 21　代表理事　土屋優行

行政庁	静岡県
目的	19
類型	3, 5, 6, 13, 18

- 法人コード　　　A024028
- 会員数　　　　　15名
- 寄付金収入　　　13,450千円
- 会費収入　　　　28千円
- 経常収支　　　　経常収益合計　33,719千円
　　　　　　　　　経常費用合計　33,848千円
- 公益目的事業費　33,037千円
- 収益事業　　　　無
- 主な財産　　　　預金等　30,737千円
- 正味財産額　　　28,369千円
- 常勤理事　　　　1 名
- 職員・給与　　　7 名・15,289千円
- 賃借料　　　　　794千円
- 使用したデータ　令和 3 年度

法人の概要

2014年 9 月設立・2015年 4 月公益法人登記。従来の制度では対応しきれない社会の課題解決のために活動している団体への寄付の募集・確保・提供することによって、地域資源

の循環を推進し、社会の多様な主体が参画できる環境づくりを図り、誰でも住みやすい地域未来の創造と発展に寄与することを目的として設立。寄付の募集や助成活動、調査研究、情報発信、ふじのくに NPO 活動センター等に関わる運営管理・相談受付を行っている。

事業の概要

1. 寄付募集
   (1) テーマを指定する寄付
   本年度は社会課題解決活動の寄付　計1,405千円、寄付者設立冠基金　計18,239千円
   (2) 団体を指定する寄付　計100千円
2. 課題解決活動への資金助成
   (1) 冠基金助成事業　4,048千円 8 事業
   (2) テーマ指定助成事業　1,741千円
   子育て支援　804千円（3 事業）、他 2 件
3. 団体指定助成　206千円（3 事業）
4. 47コロナ基金医療機関支援助成
   4,690千円

行政庁	和歌山県
目的	19
類型	13, 14

公財 プラス農業育成財団

和歌山県田辺市宝来町17-12　代表理事　野田忠

- 法人コード　　A024093
- 会員数　　　　0
- 寄付金収入　　5,493千円
- 会費収入　　　0
- 経常収支　　　経常収益合計　5,495千円
　　　　　　　　経常費用合計　5,495千円
- 公益目的事業費　5,346千円
- 収益事業　　　無
- 主な財産　　　預金等　379,536千円
　　　　　　　　負債　5,177千円
- 正味財産額　　673,665千円
- 常勤理事　　　0
- 職員・給与　　1名・0
- 賃借料　　　　0
- 使用したデータ　令和3年度

法人の概要

2017年4月設立・2018年4月公益法人登記。
2002年（株）プラスは、民間の農産物直売所
「産直市場によってって」を開業し、和歌山
県を中心に現在29店舗を展開しているが、農
家の高齢化、農業後継者不足を危惧し、若年
層に農業への関心を持たせ、新規就農者を増
やすことを目的に本財団を設立した。

事業の概要

1．新規就農者等への助成金支給事業
　(1)　給付資格
　①　大学及び高等学校卒業見込みの者
　②　50歳未満の新規就農予定者
　③　就農5年以内で助成金を申請する者
　以上のいずれかに該当し、かつ農地所有、
　農業機械所有又は生産物の被受給者名義で
　の出荷等の条件が付されている
　(2)　助成金−30万円を支給（上限20名）
2．優秀農業者表彰（プラス農業育成財団賞）
　和歌山県の農業の振興に貢献した者に、応
　募書類を審査の上、表彰状と30万円を支給
　（若干名）

行政庁	内閣府
目的	7, 19
類型	4, 18

公財 ほほえみの森財団

埼玉県所沢市くすのき台1-11-1　代表理事　吉野徹

- 法人コード　　A024840
- 会員数　　　　0
- 寄付金収入　　17,650千円
- 会費収入　　　0
- 経常収支　　　経常収益合計　17,888千円
　　　　　　　　経常費用合計　17,928千円
- 公益目的事業費　16,159千円
- 収益事業　　　無
- 主な財産　　　預金等　4,105千円
　　　　　　　　負債　1,581千円
- 正味財産額　　5,223千円
- 常勤理事　　　0
- 職員・給与　　4名・9,173千円
- 賃借料　　　　1,453千円
- 使用したデータ　令和3年度

法人の概要

2017年9月設立・2018年6月公益法人登記。
埼玉県及びその近郊で地域住民らが気楽に参
加できる様々な環境活動・交流活動・支援活
動等を企画・立案・推進し、青少年の健全な
育成及び地域社会の健全な発展に寄与するこ
とを目的とする。

事業の概要

1．森林等における環境保全及び地域交流活
　動として地域住民が参加できるハイキン
　グや植樹体験等のイベントを企画したが、
　一部を除き新型コロナウィルスの感染拡
　大を理由に中止した
2．2021年12月に植樹会場で体験型環境学習
　イベント及び植樹地への施肥を実施
3．2021年6月、練馬区地球温暖化対策地域
　協議会主催の「スタート！エコライフ夏」
　に出展。本財団の活動内容を紹介、報告
　した。イベントは無人展示
環境保全をテーマにした各種イベントへの参
画・協賛はコロナ禍で開催を一部中止した。

目的 19

公財 みんなでつくる財団おかやま

岡山県総社市中央 2 − 2 − 8　代表理事　浅野直

行政庁	岡山県
目的	19
類型	3，6，13，18

- 法人コード　　　A022479
- 会員数　　　　　7 名
- 寄付金収入　　　6,705千円
- 会費収入　　　　132千円
- 経常収支　　　　経常収益合計　12,683千円
　　　　　　　　　経常費用合計　10,892千円
- 公益目的事業費　10,851千円
- 収益事業　　　　無
- 主な財産　　　　預金等　30,316千円
　　　　　　　　　負債　4,820千円
- 正味財産額　　　27,182千円
- 常勤理事　　　　0
- 職員・給与　　　2 名・1,641千円
- 賃借料　　　　　1,739千円
- 使用したデータ　令和 3 年度

法人の概要

2012年 9 月設立・2014年 8 月公益法人登記。
当法人は、多様化・複雑化する社会課題に対
して、その解決・改善を図るべく活動する岡
山県内の市民団体と、その解決・改善を図る
ための諸資源の提供や自らの参画を望む個人、
企業、団体等を結びつけることで、諸資源の
循環をもたらし、社会課題の解決・改善の取
組みの基盤充実を図ることを目的とする。

事業の概要

用意された資源循環を行うための仕組み。
1．「割り勘で夢をかなえる」（事業指定助成
　　プログラム）―応募なし
2．「みんなの貯金箱をもとう」（冠基金事業）
　　本年度は、3 テーマにおいて 2 団体、2 個
　　人の助成を実施。テーマ「まち・むら」、「被
　　災地支援」、「障がい（福祉）」助成額95万円
3．その他の助成事業
　　47コロナ基金（さなぶり）5 団体270万円
4．「ももたろう基金」（災害支援）14次募集
　　3 プロジェクト、220万円助成
5．「みんなとやればできるはず」（地域円卓
　　会議）−備中（総社）子ども円卓会議

目的 19

公財 有隣会

岡山県倉敷市阿知 2 −25−33　代表理事　虫明優

行政庁	岡山県
目的	19
類型	3，6，10，16，18

- 法人コード　　　A024954
- 会員数　　　　　13名
- 寄付金収入　　　25,615千円
- 会費収入　　　　4,090千円
- 経常収支　　　　経常収益合計　65,870千円
　　　　　　　　　経常費用合計　65,870千円
- 公益目的事業費　63,473千円
- 収益事業　　　　無
- 主な財産　　　　預金等　21,662千円
　　　　　　　　　負債　201,763千円
- 正味財産額　　　18,174千円
- 常勤理事　　　　0
- 職員・給与　　　6 名・29,183千円
- 賃借料　　　　　478千円
- 使用したデータ　令和 3 年度

法人の概要

2010年 4 月設立・2015年 4 月公益法人登記。
1902（明治35）年大原孫三郎は、山路愛山に
啓発され、「『高等なる学術の通俗的普及』を
目的として広く公衆の知徳を啓発し社会の公
益を増進する」ため「倉敷講演会」を創設し
た。この講演会は、孫三郎の逝去後、總一郎
に引き継がれ敬堂会講演会となり、總一郎逝
去後は、敬堂会を改組した有隣会の主要行事
となった。有隣会は、倉敷発展の礎を築いた
先人、特に大原孫三郎が目指した社会、總一
郎が追及した生き方、企業のあり方を探り、
学び、現代に活かすことを使命とする。

事業の概要

1．「語らい座　大原本邸事業」
　　コロナ禍で 3 カ月臨時休館となり、入館者
　　数が減少（16,734人）。入館料等収益は
　　10,975千円（コロナ前 H31比△8,610千円）
2．くらしき未来 K 塾− 7 回参加数計180人
　　「自然をうつすということ〜和菓子作りで
　　体感する日本文化の粋」、他 6 件
3．大原孫三郎・總一郎記念講演会

公財 わかやま地元力応援基金

和歌山県和歌山市藪ノ丁13　代表理事　有井安仁

行政庁	和歌山県
目的	19
類型	5, 6, 13

- 法人コード　　A022740
- 会員数　　　　0
- 寄付金収入　　4,711千円
- 会費収入　　　0
- 経常収支　　　経常収益合計　5,262千円
　　　　　　　　経常費用合計　5,289千円
- 公益目的事業費　4,486千円
- 収益事業　　　無
- 主な財産　　　預金等　11,508千円
　　　　　　　　負債　245千円
- 正味財産額　　11,270千円
- 常勤理事　　　0
- 職員・給与　　2名・0
- 賃借料　　　　910千円
- 使用したデータ　令和2年度

法人の概要

2012年10月設立・2013年9月公益法人登記。和歌山の豊かな資源を活用して、さらに和歌山を発展させよう、自ら積極的に地元の力に なろうとする人々「地元力」が和歌山を支え続けている。「地元力」のチャレンジは、日本の将来を変える可能性をもつが、「地元力」の発展・成長には、それを支援する資金が必要であり、和歌山を発展させる「地元力」と、応援したい人たちをつなぐために設立。

事業の概要

1．印南まちづくり基金
　地域の課題解決と持続可能で豊かな地域社会の創造と発展を目指し基金を創設。印南町の持続可能なまちづくりに寄与する環境・文化・産業振興等の事業を支援する。本年度は寄付の受入のみで、助成実施は延期
2．事業指定寄附
　財団が助成先団体と連携して寄付獲得プランを考え、募集ツールを提供、寄付募集をサポートする。社会課題の認知と理解を高め、事業内容や団体の存在意義を社会に発信していく。本年度は県内実行団体はない

公社 会社役員育成機構

東京都世田谷区中町2-30-22　代表理事　ニコラス・エドワード・ベネシュ

庁	内閣府
目的	20
類型	3, 6, 18

- 法人コード　　A007950
- 社員・会員　　9名・78名
- 寄付金収入　　37,661千円
- 会費収入　　　2,630千円
- 経常収支　　　経常収益合計　86,305千円
　　　　　　　　経常費用合計　79,708千円
- 公益目的事業費　51,929千円
- 収益事業　　　経常収益　22,553千円
　　　　　　　　経常費用　16,543千円
- 主な財産　　　預金等　28,338千円
　　　　　　　　負債　18,694千円
- 正味財産額　　13,258千円
- 常勤理事　　　1名
- 職員・給与　　6名・35,056千円
- 賃借料　　　　1,841千円
- 使用したデータ　令和3年度

法人の概要

2009年11月設立・2011年4月公益法人登記。役員会における意思決定の質の向上及びコー ポレート・ガバナンスの向上を通して日本経済の発展に貢献することが目的。コーポレート・ガバナンスは「会社は経営者ではなく株主のものである」という考え方に基づいて企業経営を監視する仕組み。本法人はコーポレート・ガバナンスに対する専門的な知識の普及・人材育成の推進及び啓蒙活動を実施。

事業の概要

（公益目的事業）
1．専門的知識の普及・人材育成の推進
　(1)　eラーニング2021年度約3,338名利用
　　「会社法」「金商法」等4コースを揃える
　(2)　ビジネスセミナー（ウェビナー）開催
　　第74回セミナー「『ESG経営』をどう『開示』するべきか？」82名、他
　(3)　研修プログラム－「国際ガバナンス塾」
（収益事業）
1．広告収入事業2件30千円
2．研修・コンサルティング14件3,669千円

目的
19

目的
20

公社 全日本能率連盟

東京都千代田区一番町4−5　代表理事　小坂信之

行政庁	内閣府
目的	20, 22
類型	2, 3, 6

- 法人コード　　A003651
- 社員・会員　　39名・39名
- 寄付金収入　　0
- 会費収入　　　13,250千円
- 経常収支　　　経常収益合計　39,695千円
　　　　　　　　経常費用合計　36,277千円
- 公益目的事業費　30,271千円
- 収益事業　　　経常収益　448千円
　　　　　　　　経常費用　295千円
- 主な財産　　　預金等　35,264千円
　　　　　　　　負債　7,457千円
- 正味財産額　　31,679千円
- 常勤理事　　　1名
- 職員・給与　　5名・17,850千円
- 賃借料　　　　2,772千円
- 使用したデータ　令和3年度

法人の概要

1950年4月設立・2013年4月公益法人登記。わが国における科学的経営管理の研究、指導、普及を図る諸機関との団結と連携を通じて、能率思想ならびに技術の普及向上と経営の科学化を促進することにより、わが国経済の健全な発展に寄与することを目的とする。

事業の概要

1．経営・マネジメント支援事業（公益事業）
(1) 全能連マネジメント・アワード事業
(2) マネジメント関係資格称号認証・認定事業
① 資格称号認証事業
認証資格更新：14団体計43資格
認証変更申請：認証番号117
認証廃止申請：認証番号120
期末現在：54資格/18団体
② MC/MI認定事業
期末現在：MC611名、MI50名
(3) マネジメント関係調査研究事業
2．顕彰者表彰事業（収益事業）
顕彰25名、表彰9名を承認

公社 東京共同住宅協会

東京都渋谷区神宮前6−29−4　代表理事　石川修詞

行政庁	内閣府
目的	3, 19, 20, 22
類型	2, 3, 5, 6, 18

目的 20

- 法人コード　　A007556
- 社員・会員　　34名・432名
- 寄付金収入　　1,330千円
- 会費収入　　　5,866千円
- 経常収支　　　経常収益合計　29,048千円
　　　　　　　　経常費用合計　31,790千円
- 公益目的事業費　25,162千円
- 収益事業　　　無
- 主な財産　　　預金等　3,768千円
　　　　　　　　負債　1,432千円
- 正味財産額　　3,918千円
- 常勤理事　　　0
- 職員・給与　　2名・7,190千円
- 賃借料　　　　6,129千円
- 使用したデータ　令和3年度

法人の概要

1969年10月設立・2011年4月公益法人登記。創立以来、木造老朽アパート建替えの長期低金利融資制度の実現や、アパート用地の固定資産税の減免、減価償却の割増償却、長期譲渡所得の課税の特例、事業用資産の買替え特例など民間住宅に関する制度・税制の改善に大きく貢献し、民間賃貸住宅経営者・入居者・住宅関係企業を支援する活動を実施。

事業の概要

1．賃貸経営者、入居者、事業関係者の円満な関係を構築するための共同住宅全般に関する調査・研究
(1) 震災時における賃貸住宅一時提供事業
2．共同住宅全般に関するセミナー等の開催
(1) 特別勉強会「アフターコロナ・ウィズコロナ時代の資産のあり方を考える」
(2) Webセミナー（大家さん大学）8回
3．共同住宅に関する相談−常設無料相談
4．機関誌「東京賃貸住宅新聞」の発行配布
5．首都圏の賃貸住宅の耐震化を支援する事業
6．震災時の都県への空室情報提供協力事業

行政庁	富山県
目的	16, 20
類型	1, 3, 5, 6, 8, 9

公社 富山県計量協会

富山県富山市新庄町39-6　代表理事　水越靖

- 法人コード　　A003262
- 社員・会員　　126名・126名
- 寄付金収入　　0
- 会費収入　　　3,807千円
- 経常収支　　　経常収益合計　12,152千円
　　　　　　　　経常費用合計　12,173千円
- 公益目的事業費　9,159千円
- 収益事業　　　経常収益　1,907千円
　　　　　　　　経常費用　824千円
- 主な財産　　　預金等　4,867千円
　　　　　　　　負債　1,219千円
- 正味財産額　　4,745千円
- 常勤理事　　　0
- 職員・給与　　3名・6,234千円
- 賃借料　　　　106千円
- 使用したデータ　令和3年度

法人の概要

1982年6月設立・2009年10月公益法人登記。
本会は、広く計量に関する知識及び技術の改善普及並びに計量管理の推進を図り、併せて計量に係る人材の資質向上に努め、もって産業経済の発展に寄与することを目的とする。

事業の概要

（公益事業）

1. 使用計量器適正化事業
   (1) 魚津市ほか7市町村242の事業所を対象にはかりとおもり合計485点の検査を実施（富山県委託）
   (2) 富山市内の287事業所ではかり、分銅、おもり合計1,597点の検査を実施（富山市委託）
   (3) 高岡市内190の事業所を対象にはかり、分銅、おもり計768点検査実施（高岡市委託）
   (4) 郵便局のはかり等合計301点の校正業務を実施（日本郵政グループ）
2. 計量改善普及事業
   計量検査人材確保研修（オンライン）

行政庁	内閣府
目的	2, 16, 19, 20他
類型	3, 6, 9, 14, 18

公社 日本広告制作協会

東京都中央区銀座1-14-7　代表理事　名久井貴信

- 法人コード　　A013694
- 社員・会員　　74名・140名
- 寄付金収入　　0
- 会費収入　　　24,360千円
- 経常収支　　　経常収益合計　28,410千円
　　　　　　　　経常費用合計　26,879千円
- 公益目的事業費　20,661千円
- 収益事業　　　経常収益　5,243千円
　　　　　　　　経常費用　3,118千円
- 主な財産　　　預金等　25,034千円
　　　　　　　　負債　3,213千円
- 正味財産額　　24,234千円
- 常勤理事　　　1名
- 職員・給与　　2名・5,004千円
- 賃借料　　　　4,236千円
- 使用したデータ　令和3年度

法人の概要

1988年5月設立・2012年4月公益法人登記。
本会の定義では、コミュニケーション・デザインは「プロモーションやブランディング等の広告制作から、商品開発、事業計画、さらには社会的課題の解決に至るまで、企業（クライアント）と生活者、そして社会の間に存在する様々な課題を、コミュニケーションの企画・制作・実施をもって解決する行動」であり、本会および会員各社は、コミュニケーション・デザインに携わる者（クリエイター、制作者）として、その活動を通じて人を幸せにする成果を世に出し、文化や社会に貢献することを使命とする。

事業の概要

1. クリエイティブ・ボランティア活動
   (1) 三陸鉄道カレンダー　2022年版
   (2) 学生対象コンテスト
   ① 学生広告クリエイティブアワード
   ② アイデアで社会をよりよくするコンテスト
2. 経営と人材の育成を考える勉強会

目的
20

行政庁	内閣府
目的	1, 20
類型	3, 6, 18

公社 日本仲裁人協会

東京都千代田区霞が関 1 − 1 − 3　代表理事　岡田春夫

- 法人コード　　A023912
- 社員・会員　　419名・421名
- 寄付金収入　　0
- 会費収入　　　4,570千円
- 経常収支　　　経常収益合計　7,663千円
　　　　　　　　経常費用合計　9,329千円
- 公益目的事業費　6,115千円
- 収益事業　　　無
- 主な財産　　　預金等　12,859千円
　　　　　　　　負債　425千円
- 正味財産額　　13,046千円
- 常勤理事　　　0
- 職員・給与　　0・0
- 賃借料　　　　30千円
- 使用したデータ　令和3年度

法人の概要

2005年12月設立・2014年1月公益法人登記。
当法人は、仲裁・ADR（裁判外の紛争解決
手段）に関して、①仲裁人、調停人、その他

仲裁・ADR関係者の養成・研修、②法律・
実務の研究及びより良い手続の開発、③実務
家、研究者、その他仲裁・ADRに関心を有
する者相互の連絡及び協力の促進により、仲
裁・ADRの普及・啓発を図ることを目的と
して設立。

事業の概要

1．仲裁人、調停人、その他仲裁及びADR
　関係者の養成と研修
2．仲裁法、ADRに関する法律、実務、こ
　れらに関係する比較文化の研究及び紛争
　解決手段の開発
3．実務家、研究者及びADR関係者との連
　絡及び協力の促進
4．研究会、講演会等の開催
5．仲裁、ADR及び比較文化に関する内外
　の資料の収集
6．内外の仲裁及びADR機関との連絡
7．仲裁・ADRの施設の運営及び助言

行政庁	内閣府
目的	1, 3, 7, 9, 20, 21
類型	13

公財 SBS鎌田財団

東京都新宿区西新宿 8 − 17 − 1　代表理事　鎌田正彦

目的
20

- 法人コード　　A024025
- 会員数　　　　0
- 寄付金収入　　28,342千円
- 会費収入　　　0
- 経常収支　　　経常収益合計　28,342千円
　　　　　　　　経常費用合計　29,772千円
- 公益目的事業費　27,842千円
- 収益事業　　　無
- 主な財産　　　預金等　16,993千円
　　　　　　　　負債　298千円
- 正味財産額　　16,755千円
- 常勤理事　　　0
- 職員・給与　　2名・0
- 賃借料　　　　346千円
- 使用したデータ　令和3年度

法人の概要

2013年7月設立・2015年7月公益法人登記
佐川急便のドライバーから身を起こして、
「ＳＢＳホールディングス」（東証プライム）

の代表取締役となった鎌田正彦が設立した財
団である。今日物流は、多様化する消費者
ニーズに応えるサービスの高度化、旧来から
の物流の効率化、輸送の安全確保、さらには
地球温暖化の状況の中、環境負荷の低減など
の課題を抱えているが、物流の学術研究を支
援することで、あらゆる産業にかかわりを持
ち経済や生活に不可欠なインフラである物流
の進化を促し、産業全体の競争力強化と国民
生活の向上に寄与することを目的とする。

事業の概要

1．物流の振興・発展に資する学術研究に対
　する助成
　応募6件、採択4件合計200万円
2．学生・生徒に対する奨学金の給付
　関東6都県の児童福祉施設に入所中又は里
　親家庭で生活中で、進学が決定している者
　応募143名、採択件数80人
　奨学金給付額：各30万円総額2,400万円

行政庁	青森県
目的	19, 21
類型	6, 18

公社 青森県農産物改良協会

青森県青森市東大野2−1−15　代表理事　雪田徹

- 法人コード　　　A015246
- 社員・会員　　　13名・13名
- 寄付金収入　　　0
- 会費収入　　　　9,915千円
- 経常収支　　　　経常収益合計　41,659千円
　　　　　　　　　経常費用合計　41,055千円
- 公益目的事業費　38,528千円
- 収益事業　　　　無
- 主な財産　　　　預金等　124,139千円
　　　　　　　　　負債　　105,308千円
- 正味財産額　　　18,830千円
- 常勤理事　　　　0
- 職員・給与　　　3名・19,640千円
- 賃借料　　　　　2,913千円
- 使用したデータ　令和3年度

法人の概要

2001年4月設立・2012年4月公益法人登記。
代表者は青森農業協同組合代表理事組合長。
協会は、主要農作物種子の安定的な生産及び
供給と主要農作物の品質改善の推進により、
青森県内の農業経営の発展と食糧の安定供給
に寄与することを目的として設立。

事業の概要

1. 需給調整事業
　　各関係団体・機関による採種計画策定会議
　等を開催し、種子需要状況・品種別作付動
　向等をもとに協議、採種圃設置計画を策定
2. 生産流通事業
　　種子の信頼性を確保するため、主要農作物
　種子の種類毎に発芽測定及び農産物検査法
　に基づく農産物検査を実施し、水稲種子に
　ついては品種鑑定（DNA鑑定）を実施
3. 生産技術研修等
　　栽培管理・採種技術向上を図るため、種子
　生産者等を対象に、主要農作物等種子採種
　研修会等を開催。また、県採種圃場の標札
　を配付したほか、種子生産者による自主検
　査、研修費用に助成を行った

行政庁	石川県
目的	21
類型	1, 3, 5, 8, 18

公社 石川県植物防疫協会

石川県金沢市田中町か26−1　代表理事　田中肇

- 法人コード　　　A002290
- 社員・会員　　　7名・41名
- 寄付金収入　　　0
- 会費収入　　　　2,430千円
- 経常収支　　　　経常収益合計　39,735千円
　　　　　　　　　経常費用合計　38,257千円
- 公益目的事業費　36,085千円
- 収益事業　　　　無
- 主な財産　　　　預金等　16,606千円
　　　　　　　　　負債　　6,551千円
- 正味財産額　　　10,254千円
- 常勤理事　　　　1名
- 職員・給与　　　3名・17,845千円
- 賃借料　　　　　1,664千円
- 使用したデータ　令和3年度

法人の概要

1984年4月設立・2010年4月公益法人登記。
石川県において、農産物の安定生産、安定供
給に必要となる病害虫や雑草の防除を適正・
効率的に実施するため、防除相談・指導を行
い、研修会を開催し、新規登録農薬の現地適
応性試験を実施し、安全安心な農作物生産と
持続的な農業の発展を図ることが目的。

事業の概要

1. 病害虫等防除推進事業
　(1) 防除相談・指導事業－病害虫等の診断・
　同定と防除指導（20件の相談）
　(2) 農薬危害防止啓発業務－チラシでの正
　しい知識と適正使用啓発（5,500枚作成）
　(3) 研修会開催事業(病害虫や雑草の防除)
　(4) 無人ヘリコプター防除推進事業－人畜
　の安全確保と環境汚染防止の安全講習会
2. 農薬試験事業
　(1) 開発未登録農薬の実用性試験
　審査に必要な薬効・薬害の試験（65剤試験）
　(2) 新規登録農薬現地適応性試験－県内で
　試験的に使用。安全性、薬害発生の有無を
　確認する試験実施（52剤普及性あり）

目的
21

氷温協会 (公社)

鳥取県米子市大篠津町3795−12　代表理事　山根昭彦

行政庁	内閣府
目的	20, 21, 22
類型	1, 3, 6, 14, 18

- 法人コード　　A016438
- 社員・会員　　185名・255名
- 寄付金収入　　0
- 会費収入　　13,867千円
- 経常収支　　経常収益合計　14,512千円
　　　　　　　経常費用合計　12,980千円
- 公益目的事業費　8,538千円
- 収益事業　　無
- 主な財産　　預金等　8,023千円
　　　　　　　負債　2,850千円
- 正味財産額　　5,183千円
- 常勤理事　　1名
- 職員・給与　　0・0
- 賃借料　　924千円
- 使用したデータ　令和3年度

法人の概要

1993年5月設立・2013年4月公益法人登記。0℃以下でも凍らずに食品が生き続ける温度領域を「氷温」といい、0℃からこの氷結点までの未凍結温度領域を「氷温域」という。この温域で食品の貯蔵や加工など行うことにより、「安全・安心」、「健康」、「自然のおいしさ」を兼ね備えた食品が造られることに着目し、この技術の普及・啓発するのが目的。氷温技術は、「高鮮度保持化」「高品質化」「有害微生物の減少化」の3大効果をもつ。

事業の概要

1．氷温研究全国大会開催
「氷温技術を活用して持続可能な社会を」他
2．氷温技術の普及啓発・調査研究・事業化への促進・氷温技術の情報収集と提供
3．氷温食品及び氷温機器類の品質規格に関する検査認定―認定審議会が認定した「氷温食品」に対して氷温認定マークや技術内容を表示し、マスコミ等を通じた正しい氷温食品の情報開示に努める
4．氷温技術の国際交流の推進

能登原子力センター (公財)

石川県羽咋郡志賀町安部屋亥の34−1　代表理事　髙橋実枝

行政庁	石川県
目的	21
類型	3, 4, 10, 18

目的 21

- 法人コード　　A015239
- 会員数　　0
- 寄付金収入　　0
- 会費収入　　0
- 経常収支　　経常収益合計　67,723千円
　　　　　　　経常費用合計　63,444千円
- 公益目的事業費　53,731千円
- 収益事業　　無
- 主な財産　　預金等　46,539千円
　　　　　　　負債　22,003千円
- 正味財産額　　27,635千円
- 常勤理事　　2名
- 職員・給与　　4名・15,872千円
- 賃借料　　154千円
- 使用したデータ　令和3年度

法人の概要

1979年4月設立・2013年4月公益法人登記。本施設は、志賀原子力発電所から直線距離にして約5km南に位置し、原子力広報施設として、地域の人々や県民に原子力や放射線、エネルギー等に関する知識の普及を行うことが目的。イベント企画として、志賀原子力発電所や原燃サイクル施設等の見学会も用意。

事業の概要

1．見学会の開催
(1)　志賀原子力発電所見学会(バーチャル)
志賀原子力発電所、アリス館志賀、能登原子力センター、志賀オフサイトセンター
(2)　親子エネルギーバス（3日計70名）
(3)　原燃サイクル施設見学会（中止）
日本原燃（株）原子燃料サイクル施設等
(4)　「ワンダーラボ」見学会（中止）
2．広報の実施
(1)　広報誌「あともす」6回・各45,000部
3．地域交流事業
(1)　こどもの広場（サイエンスショー）161名
(2)　放射線測定教室−176名

公社 愛知県漬物協会

愛知県名古屋市中区三の丸2-4-1　代表理事　曽我公彦

行政庁	愛知県
目的	3, 21, 22
類型	3, 4, 6, 7, 13, 14, 18

- **法人コード**　A009412
- **社員・会員**　63名・63名
- **寄付金収入**　0
- **会費収入**　1,890千円
- **経常収支**　無
- **公益目的事業費**　2,336千円
- **収益事業**　無
- **主な財産**　預金等　7,057千円
　　　　　　　負債　1,049千円
- **正味財産額**　6,008千円
- **常勤理事**　0
- **職員・給与**　2名・1,943千円
- **賃借料**　21千円
- **使用したデータ**　令和3年度

法人の概要

1963年10月設立、2012年8月公益法人登記。愛知県は漬け物の製造が盛んな地域であり、前身である愛知県漬物協会は、漬物の振興のため1953年12月には設立されている。

本法人は、県内の漬物製造者、流通業者、関連機器資材業者で組織され、漬物および漬物原料の生産、販売に関する技術の向上により、漬物業の振興を図ることを目的とする。

事業の概要

1. 食に関する知識を高め普及する事業
情報提供及び体験事業他-各種のイベントに出展、愛知の漬物の知名度向上に尽力
2. 漬物生産の技術開発、研究に関する事業
(1) 研修会-会員、事業者、消費者を対象に、食に関する知識の普及
(2) 原料野菜生産対策事業-守口大根の採種事業の実施
3. 寄付・チャリティー事業-協賛品のチャリティー販売、売上金の寄付
4. 愛知県漬物振興祭の開催（中止）

公社 京都不動産研究協会

京都府京都市中京区烏丸通夷川上る少将井町245　代表理事　横田幹夫

行政庁	京都府
目的	22
類型	5

- **法人コード**　A021297
- **社員・会員**　36名・37名
- **寄付金収入**　0
- **会費収入**　720千円
- **経常収支**　経常収益合計　720千円
　　　　　　　経常費用合計　170千円
- **公益目的事業費**　55千円
- **収益事業**　無
- **主な財産**　預金等　1,373千円
　　　　　　　負債　6千円
- **正味財産額**　1,366千円
- **常勤理事**　0
- **職員・給与**　0・0
- **賃借料**　0
- **使用したデータ**　令和3年度

法人の概要

1961年11月設立・2013年4月公益法人登記。不動産の流通、法令及び税務に関する調査研究を行い、不動産に関する相談及び助言を

もって一般消費者の利益の擁護又は増進に寄与することを目的とする。

事業の概要

1. 不動産無料相談会開催（京都市との共催）
(1) 相談内容-不動産全般に関する相談
売買、価格、借地借家、地代家賃、遺産相続、登記、税金、紛争等
(2) 相談員-会員・各種専門家
弁護士、税理士、司法書士、不動産鑑定士、土地家屋調査士、宅地建物取引士、建築士等
(3) 対象相談者-一般市民
（コロナ禍により中止）
2. 不動産の税務に関する出版物の刊行
（2021年度は行わず）
3. 研修会・懇親会
「京都経済の動向」等のテーマでの研修会と懇親会（コロナ禍により中止）

目的 **22**

全国愛農会

公社

三重県伊賀市別府690-1　代表理事　飯尾裕光

行政庁	内閣府
目的	5, 15, 22
類型	1, 3, 18

- 法人コード　　A017190
- 社員・会員　　284名・391名
- 寄付金収入　　1,404千円
- 会費収入　　　4,631千円
- 経常収支　　　経常収益合計　23,621千円
　　　　　　　　経常費用合計　21,665千円
- 公益目的事業費　18,613千円
- 収益事業　　　経常収益　1,188千円
　　　　　　　　経常費用　829千円
- 主な財産　　　預金等　19,185千円
　　　　　　　　建物土地　13,097千円
　　　　　　　　負債　9,818千円
- 正味財産額　　23,921千円
- 常勤理事　　　0
- 職員・給与　　3名・11,022千円
- 賃借料　　　　615千円
- 使用したデータ　令和3年度

法人の概要

1955年8月設立・2014年1月公益法人登記

本会は、土と命を守る担い手の育成や有機農業の普及・教育、有機食品の検査認証を行っている。また全国で唯一の私立の農業高校である「愛農学園農業高等学校」を1963年に設立・支援を行っている。敗戦と混乱の飢餓の中、平和の礎である農業を農民が自ら主体的に担って守っていくことを目指して、1945年小谷純一が16人の仲間と共にはじめた「愛農塾」が本会の始まり。

事業の概要

1. 営農・就農支援事業
   (1) 愛農大学講座等対面イベントは中止
   (2) 月刊「愛農」毎月発行
2. 農産物・加工食品等の認証に関する事業
   (1) 新規認証件数　14件
   ① 有機農産物の生産工程管理者　9件
   ② 有機農産物の小分け業者　1件
   ③ 有機加工食品の生産工程管理者　4件
   (2) 確認調査－全認証業者の年次調査実施

東京グラフィックサービス工業会

公社

東京都中央区日本橋小伝馬町7-16　代表理事　原田大輔

行政庁	東京都
目的	22
類型	2, 3, 5, 6, 18

- 法人コード　　A010810
- 社員・会員　　281名・317名
- 寄付金収入　　0
- 会費収入　　　10,105千円
- 経常収支　　　経常収益合計　27,586千円
　　　　　　　　経常費用合計　25,348千円
- 公益目的事業費　17,947千円
- 収益事業　　　経常収益　4,364千円
　　　　　　　　経常費用　2,545千円
- 主な財産　　　預金等　24,893千円
　　　　　　　　負債　7,510千円
- 正味財産額　　18,747千円
- 常勤理事　　　1名
- 職員・給与　　5名・12,488千円
- 賃借料　　　　2,700千円
- 使用したデータ　令和3年度

法人の概要

1993年4月設立・2013年4月公益法人登記。本会は、都内500の会員を有する印刷・情報

処理に関わる事業者団体で、会員には中小印刷業者が多く、会員企業の経営基盤の安定と技術の向上を目指し、また日々進歩する印刷技術情報の提供を行っている。

事業の概要

1. グラフィックサービス技術提供・啓発行為－都民からの各種印刷、自費出版等に関する相談・問い合わせ受付業務
2. 個人情報保護の推進及び苦情・相談事業
   (1) 認定個人情報保護団体としての活動
   (2) プライバシーマーク普及、審査業務活動
3. 雇用の安定及び人材の育成事業
   (1) 雇用の安定
   ① ライフワークバランス推進事業
   ② 就業支援及び会員企業の新規採用支援求職者情報や合同面接会などの情報を周知会員企業からの求人を関係機関へ紹介
   (2) 人材の育成事業
4. 公害防止、資源リサイクル等の調査研究

行政庁	広島県
目的	22
類型	3, 4, 6, 8, 18

公社 広島消費者協会

広島県広島市中区基町 6 - 27　代表理事　栗原理

- 法人コード　　　A005985
- 社員・会員　　　201名・281名
- 寄付金収入　　　0
- 会費収入　　　　1,804千円
- 経常収支　　　　経常収益合計　9,858千円
　　　　　　　　　経常費用合計　10,160千円
- 公益目的事業費　6,410千円
- 収益事業　　　　無
- 主な財産　　　　預金等　23,253千円
　　　　　　　　　負債　673千円
- 正味財産額　　　22,580千円
- 常勤理事　　　　0
- 職員・給与　　　2 名・6,580千円
- 賃借料　　　　　318千円
- 使用したデータ　令和 3 年度

法人の概要

1990年10月設立・2012年 4 月公益法人登記。
本法人は、消費者基本法（昭和43年法律第78
号）に規定する消費者団体の役割に基づき、

消費者の代弁者としての役割を果たすととも
に、消費生活に関する情報収集、提供及び監
視、消費者への啓発及び教育等を、行政及び
事業者との連携の中で実施することにより消
費者の権利が確保されることで、消費者が自
立した消費生活を送ることができる、健全な
経済社会の進展に寄与することを目的とする。

事業の概要

1．消費生活改善合理化を図る教育活動事業
　(1)　会報「消費生活広島」95号の発行
　(2)　事業報告書の発行
2．消費経済及び消費者生活状況調査事業
　(1)　消費生活問題広島コンファレンス
　(2)　消費者問題研究活動
　　地区有志グループ調査研究「リユース研究」
　(3)　消費者問題に関する調査の実施
　　食品表示ウォッチャーによる表示点検実施
　(4)　一般消費者利益保護・増進目的の啓発

行政庁	内閣府
目的	2, 6, 9, 22
類型	2

公財 日本ネイリスト検定試験センター

東京都千代田区永田町 2 - 14 - 3　代表理事　山東昭子

- 法人コード　　　A019033
- 会員数　　　　　0
- 寄付金収入　　　2,000千円
- 会費収入　　　　0
- 経常収支　　　　経常収益合計　387,320千円
　　　　　　　　　経常費用合計　384,438千円
- 公益目的事業費　357,037千円
- 収益事業　　　　経常収益　33,018千円
　　　　　　　　　経常費用　26,390千円
- 主な財産　　　　預金等　78,683千円
　　　　　　　　　負債　99,669千円
- 正味財産額　　　20,357千円
- 常勤理事　　　　0
- 職員・給与　　　5 名・21,469千円
- 賃借料　　　　　7,280千円
- 使用したデータ　令和 3 年度

法人の概要

2008年12月設立・2012年 7 月公益法人登記。
NPO 法人日本ネイリスト協会が実施してい

た検定試験事業を継承し、検定試験の運営と
資格認証を専門に行う機関として設立。1997
年にスタートしたこのネイリスト技能検定試
験の受験者数は、2021年10月現在、累計で約
90万人、有資格者も約56万人とプロネイリス
トを目指す人たちの一つの指標として、業界
で最も権威と歴史のある資格。専門性、公益
性、社会的価値が認定の要因である。

事業の概要

感染対策を徹底し、予定通り検定試験実施。
1．夏期ネイリスト技能検定 2 級（全国11都市)
　受験者数1,303名　合格者709名（54.4%)
2．夏期ネイリスト技能検定 3 級（全国11都市
　及び登録試験会場)
　受験者数4,160名　合格者3,731名（89.7%)
3．秋期ネイリスト技能検定 1 級（全国12都市)
　受験者数2,397名　合格者1,275名（53.2%)
4．秋期ネイリスト技能検定 2 級（全国12都市)
　受験者数4,065名　合格者2,314名（56.9%)

目的
22

1. 公益法人の概況（令和4年12月1日現在）

1. 法人数　　　　　9,672法人（内訳・社団4,171法人・財団5,501法人）
2. 職員数　　　　　合計293,298人

　　うち0人の法人533法人（5.5%）、1人の法人1,107法人（11.4%）、2〜9人の法人4,837法人（50%）、0〜9人以下の法人が70.0%である。

3. 資産　　　　　　合計30兆8,344億円

　　うち1千万円未満574法人（6.0%）、1千万円以上5千万円未満1,891法人（19.7%）、5千万円以上1億円未満1,137法人（11.8%）、1億円未満の法人が37.5%である。

4. 寄付金収入　　　合計6,906億円1,500万円

　　うち0円　4,629法人（48.2%）、1円以上百万円未満1,741法人（18.1%）、百万円未満の法人が66.3%である。

5. 公益目的事業費　合計5兆8,817億円

　　うち1千万円未満1,649法人（17.2%）、1千万円以上5千万円未満2,729法人（28.4%）、5千万円未満の法人が45.6%である。

※数値は四捨五入されており、合計と内訳の合算は必ずしも一致しません。

2. 公益認定件数・不認定数・取下げ件数表

		平成20年度	平成21年度	平成22年度	平成23年度	平成24年度	平成25年度	平成26年度	平成27年度	平成28年度	平成29年度	平成30年度	令和元年度	令和2年度	令和3年度	令和4年度	合計
公益認定数	内閣府	9	33	26	50	44	47	32	44	46	53	40	36	39	42	41	582
	都道府県	7	13	25	31	30	47	52	41	41	29	40	50	38	35	43	522
不認定件数	内閣府	0	0	0	1	0	0	2	1	4	4	3	1	1	1	0	18
	都道府県	0	1	0	0	0	0	1	0	3	1	2	0	3	0	0	11
取下げ件数	内閣府	5	15	5	5	4	19	21	38	28	31	38	25	18	32	26	310
	都道府県	4	4	4	9	6	7	6	11	6	11	15	4	11	19	8	125

令和4年度内閣府が公益認定したのは41件に対し取下げが26件で、その割合は約6：4の割合である。

※上記2つのデータは「公益法人の概況及び公益認定等委員会の活動報告」のデータの転記あるいはあるいはその値を元に集計したものである。

あとがき

1. 本書作成開始から上梓まで

　本書は、既に一般法人を設立して運営している法人が公益認定を申請するため又は今後一般法人を設立した後、公益認定の申請をするための資料として役立てるために令和2年11月に着手しました。

　内閣府発表の公益法人統計表（以下「統計表」という。）の正味財産の少ない法人を選び、分析したところ小規模法人の多くが多種多様の公益目的事業を関係者の努力によって行っていることがよくわかりました。

　そこで、事業目的と事業類型が異なる法人をできるだけ多く掲載する内容とするため、以下の法人は掲載しないこととしました。

(1)　正味財産が赤字の法人

(2)　行政庁その他からの支援金・業務受託費を受けている（収入の半分以上）法人

(3)　シルバーセンター、青年会議所、法人会、業界団体の法人

(4)　事業目的と事業類型が同一の法人は、原則として1つの法人を掲載する。但し、奨学金・助成金給付の法人は、できるだけ多くの法人を掲載する。

　本書制作開始後公益法人法改正のための有識者会議が設置され、同会議に当法人から意見を出すためにアンケートを取り、当法人から意見書を出すこと等に時間がとられ、編集作業が遅れました。作業が長期化したことにより統計表から取り入れたデータをほぼ全面的に入れ替えたりしました。

　本書は、専門家に依頼しないで全て当法人の研究室員と虎ノ門法律経済事務所の所員スタッフの手で完成させました。紹介した法人の中で内容が異なる点がありましたら再版分で訂正させていただきますのでご寛恕下さることをお願いするとともに、当法人宛メール（info@pusa.jp）でご連絡下さるようお願い申し上げます。

2. 念ずれば通ず

　当法人を設立して本書を発刊する契機となったのは、本書14頁から20頁に記載した3S会と当法人の2つの公益認定を申請して担当者から理不尽と思われる質問が続いたからです。2つの法人の公益認定審査中、内閣府に公益認定申請した法人のうち40％近くが取り下げられていることを知りました。

　2つの公益法人の審査方法がこのまま続くと、こちらから取り下げをするかまたは取り下げないと不認定にされるのではないかと不安な毎日が続き心が折れそうになり、健康を害して倒れるのではないかとの不安感に襲われ正直困り果てました。

そのような折、３Ｓ会が会員の供養のため高野山に供養塔を建立して毎年慰霊祭を行っており、令和３年10月10日慰霊祭終了後、奥ノ院を参拝したとき、護摩木祈祷の受付があり、「心身健全」「事業発展」と護摩木に願いを書いて納めてきました。そして、今後は内閣府からの理不尽と思われる質問が出されてもできるだけ丁寧に回答し、公益認定に時間がかかっても取り下げることなく、認定されるまで頑張ると決意しました。

　その後も内閣府から理不尽と思われる質問がくり返されましたが、全てできるだけ丁寧に回答し２つの法人とも時間がかかりましたが公益認定を得ることができました。

　２つの法人が公益法人として認定されたことにより本書33頁に記載した通り、公益目的事業が大きく発展し、まさに公益の増進に寄与しています。

　最澄は、「一燈照隅 万燈照国」（いっとうしょうぐう・ばんとうしょうごく）と教えています。一人一人がベストをつくして身近の一隅を照らし、その一隅を照らす光が集まればその光は国全体を照らすということです。

　私は、当法人を設立して、公益法人制度をもっと多くの人が活用して、多くの公益法人が設立され一隅を照らす光が多くなり、「公益の増進」の燈が全国に広がることにより万燈照国に一歩でも近づくことができるよう、公益の燈を点燈する手伝をすることであり、現在もこのことを念じて当法人を運営しています。

　今回の公益認定法の改正により、ガイドラインが全面的に改訂され公益認定を申請したときこれまでのような厳しい審査方法はとられないと思います。しかし、公益認定法が改正されても、公益認定を取ることは超難関であるとの都市伝説をなくすためには時間がかかると考えます。

　新制度になってから、平成21年から令和４年までの15年で、県所管の公益法人で、公益認定を取得した法人がゼロの県が２県、10法人以下の県が29県あります。

　そこで、当法人は、公益の燈を全国に点燈するサポートを行うために令和6年10月から公益認定を取得する100法人に対して（１法人50万円）を給付する助成金制度を設けました。

　この助成金を受けることができる法人は、一般法人（新規設立も含む）から公益認定を申請する法人です。（詳細は当法人のホームページを参照してください。）

　また、助成金を受ける法人に対して、公益認定申請の手続に関しても、当法人が全面的にサポートします。

　この助成金を使って、これまで公益認定を受けた法人が少ない県で公益認定を申

請する法人からの応募をお待ちします。

3．都市伝説をなくしたい

公益認定を受ける法人が全国で年間平均約85法人と少ないのは以下の都市伝説があるからと思われます。

① 公益認定取得は超難関である

② 公益財団法人の公益認定取得には多額の財産を寄附する必要がある

③ 行政庁へ毎年2回書類を提出することが煩雑である

④ 経理処理が難しい

⑤ 行政庁からの立入検査が怖い

これらのうち①の公益認定申請に関してはこれまで困難な面がありましたが、認定法改正によりこの点は解消します。

②～⑤については、本書記載の小規模法人が運営している実績があり、今回の認定法改正により大幅に改善されます。

従って、これからは公益法人に関する上記の都市伝説が消滅するような制度となり公益認定を取得する法人が大幅に増えることを期待します。

そのために、当法人は、公益認定申請のサポート等を行うため公益法人研究室を作りサポートする体制を整えています。同研究室には、研究室長井上彰（中央大学名誉教授・元同大学副学長）・研究室員久留美文朗（公認会計士）・同内山英治（行政書士・社会保険労務士）・山本雅也（行政書士）・横井俊祐（行政書士）が常駐し、公益法人制度について調査研究するとともに公益認定取得に関し全て無料で相談を受けるとともに申請等に関する資料を提供しています。

本書は、一般法人・NPO法人のうち公益認定を申請すれば公益認定を受けられる法人、また、今後一般法人を設立して公益認定を申請する人が、公益認定申請を出す際の資料として活用してもらうために出版しました。

本書は、上記5名の研究室員の労作により発刊できたことを報告します。公益法人研究室は、公益法人制度について知りたい人は誰でも研究室にある資料やデータを無料で閲覧し研究室員から公益認定に関することについて質問することが出来るのでご活用下さい。

公益財団法人　公益事業支援協会

理　事　長　千賀修一

（令和6年9月6日・81歳の誕生日）

公益認定に関する法律第2条関係　公益目的事業（別表）

一　学術及び科学技術の振興を目的とする事業

二　文化及び芸術の振興を目的とする事業

三　障害者若しくは生活困窮者又は事故、災害若しくは犯罪による被害者の支援を目的とする事業

四　高齢者の福祉の増進を目的とする事業

五　勤労意欲のある者に対する就労の支援を目的とする事業

六　公衆衛生の向上を目的とする事業

七　児童又は青少年の健全な育成を目的とする事業

八　勤労者の福祉の向上を目的とする事業

九　教育、スポーツ等を通じて国民の心身の健全な発達に寄与し、又は豊かな人間性を涵養することを目的とする事業

十　犯罪の防止又は治安の維持を目的とする事業

十一　事故又は災害の防止を目的とする事業

十二　人種、性別その他の事由による不当な差別又は偏見の防止及び根絶を目的とする事業

十三　思想及び良心の自由、信教の自由又は表現の自由の尊重又は擁護を目的とする事業

十四　男女共同参画社会の形成その他のより良い社会の形成の推進を目的とする事業

十五　国際相互理解の促進及び開発途上にある海外の地域に対する経済協力を目的とする事業

十六　地球環境の保全又は自然環境の保護及び整備を目的とする事業

十七　国土の利用、整備又は保全を目的とする事業

十八　国政の健全な運営の確保に資することを目的とする事業

十九　地域社会の健全な発展を目的とする事業

二十　公正かつ自由な経済活動の機会の確保及び促進並びにその活性化による国民生活の安定向上を目的とする事業

二十一　国民生活に不可欠な物資、エネルギー等の安定供給の確保を目的とする事業

二十二　一般消費者の利益の擁護又は増進を目的とする事業

二十三　前各号に掲げるもののほか、公益に関する事業として政令で定めるもの

事業区分ごとの公益目的事業の事業例（事業類型）

	事業区分	事業名の例（事業報告書等に記載されているもの）
1	検査検定	検査・検定、検査、検定、認証
2	資格付与	技能検定、技術検定、資格認定
3	講座、セミナー、育成	講座、講習、セミナー、シンポジウム、人材育成、育成、研修会、学術集会、学術講演会
4	体験活動等	イベント、体験、体験教室、ツアー、観察会
5	相談、助言	相談、相談対応、相談会、指導、コンサルタント、助言、苦情処理
6	調査、資料収集	調査研究、調査、統計、資料収集、情報収集、データベース作成、分析
7	技術開発、研究開発	研究開発、技術開発、システム開発、ソフト開発、研究、試験研究
8	キャンペーン、〇〇月間	キャンペーン、普及啓発、週間、月間、キャラバン、政策提言
9	展示会、〇〇ショー	展示会、博覧会、ショー、〇〇展、フェア、フェスタ、フェスティバル
10	博物館等の展示	〇〇館、コレクション、常設展示場、常設展示
11	施設の貸与	施設（又は会館、ホール、会議室）管理、施設の管理運営、施設の維持経営
12	資金貸付、債務保証等	融資、ローン、債務保証、信用保証、リース
13	助成（応募型）	助成、無償奨学金、支援、補助、援助、補助金、利子補給、家賃補助、無償貸与、無償貸付、無償レンタル
14	表彰、コンクール	表彰、〇〇賞、〇〇大賞、コンクール、コンクール大会、審査、コンテスト、グランプリ、展覧会
15	競技会	競技大会、試合、大会、〇〇カップ、〇〇杯、〇〇オープン
16	自主公演	公演、興行、演奏会
17	主催公演	主催公演、主催コンサート
	その他	上記の事業区分に該当しない事業

事 業 目 的 別 細 目 次

目 的 1 ｜ 学術及び科学技術の振興を目的とする事業

㈳ 学術・文化・産業ネットワーク多摩 / ㈳ 企業情報化協会 ・・・・・・・・ 34

㈳ 九州数学教育会 / ㈳ 昭和経済会 ・・・・・・・・・・・・・・・・・ 35

㈳ 生体制御学会 / ㈳ 生命科学振興会 ・・・・・・・・・・・・・・・・ 36

㈳ 大学コンソーシアム石川 / ㈳ 大気環境学会 ・・・・・・・・・・・・ 37

㈳ 知財経営協会 / ㈳ 日本ビタミン学会 ・・・・・・・・・・・・・・・ 38

㈳ 日本医学物理学会 / ㈳ 日本顎顔面インプラント学会 ・・・・・・・・ 39

㈳ 日本工学会 / ㈳ 日本地下水学会 ・・・・・・・・・・・・・・・・・ 40

㈳ 日本繁殖生物学会 / ㈳ 日本分光学会 ・・・・・・・・・・・・・・・ 41

㈳ 日本理科教育振興協会 / ㈳ 非営利法人研究学会 ・・・・・・・・・・ 42

㈶ イハラサイエンス中野記念財団 / ㈶ 運動器の健康・日本協会 ・・・・ 43

㈶ 江間忠・木材振興財団 / ㈶ 応用生化学研究所 ・・・・・・・・・・・ 44

㈶ 応用微生物学・分子細胞生物学研究奨励会 / ㈶ 大分がん研究振興財団 45

㈶ 大阪造船所奨学会 / ㈶ 大阪対がん協会 ・・・・・・・・・・・・・・ 46

㈶ 大畑財団 / ㈶ 岐阜鋳物会館 ・・・・・・・・・・・・・・・・・・・ 47

㈶ 岐阜天文台 / ㈶ 倉敷考古館 ・・・・・・・・・・・・・・・・・・・ 48

㈶ 国際医学教育財団 / ㈶ COSINA奨学会 ・・・・・・・・・・・・・・ 49

㈶ 五丁目会館 / ㈶ さきがけ文学賞渡辺喜恵子基金 ・・・・・・・・・・ 50

㈶ GMOインターネット財団 / ㈶ シオノ健康財団・・・・・・・・・・・ 51

㈶ 信濃通俗大学会 / ㈶ 勝興寺文化財保存・活用事業団 ・・・・・・・・ 52

㈶ 知床自然大学院大学設立財団 / ㈶ 新日本先進医療研究財団 ・・・・・ 53

㈶ 谷山治雄記念財団 / ㈶ ダノン健康栄養財団 ・・・・・・・・・・・・ 54

㈶ 電気電子情報学術振興財団 / ㈶ 徳島県埋蔵文化財センター ・・・・・ 55

㈶ 鳥取バイオサイエンス振興会 / ㈶ 西原里仁会 ・・・・・・・・・・・ 56

㈶ 日本化学繊維研究所 / ㈶ 日本極地研究振興会 ・・・・・・・・・・・ 57

㈶ 日本呼吸器財団 / ㈶ 日本世論調査協会 ・・・・・・・・・・・・・・ 58

㈶ ニューテクノロジー振興財団 / ㈶ 農学会 ・・・・・・・・・・・・・ 59

㈶ 原総合知的通信システム基金 / ㈶ 原・フルタイムシステム科学技術振興財団 ・・ 60

㈶ 平岡環境科学研究所 / ㈶ 広島がんセミナー ・・・・・・・・・・・・ 61

㈶ 風樹会 / ㈶ 文化科学教育研究会 ・・・・・・・・・・・・・・・・・ 62

㈶ ホクト生物科学振興財団 / ㈶ 未来教育研究所 ・・・・・・・・・・・ 63

目 的 2 ｜ 文化及び芸術の振興を目的とする事業

㈳ アンサンブル神戸 / ㈳ 愛媛能楽協会 ・・・・・・・・・・・・・・・ 64

※ここでは公益財団法人の場合は㈶、公益社団法人の場合は㈳と表記しています。

㈳ 園芸文化協会 / ㈳ 金沢能楽会 ・・・・・・・・・・・ 65

㈳ 企業メセナ群馬 / ㈳ 北之台雅楽アンサンブル ・・・・・・ 66

㈳ 劇場演出空間技術協会 / ㈳ 国際演劇協会日本センター ・・・・・ 67

㈳ 金春円満井会 / ㈳ こんぴら賢人記念館 ・・・・・・・・ 68

㈳ させぼ夢大学 / ㈳ 静岡県茶手揉保存会 ・・・・・・・ 69

㈳ 諏訪交響楽団 / ㈳ 瀬戸フィルハーモニー交響楽団 ・・・・・ 70

㈳ 全国社寺等屋根工事技術保存会 / ㈳ 全日本小品盆栽協会 ・・・・・ 71

㈳ 全日本書道教育協会 / ㈳ 全日本洋裁技能協会 ・・・・・・ 72

㈳ 大日本弓馬会 / ㈳ 奈良史蹟歴史研究普及会 ・・・・・・ 73

㈳ 日本連珠社 / ㈳ 日本演劇協会 ・・・・・・・・・・ 74

㈳ 日本ギター連盟 / ㈳ 日本サインデザイン協会 ・・・・・・ 75

㈳ 日本三曲協会 / ㈳ 日本七宝作家協会 ・・・・・・・・ 76

㈳ 日本ジュエリーデザイナー協会 / ㈳ 日本書作家協会 ・・・・・・ 77

㈳ 日本茶業中央会 / ㈳ 日本・中国水墨交流協会 ・・・・・・ 78

㈳ 日本伝統俳句協会 / ㈳ 日本美術教育連合 ・・・・・・・ 79

㈳ 日本舞台音響家協会 / ㈳ 日本文化財保護協会 ・・・・・・ 80

㈳ 日本和紙絵画芸術協会 / ㈳ 福岡県美術協会 ・・・・・・ 81

㈳ 毎日書道学会 / ㈳ 南信州地域資料センター ・・・・・・ 82

㈳ 美濃陶芸協会 / ㈳ 養和書道院 ・・・・・・・・・ 83

㈳ 浪曲親友協会 / ㈶ アイスタイル芸術スポーツ振興財団 ・・・・・ 84

㈶ 阿波人形浄瑠璃振興会 / ㈶ 伊賀文化産業協会 ・・・・・・ 85

㈶ 井上バレエ団 / ㈶ 梅若会 ・・・・・・・・・・・ 86

㈶ 江戸糸あやつり人形結城座 / ㈶ 榎本文化財団 ・・・・・・ 87

㈶ 大野からくり記念館 / ㈶ 小川町文化協会 ・・・・・・・ 88

㈶ 翁久允財団 / ㈶ お香の会 ・・・・・・・・・・・ 89

㈶ 鎌倉能舞台 / ㈶ 上山城郷土資料館 ・・・・・・・・ 90

㈶ 北区文化振興財団 / ㈶ 九州文化協会 ・・・・・・・・ 91

㈶ 清河八郎記念館 / ㈶ 国際音楽芸術振興財団 ・・・・・・ 92

㈶ 坂本報效会 / ㈶ さわかみオペラ芸術振興財団 ・・・・・・ 93

㈶ 重要無形文化財結城紬技術保存会 / ㈶ 新宮町文化振興財団 ・・・・・ 94

㈶ スターダンサーズ・バレエ団 / ㈶ 世界文化伝承財団 ・・・・・ 95

㈶ 僧月性顕彰会 / ㈶ 橘秋子記念財団 ・・・・・・・・ 96

㈶ 手織技術振興財団 / ㈶ 勅使河原和風会 ・・・・・・・ 97

㈶ 天門美術館 / ㈶ 東京シティ・バレエ団 ・・・・・・・ 98

㈶ 東京大学新聞社 / ㈶ 東京二期会 ・・・・・・・・・ 99

㈶ 土岐市文化振興事業団 / ㈶ 中津万象園保勝会 ・・・・・・ 100

㈶ 日伊音楽協会 / ㈶ 日本編物検定協会 ・・・・・・・・ 101

㈶ 日本編物手芸協会 / ㈶ 日本手工芸作家連合会 ・・・・・・ 102

㈶ 日本刀文化振興協会 / ㈶ 日本ばら会 ・・・・・・・・・・・・・・ 103

㈶ 日本文学振興会 / ㈶ 鋸山美術館 ・・・・・・・・・・・・・・・ 104

㈶ ヒロシマ平和創造基金 / ㈶ 福澤旧邸保存会 ・・・・・・・・・・ 105

㈶ 藤井斉成会 / ㈶ 無窮会 ・・・・・・・・・・・・・・・・・・・ 106

㈶ 椋庵文学賞財団 / ㈶ 向日市埋蔵文化財センター ・・・・・・・・ 107

㈶ ヤマノ文化財団 / ㈶ ルネッサ地域文化振興財団 ・・・・・・・・ 108

目的 3 │ 障害者若しくは生活困窮者又は事故、災害若しくは犯罪による被害者の支援を目的とする事業

㈳ ア・ドリーム ア・デイ IN TOKYO/ ㈳ 石川県手をつなぐ育成会 ・・・ 109

㈳ ウォームサポートシオン / ㈳ SL災害ボランティアネットワーク・・・ 110

㈳ 大阪府精神障害者家族会連合会 / ㈳ 岡山県難聴者協会 ・・・・・・ 111

㈳ 香川県断酒会 / ㈳ 神奈川学習障害教育研究協会 ・・・・・・・・ 112

㈳ 群馬県知的障害者福祉協会 / ㈳ 厚生車輌福祉協会 ・・・・・・・・ 113

㈳ 埼玉県断酒新生会 / ㈳ 島根県断酒新生会 ・・・・・・・・・・・ 114

㈳ すくすく岐阜 / ㈳ 成年後見支援センターヒルフェ ・・・・・・・ 115

㈳ 全国脊髄損傷者連合会 / ㈳ 東北障がい者芸術支援機構 ・・・・・・ 116

㈳ 日本精神保健福祉連盟 / ㈳ 被害者支援センターやまなし ・・・・・ 117

㈳ 広島市身体障害者福祉団体連合会 / ㈳ フードバンクかながわ ・・・ 118

㈳ ふくしま被害者支援センター / ㈳ 北海道ろうあ連盟 ・・・・・・・ 119

㈳ モバイル・ホスピタル・インターナショナル / ㈶ 茨城国際親善厚生財団 ・・ 120

㈶ 香川県視覚障害者福祉協会 / ㈶ 共生地域創造財団 ・・・・・・・ 121

㈶ 熊本県肢体不自由児協会 / ㈶ こころのバリアフリー研究会 ・・・・ 122

㈶ 震災復興支援放射能対策研究所 / ㈶ 長濤会 ・・・・・・・・・・ 123

㈶ 徳島の盲導犬を育てる会 / ㈶ 新潟県肢体不自由児協会 ・・・・・・ 124

㈶ 日本チャリティ協会 / ㈶ 日本フードバンク連盟 ・・・・・・・・ 125

㈶ フォトン・ジャパンフレンド / ㈶ 福岡県肢体不自由児協会 ・・・・ 126

㈶ 福岡県重症心身障害児（者）を守る会 / ㈶ 福岡県身体障害者福祉協会 ・・ 127

㈶ 星いきいき社会福祉財団 / ㈶ 北海道移植医療推進財団 ・・・・・・ 128

目的 4 │ 高齢者の福祉の増進を目的とする事業

㈳ 大分県老人保健施設協会 / ㈳ 顔と心と体研究会 ・・・・・・・・ 129

㈳ 鹿児島県老人保健施設協会 / ㈳ 北汲沢地域総合福祉活動委員会 ・・・ 130

㈳ 京都府介護支援専門員会 / ㈳ 杉並区成年後見センター ・・・・・・ 131

㈳ 長寿社会文化協会 / ㈳ 名古屋市老人クラブ連合会 ・・・・・・・ 132

㈳ 虹の会 / ㈳ 日本産業退職者協会 ・・・・・・・・・・・・・・・ 133

(社) 日本認知症グループホーム協会 / (財) 内町敬老育英会 ・・・・・・・・ 134

(財) 健康普及会 / (財) Uビジョン研究所 ・・・・・・・・・・・ 135

目 的 5 | 勤労意欲のある者に対する就労の支援を目的とする事業

(社) 大阪府港湾教育訓練協会 / (社) 全日本マネキン紹介事業協会 ・・・・・ 136

(財) NSG財団 / (財) 匠・育英会 ・・・・・・・・・・・・・・ 137

(財) みんなの夢をかなえる会 ・・・・・・・・・・・・・・・ 138

目 的 6 | 公衆衛生の向上を目的とする事業

(社) 茨城県医薬品配置協会 ・・・・・・・・・・・・・・・・ 138

(社) いばらき思春期保健協会 / (社) 宇野清港会 ・・・・・・・・・ 139

(社) 大分県言語聴覚士協会 / (社) 大阪ハートクラブ ・・・・・・・ 140

(社) 埼玉県医療社会事業協会 / (社) 受動喫煙撲滅機構 ・・・・・・・ 141

(社) 全国建築物飲料水管理協会 / (社) 日本脳卒中協会 ・・・・・・・ 142

(社) 日本厚生協会 / (社) 日本WHO協会 ・・・・・・・・・・・ 143

(社) 福島県ビルメンテナンス協会 / (社) 緑区薬事センター ・・・・・ 144

(社) 山形県食品衛生協会 / (財) 赤枝医学研究財団 ・・・・・・・・ 145

(財) 大阪府生活衛生営業指導センター / (財) 橘勝会 ・・・・・・・ 146

(財) 群馬健康医学振興会 / (財) 国際全人医療研究所 ・・・・・・・ 147

(財) デイリー健康福祉事業団 / (財) 長崎県食鳥肉衛生協会 ・・・・・ 148

(財) 日本アジア医療看護育成会 / (財) 弘前大学アイバンク ・・・・・ 149

(財) 三重県救急医療情報センター / (財) 宮崎霊園事業団 ・・・・・・ 150

目 的 7 | 児童又は青少年の健全な育成を目的とする事業

(社) 鹿児島県社会福祉士会 / (社) 学校教育開発研究所 ・・・・・・・ 151

(社) 京都府少年補導協会 / (社) こども環境学会 ・・・・・・・・・ 152

(社) こどもみらい研究所 / (社) JEO・子どもに均等な機会を ・・・・ 153

(社) ジュニア・アチーブメント日本 / (社) Sumita Scholarship Foundation, Cambodia ・ 154

(社) 青少年育成秋田県民会議 / (社) 全国学習塾協会 ・・・・・・ 155

(社) 全国幼児教育研究協会 / (社) 全日本高等学校ギター・マンドリン音楽振興会 ・ 156

(社) 富山県高等学校安全振興会 / (社) 日本ボーイスカウト大分県連盟 ・・・ 157

(社) 日本幼年教育会 / (社) 日本ストリートダンススタジオ協会 ・・・・・ 158

(社) 福井市民間幼児教育連盟 / (社) 母子保健推進会議 ・・・・・・・ 159

(社) 街のあかり / (社) マナーキッズプロジェクト ・・・・・・・・ 160

㈶ あいである / ㈶ あくるめ ・・・・・・・・・・・・・・・ 161

㈶ 伊都奨学会 / ㈶ 岩佐教育文化財団 ・・・・・・・・・ 162

㈶ SHG 財団 / ㈶ NSK ナカニシ財団 ・・・・・・・・・ 163

㈶ FACP 財団 / ㈶ 岡崎金次郎育英会 ・・・・・・・・・ 164

㈶ オリオンビール奨学財団 / ㈶ 開成会 ・・・・・・・・ 165

㈶ 神奈川県青少年交響楽団 / ㈶ 釧路ロータリー嵯峨記念育英会 ・・・・ 166

㈶ 熊本県武道振興会 / ㈶ クロサワ育成財団 ・・・・・・ 167

㈶ 群馬県ボーイスカウト振興財団 / ㈶ 県立西尾高等学校同窓会奨学財団 ・ 168

㈶ 古泉財団 / ㈶ 湖国協会 ・・・・・・・・・・・・・ 169

㈶ 志・建設技術人材育成財団 / ㈶ 駒形育英会 ・・・・・ 170

㈶ サカタ財団 / ㈶ 姉水会奨学財団 ・・・・・・・・・・ 171

㈶ 自然の恵み財団 / ㈶ ジュニアゴルファー育成財団 ・・ 172

㈶ 新宮奨学会 / ㈶ すみれ学級 ・・・・・・・・・・・ 173

㈶ セディア財団 / ㈶ ZEN CLUB ・・・・・・・・・・ 174

㈶ 全国青少年教化協議会 / ㈶ 大黒天財団 ・・・・・・・ 175

㈶ 動物環境・福祉協会 Eva/ ㈶ 長崎東同窓会奨学会 ・・・ 176

㈶ 中野区教育振興会 / ㈶ 日本こども教育財団 ・・・・・ 177

㈶ 日本修学旅行協会 / ㈶ 日本進路指導協会 ・・・・・・ 178

㈶ 日本フラッグフットボール協会 / ㈶ 長谷川学事奨励基金 ・・・・・ 179

㈶ バンダイコレクション財団 / ㈶ 広島国泰寺高等学校鯉城同窓会奨学財団 ・・ 180

㈶ 福島県青少年教育振興会 / ㈶ 福翔奨学会 ・・・・・・ 181

㈶ ふくわ / ㈶ 藤井財団 ・・・・・・・・・・・・・・ 182

㈶ 富士宮育英財団 / ㈶ 婦人児童問題研究所 ・・・・・・ 183

㈶ 北海道自然体験学習財団 / ㈶ マリア財団 ・・・・・・ 184

㈶ みずほ農場教育財団 / ㈶ 武蔵奨学会 ・・・・・・・・ 185

㈶ 村岡財団 / ㈶ モカ育志奨励奨学基金 ・・・・・・・・ 186

㈶ 山新育英財団 ・・・・・・・・・・・・・・・・・ 187

目的 9 ｜ 教育、スポーツ等を通じて国民の心身の健全な発達に寄与し、又は豊かな人間性を涵養することを目的とする事業

㈳ アニマル・ドネーション ・・・・・・・・・・・・ 187

㈳ 石川県馬事振興協会 / ㈳ 神奈川県馬術協会 ・・・・・ 188

㈳ ギャンブル依存症問題を考える会 / ㈳ 群馬県珠算連盟 ・・・・・ 189

㈳ 国際 IC 日本協会 / ㈳ 全日本フルコンタクト空手道連盟 ・・・・ 190

㈳ 長野グライダー協会 / ㈳ 日本滑空協会 ・・・・・・・ 191

㈳ 日本近代五種協会 / ㈳ 日本グライダークラブ ・・・・ 192

㈳ 日本植物友の会 / ㈳ 日本速記協会 ・・・・・・・・・ 193

㈳ 日本ダーツ協会 / ㈳ 日本タートル協会 ・・・・・・・ 194

㈳日本通信教育振興協会 / ㈳日本綱引連盟 ・・・・・・・・・ 195
㈳日本フィットネス協会 / ㈳日本ペタンク・ブール連盟 ・・・・・ 196
㈳日本ボウリング場協会 / ㈳日本ボブスレー・リュージュ・スケルトン連盟・・ 197
㈳北海道スカイスポーツ協会 / ㈳宮城県航空協会 ・・・・・・・ 198
㈶忍郷友会 / ㈶倉敷天文台 ・・・・・・・・・・・・・・・ 199
㈶ぐんま YMCA/ ㈶国際スポーツ文化財団 ・・・・・・・・・ 200
㈶境港うなばら水産奨学会 / ㈶佐藤定雄国際奨学財団 ・・・・・ 201
㈶紫雲奨学会 / ㈶重田教育財団 ・・・・・・・・・・・・・ 202
㈶志度町体育振興会 / ㈶修武館 ・・・・・・・・・・・・・ 203
㈶松風会 / ㈶身体教育医学研究所 ・・・・・・・・・・・・ 204
㈶第五福竜丸平和協会 / ㈶竹歳敏夫奨学育英会 ・・・・・・・ 205
㈶足ル知ル生活 / ㈶藤樹書院 ・・・・・・・・・・・・・・ 206
㈶日本教育文化財団 / ㈶日本航空教育協会 ・・・・・・・・・ 207
㈶日本スポーツ仲裁機構 / ㈶ノエビアグリーン財団 ・・・・・・ 208
㈶兵庫県馬術連盟 / ㈶舩井幸雄記念館 ・・・・・・・・・・・ 209
㈶北海道生涯学習協会 / ㈶松江体育協会 ・・・・・・・・・・ 210
㈶りそな未来財団 ・・・・・・・・・・・・・・・・・・・ 211

目的 10 ｜ 犯罪の防止、治安の維持を目的とする事業

㈳愛媛県防犯協会連合会 ・・・・・・・・・・・・・・・・ 211
㈳すこやか街づくり推進協議会 / ㈶日本防犯安全振興財団 ・・・・・・・ 212

目的 11 ｜ 事故又は災害の防止を目的とする事業

㈳愛知県火薬類保安協会 / ㈳福島原発行動隊 ・・・・・・・・・ 213
㈳琉球水難救済会 ・・・・・・・・・・・・・・・・・・・ 214

目的 12 ｜ 人種、性別その他の事由による不当な差別又は偏見の防止 及び根絶を目的とする事業

㈳難民起業サポートファンド ・・・・・・・・・・・・・・ 214
㈳日本駆け込み寺 ・・・・・・・・・・・・・・・・・・・ 215

目的 13 ｜ 思想及び良心の自由、信教の自由又は表現の自由の尊重又は 擁護を目的とする事業

㈳自由人権協会 ・・・・・・・・・・・・・・・・・・・・ 215
㈳日本ジャーナリスト協会 / ㈳マスコミ世論研究所 ・・・・・・・・・ 216

㈶ 青森県護国神社奉賛会 / ㈶ 国際宗教研究所 ・・・・・・・・・・・・ 217

㈶ 日本宗教連盟 ・・・・・・・・・・・・・・・・・・・・・・・ 218

目的 14 | 男女共同参画社会の形成その他のより良い社会の形成の推進を目的とする事業

㈳ 熊本善意銀行 ・・・・・・・・・・・・・・・・・・・・・・ 218

㈳ しなの中小法人サポートセンター / ㈳ 福岡国際ミズの会 ・・・・・・ 219

㈶ 在日コリアン支援会 / ㈶ たかおか女性アカデミー ・・・・・・・ 220

㈶ 東京コミュニティー財団 / ㈶ 北海道女性協会 ・・・・・・・・・ 221

㈶ みらい RITA ・・・・・・・・・・・・・・・・・・・・・・ 222

目的 15 | 国際相互理解の促進及び開発途上にある海外の地域に対する経済協力を目的とする事業

㈳ 国際経済交流協会 ・・・・・・・・・・・・・・・・・・・・ 222

㈳ 国際人材交流協会 / ㈳ 三宝莚国際交流協会 ・・・・・・・・・・ 223

㈳ セカンドハンド / ㈳ 中央日韓協会 ・・・・・・・・・・・・・ 224

㈳ 日・豪・ニュージーランド協会 / ㈳ 日本イスラエル親善協会 ・・・ 225

㈳ 日本ブルネイ友好協会 / ㈶ 鹿児島市国際交流財団 ・・・・・・・ 226

㈶ 国際医療財団 / ㈶ 世界こども財団 ・・・・・・・・・・・・・ 227

㈶ 多度津町国際交流協会 / ㈶ 中村哲也記念財団 ・・・・・・・・・ 228

㈶ 日印協会 / ㈶ 日本国際育成支援機構 ・・・・・・・・・・・・ 229

㈶ 日本国際交流センター / ㈶ 日本国際連合協会 ・・・・・・・・・ 230

㈶ 日本・パキスタン協会 / ㈶ 母と学生の会 ・・・・・・・・・・ 231

㈶ 美術文化振興協会 ・・・・・・・・・・・・・・・・・・・・ 232

目的 16 | 地球環境の保全又は自然環境の保護及び整備を目的とする事業

㈳ 青森県緑化推進委員会 ・・・・・・・・・・・・・・・・・・ 232

㈳ 観音崎自然博物館 / ㈳ 湖南工業団地協会 ・・・・・・・・・・ 233

㈳ 滋賀県環境保全協会 / ㈳ 仙台ユネスコ協会 ・・・・・・・・・ 234

㈳ とやま緑化推進機構 / ㈳ にいがた緑の百年物語緑化推進委員会 ・・ 235

㈳ 日本シェアリングネイチャー協会 / ㈳ 平成令終会 ・・・・・・・ 236

㈶ 柿田川みどりのトラスト / ㈶ 木津川市緑と文化・スポーツ振興事業団 ・・ 237

㈶ 木場潟公園協会 / ㈶ さいたま緑のトラスト協会 ・・・・・・・・ 238

㈶ Save Earth Foundation/ ㈶ 地球友の会 ・・・・・・・・・ 239

㈶ 中央温泉研究所 / ㈶ TOS みどり森・守財団 ・・・・・・・・・ 240

㈶ 花と緑の銀行 / ㈶ ポエック里海財団 ・・・・・・・・・・・・ 241

㈶ 武蔵野江戸農法基金 ・・・・・・・・・・・・・・・・・・・ 242

目 的 **17** 国土の利用、整備又は保全を目的とする事業

㈶ 緑進協会 ・・・・・・・・・・・・・・・・・・・・・・・ 242

目 的 **18** 国政の健全な運営の確保に資することを目的とする事業

㈶ 国策研究会 / ㈶ 政治資金センター ・・・・・・・・・・・ 243
㈶ 日本国防協会 ・・・・・・・・・・・・・・・・・・・・・ 244

目 的 **19** 地域社会の健全な発展を目的とする事業

㈳ 愛知共同住宅協会 ・・・・・・・・・・・・・・・・・・・ 244
㈳ アクティブベースくれ / ㈳ 伊勢志摩観光コンベンション機構 ・・・ 245
㈳ 大阪技術振興協会 / ㈳ 大阪広告協会 ・・・・・・・・・・ 246
㈳ 神奈川台場地域活性化推進協会 / ㈳ 金沢こころの電話 ・・・ 247
㈳ 蒲生育英会 / ㈳ 岐阜新聞岐阜放送社会事業団 ・・・・・・ 248
㈳ 競走馬育成協会 / ㈳ 京都府物産協会 ・・・・・・・・・・ 249
㈳ 京のふるさと産品協会 / ㈳ 埼玉デザイン協議会 ・・・・・ 250
㈳ 上越国際交流協会 / ㈳ 定禅寺ストリートジャズフェスティバル協会 ・ 251
㈳ スポーツ健康産業団体連合会 / ㈳ 田中育英会 ・・・・・・ 252
㈳ 千葉県情報サービス産業協会 / ㈳ 東京屋外広告協会 ・・・ 253
㈳ 富山県善意銀行 / ㈳ 奈良まちづくりセンター ・・・・・・ 254
㈳ 日本シェパード犬登録協会 / ㈳ Knots ・・・・・・・・・・ 255
㈳ ひょうご観光本部 / ㈳ 北海道倶楽部 ・・・・・・・・・・ 256
㈳ 民間総合調停センター / ㈳ 山口県動物保護管理協会 ・・・ 257
㈶ あいちコミュニティ財団 / ㈶ INCLUSIONJAPAN ・・・・・ 258
㈶ 雨岳文庫 / ㈶ 愛媛民芸館 ・・・・・・・・・・・・・・・ 259
㈶ お金をまわそう基金 / ㈶ かながわ生き活き市民基金 ・・・ 260
㈶ 金沢コンベンションビューロー / ㈶ かわさき市民しきん ・・・ 261
㈶ 京都地域創造基金 / ㈶ 京都 YMCA ・・・・・・・・・・・ 262
㈶ キワニス日本財団 / ㈶ 国民工業振興会 ・・・・・・・・・ 263
㈶ 互助会 / ㈶ 小丸交通財団 ・・・・・・・・・・・・・・・ 264
㈶ ささえあいのまち創造基金 / ㈶ 三一会 ・・・・・・・・・ 265
㈶ 人材育成ゆふいん財団 / ㈶ ソフトピアジャパン ・・・・・ 266
㈶ 地域創造基金さなぶり / ㈶ ちばのWA地域づくり基金 ・・・ 267

㈶ ツネイシ財団 / ㈶ 長野県みらい基金 ・・・・・・・・・・ 268

㈶ 日本陶磁器意匠センター / ㈶ にんにくネットワーク ・・・・・・・ 269

㈶ 野々市市情報文化振興財団 / ㈶ ハートスクエア善通寺 ・・・・・・ 270

㈶ 芳賀文化財団 / ㈶ 花と緑の農芸財団 ・・・・・・・・・・・・・ 271

㈶ 東近江三方よし基金 / ㈶ ふじのくに未来財団 ・・・・・・・・ 272

㈶ プラス農業育成財団 / ㈶ ほほえみの森財団 ・・・・・・・・ 273

㈶ みんなでつくる財団おかやま / ㈶ 有隣会 ・・・・・・・・・ 274

㈶ わかやま地元力応援基金 ・・・・・・・・・・・・・・・・ 275

| 目的 **20** | 公正かつ自由な経済活動の機会の確保・促進、その活性化による国民生活の安定向上を目的とする事業 |

㈳ 会社役員育成機構 ・・・・・・・・・・・・・・・・・・・ 275

㈳ 全日本能率連盟 / ㈳ 東京共同住宅協会 ・・・・・・・・・・ 276

㈳ 富山県計量協会 / ㈳ 日本広告制作協会 ・・・・・・・・・・ 277

㈳ 日本仲裁人協会 / ㈶ SBS鎌田財団 ・・・・・・・・・・・ 278

| 目的 **21** | 国民生活に不可欠な物資、エネルギー等の安定供給の確保を目的とする事業 |

㈳ 青森県農産物改良協会 / ㈳ 石川県植物防疫協会 ・・・・・・・ 279

㈳ 氷温協会 / ㈶ 能登原子力センター ・・・・・・・・・・・ 280

| 目的 **22** | 一般消費者の利益の擁護又は増進を目的とする事業 |

㈳ 愛知県漬物協会 / ㈳ 京都不動産研究協会 ・・・・・・・・・ 281

㈳ 全国愛農会 / ㈳ 東京グラフィックサービス工業会 ・・・・・・ 282

㈳ 広島消費者協会 / ㈶ 日本ネイリスト検定試験センター ・・・・・ 283

五十音順索引

― あ ―

㈶ アイスタイル芸術スポーツ振興財団 ・ 84
㈳ 愛知共同住宅協会 ・・・・・・・ 244
㈳ 愛知県火薬類保安協会 ・・・・・ 213
㈳ 愛知県漬物協会 ・・・・・・・・ 281
㈶ あいちコミュニティ財団 ・・・・ 258
㈶ あいである ・・・・・・・・・ 161
㈳ 青森県護国神社奉賛会 ・・・・・ 217
㈳ 青森県農産物改良協会 ・・・・・ 279
㈳ 青森県緑化推進委員会 ・・・・・ 232
㈶ 赤枝医学研究財団 ・・・・・・・ 145
㈳ アクティブベースくれ ・・・・・ 245
㈶ あくるめ ・・・・・・・・・・ 161
㈳ ア・ドリーム ア・デイ INTOKYO ・ 109
㈳ アニマル・ドネーション ・・・・ 187
㈶ 阿波人形浄瑠璃振興会 ・・・・・ 85
㈳ アンサンブル神戸 ・・・・・・・ 64

― い ―

㈶ 伊賀文化産業協会 ・・・・・・・ 85
㈳ 石川県植物防疫協会 ・・・・・・ 279
㈳ 石川県手をつなぐ育成会 ・・・・ 109
㈳ 石川県馬事振興協会 ・・・・・・ 188
㈳ 伊勢志摩観光コンベンション機構 ・・ 245
㈶ 伊都奨学会 ・・・・・・・・・ 162
㈶ 井上バレエ団 ・・・・・・・・ 86
㈳ 茨城県医薬品配置協会 ・・・・・ 138
㈶ 茨城国際親善厚生財団 ・・・・・ 120
㈳ いはらき思春期保健協会 ・・・・ 139
㈶ イハラサイエンス中野記念財団 ・・ 43
㈶ 岩佐教育文化財団 ・・・・・・・ 162
㈶ INCLUSIONJAPAN ・・・・・ 258

― う ―

㈳ ウォームサポートシオン ・・・・ 110
㈶ 雨岳文庫 ・・・・・・・・・・ 259
㈶ 内町敬老育英会 ・・・・・・・ 134
㈳ 宇野清港会 ・・・・・・・・・ 139
㈶ 梅若会 ・・・・・・・・・・・ 86

㈶ 運動器の健康・日本協会 ・・・・ 43

― え ―

㈶ SHG 財団・・・・・・・・・ 163
㈳ SL 災害ボランティアネットワーク ・ 110
㈶ SBS 鎌田財団 ・・・・・・・ 278
㈶ 江戸糸あやつり人形結城座 ・・・ 87
㈶ NSK ナカニシ財団・・・・・・ 163
㈶ NSG 財団 ・・・・・・・・・ 137
㈶ 榎本文化財団 ・・・・・・・・ 87
㈳ 愛媛県防犯協会連合会 ・・・・・ 211
㈶ 愛媛能楽協会 ・・・・・・・・ 64
㈶ 愛媛民芸館 ・・・・・・・・・ 259
㈶ FACP 財団 ・・・・・・・・・ 164
㈶ 江間忠・木材振興財団 ・・・・・ 44
㈳ 園芸文化協会 ・・・・・・・・ 65

― お ―

㈶ 応用生化学研究所 ・・・・・・・ 44
㈶ 応用微生物学・分子細胞生物学研究奨励会 ・ 45
㈶ 大分がん研究振興財団 ・・・・・ 45
㈳ 大分県言語聴覚士協会 ・・・・・ 140
㈳ 大分県老人保健施設協会 ・・・・ 129
㈳ 大阪技術振興協会 ・・・・・・・ 246
㈳ 大阪広告協会 ・・・・・・・・ 246
㈶ 大阪造船所奨学会 ・・・・・・・ 46
㈶ 大阪対がん協会 ・・・・・・・ 46
㈶ 大阪ハートクラブ ・・・・・・・ 140
㈳ 大阪府港湾教育訓練協会 ・・・・ 136
㈳ 大阪府生活衛生営業指導センター ・・ 146
㈳ 大阪府精神障害者家族会連合会 ・・ 111
㈶ 大野からくり記念館 ・・・・・・ 88
㈶ 大畑財団 ・・・・・・・・・・ 47
㈶ 岡崎金次郎育英会 ・・・・・・・ 164
㈳ お金をまわそう基金 ・・・・・・ 260
㈳ 岡山県難聴者協会 ・・・・・・・ 111
㈶ 小川町文化協会 ・・・・・・・ 88
㈶ 翁久允財団 ・・・・・・・・・ 89
㈶ お香の会 ・・・・・・・・・・ 89

㈶ 忍郷友会 ・・・・・・・・・ 199	㈳ ギャンブル依存症問題を考える会 ・・ 189
㈶ オリオンビール奨学財団 ・・・・ 165	㈳ 九州数学教育会 ・・・・・・・ 35
― か ―	㈳ 九州文化協会 ・・・・・・・・ 91
㈳ 会社役員育成機構 ・・・・・ 275	㈶ 共生地域創造財団 ・・・・・・ 121
㈶ 開成会 ・・・・・・・・・・ 165	㈶ 競走馬育成協会 ・・・・・・・ 249
㈳ 顔と心と体研究会 ・・・・・・ 129	㈶ 京都地域創造基金 ・・・・・・ 262
㈶ 香川県視覚障害者福祉協会 ・・・ 121	㈳ 京都府介護支援専門員会 ・・・ 131
㈳ 香川県断酒会 ・・・・・・・ 112	㈳ 京都府少年補導協会 ・・・・・ 152
㈶ 柿田川みどりのトラスト ・・・・ 237	㈳ 京都不動産研究協会 ・・・・・ 281
㈳ 学術・文化・産業ネットワーク多摩 ・・ 34	㈳ 京都府物産協会 ・・・・・・・ 249
㈳ 鹿児島県社会福祉士会 ・・・・ 151	㈶ 京都 YMCA ・・・・・・・ 262
㈳ 鹿児島県老人保健施設協会 ・・・ 130	㈳ 京のふるさと産品協会 ・・・・ 250
㈶ 鹿児島市国際交流財団 ・・・・ 226	㈶ 清河八郎記念館 ・・・・・・・ 92
㈳ 学校教育開発研究所 ・・・・・ 151	㈶ キワニス日本財団 ・・・・・・ 263
㈶ かながわ生き活き市民基金 ・・・ 260	**― く ―**
㈳ 神奈川学習障害教育研究協会 ・・ 112	㈶ 釧路ロータリー嵯峨記念育英会 ・・ 166
㈶ 神奈川県青少年交響楽団 ・・・ 166	㈶ 熊本県肢体不自由児協会 ・・・ 122
㈳ 神奈川県馬術協会 ・・・・・ 188	㈳ 熊本県武道振興会 ・・・・・ 167
㈳ 神奈川台場地域活性化推進協会 ・・ 247	㈳ 熊本善意銀行 ・・・・・・・ 218
㈳ 金沢こころの電話 ・・・・・ 247	㈶ 倉敷考古館 ・・・・・・・・ 48
㈶ 金沢コンベンションビューロー ・ 261	㈶ 倉敷天文台 ・・・・・・・・ 199
㈳ 金沢能楽会 ・・・・・・・・ 65	㈶ クロサワ育成財団 ・・・・・ 167
㈶ 鎌倉能舞台 ・・・・・・・・ 90	㈶ 群馬健康医学振興会 ・・・・ 147
㈶ 上山城郷土資料館 ・・・・・ 90	㈳ 群馬県珠算連盟 ・・・・・・ 189
㈳ 蒲生育英会 ・・・・・・・・ 248	㈳ 群馬県知的障害者福祉協会 ・・ 113
㈶ かわさき市民しきん ・・・・ 261	㈶ 群馬県ボーイスカウト振興財団 ・ 168
㈳ 観音崎自然博物館 ・・・・・・ 233	㈶ ぐんま YMCA ・・・・・・・ 200
― き ―	**― け ―**
㈳ 企業情報化協会 ・・・・・・ 34	㈳ 劇場演出空間技術協会 ・・・・ 67
㈳ 企業メセナ群馬 ・・・・・・ 66	㈳ 健康普及会 ・・・・・・・・ 135
㈶ 北区文化振興財団 ・・・・・・ 91	㈶ 県立西尾高等学校同窓会奨学財団 ・ 168
㈳ 北汲沢地域総合福祉活動委員会 ・・ 130	**― こ ―**
㈳ 北之台雅楽アンサンブル ・・・・ 66	㈶ 古泉財団 ・・・・・・・・・ 169
㈶ 木津川市緑と文化・スポーツ振興事業団 ・ 237	㈳ 厚生車輌福祉協会 ・・・・・ 113
㈶ 橘勝会 ・・・・・・・・・・ 146	㈳ 国際 IC 日本協会 ・・・・・ 190
㈶ 木場潟公園協会 ・・・・・・・ 238	㈶ 国際医学教育財団 ・・・・・ 49
㈶ 岐阜鋳物会館 ・・・・・・・ 47	㈶ 国際医療財団 ・・・・・・・ 227
㈶ 岐阜新聞岐阜放送社会事業団 ・・ 248	㈶ 国際演劇協会日本センター ・・・ 67
㈶ 岐阜天文台 ・・・・・・・・ 48	㈶ 国際音楽芸術振興財団 ・・・・ 92

㈳ 国際経済交流協会	・・・・・・・	222
㈶ 国際宗教研究所	・・・・・・・・	217
㈳ 国際人材交流協会	・・・・・・・	223
㈶ 国際スポーツ文化財団	・・・・・	200
㈶ 国際全人医療研究所	・・・・・	147
㈶ 国策研究会	・・・・・・・・・	243
㈶ 国民工業振興会	・・・・・・・	263
㈶ 湖国協会	・・・・・・・・・・	169
㈶ 志・建設技術人材育成財団	・・・	170
㈶ こころのバリアフリー研究会	・・・	122
㈶ COSINA 奨学会	・・・・・・	49
㈶ 互助会	・・・・・・・・・・	264
㈶ 五丁目会館	・・・・・・・・	50
㈳ こども環境学会	・・・・・・・	152
㈳ こどもみらい研究所	・・・・・	153
㈳ 湖南工業団地協会	・・・・・・	233
㈶ 駒形育英会	・・・・・・・・	170
㈶ 小丸交通財団	・・・・・・・	264
㈳ 金春円満井会	・・・・・・・	68
㈳ こんぴら賢人記念館	・・・・・	68

―さ―

㈳ 埼玉県医療社会事業協会	・・・・	141
㈳ 埼玉県断酒新生会	・・・・・・	114
㈳ 埼玉デザイン協議会	・・・・・	250
㈶ さいたま緑のトラスト協会	・・・	238
㈶ 在日コリアン支援会	・・・・・	220
㈶ 境港うなばら水産奨学会	・・・・	201
㈶ サカタ財団	・・・・・・・・	171
㈶ 坂本報效会	・・・・・・・・	93
㈶ さきがけ文学賞渡辺喜恵子基金	・・	50
㈶ ささえあいのまち創造基金	・・・	265
㈳ させぼ夢大学	・・・・・・・	69
㈶ 佐藤定雄国際奨学財団	・・・・	201
㈶ さわかみオペラ芸術振興財団	・・	93
㈶ 三一会	・・・・・・・・・・	265
㈳ 三宝莚国際交流協会	・・・・・	223

―し―

㈶ GMO インターネット財団	・・・	51
㈶ 紫雲奨学会	・・・・・・・・	202

㈳ JEO・子どもに均等な機会を	・・・	153
㈶ シオノ健康財団	・・・・・・・	51
㈶ 滋賀県環境保全協会	・・・・・	234
㈶ 重田教育財団	・・・・・・・	202
㈶ 姉水会奨学財団	・・・・・・・	171
㈳ 静岡県茶手揉保存会	・・・・・	69
㈶ 自然の恵み財団	・・・・・・・	172
㈶ 志度町体育振興会	・・・・・・	203
㈳ しなの中小法人サポートセンター	・	219
㈶ 信濃通俗大学会	・・・・・・・	52
㈳ 島根県断酒新生会	・・・・・・	114
㈶ 自由人権協会	・・・・・・・	215
㈶ 修武館	・・・・・・・・・・	203
㈶ 重要無形文化財結城紬技術保存会	・	94
㈳ 受動喫煙撲滅機構	・・・・・・	141
㈳ ジュニア・アチーブメント日本	・	154
㈶ ジュニアゴルファー育成財団	・・	172
㈳ 上越国際交流協会	・・・・・・	251
㈶ 勝興寺文化財保存・活用事業団	・	52
㈳ 定禅寺ストリートジャズフェスティバル協会	・	251
㈶ 松風会	・・・・・・・・・・	204
㈳ 昭和経済会	・・・・・・・・	35
㈶ 知床自然大学院大学設立財団	・・	53
㈶ 新宮奨学会	・・・・・・・・	173
㈶ 新宮町文化振興財団	・・・・・	94
㈶ 人材育成ゆふいん財団	・・・・	266
㈶ 震災復興支援放射能対策研究所	・	123
㈶ 身体教育医学研究所	・・・・・	204
㈶ 新日本先進医療研究財団	・・・・	53

―す―

㈳ 杉並区成年後見センター	・・・・	131
㈳ すくすく岐阜	・・・・・・・	115
㈳ すこやか街づくり推進協議会	・・	212
㈶ スターダンサーズ・バレエ団	・・	95
㈳ スポーツ健康産業団体連合会	・・	252
㈳ Sumita Scholarship Foundation,Cambodia	・	154
㈶ すみれ学級	・・・・・・・・	173
㈳ 諏訪交響楽団	・・・・・・・	70

― せ ―

- ㈶ 政治資金センター ・・・・・・・ 243
- ㈳ 青少年育成秋田県民会議 ・・・・ 155
- ㈳ 生体制御学会 ・・・・・・・・・ 36
- ㈳ 成年後見支援センターヒルフェ ・・ 115
- ㈳ 生命科学振興会 ・・・・・・・・ 36
- ㈶ Save Earth Foundation ・・・・・・・ 239
- ㈶ 世界こども財団 ・・・・・・・・ 227
- ㈶ 世界文化伝承財団 ・・・・・・・ 95
- ㈳ セカンドハンド ・・・・・・・・ 224
- ㈶ セディア財団 ・・・・・・・・・ 174
- ㈳ 瀬戸フィルハーモニー交響楽団 ・・ 70
- ㈶ ZEN CLUB ・・・・・・・・・ 174
- ㈳ 全国愛農会 ・・・・・・・・・ 282
- ㈳ 全国学習塾協会 ・・・・・・・ 155
- ㈳ 全国建築物飲料水管理協会 ・・・ 142
- ㈳ 全国社寺等屋根工事技術保存会 ・・ 71
- ㈶ 全国青少年教化協議会 ・・・・・ 175
- ㈳ 全国脊髄損傷者連合会 ・・・・・ 116
- ㈳ 全国幼児教育研究協会 ・・・・・ 156
- ㈳ 仙台ユネスコ協会 ・・・・・・・ 234
- ㈳ 全日本高等学校ギター・マンドリン音楽振興会 ・・ 156
- ㈳ 全日本小品盆栽協会 ・・・・・・ 71
- ㈳ 全日本書道教育協会 ・・・・・・ 72
- ㈳ 全日本能率連盟 ・・・・・・・ 276
- ㈳ 全日本フルコンタクト空手道連盟 ・・ 190
- ㈳ 全日本マネキン紹介事業協会 ・・・ 136
- ㈳ 全日本洋裁技能協会 ・・・・・・ 72

― そ ―

- ㈶ 僧月性顕彰会 ・・・・・・・・ 96
- ㈶ ソフトピアジャパン ・・・・・・ 266

― た ―

- ㈳ 大学コンソーシアム石川 ・・・・ 37
- ㈳ 大気環境学会 ・・・・・・・・ 37
- ㈶ 大黒天財団 ・・・・・・・・・ 175
- ㈳ 第五福竜丸平和協会 ・・・・・ 205
- ㈳ 大日本弓馬会 ・・・・・・・・ 73
- ㈶ たかおか女性アカデミー ・・・・ 220
- ㈶ 匠・育英会 ・・・・・・・・・ 137

- ㈶ 竹歳敏夫奨学育英会 ・・・・・ 205
- ㈶ 橘秋子記念財団 ・・・・・・・ 96
- ㈶ 多度津町国際交流協会 ・・・・ 228
- ㈳ 田中育英会 ・・・・・・・・・ 252
- ㈶ 谷山治雄記念財団 ・・・・・・ 54
- ㈶ ダノン健康栄養財団 ・・・・・ 54
- ㈶ 足ル知ル生活 ・・・・・・・・ 206

― ち ―

- ㈶ 地域創造基金さなぶり ・・・・ 267
- ㈳ 地球友の会 ・・・・・・・・ 239
- ㈳ 知財経営協会 ・・・・・・・・ 38
- ㈳ 千葉県情報サービス産業協会 ・・ 253
- ㈶ ちばの WA 地域づくり基金 ・・・ 267
- ㈶ 中央温泉研究所 ・・・・・・・ 240
- ㈳ 中央日韓協会 ・・・・・・・・ 224
- ㈶ 長寿社会文化協会 ・・・・・・ 132
- ㈶ 長濤会 ・・・・・・・・・・ 123

― つ ―

- ㈶ ツネイシ財団 ・・・・・・・・ 268

― て ―

- ㈶ TOS みどり森・守財団 ・・・・・ 240
- ㈶ デイリー健康福祉事業団 ・・・・ 148
- ㈶ 手織技術振興財団 ・・・・・・ 97
- ㈶ 勅使河原和風会 ・・・・・・・ 97
- ㈶ 電気電子情報学術振興財団 ・・・ 55
- ㈶ 天門美術館 ・・・・・・・・・ 98

― と ―

- ㈳ 東京屋外広告協会 ・・・・・・ 253
- ㈳ 東京共同住宅協会 ・・・・・・ 276
- ㈳ 東京グラフィックサービス工業会 ・ 282
- ㈶ 東京コミュニティー財団 ・・・・ 221
- ㈶ 東京シティ・バレエ団 ・・・・・ 98
- ㈶ 東京大学新聞社 ・・・・・・・ 99
- ㈶ 東京二期会 ・・・・・・・・・ 99
- ㈶ 藤樹書院 ・・・・・・・・・ 206
- ㈶ 動物環境・福祉協会 Eva ・・・・ 176
- ㈳ 東北障がい者芸術支援機構 ・・・ 116
- ㈶ 土岐市文化振興事業団 ・・・・ 100
- ㈶ 徳島県埋蔵文化財センター ・・・・ 55

㈶ 徳島の盲導犬を育てる会 ・・・・ 124
㈶ 鳥取バイオサイエンス振興会 ・・・ 56
㈳ 富山県計量協会 ・・・・・・・・ 277
㈳ 富山県高等学校安全振興会 ・・・ 157
㈳ 富山県善意銀行 ・・・・・・・・ 254
㈳ とやま緑化推進機構 ・・・・・・ 235

— な —

㈶ 長崎県食鳥肉衛生協会 ・・・・・ 148
㈶ 長崎東同窓会奨学会 ・・・・・・ 176
㈶ 中津万象園保勝会 ・・・・・・・ 100
㈶ 中野区教育振興会 ・・・・・・・ 177
㈳ 長野グライダー協会 ・・・・・・ 191
㈶ 長野県みらい基金 ・・・・・・・ 268
㈶ 中村哲也記念財団 ・・・・・・・ 228
㈳ 名古屋市老人クラブ連合会 ・・・ 132
㈳ 奈良史蹟歴史研究普及会 ・・・ 73
㈳ 奈良まちづくりセンター ・・・・ 254
㈳ 難民起業サポートファンド ・・・ 214

— に —

㈶ 新潟県肢体不自由児協会 ・・・・ 124
㈳ にいがた緑の百年物語緑化推進委員会 ・・ 235
㈳ 虹の会 ・・・・・・・・・・・ 133
㈶ 西原里仁会 ・・・・・・・・・ 56
㈶ 日伊音楽協会 ・・・・・・・・ 101
㈶ 日印協会 ・・・・・・・・・・ 229
㈳ 日・豪・ニュージーランド協会 ・・ 225
㈳ 日本駆け込み寺 ・・・・・・・ 215
㈶ 日本チャリティ協会 ・・・・・ 125
㈳ 日本脳卒中協会 ・・・・・・・ 142
㈳ 日本ビタミン学会 ・・・・・・ 38
㈳ 日本ボーイスカウト大分県連盟 ・・ 157
㈳ 日本幼年教育会 ・・・・・・・ 158
㈳ 日本連珠社 ・・・・・・・・・ 74
㈶ 日本アジア医療看護育成会 ・・・ 149
㈶ 日本編物検定協会 ・・・・・・ 101
㈶ 日本編物手芸協会 ・・・・・・ 102
㈳ 日本医学物理学会 ・・・・・・ 39
㈳ 日本イスラエル親善協会 ・・・・ 225
㈳ 日本演劇協会 ・・・・・・・・ 74

㈶ 日本化学繊維研究所 ・・・・・・ 57
㈳ 日本顎顔面インプラント学会 ・・ 39
㈳ 日本滑空協会 ・・・・・・・・ 191
㈳ 日本ギター連盟 ・・・・・・・ 75
㈶ 日本教育文化財団 ・・・・・・ 207
㈶ 日本極地研究振興会 ・・・・・ 57
㈳ 日本近代五種協会 ・・・・・・ 192
㈳ 日本グライダークラブ ・・・・・ 192
㈳ 日本工学会 ・・・・・・・・・ 40
㈶ 日本航空教育協会 ・・・・・・ 207
㈳ 日本広告制作協会 ・・・・・・ 277
㈳ 日本厚生協会 ・・・・・・・・ 143
㈶ 日本呼吸器財団 ・・・・・・・ 58
㈶ 日本国際育成支援機構 ・・・・ 229
㈶ 日本国際交流センター ・・・・・ 230
㈶ 日本国際連合協会 ・・・・・・ 230
㈶ 日本国防協会 ・・・・・・・・ 244
㈶ 日本こども教育財団 ・・・・・ 177
㈳ 日本サインデザイン協会 ・・・・ 75
㈳ 日本産業退職者協会 ・・・・・ 133
㈳ 日本三曲協会 ・・・・・・・・ 76
㈳ 日本シェアリングネイチャー協会・・ 236
㈳ 日本シェパード犬登録協会 ・・・ 255
㈳ 日本七宝作家協会 ・・・・・・ 76
㈳ 日本ジャーナリスト協会 ・・・・ 216
㈶ 日本修学旅行協会 ・・・・・・ 178
㈶ 日本宗教連盟 ・・・・・・・・ 218
㈳ 日本ジュエリーデザイナー協会 ・ 77
㈶ 日本手工芸作家連合会 ・・・・ 102
㈳ 日本植物友の会 ・・・・・・・ 193
㈳ 日本書作家協会 ・・・・・・・ 77
㈶ 日本進路指導協会 ・・・・・・ 178
㈳ 日本ストリートダンススタジオ協会 ・・ 158
㈶ 日本スポーツ仲裁機構 ・・・・ 208
㈳ 日本精神保健福祉連盟 ・・・・ 117
㈳ 日本速記協会 ・・・・・・・・ 193
㈳ 日本ダーツ協会 ・・・・・・・ 194
㈳ 日本タートル協会 ・・・・・・ 194
㈳ 日本 WHO 協会 ・・・・・・・ 143

㈳ 日本地下水学会 ・・・・・・・・・ 40
㈳ 日本茶業中央会 ・・・・・・・ 78
㈳ 日本・中国水墨交流協会 ・・・・ 78
㈳ 日本仲裁人協会 ・・・・・・・ 278
㈳ 日本通信教育振興協会 ・・・・ 195
㈳ 日本綱引連盟 ・・・・・・・・ 195
㈳ 日本伝統俳句協会 ・・・・・・ 79
㈶ 日本陶磁器意匠センター ・・・・ 269
㈶ 日本刀文化振興協会 ・・・・・ 103
㈳ 日本認知症グループホーム協会 ・・ 134
㈶ 日本ネイリスト検定試験センター ・ 283
㈶ 日本・パキスタン協会 ・・・・・ 231
㈶ 日本ばら会 ・・・・・・・・・ 103
㈳ 日本繁殖生物学会 ・・・・・・ 41
㈳ 日本美術教育連合 ・・・・・・ 79
㈳ 日本フィットネス協会 ・・・・・ 196
㈶ 日本フードバンク連盟 ・・・・・ 125
㈳ 日本舞台音響家協会 ・・・・・・ 80
㈶ 日本フラッグフットボール協会 ・・ 179
㈳ 日本ブルネイ友好協会 ・・・・・ 226
㈶ 日本文学振興会 ・・・・・・・ 104
㈳ 日本文化財保護協会 ・・・・・・ 80
㈳ 日本分光学会 ・・・・・・・・ 41
㈳ 日本ペタンク・ブール連盟 ・・・ 196
㈶ 日本防犯安全振興財団 ・・・・・ 212
㈳ 日本ボウリング場協会 ・・・・・ 197
㈳ 日本ボブスレー・リュージュ・スケルトン連盟 ・・ 197
㈶ 日本世論調査協会 ・・・・・・ 58
㈶ 日本理科教育振興協会 ・・・・・ 42
㈳ 日本和紙絵画芸術協会 ・・・・・ 81
㈶ ニューテクノロジー振興財団 ・・・ 59
㈶ にんにくネットワーク ・・・・・ 269

— の —

㈶ 農学会 ・・・・・・・・・・ 59
㈶ ノエビアグリーン財団 ・・・・・ 208
㈶ 鋸山美術館 ・・・・・・・・ 104
㈳ Knots ・・・・・・・・・・・ 255
㈶ 能登原子力センター ・・・・・ 280
㈶ 野々市市情報文化振興財団 ・・・ 270

— は —

㈶ ハートスクエア善通寺 ・・・・・ 270
㈶ 芳賀文化財団 ・・・・・・・・ 271
㈶ 長谷川学事奨励基金 ・・・・・ 179
㈶ 花と緑の銀行 ・・・・・・・・ 241
㈶ 花と緑の農芸財団 ・・・・・・ 271
㈶ 母と学生の会 ・・・・・・・・ 231
㈶ 原総合知的通信システム基金 ・・・ 60
㈶ 原・フルタイムシステム科学技術振興財団 ・60
㈶ バンダイコレクション財団 ・・・ 180

— ひ —

㈳ 非営利法人研究学会 ・・・・・・ 42
㈳ 被害者支援センターやまなし ・・ 117
㈶ 東近江三方よし基金 ・・・・・ 272
㈶ 美術文化振興協会 ・・・・・・ 232
㈳ 氷温協会 ・・・・・・・・・ 280
㈶ ひょうご観光本部 ・・・・・・ 256
㈳ 兵庫県馬術連盟 ・・・・・・・ 209
㈶ 平岡環境科学研究所 ・・・・・・ 61
㈶ 弘前大学アイバンク ・・・・・ 149
㈶ 広島がんセミナー ・・・・・・ 61
㈶ 広島国泰寺高等学校鯉城同窓会奨学財団 ・・ 180
㈳ 広島市身体障害者福祉団体連合会 ・ 118
㈳ 広島消費者協会 ・・・・・・・ 283
㈶ ヒロシマ平和創造基金 ・・・・・ 105

— ふ —

㈶ 風樹会 ・・・・・・・・・・ 62
㈳ フードバンクかながわ ・・・・・ 118
㈶ フォトン・ジャパンフレンド ・・ 126
㈶ 福井市民間幼児教育連盟 ・・・・ 159
㈶ 福岡県肢体不自由児協会 ・・・・ 126
㈶ 福岡県重症心身障害児（者）を守る会 ・・ 127
㈶ 福岡県身体障害者福祉協会 ・・・ 127
㈳ 福岡県美術協会 ・・・・・・・ 81
㈳ 福岡国際ミズの会 ・・・・・・ 219
㈶ 福澤旧邸保存会 ・・・・・・・ 105
㈶ 福島県青少年教育振興会 ・・・・ 181
㈳ 福島原発行動隊 ・・・・・・・ 213
㈳ 福島県ビルメンテナンス協会 ・・・ 144

㈳ ふくしま被害者支援センター ・・・ 119
㈶ 福翔奨学会 ・・・・・・・・・ 181
㈶ ふくわ ・・・・・・・・・・ 182
㈶ 藤井斉成会 ・・・・・・・・ 106
㈶ 藤井財団 ・・・・・・・・・ 182
㈶ ふじのくに未来財団 ・・・・・ 272
㈶ 富士宮育英財団 ・・・・・・・ 183
㈶ 婦人児童問題研究所 ・・・・・ 183
㈶ 舩井幸雄記念館 ・・・・・・・ 209
㈶ プラス農業育成財団 ・・・・・ 273
㈶ 文化科学教育研究会 ・・・・・ 62

― へ ―
㈳ 平成令終会 ・・・・・・・・ 236

― ほ ―
㈶ ポエック里海財団 ・・・・・・ 241
㈶ ホクト生物科学振興財団 ・・・ 63
㈳ 星いきいき社会福祉財団 ・・・ 128
㈳ 母子保健推進会議 ・・・・・・ 159
㈶ 北海道移植医療推進財団 ・・・ 128
㈳ 北海道倶楽部 ・・・・・・・ 256
㈶ 北海道自然体験学習財団 ・・・ 184
㈶ 北海道生涯学習協会 ・・・・・ 210
㈶ 北海道女性協会 ・・・・・・ 221
㈳ 北海道スカイスポーツ協会 ・・・ 198
㈳ 北海道ろうあ連盟 ・・・・・ 119
㈶ ほほえみの森財団 ・・・・・・ 273

― ま ―
㈳ 毎日書道学会 ・・・・・・・ 82
㈳ マスコミ世論研究所 ・・・・・ 216
㈳ 街のあかり ・・・・・・・・ 160
㈶ 松江体育協会 ・・・・・・・ 210
㈳ マナーキッズプロジェクト ・・・ 160
㈶ マリア財団 ・・・・・・・・ 184

― み ―
㈶ 三重県救急医療情報センター ・・・ 150
㈶ みずほ農場教育財団 ・・・・・ 185
㈳ 緑区薬事センター ・・・・・ 144
㈳ 南信州地域資料センター ・・・ 82
㈳ 美濃陶芸協会 ・・・・・・・・ 83

㈳ 宮城県航空協会 ・・・・・・・ 198
㈶ 宮崎霊園事業団 ・・・・・・・ 150
㈶ 未来教育研究所 ・・・・・・ 63
㈶ みらい RITA ・・・・・・・ 222
㈳ 民間総合調停センター ・・・・ 257
㈶ みんなでつくる財団おかやま ・・・ 274
㈶ みんなの夢をかなえる会 ・・・ 138

― む ―
㈶ 無窮会 ・・・・・・・・・ 106
㈶ 椋庵文学賞財団 ・・・・・・ 107
㈳ 向日市埋蔵文化財センター ・・・ 107
㈶ 武蔵奨学会 ・・・・・・・・ 185
㈶ 武蔵野江戸農法基金 ・・・・・ 242
㈶ 村岡財団 ・・・・・・・・・ 186

― も ―
㈶ モカ育志奨学基金 ・・・・・・ 186
㈳ モバイル・ホスピタル・インターナショナル ・ 120

― や ―
㈳ 山形県食品衛生協会 ・・・・・ 145
㈳ 山口県動物保護管理協会 ・・・ 257
㈶ 山新育英財団 ・・・・・・・ 187
㈶ ヤマノ文化財団 ・・・・・・ 108

― ゆ ―
㈶ U ビジョン研究所 ・・・・・ 135
㈶ 有隣会 ・・・・・・・・・ 274

― よ ―
㈳ 養和書道院 ・・・・・・・・ 83

― り ―
㈶ りそな未来財団 ・・・・・・ 211
㈳ 琉球水難救済会 ・・・・・・ 214
㈶ 緑進協会 ・・・・・・・・ 242

― る ―
㈶ ルネッサ地域文化振興財団 ・・・ 108

― ろ ―
㈳ 浪曲親友協会 ・・・・・・・ 84

― わ ―
㈶ わかやま地元力応援基金 ・・・・ 275

【編集代表紹介】

千賀　修一（せんが　しゅういち）

1943年（昭和18年）愛知県に生まれる。1970年（昭和45年）弁護士・税理士開業。1972年　千賀法律事務所（現弁護士法人ＴＬＥＯ虎ノ門法律経済事務所）開設。同年に都市再開発等を目的とする株式会社不動産アカデミー（現株式会社ＴＬＥＯホールディングス）設立。

法律事務所開設以来法律事務所と会社の両輪経営を行ってきたことにより、グループ法人が虎ノ門・西新橋地区に建物を所有することができ、建物から得られる収入を基金として公益活動を行っている。

現在全国に37支店がある弁護士法人ＴＬＥＯ虎ノ門法律経済事務所・株式会社虎ノ門法曹ビル他13の法人で構成するＴＬＥＯグループ（構成員310名）の代表者。

これまでの主な公益活動

現　　在（就任順）

◇　公益財団法人岡本太郎記念現代芸術振興財団監事　◇　筑波大学附属高校評議員　◇　公益財団法人千賀法曹育英会理事長　◇　公益社団法人シニア総合サポートセンター理事長　◇　早稲田大学光輝賛助員　◇　一般財団法人信田福祉財団副理事長　◇　公益財団法人公益事業支援協会理事長　◇　公益財団法人筒香青少年育成スポーツ財団評議員　◇　一般財団法人新しき村副理事長　◇　一般財団法人千賀法曹育成基金理事長　◇　公益社団法人経済同友会会員　◇　皇室の伝統を守る国民の会代表委員　◇　法経両論経営研究室長

過　　去（就任順）

◇　虎ノ門司法研究室会長　◇　東京弁護士会「常議員」　◇　筑波大学附属駒場中・高等学校駒場会ＰＴＡ会長　◇　東京弁護士会人権チャリティーコンサート委員会副委員長　◇　東京弁護士会日弁連機構改革委員会副委員長　◇　全国国立大学附属学校ＰＴＡ連合会副会長　◇　東京弁護士会法曹大同会幹事長　◇　日本弁護士連合会常務理事　◇　日本弁護士連合会高齢者・障がい者の権利に関する委員会主査理事　◇　筑波大学附属高等学校桐陰向上会ＰＴＡ会長　◇　東京家庭裁判所調停委員　◇　東京弁護士会弁護士研修センター運営委員会委員長　◇　筑波大学附属中・高等学校評議員及び後援会理事長　◇　筑波大学附属中・高等学校創立60周年記念事業推進委員長　◇　中央大学評議員　◇　愛知県立津島高等学校同窓会長　◇　公益財団法人アジア共生教育財団理事長

【令和7年1月発売予定】

公益法人ガイドブックシリーズ
助成公益法人ガイドブック
公益財団法人 公益事業支援協会 編

公益法人の事業区分として最も多い助成財団について取り上げる、本シリーズ第2弾。公益法人のうち、個人・団体に奨学金や研究助成金などを出して財政的支援を行っている助成公益法人850余を紹介します。毎年どのくらいの額を支援し、またそのためにはどのくらいの財政的規模が必要かなどの情報を網羅した本書は、これから社会に貢献したいと考えている人に有益なものとなります。

＜イメージ図＞

小規模公益法人500ガイドブック

2024年11月15日　第1版発行

編　者　　公益財団法人 公益事業支援協会
発行者　　千賀 修一

発　行　　公益財団法人 公益事業支援協会
　　　　　東京都港区西新橋1丁目20番3号　虎ノ門法曹ビル602
　　　　　電話 03-5501-2703　FAX 03-6550-9932
　　　　　https://pusa.jp　info@pusa.jp

発　売　　株式会社 民事法研究会
　　　　　東京都渋谷区恵比寿3-7-16
　　　　　電話 03-5798-7257（営業）　FAX 03-5798-7258

©2024 pusa, Printed in Japan　　印刷・製本　TOPPANクロレ株式会社
ISBN978-4-86556-652-9　C2034

乱丁・落丁はお取替えいたします。ただし、古書店で購入されたものはお取替えはできません。
本書の無断複写・複製（コピー）は、法律で定められた場合を除き著作権侵害になります。